AF822278

THOMAS JÜRGENS

Diplomatischer Schutz und Staatenlose

Schriften zum Völkerrecht

Band 85

Diplomatischer Schutz und Staatenlose

Von

Dr. Thomas Jürgens

Duncker & Humblot · Berlin

CIP-Titelaufnahme der Deutschen Bibliothek

Jürgens, Thomas:
Diplomatische Schutz und Staatenlose / von
Thomas Jürgens. – Berlin: Duncker u. Humblot,
1987.
(Schriften zum Völkerrecht; Bd. 85)
ISBN 3-428-06326-0

NE: GT

Satz: Klaus-Dieter Voigt, Berlin 61
Druck: Werner Hildebrand, Berlin 65
Printed in Germany

ISBN 3-428-06326-0

Für Kerstin

Vorwort

Die Anregung zur vorliegenden Untersuchung erhielt ich vom Justizprüfungsamt Berlin, das mir dieses Thema zur Bearbeitung als Hausarbeit in der ersten juristischen Staatsprüfung stellte. Sie lag als Dissertation dem Fachbereich Rechtswissenschaft der Freien Universität Berlin im Wintersemester 1986/87 vor. Die – spärliche – Literatur zu diplomatischem Schutz und Staatenlosen hat bis Ende 1986 Berücksichtigung finden können.

Zu danken habe ich Herrn Prof. Dr. Albrecht Randelzhofer für die Betreuung der Arbeit sowie Herrn Prof. Dr. Eberhard Grabitz für die Erstellung des Zweitgutachtens.

Mein besonderer Dank gilt Herrn Dr. Josef Tittel und Herrn Detlef Brödtler, stellvertretend für all' jene, die in unübertroffener Diligenz für die aus Forschersicht geradezu paradiesischen Bestände der Bibliothek des Instituts für internationales und ausländisches Recht und Rechtsvergleichung an der Freien Universität und den Zugang zu ihnen ebenso Sorge tragen, wie sie für die persönlich-menschliche Atmosphäre im Institut stehen.

Dem Auswärtigen Amt verdanke ich eine Zuwendung für die Drucklegung des Manuskripts.

Herrn Ernst Thamm bin ich für die Aufnahme der Arbeit in sein Verlagsprogramm zu Dank verpflichtet.

Berlin, im August 1987

Thomas Jürgens

Inhaltsverzeichnis

Zweiter Teil

Diplomatischer Schutz für Staatenlose bis in die Gegenwart 68

Abkürzungsverzeichnis

Abs.	=	Absatz
Add.	=	Addendum
AJIL	=	American Journal of International Law
Annuaire de l'A. A. A.	=	Annuaire de l'Association des Auditeurs et anciens Auditeurs de l'Academie de Droit International de la Haye
Ann. Dig.	=	Annual Digest
AöR	=	Archiv des öffentlichen Rechts
A. O.	=	Advisory Opinion
ArchVR	=	Archiv des Völkerrechts
Art.	=	Artikel
Aufl.	=	Auflage
Ausg.	=	Ausgabe
Bd.	=	Band
BGBl	=	Bundesgesetzblatt
BYIL	=	British Yearbook of International Law
c.	=	contre
C.I.J.	=	Cour International de Justice
C.P.J.I.	=	Cour Permanente de Justice International
CTS	=	Consolidated Treaty Series
Dec./Déc.	=	Decision/Décision
Diss.	=	Dissertation
DÖV	=	Die öffentliche Verwaltung
Doc.	=	Document
DP	=	Displaced Person
e. a.	=	et autres
EA	=	Europa-Archiv
ECOSOC	=	Economic and Social Council
ed./éd.	=	edition, editor/édition, éditeur/edizione
EMRK	=	Europäische Menschenrechtskonvention
f./ff.	=	folgend(e)
Fn.	=	Fußnote/footnote
For. Rel.	=	Foreign Relations
GAOR	=	General Assembly Official Records
gem.	=	gemäß

Hrsg./hrsgg.	=	Herausgeber/herausgegeben
I.C.J.	=	International Court of Justice
ICLQ	=	International and Comparative Law Quarterly
idF.	=	in der Fassung
IGCR	=	Intergovernmental Committee for Refugees
IGH	=	Internationaler Gerichtshof
IKRK	=	Internationales Komitee vom Roten Kreuz
ILC	=	International Law Commission
Ill. L. R.	=	Illinois Law Review
ILM	=	International Legal Materials
ILR	=	International Law Reports
insbes.	=	insbesondere
IRO	=	International Refugee Organization
iSv.	=	im Sinne von
JöR	=	Jahrbuch des öffentlichen Rechts der Gegenwart
J. O.	=	Journal Officiel
Lfg.	=	Lieferung
LNTS	=	League of Nations Treaty Series
loc. cit.	=	loco citato
LoN	=	League of Nations
Losebl.	=	Loseblatt
MERRA	=	British Middle East Relief and Refugee Administration
mwN.	=	mit weiteren Nachweisen
Nr.	=	Nummer
NRG	=	Nouveau Recueil Général
o.	=	oben
OAU	=	Organization for African Unity
Off. J.	=	Official Journal
Off. Rec.	=	Official Records
OFFRO	=	Office of Foreign Relief and Rehabilitation Operations
o. J.	=	ohne Jahr
op. cit.	=	opus citatum
P.C.I.J.	=	Permanent Court of International Justice
PCIRO	=	Preparatory Commission of the International Refugee Organization
publ.	=	published/publiè
RAnz.	=	Reichsanzeiger
RdC	=	Recueil des Cours
RDILC	=	Revue de Droit International et de Législation Comparée
RDIP	=	Revue de Droit International Public
Rdnr.	=	Randnummer
Rec. TAM	=	Recueil des Décisions des Tribunaux Arbitraux Mixtes

rev.	=	revised
RGB	=	Reichsgesetzblatt (Österreich)
RGBl	=	Reichsgesetzblatt (Deutsches Reich)
RGDIP	=	Revue Générale de Droit International Public
RzW	=	Rechtsprechung zum Wiedergutmachungsrecht
s./S.	=	siehe/Seite
SdN	=	Société des Nations
Sér.	=	Série
SJIR	=	Schweizerisches Jahrbuch für Internationales Recht
SJZ	=	Schweizerische Juristen-Zeitung
Spec. Suppl.	=	Special Supplement
StIGH	=	Ständiger Internationaler Gerichtshof
T.	=	Tome/Tomo
u.	=	und
u. a.	=	unter anderem/und andere
UN	=	United Nations
UNHCR	=	United Nations High Commissioner for Refugees
UNRIAA	=	United Nations Reports of International Arbitral Awards
UNRRA	=	United Nations Relief and Rehabilitation Administration
UNTS	=	United Nations Treaty Series
URO	=	United Restitution Organization
v.	=	vom/versus
Verf.	=	Verfasser
vgl.	=	vergleiche
Vol.	=	Volume
WdV	=	Wörterbuch des Völkerrechts
WÜD	=	Wiener Übereinkunft über diplomatische Beziehungen
WÜK	=	Wiener Übereinkunft über konsularische Beziehungen
Yale L. J.	=	Yale Law Journal
ZaöRV	=	Zeitschrift für ausländisches öffentliches Recht und Völkerrecht
z. B.	=	zum Beispiel

Einleitung

Völkerrechtliche Aufmerksamkeit hat die Staatenlosigkeit bisher fast ausschließlich unter dem Gesichtspunkt ihrer Reduzierung und Eliminierung gefunden. Gegenstand der nachfolgenden Untersuchung soll ein ganz spezifischer Aspekt des Zustandes der Staatenlosen sein, ihr deliktsrechtlicher Schutz durch ein Völkerrechtssubjekt gegenüber einem anderen Völkerrechtssubjekt. Die konkrete Themenstellung impliziert gleichzeitig die Problematik der grundsätzlichen Existenz eines völkerrechtlichen Wiedergutmachungsanspruchs aus Anlaß der Verletzung von Staatenlosen.

Nach Erarbeitung einer Definition des diplomatischen Schutzes, gefolgt von einer solchen der Staatenlosigkeit, wird das eigentliche Spannungsverhältnis zwischen diplomatischem Schutz und Staatenlosigkeit deutlich. Auf dieser Grundlage können im zweiten Teil der Untersuchung die manigfaltigen und äußerst facettenreichen Schutzgewährungen von Staaten und Internationalen Organisationen zugunsten der Staatenlosen rechtlich fixiert und eingeordnet werden, so daß die Stellung der Staatenlosen im Zusammenhang mit diplomatischer Schutzausübung de lege lata sich bestimmen läßt.

Einem dritten Teil der Arbeit vorbehalten bleibt die Auseinandersetzung insbesondere mit der Bedeutung der Staatsangehörigkeit für das Institut des diplomatischen Schutzes, mit Möglichkeiten, die Einzelpersonen ungeachtet des Bestehens einer Staatsangehörigkeit schutzrechtlicher Beachtung teilhaftig werden zu lassen.

Erster Teil

Begriffsbestimmungen

Gerade weil im geltenden Völkerrecht ‚diplomatischer Schutz' oder ‚Staatenlosigkeit' durchaus aktuell und populär sind, kann die naheliegende Leichtfertigkeit im Umgang mit diesen Begriffen der eigentlichen Themenstellung nicht gerecht werden. Die Frage nach diplomatischem Schutz für Staatenlose vermag sich erst dann ihrer Beantwortung zu stellen, nachdem zum einen das hier in Rede stehende völkerrechtliche Institut exakt definiert ist, zum anderen aber auch die zu begünstigende Personengruppe abgegrenzt feststeht.

A. Der Begriff des diplomatischen Schutzes

Strictu sensu ist der Begriff ‚diplomatischer Schutz' ein Kind erst dieses Jahrhunderts, seit im Jahre 1915 der amerikanische Völkerrechtler *Borchard* in seinem als Klassiker geltenden Werk unter dem Titel „The Diplomatic Protection of Citizens Abroad"[1] sich der Ausgestaltung staatlicherseits gewährten Schutzes für Angehörige unter fremder Territorialhoheit zugewandt hatte. Das Problem selbst hat Souveräne – personalisiert oder als Staaten – schon seit Menschengedenken betroffen[2]; die Erarbeitung eines rechtlich-theoretischen Konzepts jedoch ist erst im 19. Jahrhundert zu beobachten, als die zunehmende technische und ökonomische Entwicklung der Alten Welt internationale Wirtschaftsräume schuf, in deren Folge eine nun einsetzende individuelle grenzüberschreitende Mobilität immer zahlreicher Personen der Jurisdiktionsgewalt von Ländern der Neuen Welt

---

[1] E. M. Borchard, The Diplomatic Protection of Citizens Abroad or the Law of International Claims, New York 1915.

[2] So berechtigte beispielsweise im alten Griechenland das Recht Athens nahe Verwandte eines im Ausland zu Unrecht Getöteten, für den Fall der Nichtbestrafung oder Nichtauslieferung des Mörders sich dreier Bürger dieses Staates zu bemächtigen und sie solange in Athen als Geiseln zu halten, bis Wiedergutmachung geleistet oder der Mörder übergeben war; diese zwar staatlich sanktionierte, aber in ihrer Ausführung letztlich auf Privatinitiative beruhende Praxis unter der Bezeichnung *Androlepsia* wurde von der Funktion her bald von den Staaten selbst übernommen, die mit der repressalienähnlich ausgeübten *Sylai* eigene wie auch Rechte ihrer Angehörigen gegenüber anderen Staaten durchzusetzen begannen, s. für eine detaillierte Beschreibung dieser Praktiken C. Phillipson, 2 The International Law and Custom of Ancient Greece and Rome 349 – 357 [London 1911].

unterwarf, welche gelegentlich in ihrer Behandlung von Ausländern „unfamiliar with the customs and mores of European civilization“[3] waren.

Zunächst war es *Heffter*, der sich ganz allgemein mit der theoretischen Seite einer internationalen Verantwortlichkeit von Staaten für auf ihrem Territorium Ausländern zugefügten Verletzungen beschäftigte[4] und als Wirkung einer festgestellten Rechtsverweigerung (denegatio iustitiae) die Verbindlichkeit des „... competenten Staates, dem Verletzten auf Anstehen seiner Regierung eine seinem Rechtsanspruch angemessene Genugthuung zu gewähren, ...“[5] sah[6]. Seit der Jahrhundertwende nahm der Schutz von Bürgern im Ausland, gerade auch wegen seiner immer weiter angewachsenen praktischen Relevanz[7], einen festen Platz in der völkerrechtlichen Literatur ein[8], teils unter dem subjektiven Betrachtungswinkel, wie ein Staat sich im

[3] F. S. Dunn, The Protection of Nationals 53 [Baltimore 1932].

[4] A. W. Heffter, Das europäische Völkerrecht § 103 a [6. Aufl., Berlin 1873]; die Vorauflagen (1844 – 1867) enthielten zwar Betrachtungen zu den völkerrechtlichen Konsequenzen einer in ihrer Urheberschaft auf den Staat selbst zu beziehenden „unerlaubten Handlung“ (§§ 101 – 104), vermieden aber bis zur Einfügung des § 103 a in der hier zitierten 6. Auflage diesbezügliche Folgerungen auch hinsichtlich von Fremden erlittener Rechtsnachteile.

[5] Heffter, op. cit., loc. cit.

[6] Es ist erstaunlich, wie hartnäckig in diesem Zusammenhang der offensichtliche Irrtum sich konserviert, *Vattel* müsse die erstmalige Formulierung von Grundsätzen über den Schutz von Ausländern durch ihren Heimatstaat kreditiert werden, unter fortdauernder Bezugnahme auf jene berühmt gewordene Passage „[q]uiconque maltraite un Citoyen offense indirectement l'État, qui doit protéger ce Citoyen. Le Souverain de celui-ci doit venger son injure, obliger, s'il le peut, l'aggresseur à une entiére réparation, ou le punir; puisqu'autrement le Citoyen n'obtiendroit point la grande fin de l'association Civile, qui est la sûreté“ [.], E. de Vattel, Le Droit des Gens ou Principes de la Loi Naturelle § 71 [Reproduction of Books I und II of Edition of 1758, Washington 1916]. Denn das jene Darlegung inkorporierende Kapitel beschäftigt sich ausschließlich mit den Folgen, welche das rechtswidrige Verhalten eines Individuums im Ausland für dieses Individuum selbst bzw. für seine Heimatnation auszulösen vermag, worauf im übrigen schon die Kapitelüberschrift „[d]e la part que la Nation peut avoir aux actions de ses Citoyens“ hinweist. Auch die von *Vattel* (op. cit., §§ 99 – 115) mitgeteilten „Règles à l'egard des Étrangers“ geben kein Fundament für einen Fremdenschutz her, sondern sind in des Verfassers eigenen Worten dazu gedacht, „... à empêcher que le repos des Nations ne soit troublé par les différends des particuliers“, op. cit., § 99.

[7] Vgl. hierzu die bis 1906 zusammengetragene Materialfülle bei J. B. Moore, VII A Digest of International Law §§ 970 – 1063 [Washington 1906], die vom Verfasser unter der Überschrift ‚Claims‘ wiedergegeben wird.

[8] R. Phillimore, II Commentaries upon International Law 3 – 5 [3rd ed., London 1882]; v. Bar, De la responsabilité des États a raison des dommages soufferts par des étrangers en cas de troubles, d'émeute ou de guerre civile, I Revue de Droit International et de Législation Comparée 464 – 481 [2me sér. 1899], allerdings mit der im Titel bezeichneten Beschränkung; J. Tchernoff, Protection des Nationaux Résidant a l'Étranger [Paris 1899], insbes. p. 165 – 535; Anzilotti, La responsabilité internationale des États à raison des dommages soufferts par des étrangers, XIII Revue Générale de Droit International Public 5 – 29, 285 – 309 [1906]; A. Decenciére-Ferrandiére, La Responsabilité Internationale des États à Raison des Dommages subis par des Étrangers [Paris 1925]; s. hierzu insbes. die umfangreiche Literaturübersicht bei Geck, sub voce ‚Diplomatischer Schutz‘, 1 Wörterbuch des Völkerrechts 386/387 [2. Aufl. H.-J. Schlochauer Hrsg., Berlin 1960].

konkreten Fall für seinen fremder Hoheitsgewalt unterstehenden Angehörigen verwenden kann[9], im wesentlichen indes unter objektiver[10] Annäherung, die Problematik der Staatenverantwortlichkeit zuordnend. Mittlerweile ist der Schutz eigener Staatsangehöriger im Ausland als „converse way of labelling the subject of responsibility of States for injuries to aliens“[11] oder „Spiegelbild der Staatenverantwortlichkeit“[12] anerkannt.

Eine Kodifizierung des diplomatischen Schutzes steht bisher aus: trotz der Fülle praktischen Materials auf diesem Gebiet[13] haben sich die Staaten selbst zu Zeiten des „high noon of arbitral tribunals and claims commissions“[14] weder auf Initiative des Völkerbundes[15] noch unter Beachtung durchaus ernst zu nehmender Vorschläge privater Institutionen[16] auf kodifizierte Regeln zum diplomatischen Schutz einigen können[17]; der diplomatische Schutz ist so bis zum heutigen Tage[18] ein Institut des Völkergewohnheitsrechts geblieben.

---

[9] Hierzu gehört vor allem *Borchard* mit seinem in Fn. 1 zitierten Werk, s. F. S. Dunn, The Protection of Nationals 60.

[10] Das Begriffspaar objektiv/subjektiv in diesem Zusammenhang verwendet Parry, Some Considerations upon the Protection of Individuals in International Law, 90 Recueil des Cours 659 (653) [1956 II].

[11] P. C. Jessup, A Modern Law of Nations 97 [New York 1950].

[12] Geck, sub voce ‚Diplomatischer Schutz‘, 1 WdV 379/380.

[13] Vgl. insbes. das schon 1898 erschienene, die Praxis nur eines Staates umfassende sechs-bändige Kompendium von J. B. Moore, History and Digest of the International Arbitrations to which the United States has been a Party, 6 Vols., Washington 1898.

[14] Parry, op. cit., p. 660.

[15] Ein auf Wunsch der Bundesversammlung des Völkerbunds (Resolution v. 22. 09. 1924), abgedr. in 20 American Journal of International Law, Special Supplement 2/3 [1926], eingesetztes Committee of Experts for the Progressive Codification of International Law erarbeitete unter Federführung des salvadorianischen Völkerrechtlers *Guerrero* u. a. einen Bericht über „Responsibility of states for damage done in their territories to the person or property of foreigners“ (abgedr. op. cit., p. 177 – 203). Vom Komitee sodann unter Einbeziehung staatlicher Stellungnahmen zu dieser Thematik zusammengestellte „Bases of Discussion“ (abgedr. in 24 AJIL, Suppl. 46 – 74 [1930] bildeten die Grundlage einer vom Völkerbund auf den 13. 03. 1930 in Den Haag zusammengerufenen „First Conference for the Codification of International Law“, an der 47 Staaten teilnahmen.

[16] Der vorbenannten Kodifikationskonferenz lagen u. a. eine Draft Convention on the Responsibility of States for Damage done in their territory to the person or property of foreigners der Harvard Law School mit *Borchard* als Rapporteur (abgedr. in 23 AJIL, Spec. Suppl. 133 – 218 [1929]) sowie verschiedene Entwürfe und Resolutionen zu diesem Komplex seitens des Institut de Droit International (Resolution v. 01. 09. 1927, s. Tableau Général des Résolutions (1873 – 1956) 137 – 140 [publ. par H. Wehberg, Bâle 1957], der Association de Droit International du Japon (abgedr. in 23 AJIL, Spec. Suppl. 231 [1929]) und des American Institute of International Law (op. cit., p. 232 f.) vor.

[17] Die Verabschiedung einer Konvention scheiterte an der Frage, ob ein Staat sich gegen das Schutzbegehren eines anderen Staates mit dem Hinweis auf die Inländergleichbehandlung verteidigen könnte, oder Bemessungsgrundlage für die Behandlung von Ausländern ein internationaler Minimumstandard sein müsse, s. hierzu Hudson, The first Conference for the Codification of International Law, 24 AJIL 447 – 460 [1930].

Es bedeutet sicherlich keine Schmälerung der Verdienste *Borchards*, wenn man den von ihm begründeten terminus technicus *diplomatischer Schutz* als unscharf und irreführend kritisiert. Denn wenngleich *Borchard* in seinem Standardwerk unbestritten den Schutz von Ausländern durch ihren Heimatstaat als eigenständiges völkerrechtliches Institut herausgearbeitet hat, illustriert er diesen Schutz terminologisch mit einem mehr der praktisch-technischen Seite des Problems entlehnten Ausdruck. So entsteht der Eindruck, diplomatischer Schutz sei ausschließliche Angelegenheit des diplomatischen bzw. konsularischen Dienstes eines Staates[19]. Auch scheinen Art. 3 I lit. b) des Wiener Übereinkommens über diplomatische Beziehungen[20] und Art. 5 lit. a) des Wiener Übereinkommens über konsularische Beziehungen[21] dies zu bestätigen, nahezu wortgleiche Vertragsbestimmungen, nach denen es Aufgabe der jeweiligen Mission ist, „... die Interessen des Entsendestaates und seiner Angehörigen ... im Empfangsstaat innerhalb der völkerrechtlich zulässigen Grenzen zu schützen“[22]. Für eine Mono-

---

18 Einen vollständigen Überblick über die Kodifikationsversuche in diesem Jahrhundert zum diplomatischen Schutz im speziellen und zur Staatenhaftung im allgemeinen gibt *Ago* in einem Bericht an die International Law Commission, UN Doc. A/CN.4/217, sowie op. cit., Add. 1 u. Add. 2. Besonders die ILC hat ihre in den fünfziger Jahren begonnene Kodifikationsarbeit zur Staatenhaftung für Ausländern zugefügte Verletzungen thematisch ausgeweitet auf die Entwicklung genereller Normen zur Staatenhaftung sui generis, s. den diesbezgl. Bericht der ILC an die Generalversammlung der Vereinten Nationen in II Yearbook of the ILC 229 – 233 [1969]. Die geplante Struktur der ILC-Kodifikation sieht in diesem Zusammenhang eingangs die Festlegung vor, unter welchen Umständen ein Staat sich überhaupt haftbar machen kann, während in einem zweiten Teil Inhalt, Form und Grad einer Staatenhaftung bestimmt werden sollen, s. II Yearbook of the ILC, Part Two 28 [1980]. Erst in einem dritten Teil, dessen Einbeziehung in die Draft articles on State responsibility zudem noch völlig offen ist – bisher steckt das Kodifikationsvorhaben noch im zweiten Teil –, will die ILC das „mise en oevre“ (Yearbook loc. cit.) der Staatenverantwortlichkeit und Streitschlichtung behandeln.

19 *Borchard* unterlegt seinen Ausführungen den diplomatischen und konsularischen Dienst als „customary channel through which the rights of nationals are safeguarded and protected“, The Diplomatic Protection of Citizens Abroad 435.

20 Vienna Convention on Diplomatic Relations, v. 18. 04. 1961, 500 United Nations Treaty Series 95; dt. Quelle Bundesgesetzblatt 1964 II 957.

21 Vienna Convention on Consular Relations, v. 24. 04. 1963, 596 UNTS 261; BGBl 1969 II 1585.

22 Bisher waren die Funktionen eines Diplomaten im Empfangsstaat nur einmal – allerdings mit negativem Vorzeichen – kodifiziert worden: Art. 12 der (Havanna) Convention Regarding Diplomatic Officers, v. 20. 02. 1928, CLV League of Nations Treaty Series 259, verbot ihm die Einmischung in die inneren Angelegenheiten des Empfangsstaates, Art. 13 der Konvention erklärte den jeweiligen Außenminister des Empfangsstaates zum einzigen offiziellen Ansprechpartner des Diplomaten. Auch war Art. 3 des Wiener Übereinkommens über diplomatische Beziehungen betreffend die Aufgaben einer diplomatischen Mission in einem ersten Entwurf des Berichterstatters der ILC (UN Doc. A/CN.4/91, v. 21. 04. 1955) zunächst nicht enthalten sondern fand erst zu einem späteren Zeitpunkt Eingang in die Beratungen, s. I Yearbook of the ILC 144 [1957]; zu den Verhandlungen über Art. 3 anläßlich der Staatenkonferenz in Wien s. Kerley, Some Aspects of the Vienna Conference on Diplomatic Intercourse and Immunities, 56 AJIL 94 – 97 (88) [1962].

polstellung des auswärtigen Dienstes bei der Schutzausübung zugunsten eigener Staatsangehöriger geben aber weder die zitierten Vorschriften noch das traditionelle Verständnis von dieser Institution etwas her. Mag die Mission eines Staates im Ausland wegen ihrer in der Natur der Sache liegenden nahen Beziehung zu den einen Schutz notwendig machenden Umständen prädestiniert sein, sich im Sinne der Angehörigen des Entsendestaates zu verwenden, sind generell zur Schutzgewährung auch andere Staatsorgane oder Behörden imstande[23]. Der Internationale Gerichtshof (IGH) hat den Staat hier innerhalb der durch das Völkerrecht gezogenen Grenzen zur Ausübung diplomatischen Schutzes „... par les moyens ... qu'il juge appropriés ...“[24] als ermächtigt bezeichnet.

Wesentlicher jedoch als die beschriebene semantische Ungenauigkeit in der Benennung des hier in Rede stehenden Instituts sind – wobei *Borchard* nur mittelbar ein Vorwurf gemacht werden kann – offensichtliche Nachlässigkeiten bei der Klassifizierung jedweder schutzrechtlicher Tätigkeiten eines Staates zugunsten seiner Staatsangehörigen als *diplomatischer Schutz*. Denn liegt ein derartiger Schutz letztlich eingebettet in die Staatenverantwortlichkeit[25], kann ihm beispielsweise keinesfalls Präventivcharakter unterstellt werden[26], da Staatenverantwortlichkeit erst Folge beendeten völkerrechtswidrigen Verhaltens ist. Der naheliegende Schluß, diplomatischer Schutz sei mithin jede Vorstellung gegenüber einem fremden Staat zwecks Beseitigung der durch einen Einzelnen als Konsequenz völkerrechtswidrigen Handelns erlittenen Unbill ist ebenso vorschnell wie verfehlt: er verkennt, daß die Einordnung des diplomatischen Schutzes in den Rahmen der *state responsibility* die Geltendmachung ausschließlich eines völkerrechtlichen Wiedergutmachungsanspruchs am Ende der Reklamation völkerrechtsdeliktischen Verhaltens bedingt[27]. Eine im weitesten Sinne als Sachlegitimation für die Erhebung eines Wiedergutmachungsanspruchs zu bezeichnende Berechtigung fällt dem Staat allerdings nur zu, wenn er durch Verletzung eines ihm zustehenden Rechts auf völkerrechtsgemäße Behandlung seiner Angehörigen einen Schaden erlitten hat. Im Anschluß an *Verdross*[28] muß daher hinsichtlich der neuerdings unter dem Sammelbegriff

---

23 Beispielsweise ein Fachminister, in dessen Kompetenzbereich innerstaatlich eine eventuell zu leistende finanzielle Wiedergutmachung materiell fiele.

24 *Barcelona Traction, Light and Power Company, Limited,* ârret, C.I.J. Recueil 1970, p. 44; im nicht-autoritativen englischen Urteilstext wird von „... by whatever means... it thinks fit...“ gesprochen.

25 Vgl. o. zu Fn. 12.

26 So aber Geck, sub voce ‚Diplomatischer Schutz‘, 1 WdV 379.

27 Vgl. insbesondere den Ständigen Internationalen Gerichtshof, der als Völkerrechtsprinzip feststellte, „... que la violation d'un engagement entraîne l'obligation de réparer dans une forme adéquate“, *Affaire Relative à l'Usine de Chorzow* (Demande en Indemnité) (Compétence), arrêt No. 8, C.P.J.I., Ser. A 1927, p. 21.

28 Ricorsi internazionali e protezione diplomatica per la realizzazione di diritti dei privati, Annuario di Diritto Internazionale 1 – 4 [1965].

‚Auslandsschutz' zusammengefaßten[29] Schutztätigkeit zugunsten Staatsangehöriger eine „essenziale distinzione"[30] getroffen werden: zum einen unterstützt der Staat seine im Ausland sich befindlichen Angehörigen bei der Durchsetzung *ihrer* Rechte – „per la realizzazione *dei* diritti"[31] –, die sie entweder nach dem Recht ihres jeweiligen Aufenthaltsstaates oder nach dem Völkerrecht besitzen, zum anderen macht er ein eigenes Recht auf Wiedergutmachung – „uno Stato fa valere *il proprio diritto* alla riparazione"[32] – für ein ihm in der Person seines Angehörigen zugefügtes Unrecht als völkerrechtlichen Anspruch geltend[33].

Auf Grundlage dieser bedauerlicherweise in der wissenschaftlichen Auseinandersetzung mit dem diplomatischen Schutz kaum vorgenommenen Unterscheidung werden im folgenden die Voraussetzungen des staatlichen Rechts auf Wiedergutmachung dargestellt. Denn Aufgabenstellung der vorliegenden Arbeit ist es, den diplomatischen Schutz als völkerrechtlichen Wiedergutmachungsanspruch in Reaktion auf die völkerrechtswidrige Schädigung eines Staatenlosen zu überprüfen. Hierbei wird es sich indes als unumgänglich erweisen, angesichts der – noch aufzuführenden – Vielfalt internationaler Protektionsbemühungen zugunsten Staatenloser eine ebenso genaue Bestimmung des staatlichen Rechts auf Gewährung fürsorgerischer Einzelhilfe vorzunehmen. Eine Gemeinsamkeit beider Schutzrechte, die originär dem Individuum zugefügte Verletzung, soll schließlich eine Abgrenzung speziell des eigentlichen diplomatischen Schutzes im Sinne des Rechts auf Wiedergutmachung gegen den sog. *national claim* ermöglichen, ein völkerrechtlicher Deliktsanspruch, bei dessen Geltendmachung eine über das durch die unrechtmäßige Behandlung einer Einzelperson dem Staat regelmäßig zugefügte Unrecht hinausgehende besonders tiefgreifende Verletzung des staatlichen Ansehens in der Völkerrechtsgemeinschaft im Vordergrund steht.

---

[29] G. Hecker, Handbuch der Konsularischen Praxis A 62 [München 1982].

[30] Verdross, op. cit., p. 2.

[31] Op. cit., loc. cit.

[32] Op. cit., loc. cit.

[33] Diese Unterscheidung treffen auch Perrin, Réflexions sur la protection Diplomatique, Mélanges Marcel Bridel 379 – 411 [Lausanne 1968], der auf p. 380 unterscheidet zwischen „. . . attirer l'attention des autorités étrangères sur les droits de l'un de ses nationaux et [à] demander qu'ils soient respectés . . ." und „. . . présenter une réclamation (an international claim), laquelle ne peut concerner qu'un dommage déjà causé." sowie A. Verdross / B. Simma, Universelles Völkerrecht § 1228 [3. Aufl., Berlin 1984]; speziell zu Begründung und Verständnis des diplomatischen Schutzes als staatliche Geltendmachung eines völkerrechtlichen Wiedergutmachungsanspruchs aufgrund einer völkerrechtswidrigen Schädigung von Einzelpersonen s. K. R. Messer, Schutzrecht und Nationalitätsprinzip 15 – 18 [Diss., Frankfurt 1962].

I. Das Recht des Staates auf Wiedergutmachung

Die Darlegung der einzelnen Konditionen für diesen Aspekt des diplomatischen Schutzes kann sich zunächst beschränken auf das hierzu von Völkerrechtspraxis und -lehre entwickelte Fundament, da mögliche Schwächen, Unstimmigkeiten oder Widersprüche dieses Instituts einer Erörterung sinnvoll erst nach der theoretischen und praktischen Konfrontation der Stellung Staatenloser mit der klassischen und herrschenden Rezeption diplomatischer Protektion vorbehalten bleiben.

1. Völkerrechtliches Delikt

Ganz allgemein gesprochen vermag nur deliktisches Verhalten auf Seiten des Verletzten einen Wiedergutmachungsanspruch auszulösen. Auf der Ebene des Völkerrechts erwächst dieser Anspruch dem Völkerrechtssubjekt, welchem infolge völkerrechtswidrigen Verhaltens eines anderen Völkerrechtssubjekts ein Schaden entsteht[34]. Beteiligte eines völkerrechtsdeliktischen Tatbestandes können nur Subjekte der Völkerrechtsordnung sein, denn ausschließlich sie vermögen als dieser Rechtsordnung Unterworfene das Völkerrecht verletzen oder selbst zum Gegenstand einer Verletzung der eigenen völkerrechtlichen Rechten – und Pflichtenstellung werden[35]. Völkerrechtliches Delikt ist dann die von einem Völkerrechtssubjekt unter Verstoß gegen das Völkerrecht ausgehende, die spezifischen Rechte eines anderen Völkerrechtssubjekts verletzende Handlung.

Im hier zu behandelnden schutzrechtlichen Problemkreis sind bei der Verletzung von Privatpersonen durch Völkerrechtssubjekte – wobei als Regelfall *staatlich* zugefügte Nachteile unterstellt werden – mehrere Rechtsbeziehungen, wenn auch ungleicher rechtlicher Art, denkbar[36].

Das verletzte Individuum wendet sich wegen der gegen ihn gerichteten Handlung an den Schädigerstaat[37] selbst bzw. an dessen fehlerhaft tätig gewordene Staatsorgane. Weiterhin macht das Individuum Rechtsansprü-

---

[34] Vgl. statt aller F. Berber, 3 Lehrbuch des Völkerrechts 4, 25 [2. Aufl., München 1977], wobei allerdings nicht darüber hinweggesehen wird, daß die Regeln zum völkerrechtlichen Deliktsrecht bisher immer noch einer endgültigen (kodifikatorischen) Regelung harren und demgemäß in vielerlei Hinsicht Gegenstand lebhaftester wissenschaftlicher Auseinandersetzungen sind; eine zusammenfassende Darstellung findet sich bei Schlochauer, Die Entwicklung des völkerrechtlichen Deliktsrechts, 16 Archiv des Völkerrechts 239 – 277 [1973 / 1975].

[35] Zu dieser „Wechselbezüglichkeit zwischen Deliktssubjekt und Deliktsobjekt“ vgl. I. v. Münch, Das völkerrechtliche Delikt in der modernen Entwicklung der Völkerrechtsgemeinschaft 95, 132 [Frankfurt 1963].

[36] In Anlehnung an K. R. Messer, Schutzrecht und Nationalitätsprinzip 24 f.

[37] Diesem muß natürlich, was jedoch nicht weiter vertieft werden soll, die Schadenshandlung zuzurechnen sein.

che gegen seinen Heimatstaat, sofern dies von der betreffenden Rechtsordnung vorgesehen ist, geltend.

Zuletzt ergeben sich Rechtsbeziehungen aber nicht nur innerstaatlicher Natur nach Art der eben genannten, sondern gerade auch Deliktsbeziehungen internationalen Charakters zwischen Schädigerstaat und geschädigtem Staat. Auf den ersten Blick bleibt in diesem Zusammenhang unklar, wie ein völkerrechtsdeliktisches Verhalten gegenüber einer völkerrechtlich in keiner Weise deliktsfähigen[38] Privatperson begangen wird, löst doch die Unrechtsentfaltung privatim ein Individuum betreffend nicht denklogisch-zwingend ein Schutzrecht als völkerrechtlichen Wiedergutmachungsanspruch aus[39].

Die originäre Verletzung der Privatperson und dennoch der Staat als eigentliches Deliktsobjekt mit eigenem Wiedergutmachungsanspruch, diese vermeintliche Fraktur hat in der Literatur und Praxis zu mannigfaltigen Erklärungsversuchen Anlaß gegeben. So entwickelte *Borchard* in seinem schon zitierten Standardwerk[40] eine Verschmelzungstheorie, derzufolge „the private claim becomes merged in the public demand of the government"[41], sobald die Regierung „espouses it [den *claim*] and presents it diplomatically to the debtor government"[42]. *E. Kaufmann*[43] und später *van Panhuys*[44] hielten es für eine hehre Pflicht des Staates gegenüber der Staatengemeinschaft als Ganzer, bei völkerrechtswidriger Verletzung einer Privatperson durch Erhebung eines Wiedergutmachungsanspruchs der Völkerrechtsordnung Respekt zu verschaffen[45].

Die neuerliche Tendenz in der völkerrechtlichen Literatur dahingehend, das Individuum als Nutznießer internationaler Menschenrechte bei einer

[38] Der Frage, ob auch der Einzelne Völkerrechtssubjektivität besitzt, wird in anderem Zusammenhang (o. 3. Teil B III.) nachgegangen werden, da beim derzeitigen Stand der vorliegenden Untersuchung ausschließlich auf die obige Frage klar verneinende herrschende Meinung in Praxis und Theorie rekurriert werden kann.

[39] Diese Situation wird sehr deutlich beschrieben bei N. Quoc Dinh / P. Daillier / A. Pellet, Droit International Public [2me éd., Paris 1980]: „... on devrait admettre qu'un dommage causé à une personne privée par un manquement aux règles du droit international public, ne permet pas de mettre en oevre la responsabilité internationale de l'auteur du préjudice", op. cit., p. 709.

[40] The Diplomatic Protection of Citizens Abroad.

[41] Op. cit., p. 357.

[42] Op. cit., p. 356/357; in diesem Sinne zuletzt N. Quoc Dinh / P. Daillier / A. Pellet, Droit International Public, die von einem „endossement de la réclamation individuelle", op. cit., p. 709, ausgehen, das die Verletzung des Einzelnen hernach zu einer „relation inter-étatique", op. cit., loc. cit., transformiert.

[43] Règles générales du droit de la paix, 54 RdC 309 – 620 [1935 IV].

[44] The Role of Nationality in International Law, Leyden 1959.

[45] Kaufmann, op. cit., loc. cit., sieht den Wiedergutmachungsanspruch als „... réclamation qu'avaient, d'une façon virtuelle et abstraite, tous les Etats", p. 426; in diesem Sinne auch van Panhuys, op. cit., p. 104 iVm. p. 90. Beide Autoren stellen diese These im Rahmen des für die Schutzrechtsausübung unerläßlichen Kontinuitätserfordernisses der Staatsangehörigkeit auf.

Beeinträchtigung dieser Rechte als materiell Verletzten anzuerkennen, hat wiederum zu der Überlegung geführt, den Staat bei der Geltendmachung eines Wiedergutmachungsanspruchs als verfahrensrechtlichen Vertreter von materiell dem Individuum selbst zustehenden Rechten, im Sinne einer Prozeßstandschaft[46] also, zu begreifen[47]. Und schließlich wird unter Verweis insbesondere auf eine Passage im vom Ständigen Internationalen Gerichtshof (StIGH) entschiedenen *Mavrommatis-Konzessionen*-Fall[48] – „En prenant fait et cause pour l'un des siens, en mettant en mouvement, en sa faveur, l'action diplomatique ou l'action juridicaire internationale, cet État fait, à vrai dire, valoir son droit propre, le droit qu'il a de faire respecter en la personne de ses ressortissants, le droit international"[49] – unter besonderer Hervorhebung von *„en la personne de ses ressortissants"* ein rechtliches Interesse des Staates an der Erhebung eines Wiedergutmachungsanspruches wegen der Verletzung einer Einzelperson gefolgert, wenn nur dieser Verletzte die Staatsangehörigkeit des Schutzausübenden besäße[50]. Schwerpunkt dieser Argumentation ist also die Staatsangehörigkeit, die eine Transformation der ursprünglich individuellen Verletzung auf den Staat als nunmehr in der Person seines Angehörigen selbst Verletzten ermöglicht[51] und mithin auch den Staat als Deliktsobjekt zu qualifizieren imstande ist.

Die vorstehenden Meinungen und Theorien geben indes bei näherem Hinsehen mitnichten eine präzise Antwort auf das – von *Brownlie* mit den Worten „[t]he subject-matter of the claim is the individual . . .: the claim is that of the state"[52] umschriebene – Problem der Divergenz von Geschädigtem und Deliktsobjekt, da sie auf die Konstruktion des Schadenseintritts fixiert sind.

Vor dem für den völkerrechtlichen Wiedergutmachungsanspruch ebenso konstitutiven Schadenseintritt liegt allerdings eine den Schaden erst

---

[46] Mit allen Vorbehalten bei der Bezugnahme auf innerstaatliche Nomenklatur für die Erklärung völkerrechtlicher Sachverhalte.

[47] So zuletzt Y. Burckhardt-Erne, Die Rechtsstellung der Staatenlosen im Völkerrecht und schweizerischen Landesrecht 11/12, 151 [Diss., Bern 1977]; Jennings, General Course on Principles of International Law, 121 RdC 323 – 600 [1967 II], sieht die eigentliche Verletzung der Privatperson „. . .as being the true substance of the claim", op. cit., p. 477.

[48] *Affaire des Concessions Mavrommatis en Palestine*, arrêt No. 2, C.P.J.I., Sér. A 1924.

[49] Arrêt, p. 12; wortgleich dieses Gericht in *Affaire du Chemin de Fer Panevezys-Saldutiskis*, Sér. A/B 1939, p. 16.

[50] Vgl. I. Brownlie, Principles of Public International Law 468 [2nd ed., Oxford 1973] oder auch E. Menzel / K. Ipsen, Völkerrecht 164/165 [2. Aufl., München 1979].

[51] Hier wird – fälschlicherweise, s. o. Fn. 6 – als geistiger Vater E. *de Vattel* benannt, dessen „[q]uiconque maltraite un Citoyen offense indirectement l'Etat . . .", Le Droit des Gens ou Principles de la Loi Naturelle § 71, von erheblichem Einfluß war und ist.

[52] Op. cit., p. 468.

begründende Völkerrechtsverletzung. Nur wenn das Völkerrechtssubjekt in einem eigenen aus der Völkerrechtsordnung entsprungenen Recht beeinträchtigt oder verletzt ist, wird ein Schadenseintritt denkbar, greift die Staatenhaftung ein. So gilt es an dieser Stelle die Völkerrechtsnorm zu bestimmen, die ein Staat zu beachten hat, wenn er einen Fremden in seinen Hoheitsbereich hineinläßt.

Neben in Handels-, Freundschafts- oder Niederlassungsverträgen üblicherweise zwischen zwei Staaten fixierten Regeln über Zulassung und Behandlung ihrer Staatsangehörigen im jeweils anderen Staatsgebiet[53] auferlegt das Völkerrecht dem Aufenthaltsstaat die Pflicht, einen unter seiner Territorialhoheit sich befindlichen Fremden mit einem „Mindestmaß von Rechten“[54] auszustatten. Während die konkrete Wahrnehmung der dem Einzelnen solchermaßen zustehenden Rechte Sache einer rein innerstaatlichen Beziehung zwischen ihm und dem Aufenthaltsstaat ist, verpflichtet allein das Völkerrecht den Aufenthaltsstaat auf einen gewissen Standard in der Ausgesaltung seines Verhältnisses mit dem seiner Souveränität unterworfenen Fremden.

Der mit Verve hauptsächlich zwischen lateinamerikanischen Staaten auf der einen und westlichen Staaten auf der anderen Seite ausgetragene Streit, ob als Maßstab des völkerrechtlichen Fremdenrechts eine Inländergleichbehandlung[55], ein internationaler Mindeststandard[56] oder die allge-

---

[53] Vgl. beispielsweise den Freundschafts-, Handels- und Schiffahrtsvertrag zwischen der Bundesrepublik Deutschland und den Vereinigten Staaten von Amerika, v. 29. 10. 1954, BGBl 1956 II 488.

[54] Schnitzer, sub voce ‚Mindeststandard‘, 2 WdV 537.

[55] Die Inländergleichbehandlung bildet den zweiten Teil der sog. *Calvo-Doktrin* des argentinischen Völkerrechtlers *Cárlos Calvo*. Im Zuge der Unabhängigkeitsbestrebungen lateinamerikanischer Republiken kam es wegen hieraus resultierender instabiler innenpolitischer Verhältnisse wiederholt zu Schäden bei dort aufhältigen Ausländern, deren Ersatz ihre Heimatstaaten des häufigeren mit bewaffneter Intervention durchsetzten, und wobei sie „. . . often abused their rights and . . . inflicted gross injustice upon weak States“, E. M. Borchard, The Diplomatic Protection of Citizens Abroad 447. *Calvo* vertrat das Prinzip der strikten Non-Intervention, abgeleitet aus der unangreifbaren Souveränität eines jeden Staates. Folgerichtig forderte *Calvo* gleichzeitig die völlige Gleichstellung des Fremden mit dem Inländer, da sich aus der Gleichheit der Staaten eine Privilegierung von Fremden nicht begründen lasse: „Y la regla que en mas de un caso han tratado de imponer las primeras [die europäischen Großmächte] á los segundos [die lateinamerikanischen Staaten] es, que los extranjeros merecen mas consideracion y mayores respetos y privilegios que los mismos naturales del país en que residen. Este principio, cuya aplicacion es notariamente injusta y atentatoria á la ley de la igualdad de los Estados . . .“ mit der nach *Calvo* abzulehnenden Konsequenz, „. . . los ciudadanos de un pais tendrian menos derechos y garantías que los residentes extranjeros“, 1 Derecho Internacional Teórico y Práctico de Europa y América 393 [Paris 1868]; die Institution des diplomatischen Schutzes wäre nach Calvo mithin obsolet, da der Fremde, in Gleichstellung zum Inländer, bei Beeinträchtigung seiner Rechte ausschließlich auf den innerstaatlichen Rechtsweg verwiesen ist. S. generell zur Calvo-Doktrin D. R. Shea, The Calvo Clause [Minneapolis 1955].

[56] Gegen die Verneinung eines Schutzrechts und für die Beachtung eines internationalen Standards bei der Behandlung Fremder s. *Affaire des Concessions Mavrom-*

meinen Menschenrechte[57] gelten sollen, hat sich derzeitig im wesentlichen zugunsten einer Festlegung von fremdenrechtlichen Minimalgarantien anhand eines internationalen Zivilisationsstandards aufgelöst[58]. Das Völkerrecht schreibt hierbei jedem Staat vor, die Rechts- und Geschäftsfähigkeit des Fremden grundsätzlich anzuerkennen, seine körperliche Unversehrtheit zu respektieren und zu schützen, ihn weder vom Rechtsweg auszuschließen noch ihm das rechtliche Gehör zu verweigern, bei Verhaftung unverzüglich eine Haftprüfung durchzuführen und das Vermögen des Fremden nur anhand in diesem Zusammenhang vom Völkerrecht aufgestellter Voraussetzungen zu enteignen[59].

---

matis en Palestine, arrêt No. 2, C.P.I.J., Sér. A 1924; in diesem Urteil bezeichnet der Gerichtshof die Ausübung diplomatischen Schutzes als „principe élémentaire du droit international", Arrêt, p. 12. Cause célèbre ist der Fall *Harry Roberts (USA) v. United Mexican States,* IV United Nations Reports of International Arbitral Awards 77 – 81, in dem sich die amerikanisch-mexikanische General Claims Commission mit „cruel and inhumane imprisonment" eines US-Bürgers in einem mexikanischen Gefängnis „under sub-standard conditions" befaßte und auf Vorhalt des mexikanischen Agenten, *Harry Roberts* sei der gleichen Behandlung teilhaftig geworden wie die miteinsitzenden Mexikaner, in seiner Entscheidung v. 02. 11. 1926 u. a. gerade hierzu ausführte: „. . . such equality is not the ultimate test of the propriety of the acts of authorities in the light of international law. That test is, broadly speaking, whether aliens are treated in accordance with ordinary standards of civilization", p. 80. Der Großteil der Völkerrechtsliteratur ist dem gefolgt, s. statt aller G. Dahm, I Völkerrecht 504 [Stuttgart 1958] m. w. N. in Fn. 3.

[57] *Garcia-Amador* wollte die antagonistischen Positionen in eine neue Rechtsregel inkorporieren unter Wahrung der essentiellen Elemente und Zielsetzungen beider „in the light of the (essential) human rights which have been internationally recognized", State responsibility in the light of the new trends of international law, 49 AJIL 344 (339) [1955]. In seiner Funktion als Berichterstatter der ILC für ein Kodifikationsvorhaben hinsichtlich der Staatenverantwortlichkeit gegenüber Fremden nahm *Garcia-Amador* diesen Gedanken 1957 als Art. 5 in seinen „Draft on international responsibility of the State for injuries caused in its territory to the person or property of aliens", II Yearbook of the ILC 128 – 130 [1957], auf: „1. The State is under a duty to ensure to aliens the enjoyment of the same civil rights, and to make available to them the same individual guarantees as are enjoyed by its own nationals. These rights and guarantees shall not, however, in any case be less than the ‚fundamental human rights' recognized and defined in contemporary international instruments. 2. . . .", op. cit., p. 129.

[58] Die einzige Ausnahme bilden hierbei die Pflichten des Staates bei Nationalisierungsmaßnahmen. Insbesondere die Dritte Welt hat innerhalb diesbezüglich in der Generalsversammlung der Vereinten Nationen geführter Diskussionen und verabschiedeter Resolutionen wiederholt darauf bestanden, daß „each State is entitled to determine the amount of possible compensation and the mode of payment, and that any disputes which might arise should be settled in accordance with the national legislation of each State carrying out such measures", GA Res. 3171 on Permanent Sovereignty over Natural Resources, 28 UN GAOR, Suppl. (No. 30) 52, UN Doc. A/ 9030 [1973]; s. hierzu die Bewertung durch Lillich, Duties of States regarding the civil rights of aliens, 161 RdC 329 – 442 [1978 III], insbes. 360 – 372.

[59] Eine Übersicht über die den internationalen Mindeststandard konstituierenden Normen geben A. H. Roth, The Minimumstandard of International Law Applied to Aliens 127 – 185 [Leyden 1949], J. P. Müller / L. Wildhaber, Praxis des Völkerrechts 332/333 [2. Aufl., Bern 1982]. Dabei kann eine gewisse Osmose zwischen diesen Normen und den heute anerkannten allgemeinen Menschenrechten nicht übersehen werden, die letztlich zu einer Auflösung des Gegensatzes Inländergleichbehandlung/Mindeststandard führen könnte.

So ist nunmehr unschwer zu erkennen, daß sich der Staat bei Geltendmachung diplomatischen Schutzes in Form des völkerrechtlichen Wiedergutmachungsanspruchs tatsächlich eines *eigenen* Rechts berühmt, seines Rechts auf Einhaltung bestimmter vom Völkerrecht für einen spezifischen Tatbestand aufgestellter Normen[60]. Doch werden bei der Verletzung des beschriebenen internationalen Mindeststandards gegenüber Fremden auf völkerrechtlicher Ebene keine abstrakt-multilateralen Rechtsbeziehungen zwischen einer Vielzahl von Völkerrechtssubjekten ausgelöst, führt der Verstoß gegen völkerrechtliche Pflichten nicht zu einem Delikt gegenüber der gesamten Völkerrechtsgemeinschaft. Denn Völkerrecht ist *inter*nationales Recht, hat einen ‚individualistischen Charakter'[61] insofern, als es nicht über den Völkerrechtssubjekten steht, sondern bei seiner Mißachtung ein konkretes *vinculum iuris negativum* zwischen Deliktssubjekt und Deliktsobjekt knüpft[62].

Im Ergebnis also ruft die Verletzung des internationalen Mindeststandards eine Rechtsbeziehung ins Leben zwischen dem sich dieserart pflichtwidrig verhaltenden Staat und demjenigen Staat, der durch jene Mißachtung in seinem Recht auf Einhaltung des völkerrechtlich gesetzten Rahmens für die Behandlung Fremder verletzt worden ist.

Bei der Geltendmachung diplomatischen Schutzes verfolgt der Staat nicht die Mißachtung des Völkerrechts bei der Nichteinhaltung des Minimumstandards gegenüber einem beliebigen Fremden; ihm geht es vielmehr um die Sicherstellung des Respekts vor dem Völkerrecht „en la personne de ses ressortissants"[63].

Damit rückt schließlich die Funktion der Staatsangehörigkeit im Rahmen des diplomatischen Schutzes in den Vordergrund der Darstellung.

---

[60] "La protection diplomatique ... constitue[nt] une mesure de défense des droits de l'État, *Affaire Nottebohm* (deuxième phase), Arrêt du 6 avril 1955: C.I.J. Recueil 1955, p. 24.

[61] Diese Bezeichnung gibt G. Schwarzenberger, I International Law 355 [3rd ed., London 1957].

[62] Deutlich gemacht von Strupp, Das völkerrechtliche Delikt, III Handbuch des Völkerrechts [3. Abt.] 16 [F. Stier – Somlo Hrsg., Stuttgart 1920] und Schlochauer, Allgmeines Völkerrecht, Die Verwaltung 36/37 [Heft 50, 1951], sowie vom StIGH im Urteil *Phosphates du Maroc* (Exeptions Préliminaires), Sér. A/B 1938, No. 74, p. 28. Ein anderes Problem stellt die Verletzung mehrseitiger Vereinbarungen bzw. von „obligations des Etats envers la communauté internationale dans son ensemble" (*Barcelona Traction Light and Power Company, Limited*, arrêt C.I.J. Recueil 1970, p. 32) dar, s. dazu insbes. E. Menzel / K. Ipsen, Völkerrecht 349 und Frowein, Die Verpflichtungen erga omnes im Völkerrecht und ihre Durchsetzung, Völkerrecht als Rechtsordnung – Internationale Gerichtsbarkeit – Menschenrechte, Festschrift für Hermann Mosler 241 – 262 (R. Bernhardt / W. K. Geck / G. Jaenicke / H . Steinberger, Hrsg., Berlin usw. 1983).

[63] So der zweite Schwerpunkt in dem oben bei Fn. 49 wiedergegebenen Zitat des StIGH in seinem Urteil zur *Affaire des Concessions Mavrommatis en Palestine*; s. hierzu E. M. Borchard, The Diplomatic Protection of Citizens Abroad 18 m. w. N.

2. Staatsangehörigkeit

Cause célèbre für die Regel der *‚nationality of claims‘* oder der Staatszugehörigkeit von Schutzrechtsansprüchen ist der 1939 vom StIGH entschiedene *Panevezys-Saldutiskis Eisenbahn*-Fall[64]. Der Gerichtshof nahm die Geltendmachung diplomatischen Schutzes durch Estland gegenüber Litauen zugunsten einer nach estnischem Zivilrecht errichteten Eisenbahngesellschaft in dem ihm unterbreiteten Rechtsstreit zum Anlaß, grundsätzlich zu den Voraussetzungen des diplomatischen Schutzes Stellung zu nehmen. Dabei machte das Gericht deutlich, daß es sich bei der Ausübung diplomatischen Schutzes um ein Recht des Staates handele, mit dem dieser seinem Recht auf Einhaltung des Völkerrechts in der Person seiner Angehörigen Geltung verschaffe[65]. Weiter heißt es in dem Urteil: „Ce droit ne peut nécessairement être exercé qu'en faveur de son national, parce que, en l'absence d'accords particuliers, c'est le lien de nationalité entre l'État et l'individu qui seul donne à l'État le droit de protection diplomatique. Or, c'est comme partie de la fonction de protection diplomatique que doit être considéré l'exercice du droit de prendre en mains une réclamation et d'assurer le respect du droit international“[66].

Das so formulierte Nationalitätsprinzip in der Schutzrechtsausübung durchzieht nicht nur wie ein roter Faden die Judikatur der beiden Internationalen Gerichtshöfe vom *Mavrommatis*-Fall über den *Panevezys-Saldutiskis*-Fall, den *Nottebohm*-Fall bis hin zum *Barcelona-Traction*-Fall, sondern ist desgleichen fester Bestandteil aller diesbezüglichen Schiedsgerichtssprüche[67] und kann darüberhinaus als ganz herrschende Meinung in der Völkerrechtsliteratur bezeichnet werden[68]. Ein entsprechendes Bild zeichnen im übrigen bisherige Kodifikationsvorhaben zum diplomatischen Schutz und die Praxis einzelner Staaten selbst[69].

---

[64] Sér. A/B No. 76, p. 4.

[65] Arrêt, p. 16.

[66] Op. cit. Letztlich ließ der StIGH die Frage nach der tatsächlichen Zugehörigkeit des geltend gemachten Anspruchs zu Estland dahingestellt, da die Eisenbahngesellschaft den innerstaatlichen Rechtsweg Litauens nicht erschöpft hatte.

[67] Vgl. statt aller den Schulfall für die Anwendung des Nationalitätsprinzips, den von der mexikanisch-amerikanischen General Claims Commission 1931 entschiedenen Fall *Dickson Car Wheel Company (U.S.A.) v. United Mexican States*, IV UNRIAA 669, insbes. p. 678: „This [i. e. nationality] is the link existing between that law [i. e. international law] and individuals and through it alone are individuals enabled to invoke the protection of a State and the latter empowered to intervene on their behalf.“

[68] L. Oppenheim, I International Law 645/646 [8th ed. (H. Lauterpacht ed.), London 1955]; R. Quadri, Diritto Internazionale Pubblico 649 [5. ed., Napoli 1968]; H. Kelsen, Principles of International Law 369 [2nd ed. (R. W. Tucker ed.), New York etc. 1966].

[69] Beispielsweise enthielt ‚Basis of Discussion No. 28‘ des von *Guerrero* für die vom Völkerbund 1930 zusammengerufene First Conference for the Codification of International Law erstellten Berichts über ‚Responsibility of states for damage done in their

Die Stringenz in der Anerkennung des dem Schutzrechtsanspruch immanenten nationalen Charakters ist auf der anderen Seite nicht frei von gewissen Unklarheiten, die sich sowohl aus der – unterschiedlichen – Bedeutung der Staatsangehörigkeit im innerstaatlichen Recht ergeben, als sie auch die Frage nach dem eigentlichen Stellenwert der Staatsangehörigkeit im Gefüge diplomatischer Schutzausübung berühren.

Die Regelung der Staatsangehörigkeit als die Angehörigkeit wenigstens zu einem Staat vermittelnde und manifestierende Rechtseigenschaft ist prinzipiell Sache des innerstaatlichen Rechts eines jeden Staates[70], wobei das Völkerrecht in seiner kodifizierten oder gewohnheitsrechtlichen Form eine Kontrollinstanz bildet gegen Mißbräuche dieser Autonomie bzw. zur Sicherstellung eines wenigstens in Ansätzen einheitlichen Ausschlusses unerwünschter zwischenstaatlicher Auswirkungen besagter Kompetenz[71].

territories to the person or property of foreigners' (s. o. Fn. 15 f.) eine entsprechende Klausel (24 AJIL, Suppl. 70/71 [1930]) gleich wie Art. 22 I, 23 I einer von *Garcia-Amador* der ILC unterbreiteten ‚Revised draft on international responsibility of the State for injuries caused in its territory to the person or property of aliens', II Yearbook of the ILC 49 [1961]. Eine so geartete Staatenpraxis geben u. a. zu erkennen ‚Rule I' der vom British Foreign and Commonwealth Office 1971 herausgegebenen ‚Rules regarding International Claims', nach welcher „[h]er Majesty's Government will not take up the claim unless the claimant is a United Kingdom national. . .", abgedr. bei D. J. Harris, Cases and Materials on International Law 474 [2nd ed., London 1979] und Punkt 2, Satz 2, der bei J. P. Müller / L. Wildhaber, Praxis des Völkerrechts auf S. 359 wiedergegebenen ‚Weisungen des Eidgenössischen Politischen Departementes zum diplomatischen und konsularischen Schutz (1972)'. So auch B. Sen, A Diplomat's Handbook of International Law and Practice 281 [2nd ed., The Hague etc. 1979].

70 Vgl. Avis Consultatif No. 4 (1923) des StIGH hinsichtlich einer *Requête . . . concernant les décrets de nationalité promulgués en Tunisie et au Maroc*, Sér. B, p. 23/24.

71 Ein sämtliche Staatsangehörigkeitsfragen aus völkerrechtlicher Sicht regelndes Kodifikationswerk existiert nicht. Andererseits hat insbesondere das Völkervertragsrecht der staatlichen Regelungskompetenz in Staatsangehörigkeitsangelegenheiten Schranken gesetzt, um deutlich zu machen, daß sich die staatliche Zuständigkeit ausschließlich auf die eigene Staatsangehörigkeit erstreckt, um dem Problem der Staatenlosigkeit und Mehrstaatigkeit Herr zu werden oder dem diskriminierenden Verlust bzw. Wechsel der Staatsangehörigkeit einer heiratenden Frau ein Ende zu machen; s. hierzu Convention on Private International Law (der sog. *Codigo Bustamante*), v. 20. 02. 1928, LXXXVI LNTS 112, Convention on Certain Questions relating to the Conflict of Nationality laws, v. 12. 04. 1930, CLXXIX LNTS 89, Protocol Relating to a Certain Case of Statelessness, v. 12. 04. 1930, CLXXIX LNTS 116, Convention Relating to the Status of Stateless Persons, v. 28. 09. 1954, 360 UNTS 117 (BGBl 1976 II 473), Convention on the Nationality of Married Women, v. 20. 02. 1957, 309 UNTS 65 (BGBl 1973 II 1249), Convention on the Reduction of Statelessness, v. 30. 08. 1961, 989 UNTS 175 (BGBl 1977 II 597), Convention on Reduction of Cases of Multiple Nationality and Military Obligations in Cases of Multiple Nationality, v. 06. 05. 1963, 634 UNTS 221 (BGBl 1969 II 1953), Convention tendant à Réduire le Nombre de Cas d'Apatridie, v. 13. 09. 1973, 54 Verträge der Bundesrepublik Deutschland 380 (Ser. A., Nr. 717) (BGBl 1977 II 613), wobei zu bemerken ist, daß viele dieser Verträge entweder nur regional von Bedeutung sind oder einer breit gefächerten Wirkung mangels staatlicher Beitritte entbehren. Das Spezialproblem der Staatsangehörigkeit von im Ausland geborenen Diplomaten- bzw. Konsulnkindern regeln Optional Protocol to the Vienna Convention on Diplomatic Relations, concerning Acquisition of Nationality, v. 18. 04. 1961, 500 UNTS 223 (BGBl 1964 II 1006) und Optional Protocol to the Vienna Convention on Consular Relations concerning Acquisition of Nationality, v. 24. 04. 1963, 596 UNTS 469 (BGBl 1969 II 1674). *Scelle* spricht angesichts des Fehlens einer

Für den Bereich des diplomatischen Schutzes mag die konkrete Ausgestaltung des aus der Staatsangehörigkeitsverleihung resultierenden innerstaatlichen Rechten- und Pflichtenstatus' für den so der Personalhoheit eines Staates unterworfenen Einzelnen dahingestellt bleiben. Wesentlich ist die Außenwirkung dieses innerstaatlichen Akts.

Wenn ganz allgemein seitens Judikatur und Lehre von der Staatsangehörigkeit in ihrer völkerrechtlichen Auswirkung als conditio sine qua non für das Recht des Staates auf diplomatischen Schutz gesprochen wird[72], verbirgt sich hinter dieser Aussage zweierlei.

Zunächst fixiert die innerstaatlich verliehene Staatsangehörigkeit den unmittelbar begünstigten Personenkreis eines spezifischen völkerrechtlichen Normenkatalogs, dessen Einhaltung gerade gegenüber einem solchermaßen feststehenden Personenkreis der Staat im Wege diplomatischer Schutzausübung von einem anderen Staat verlangen kann. Dieser internationale Effekt der Staatsangehörigkeit im Sinne eines vorerst formellen Zuordnungselements wird problematisiert durch die Frage, wen überhaupt der schutzausübende Staat als seinen Staatsangehörigen in anerkennenswerter Weise zu reklamieren vermag. Denn „national“, „ressortissant“ bzw. „nationalité“ im Duktus des StIGH oder anderer sich mit der Staatsangehörigkeit als Voraussetzung für diplomatische Schutzausübung beschäftigender Instanzen haben keinesfalls immer eine innerstaatliche Entsprechung, gerade weil Festlegung und Ausgestaltung des Rechtsbandes zwischen Einzelperson und Staat im wesentlichen in dessen vorbehaltenen Bereich fallen[73]. *Weis* sieht im innerstaatlich vorbehaltenen Regelungsbereich zutreffend für die Staatsangehörigkeit „as many concepts as there are municipal laws“[74]. Deshalb begnügt sich das Völkerrecht mit dem Verständnis der

---

einheitlichen völkerrechtlichen Kodifikation zum Staatsangehörigkeitsrecht von einer „anarchie internationale“, II Précis de Droit des Gens 139 [Paris 1934].

[72] *Randelzhofer* bezeichnet aus einem anderen Blickwinkel den diplomatischen Schutz als ‚*Corollar*‘ der Staatsangehörigkeit, s. sub voce ‚Nationality‘, in Encyclopedia of Public International Law, Instalment 8, p. 420.

[73] Instruktiv hierzu sind die Staatsangehörigkeitsregelungen der ehemaligen Kolonialmächte. Großbritannien erkannte als Staatsangehörige ‚*British subjects*‘ und ‚*British Protected Persons*‘ an (s. Jones, Who are British Protected Persons?, XXII British Yearbook of International Law 122 – 129 [1945], Wengler, Das neue britische Staatsangehörigkeitsrecht, 75 Archiv des Öffentlichen Rechts 26 – 55 [1949]) und hat nun durch seinen British Nationality Act 1981 (2 Current Law Statutes Annotated c. 61 [1981]) fünf Staatsangehörigkeitskategorien geschaffen. Im französischen Recht existieren ‚*citoyens francais*‘ und ‚*sujets francais*‘ (s. A. N. Makarov, Allgemeine Lehren des Staatsangehörigkeitsrechts 43/44 [2. Aufl., Stuttgart 1962]), eine jetzt einheitliche Staatsangehörigkeit ergibt sich aus Art. 77 Abs. II der französischen Verfassung v. 04. 10. 1958 (Journal Officiel 1958, 9151) iVm. dem Code de la nationalité, v. 19. 10. 1945, (J. O. 1945, 6700). Selbst das Deutsche Reich hatte eigens für Deutsch-Ostafrika eine deutsch-ostafrikanische Landeszugehörigkeit geschaffen, s. Allerhöchste Verordnung, betreffend die Verleihung der deutsch-ostafrikanischen Landesangehörigkeit, v. 24. 10. 1903, Die Deutsche Kolonialgesetzgebung, 7. Teil 227 [1903].

[74] Nationality and Statelessness in International Law 239 [2nd ed., Alphen aan den Rijn 1979]. *Weis* leitet hieraus, ebenso wie H. F. *van Panhuys* (The Role of Nationality

Staatsangehörigkeit als einem Abgrenzungskriterium für die Personalhoheit eines Staates und sieht die Nationalität des Schutzrechtsanspruchs mittels einer allgemeinen Angehörigkeit des schutzbegünstigten Individuums zum schutzausübenden Staat erfüllt. Die von diesem Verständnis abstrakte und teilweise hierarchische Staffelung innerstaatlicher Staatsangehörigkeitskategorien besitzt so für das Völkerrecht im Bereich des diplomatischen Schutzes keinen Einfluß[75]. Als termini technici haben sich für die Bezugnahme auf den Staatsangehörigen iure gentium im Englischen die Bezeichnung *‚national‘*, im Französischen *‚ressortissant‘* durchgesetzt[76], nachdem insbesondere der Ausdruck ‚ressortissant‘ sowohl vom französischen Cour de Cassation wie auch seitens verschiedener Schiedsgerichte als völkerrechtliche Staatsangehörigkeitsbezugnahme im weiten Sinne interpretiert worden war[77].

---

in International Law 30/31) und *Wengler* (Betrachtungen zum Begriff der Staatsangehörigkeit, Internationalrechtliche und staatsrechtliche Abhandlungen. Festschrift für Walter Schätzel 547 [E. Brüel / D. Constantopoulos, Hrsg., Düsseldorf 1960]) einen Dualismus des Staatsangehörigkeitsbegriffes im innerstaatlichen Recht und im Völkerrecht her. Diese Ansicht dürfte mittlerweile als überholt gelten, stellt doch die Staatsangehörigkeit eine vom innerstaatlichen Recht festgelegte Konzeption für die Zugehörigkeit zu einem bestimmten Staat dar, an deren Vorhandensein das Völkerrecht lediglich eigene Rechtsfolgen knüpft, s. zuletzt A. N. Makarov / H. v. Mangoldt, Deutsches Staatsangehörigkeitsrecht. Kommentar, Einl. I Rn 11 [3. Aufl., Losebl., Frankfurt 1981 ff.].

[75] Ob ein Staat ipso facto den aus einer Einbürgerung resultierenden internationalen Effekt des Rechts auf diplomatische Schutzausübung gegen sich gelten lassen muß, hatte der IGH im *Nottebohm*-Fall zu entscheiden, s. *Affaire Nottebohm* (deuxième phase), Arrêt du 6 avril 1955: C.I.J. Recueil 1955 p. 4. Die Darstellung dieses Urteils und seiner Auswirkungen bleibt einem anderen Teil dieser Arbeit vorbehalten, s. o. 3. Teil B. I. 2.

[76] Vgl. zuletzt bspw. das Urteil des IGH im Fall *Barcelona Traction, Light and Power Company, Limited,* (arrêt, C.I.J. Recueil 1970, p. 3), in welchem beide Begriffe jeweils synonym Verwendung finden. Ein ähnliches Nebeneinander war schon in den nach dem Ersten Weltkrieg geschlossenen Friedensverträgen zu beobachten, s. den Versailler Vertrag v. 28. 06. 1919 (G. Martens, 11 Nouveau Recueil Général de Traités, Sér. 3, p. 323; RGBl 1919, 688), Teile III, X; ebenso der Vertrag von St. Germain v. 10. 09. 1919 (frz. Text op. cit., p. 691, engl. Text in CXII British and Foreign State Papers 317 [1919]), insbes. Art. 228 – 231. Für den sicher unüblichen Gebrauch dieses Begriffspaares in Bezug auf Schiffe s. Art. 12 der Convention internationale pour l'unification de certaines règles concernant la limitation de la responsabilité des propriétaires de navires de mer (v. 25. 08. 1924, CXX LNTS 123), bzw. Art. 14 der Convention internationale pour l'unification de certaines règles relatives aux privilèges et hypothèques maritimes (v. 10. 04. 1926, CXX LNTS 187) in der Beschränkung auf ‚ressortissants‘ im französischen Originaltext.

[77] Der Cour de Cassation anerkannte im Fall *Prince Elie de Bourbon-Parme c. Anroux ès-qualité et Ministère Public* (50 Journal du Droit International 904 – 930 [1923]) den Kläger als ‚ressortissant‘ Österreichs iSv. Art. 249 des Vertrages von St. Germain, dessen „condition juridique internationale“ wegen seiner Position als Freiwilliger (Oberst) im österreichischen Heer „devient absoluement indentique à celle des nationaux de cet Etat“, Déc., p. 929. Das Konzept der Staatsangehörigkeit im Völkerrecht wird deutlich bei der Gegenüberstellung zweier Entscheidungen aus der schiedsgerichtlichen Praxis: in *Aron Kahane successeur c. Francesco Parisi et Etat autrichien* billigte das österreichisch-rumänische Gemischte Schiedsgericht dem Kläger den Status eines ‚ressortissant roumain‘ zu, obwohl Juden in Rumänien bis zum Jahre 1919 nach dem innerstaatlichen Recht dieses Staats als Ausländer behandelt wurden

Daneben fällt der Staatsangehörigkeit eine durchaus materielle Funktion im Hinblick auf die diplomatische Schutzausübung zu. Das Verständnis einer solchen materiellen Natur der Staatsangehörigkeit erschließt sich aus dem arrêt No. 13 der Serie von Entscheidungen zur *Affaire relative a l'usine de Chorzow*[78], in dem der StIGH ausführt: „Les droits ou intérêts dont la violation cause un dommage à un particulier se trouvent toujours sur un autre plan que les droits de l'État auxquels le même act peut également porter atteinte. Le dommage subi par le particulier n'est donc jamais identique en substance avec delui que l'État subira; . . .“[79].

Das Resultat eines völkerrechtswidrigen Aktes liegt dieser Ansicht zufolge in einer kumulativen Schädigung des Individuums wie daneben auch (*„peut egalement“*) möglicherweise des Staates. Dabei ist der dem Individuum zugefügte Schaden nicht identisch (*„sur un autre plan“*) mit dem des Staates. Dieser Feststellung kann uneingeschränkt zugestimmt werden, denn völkerrechtswidriges Verhalten wird in der Regel bereits durch die in ihm zum Ausdruck gelangende Nichtachtung eines anderen Völkerrechtssubjekts dieses „. . . im Hinblick auf die große Bedeutung des moralischen Elementes der Achtung und der Ehre . . .“[80] in seinem internationalen Ansehen beeinträchtigen und ihm solchermaßen schon einen immateriellen Schaden zufügen[81].

(VIII Recueil des Décisions des Tribunaux Arbitraux Mixtes 943 – 963 [1928 – 1929]), während das französisch-deutsche Gemischte Schiedsgericht in *Friedlaender et Oliven c. Wiener-Weimberger* (II Rec. T.A.M. 798 – 801 [1922 – 1923]) die Berufung des Beklagten auf den Status eines Staatenlosen „pour être admis dans la catégorie des ‚ressortissants'“ nicht zuließ, obwohl es diesen Begriff für umfassender hielt als ‚national'. Wenngleich die benannten Entscheidungen Staatsangehörigkeitsfragen jeweils nur im Auslegungsrahmen einzelner Artikel bestimmter Friedensverträge behandelten, ist ihnen eine allgemeine Aussagekraft zum völkerrechtlichen Verständnis der Staatsangehörigkeit nicht abzusprechen; dies gilt so auch für die Kategorisierung von Protektoratsangehörigen als ‚ressortissants' ihres jeweiligen Protektorstaates, s. *National Bank of Egypt v. German Government and Bank für Handel und Industrie*, IV Rec. T.A.M. 233 – 238 [1924-1925], oder *Falla-Nataf et frères c. Etat allemand*, VII Rec. T.A.M. 653 – 656 (1927-1928). Ob sog. ‚declarant aliens' schon mit Abgabe einer entsprechenden Absichtserklärung völkerrechtlich dem Land als Staatsangehörige zugerechnet werden, das diese Fremden gemäß den eigenen innerstaatlichen Gesetzen erst einbürgern will, s. affirmativ den *Koszta* Case, J. B. Moore, A Digest of International Law 820, 830 – 832, dagegen *Edward A. Hilson v. Germany*, 3 Annual Digest of Public International Law Cases 269 – 272 [1925 – 1926], bzw. *Persitz-Keller v. German Federal Republic*, 25 International Law Reports 234 – 236 [1958-I]. Eine genaue Untersuchung des Staatsangehörigkeitsbegriffes in nationaler und völkerrechtlicher Hinsicht gibt Koessler, „Subject“, „Citizen“, „National“ and „Permanent Allegiance“, 56 Yale Law Journal 58 – 76 [1946 – 47], insbes. p. 71 – 75 über die völkerrechtliche Funktion der Staatsangehörigkeit.

[78] (Demande en Indemnité) (Fond), [1928] C.P.J.I., sér. A, No. 17.

[79] Arrêt, p. 28.

[80] Strupp, Das völkerrechtliche Delikt, III Handbuch des Völkerrechts [3. Abt.] 20.

[81] Über die Zufügung eines immateriellen bzw. ideellen Schadens sowie die Ausgestaltung der Wiedergutmachung s. *Sentence arbitrale dans l'affaire du vapeur francais „Catharge“*, v. 06. 05. 1913, VIII Nouveau Recueil Général de Traités et Autres Actes Relatifs aux Rapports de Droit International (3me Sér.) 174 – 179 [1914], sowie *Sen-*

Hingegen erwächst aus der Verletzung eines Individuums, das via Staatsangehörigkeit völkerrechtlich als einem bestimmten Staat zugehörig und unbedingt seiner Personalhoheit unterfallend gilt, dem Heimatstaat dieses Individuums ein konkret-materieller Schaden, welcher dem Völkerrechtssubjekt in der Nichtbeachtung des Völkerrechts – zumeist in Form des internationalen Minimumstandards – bei der Behandlung eines oder mehrerer seiner Staatsangehörigen entstanden ist. Dieser materielle Schaden wiederum bemißt sich nach dem Verlust des Einzelnen, den jener als Resultat der Nichtbeachtung des Völkerrechts in seiner Person erlitten hat, d. h., zur Substantiierung der seitens des verletzten Staates zu fordernden Wiedergutmachung wird die Höhe des „privaten" Schadens als „mesure convenable"[82] zugrundegelegt.

Keineswegs indes bildet der Verlust des Einzelnen, wie es den Eindruck macht, einen lediglich nominalen Bemessungsfaktor für den Umfang des staatlichen Schadens. Dies sei an einem Beispiel aus dem völkerrechtlichen Leben verdeutlicht: Im Jahre 1963 wurde der französische Staatsangehörige Oberst *Argoud* zwecks Überstellung an die Strafjustizbehörden Frankreichs im Auftrag französischer Behörden gewaltsam aus seinem Hotel in München entführt und nach Frankreich verbracht[83].

Völlig außer Zweifel stellt die Entführung *Argouds'* ein völkerrechtsdeliktisches Verhalten Frankreichs gegenüber der Bundesrepublik Deutschland dar, die durch die Mißachtung ihrer Gebietshoheit erheblich verletzt und mithin Kompensation hierfür zu verlangen berechtigt ist[84].

Ungeachtet dessen ist der Bundesrepublik jedoch die Geltendmachung eines völkerrechtlichen Wiedergutmachungsanspruchs in Form diplomatischer Protektion im hier erläuterten Sinne verwehrt. Denn die Bundesrepublik kann sich Frankreich gegenüber nicht auf die Beachtung des Völkerrechts in der Person eines ihrer Staatsanghörigen berufen, da *Argoud* Franzose ist und damit der bundesdeutschen Personalhoheit schon gar nicht unterfällt. Eben dies aber verhindert zudem einen konkreten Schadensein-

tence arbitrale dans l'affaire du vapeur postale francais „Manouba", v. 06. 05. 1913, op. cit., p. 179 – 186. Zuletzt hat der IGH in seinem Urteil zur *Affaire du Détroit de Corfou*, C.I.J. Recueil 1949, p. 4, die Verletzung der Gebietshoheit eines Staates als Zufügung – immateriellen – Schadens gewertet, Déc., p. 35/36, für dessen Genugtuung ähnlich den vorerwähnten Fällen *„Catharge"* und *„Manouba"* dem Gericht seine Feststellung der Völkerrechtsverletzung ausreichte.

82 So der StIGH im schon erwähnten Urteil Nr. 13 des *Chorzow*-Falles, [1928] C.P.J.I., sér. A, No. 17, p. 28.

83 Eine ausführliche Wertung aller völkerrechtlichen Aspekte dieses Vorfalls gibt Doehring, Restitutionsanspruch, Asylrecht und Auslieferungsrecht im Fall ‚Argoud', 25 Zeitschrift für ausländisches öffentliches Recht und Völkerrecht 209 – 222 [1965], der insbesondere die Entführung selbst als mit Wissen und Wollen offizieller französischer Stellen ausgeführt unterstellt, op. cit., S. 213.

84 Adäquate Kompensation für einen solchen Schaden ist entweder internationalgerichtliche Feststellung des französischen deliktischen Verhaltens (s. o. Fn. 81) oder eine förmliche Entschuldigung Frankreichs.

tritt auf Seiten der Bundesrepublik; denn unter Zugrundelegung des bereits angeführten *Chorzow*-Urteils Nr. 13 des StIGH löst die Nichtbeachtung des völkerrechtlichen Mindeststandards nicht per se einen Wiedergutmachungsanspruch aus, sondern die Wiedergutmachung, die der Staat als eigenes Recht vom Verletzer fordert, muß mit dem infolge des Völkerrechtsdelikts erlittenen „privaten" Schaden des Staatsangehörigen korrespondieren, „... une indemnité correspondant au dommage que les ressortissants de l'État lésé ont subi par suite de l'acte contraire au droit international"[85].

Die Funktion der Staatsangehörigkeit im System des diplomatischen Schutzes erschöpft sich daher nicht nur in ihrem Charakter als formellem Zuordnungselement zur Beantwortung der Frage, hinsichtlich welcher Personen ein Staat sein diplomatisches Schutzrecht ausüben kann; daneben transportiert die Staatsangehörigkeit den individuell erlittenen Schaden auf die völkerrechtliche Ebene, wirkt also materiell-konstituierend für die Entstehung des staatlichen Schadens und ermöglicht auf diese Weise dessen Geltendmachung als völkerrechtlichen Wiedergutmachungsanspruch[86].

3. Kontinuitätserfordernis der Staatsangehörigkeit

Die Voraussetzung des Kontinuitätserfordernisses der Staatsangehörigkeit für die Ausübung diplomatischer Protektion legt fest, innerhalb welchen Zeitraums das verletzte Individuum die Staatsangehörigkeit des schutzausübenden Staates besessen haben muß.

Als *dies a quo* wählt die Regel der ‚continuous nationality of claims' stets den Zeitpunkt der Verletzungshandlung[87]. Eine Palette von Möglichkeiten hat hingegen insbesondere die Schiedsgerichtspraxis für die Bestimmung des *dies ad quem* erschlossen[88]. Nach dieser Entscheidungspraxis muß zur wirksamen Geltendmachung diplomatischen Schutzes der völkerrechtliche

---

[85] Urteil Nr. 13 des *Chorzow*-Falles, [1928] C.P.J.I., sér. A, No. 17, p. 27/28. Dem im Fall *Argoud* der Bundesrepublik zustehenden Anspruch auf Naturalrestitution, d. h., Rückstellung *Argouds* durch Frankreich, natürlich als vom völkerrechtlichen Wiedergutmachungsanspruch i.S. diplomatischen Schutzes abzugrenzender, braucht hier nicht weiter nachgegangen zu werden, s. dazu die Ausführungen *Doehrings* in Restitutionsanspruch, Asylrecht und Auslieferungsrecht im Fall ‚Argoud', 25 ZaöRV 212 – 216 [1965].

[86] Zu der zuletzt genannten Funktion der Staatsangehörigkeit s. insbes. K.R. Messer, Schutzrecht und Nationalitätsprinzip 53 – 56, der allerdings entgegen der hier vertretenen Ansicht den Schaden des Einzelnen lediglich als „Bestandteil des staatlichen Schadens" (op. cit., S. 54) meint sehen zu müssen und nicht als schlechterdings geltend zu machenden staatlichen Schaden.

[87] So schon 1885 die United States and Venezuela Claims Commission im *Abbiati Claim*, bei J. B. Moore, III History and Digest of the International Arbitrations to which the United States has been a Party 2347/2348, bestätigt auch vom StIGH in *Affaire du Chemin de Fer Panevezys-Saldutiskis*, [1939] sér. A/B, No. 76, p. 16/17.

[88] Wesentlich zugeschnitten daher auf den wohl vornehmlich im Schiedsgerichtsverfahren geltend gemachten Wiedergutmachungsanspruch.

Wiedergutmachungsanspruch vom Zeitpunkt seiner Entstehung durch die Verletzungshandlung ununterbrochen national gewesen sein bis zur Unterzeichnung eines Vertrages, dessen Verletzung verfolgt wird[89] oder bis zum Inkrafttreten dieses Vertrages[90], bis zum Abschluß eines Kompromisses[91], bis zur internationalen Geltendmachung des Anspruchs[92], bis zum Schluß der letzten mündlichen Verhandlung über den Anspruch[93], bis zum Schiedsspruch[94] oder bis hin zur Bezahlung einer Entschädigungssumme[95].

Gegen den Zeitpunkt internationaler Geltendmachung des Anspruchs (presentation or filing of the claim), dem als *dies ad quem* in Analogie zum innerstaatlichen Institut der Rechtshängigkeit von einem Teil der internationalen Schiedsgerichtsbarkeit der Vorzug gegeben wurde[96], spricht nicht nur das Gebot äußerster Zurückhaltung bei der Transponierung innerstaatlicher Rechtsbegriffe in das Völkerrecht. Mehr noch haben sich vom Vorbereitungsausschuß des Völkerbundes für die Konferenz zur Kodifikation internationalen Rechts 1930 entsprechend befragte[97] Staaten in ihrer Überzahl auf die Nationalität des Anspruchs „until the claim is decided“[98] festgelegt.

Als herrschende Meinung im Hinblick auf das Kontinuitätserfordernis der Staatsangehörigkeit als Voraussetzung für diplomatische Schutzausübung

---

89 *Sandoval Claim*, bei J. B. Moore, III History and Digest of the International Arbitrations to which the United States has been a Party 2323/2324.

90 So insbesondere die Spruchpraxis der nach dem Ersten Weltkrieg ins Leben gerufenen Gemischten Schiedsgerichte, s. *Paix Roland c. Etat allemand*, IV Rec. T.A.M. 404/405 [1924-1925]; die Ansicht der Klägerin, ihr Staatsangehörigkeitsnachweis müsse lediglich bis zur „... époche ou elle déposa sa première réclamation auprès du ministére des affaires étrangères ...“ (Déc., p. 404) geführt werden, wurde vom französisch-deutschen Gemischten Schiedsgericht abgelehnt. Vgl. auch *Meyer-Wildermann c. Hoirie Hugo Stinnes et autres*, op. cit., p. 848.

91 *Kren Claim*, 20 I.L.R. 236 [1953].

92 *Stevenson Case*, bei J. H. Ralston, Venezuelan Arbitrations of 1903, 455 [Washington 1904].

93 *Affaire des biens Britanniques au Maroc-Espagnol – Réclamation XXXVI – Benchiton*, II UNRIAA 615, 706.

94 *Minnie Stevens Eschauzier (Great Britain) v. United Mexican States*, V UNRIAA 209/210.

95 Diese Ansicht ist zwar nicht schiedsgerichtlich verbürgt, war jedoch für die Vereinigten Staaten gem. Section 6 ihres Claims Circular verbindlich, nach C.-H. Kollmeyer, Die Lehre vom Schutzrecht und die Praxis der Internationalen Schiedsgerichte in Claimssachen 78 [Diss., Berlin 1940].

96 Die völkerrechtliche Literatur folgt dem größtenteils, s. P. Guggenheim, I Lehrbuch des Völkerrechts 284 [Basel 1948], oder Leigh, Nationality and Diplomatic Protection, 20 International and Comparative Law Quarterly 456 (453) [1971].

97 "Is it necessary that the person interested in the claim should have retained the nationality of the State making the claim until the moment at which the claim is presented through the diplomatic channel, or must he retain in throughout the whole of the diplomatic procedure, or until the claim is brought before the arbitral tribunal or until judgement is given by the tribunal?“, s. LoN Doc. C. 75. M. 69. 1929. V., p. 140.

98 So die nach Auswertung der Fragebögen seitens des Vorbereitungsausschusses formulierte ‚Basis of Discussion No. 28‘, s. LoN Doc. C. 75. M. 69. 1929. V., p. 145.

kann daher gelten, was die International Law Commission (ILC) so formulierte: „A State may erxercise the right to bring a claim ... on condition that the alien possessed its nationality at the time of sustaining the injury and conserves that nationality until the claim is adjudicated“[99].

4. „local remedies rule“

„Although a government is bound to protect its citizens, and see that their injuries are redressed where justice is plainly refused them by foreign nations, yet this obligation always presupposes a resort, in the first instance, to the ordinary means of defense or reparation which are afforded by the laws of the country in which their rights are infringed ...“.

Mit diesen Worten formulierte ein amerikanischer Außenminister schon im Jahre 1834[100] einen Grundsatz, der dem Staat erst dann die Ausübung seines diplomatischen Schutzrechts einräumt, wenn der Schutzrechtsbegünstigte seinerseits durch Beschreiten des innerstaatlichen Rechtsweges im Schädigerstaat diesem die Möglichkeit gegeben hat, vermittels hierzu berufener interner Instanzenzüge das erlittene Unrecht selbst zu korrigieren. Diese Regel der vorherigen Erschöpfung innerstaatlicher Rechtsmittel ist in ihrem Kern seit der ersten Hälfte des 19. Jahrhunderts von der Schiedgerichtspraxis, den beiden Weltgerichtshöfen, der Staatenpraxis wie von der Völkerrechtsliteratur als „règle bien établie du droit international coutumier“[101] anerkannt und bestätigt worden[102], so daß ihre gelegentliche Aufnahme in völkerrechtliche Verträge nicht überrascht[103].

---

[99] Art. 23 I eines ‚Revised Draft on International Responsibility of the State for Injuries Caused in its Territory to the Person or Property of Aliens‘, II Yearbook of the ILC 49 [1961]; s. zudem *Case of Joseph Straub*, Foreign Claims Settlement Commission of the United States, [1954], bei M. Whiteman, 8 Digest of International Law 1245/1246 [Washington 1967]. Für diese Auffassung im Schrifttum s. bspw. D. W. Greig, International Law 530 [2nd ed., London 1976]. Schwarzenberger, I International Law [3rd ed.], führt zur Begründung Art. 61 I des IGH-Statuts an, der die Kenntnis einer die Wiederaufnahme des Verfahrens rechtfertigenden entscheidenden Tatsache vor Urteilsverkündung fordert, op. cit., p. 598.

[100] Brief des US-Außenministers *McLane* an einen Mr. *Shain* v. 28. 05. 1834, wiedergegeben bei J. B. Moore, VI A Digest of International Law 658.

[101] *Affaire de l'Interhandel*, Arrêt du 21 mars 1959: C.I.J. Recueil 1959, p. 27.

[102] Für die frühe Schiedsgerichtspraxis s. bspw. *Baldwin's Case* (1849), bei J. B. Moore, III History and Digest of the International Arbitrations to which the United States has been a Party 3126/3127 sowie die bei E. M. Borchard, The Diplomatic Protection of Citizens Abroad auf p. 819 Fn. 1 nachgewiesenen Fälle. Stellvertretend für die Schiedsgerichtspraxis dieses Jahrhunderts s. *Claim of Finnish Shipowners against Great Britain in Respect of the Use of Certain Finnish Vessels during the War* (1934), III UNRIAA 1503, vor allem aber den *Ambatielos Claim* (1956), XII UNRIAA 118 – 120 sowie die bei G. H. Hackworth, V Digest of International Law 506 – 526 [Washington 1943] benannten Fälle. Der StIGH hat die *local remedies rule* u. a. anerkannt in *Affaire des Concessions Mavrommatis en Palestine*, [1924], sér. A, No. 2, p. 12, *Affaire Relative à l'Usine de Chorzow* (Demande en Indemnité) (Compétence), [1927], sér. A, No. 9, p. 31, *Affaire du Chemin de Fer Panevezys-Saldutiskis*, [1939], sér. A/B,

Die *local remedies rule* ist allerdings in ihrer Anwendung einigen Modifikationen und Einschränkungen unterworfen. Ein verletzter Staat ist dann keinesfalls auf die nationale Rechtsbehelfserschöpfung verwiesen, wenn er selbst in seinen souveränen Rechten von einem anderen Staat *iure imperii* verletzt worden ist[104], da er – unzumutbar – sich bei Verfolg seiner Rechte auf dem innerstaatlichen Instanzenweg der Souveränität begeben würde[105]. Der Einzelne hingegen muß sämtliche ihm im Schädigerstaat zur Verfügung stehenden Rechtsschutzinstitutionen in toto und mit einem Höchstmaß an Diligenz auch hinsichtlich der prozedural-formellen Betreibung seiner Sache in Anspruch nehmen[106]. Hierbei wird man ihm nur die Erschöpfung effektiver Rechtsmittel abverlangen, denn der Einwand ungenügender Erschöpfung innerstaatlicher Rechtsmittel verstieße mit Sicherheit gegen Treu und Glauben, wenn der Schädigerstaat eines zur Kompensation des erlittenen Unrechts zuständigen Rechtsschutzsystems überhaupt ermangelt oder im konkreten Fall die Rechtswegbeschreitung erkennbar aussichtslos ist, wenn der Einzelne lediglich eine „repetition of a decision already given“[107] zu erwarten hätte[108].

No. 76, p. 18, *Compagnie d'Électricité de Sofia et de Bulgarie* (Exception Préliminaire), [1939], sér. A/B, No. 77, p. 79, während der IGH diese Regel im schon erwähnten *Interhandel*-Fall (o. Fn. 101) bestätigte. Zur Staatenpraxis vgl. ‚Rule VII‘ der ‚Rules regarding International Claims‘ des British Foreign and Commonwealth Office von 1971: „Her Majesty's Government will not normally take up a claim of a United Kingdom national against another state until all legal remedies available to him in the state concerned (i. e. municipal remedies) have been exhausted“, zitiert nach P. J. Harris, Cases and Materials on International Law 497. Zur herrschenden Meinung in der Literatur s. G. Dahm, III Völkerrecht 260 – 265 [Stuttgart 1961] und zuletzt Doehring, sub voce ‚Exhaustion of Local Remedies‘, in Encyclopedia of Public International Law, Instalment 1, p. 136 – 140. Einen vollständigen Überblick über die internationalgerichtliche Rezeption dieser Regel gibt auch T. H. Haesler, The Exhaustion of Local Remedies in the Case Law of International Courts and Tribunals [Leyden 1968].

103 Die Regel der Erschöpfung innerstaatlicher Rechtsbehelfe findet sich kodifiziert u. a. in Art. 26 der (European) Convention for the Protection of Human Rights and Fundamental Freedoms, v. 04. 11. 1950, 213 UNTS 221, BGBl 1952 II 686, in Art. 29 der European Convention for the Peaceful Settlement of Disputes, v. 29. 04. 1957, 320 UNTS 243, BGBl 1961 II 82 und Art. 41 (1c) des International Covenant on Civil and Political Rights, v. 19. 12. 1966, GAOR 21st Sess., Resolutions, p. 52, BGBl 1973 II 1533.

104 Zu Recht auf diesen Standpunkt stellte sich Israel auf einen entsprechenden Vorhalt Bulgariens vor dem IGH in I.C.J. Pleadings, *Aerial Incident of 27 July 1955 (Israel v. Bulgaria; . . .)*, p. 158; s. dazu C. Eagleton, The Responsibility of States in International Law 51, 103 [New York 1928].

105 Zu diesem vom diplomatischen Schutz als Geltendmachung eines völkerrechtlichen Wiedergutmachungsanspruchs völlig zu trennenden *national claim* s. u. 1. Teil III.

106 Das Schiedsgericht warf dem Griechen *Ambatielos* in diesem Zusammenhang vor, er habe es unterlassen, dem erstinstanzlichen Gericht in Großbritannien einen bestimmten wichtigen Zeugen zu benennen, so daß die zweite Instanz, der Court of Appeal, aus prozeßrechtlichen Gründen eine Berufung *Ambatielos'* nicht zuließ, s. *Ambatielos Claim*, XII UNRIAA 122.

107 *Affaire du Chemin de Fer Panevezys-Saldutiskis*, [1939], C.P.J.I., sér. A/B, No. 76, p. 18; desgleichen *S.S. „Lisman“ Claim*, [1937], III UNRIAA 1773/1774.

Ebenso ist aber auch ein konsensualer Verzicht auf die Anwendung der *,règle de l'epuisement des voies de recours internes'* möglich; dieser kann vertraglich expressis verbis vereinbart worden sein[109] oder implizit durch die bloße Beanspruchung (schieds)-gerichtlicher Feststellung des Unrechts[110] sich ergeben, bzw. gegebenenfalls als ,verspätetes Vorbringen' zurückgewiesen werden[111]. Vor Abschluß der innerstaatlichen Rechtsverfolgung ist die internationale Geltendmachung des Anspruchs nur für den Fall eines „unwarrantable delay" lokaler Entscheidungsfindung zulässig[112].

Die heute herrschende Meinung zur *local remedies rule* faßt erschöpfend zusammen eine Resolution des Instituts für Internationales Recht, in der formuliert wird: „When a State claims that an injury to the person or property of one of its nationals has been committed in violation of international law, any diplomatic claim or claim before a judicial body vested in the State making the claim by reason of such injury to one of its nationals is irreceivable if the internal legal order of the State against which the claim is made provides means of redress available to the injured person which appear to be effective and sufficient so long as the normal use of these means of redress has not been exhausted. This rule does not apply: a) ... b) if the application of the rule has been set on one side by agreement between the States concerned"[113].

---

[108] Die Frage nach der Effektivität der ,remedies' ist also eine auf den Einzelfall bezogene. Gerade ein so entwickeltes Rechtssystem wie das der Bundesrepublik wird eine Rechtsmittelerschöpfung möglicherweise bis hin zur Verfassungsbeschwerde nahelegen, während in Staaten ohne Überprüfungsmöglichkeit u. U. auch legislatorischen Unrechts Einschränkungen der ,exhaustion of local remedies' auf der Hand liegen.: „il est rare qu'il existe des remèdes locaux contre les actes des organes les plus autorisés de l'Etat", *Affaire des Forêts du Rhodope Central* (Fond) [1933], III UNRIAA 1420.

[109] Vgl. Art. 26 der Convention on the settlement of investment disputes between States and nationals of other States, v. 18. 03. 1965, 575 UNTS 159, BGBl 1969 II 1191.

[110] Der StIGH hat auf die innerstaatliche Rechtsbehelfserschöpfung ausdrücklich für den Fall des Antrags auf ein Feststellungsurteil verzichtet, s. *Affaire relative à l'Usine de Chorzow*, [1927], C.P.J.I., sér. A, No. 9, p. 27.

[111] Vgl. die Entscheidung der Europäischen Menschenrechtskommission im Fall *Cinquante-sept habitants de Louvain et des environs de cette ville contre La Belgique*, 7 Annuaire de la Convention Européenne des Droits de l'Homme 252, 259 / 261 [1964]. Die Unterwerfung unter die obligatorische Gerichtsbarkeit im Rahmen von Art. 36 II IGH-Statut bedeutet keinen Verzicht auf die Anwendbarkeit der *local remedies rule*, s. den StIGH zu dieser Frage hinsichtlich des wortgleichen Art. 36 seines Statuts in *Affaire du Chemin de Fer Panevezys-Saldutiskis*, [1939], sér. A/B, No. 76, p. 6 iVm. 22 (auch Exposé de M. Mandelstam [Lithuanie]), Plaidoiries, Exposés Oraux et Documents, No. 86, Affaire du Chemin de Fer Panevezys-Saldutiskis [1938 – 1939], 468, sowie zu diesem Komplex Amerasinghe, The Local Remedies in an Appropriate Perspective, 36 ZaöRV 727 – 759 [1976], insbes. S. 736 – 743.

[112] *Affaire Relative à l'Administration du Prince von Pless* (Exception Préliminaire), [1933], C.P.J.I., sér. A/B, No. 52, p. 16.

[113] ,The Rule of Exhaustion of Local Remedies', v. 18. 04. 1956, angenommen vom Institut de Droit International auf seiner Sitzung in Granada, 46 Annuaire de l'Institut de Droit International, Session de Grenade, 364 [1956].

5. „clean hands"

Das Prinzip der *clean hands* findet seinen Ursprung in dem vom britischen Court of Chancery und den Lord Chancellors seit etwa Beginn des 16. Jahrhunderts entwickelten und praktizierten Rechtsinstitut der *equity* (Billigkeit). Auf das Völkerrecht in dem hier zu behandelnden Komplex angewendet bedeutet die Maxime ‚He who comes into equity must come with clean hands', daß einem Staat die Geltendmachung diplomatischen Schutzes in Form des völkerrechtlichen Wiedergutmachungsanspruchs zugunsten eines seiner Staatsangehörigen gegenüber einem anderen Staat dann verwehrt sein soll, wenn dem Schutzbegünstigten im Verhältnis zum Anspruchsgegner in der streitbefangenen Angelegenheit selbst ein unkorrektes Verhalten zum Vorwurf gemacht werden kann.

In der internationalgerichtlichen Praxis steht die pointierte Bestätigung der *‚mains propres'* noch aus. Nach Auffassung vereinzelter Autoren aber haben sie im Gewande des allgemeinen Rechtsgrundsatzes *nullus commodum capere de sua iniuria propria*[114] teilweise entscheidungserheblichen Einfluß manifestieren können und werden deshalb in den Rang einer Voraussetzung für die diplomatische Protektion erhoben[115].

Die von *Garcia-Arias* und *Delbez* zur Substantiierung dieser Annahme herangezogenen Schiedsgerichtsurteile der General Claims Commission United States – Mexico in den Fällen *Teodoro Garcia and M. A. Garza v. United States*[116], *Gertrude Parker Massey v. Mexico*[117], *B. E. Chattin v. The United Mexican States*[118] und *Lillie S. Kling v. United Mexican States*[119], sowie die Entscheidung im *I'm Alone*-Fall[120] beweisen das genaue Gegenteil der ihnen seitens der genannten Völkerrechtler beigemessenen Doktrinswirkung. In den vier Fällen vor der Schiedskommission mag ein gesetzwidriges Verhalten der ursprünglich geschädigten Einzelpersonen bei der Kompensationszumessung eine Rolle gespielt haben[121], besaß aber daneben „... no relevancy to the merits of the ... claim under international law"[122]. Nichts

---

[114] Oder ‚nemo ex suo delicto meliorem suam conditionem facere potest', oder ‚ex delicto non oritur ius (actio)', oder ‚nemo auditur propriam turpitudinem allegans'.

[115] So zuallererst *Garcia-Arias* in seinem Aufsatz La Doctrine des „Clean Hands" en Droit International Public, 30 Annuaire de l'Association des Auditeurs et Anciens Auditeurs de l'Académie de Droit International de la Haye 14 – 22 [1960] und ihm folgend L. Delbez, Les Principes Généraux du Contentieux International 195 – 197 [Paris 1962], der von einer „règle coutumière" spricht, op. cit., p. 197.

[116] [1926], abgedr. in 21 AJIL 581 – 586 [1927].

[117] [1927], abgedr. in 21 AJIL 783 – 791 [1927].

[118] [1927], abgedr. in 22 AJIL 667 – 682 [1928].

[119] [1930], abgedr. in 25 AJIL 367 – 380 [1931].

[120] [1935], III UNRIAA 1609 – 1618.

[121] So wenigstens im *Garcia und Garza*-Fall: „... it (gemeint ist eine illegale Grenzüberschreitung, d. Verf.) ought to influence the amount of damage ...", 21 AJIL 586 [1927].

anderes gilt für den *I'm Alone*-Fall. Wenngleich auch die beiden Schiedsrichter – möglicherweise im Hinblick auf die im wahrsten Sinne des Wortes ‚prohibitiven' Aktivitäten der *S.S. I'm Alone* – sich einem Schadensersatzanspruch in Ansehung des von Kanada geltend gemachten Verlusts von Schiff und Ladung versagten, stand doch immer außer Zweifel, daß weder die Vereinigten Staaten „. . . notwithstanding the knowledge of His Majesty's Government that the I'm Alone had been for a number of years engaged in attempts to smuggle liquor into the United States"[123] die Berechtigung Kanadas an der völkerrechtlichen Anspruchserhebung „directly or by implication"[124] in Abrede stellten, noch der rechtswidrige Einsatz der *S.S. I'm Alone* einer Sachentscheidung über das Versenken dieses Schiffes durch ein amerikanisches Küstenwachfahrzeug auf Hoher See im Wege stünde.

Entgegen der Auffassung *Garcia-Arias'* und *Delbez'*[125] hat sich das als allgemeiner Rechtsgrundsatz anerkannte Prinzip *nullus commodum capere de sua iniuria propria* in seiner *clean hands*-Ausgestaltung für den Bereich des diplomatischen Schutzes daher nicht derart durchgesetzt, daß es die materielle Begründetheit eines völkerrechtlichen Wiedergutmachungsanspruchs zu entkräften vermag. Im übrigen sollte bei der Anwendung eines so wenig eingrenzbaren Begriffs wie des der *equity* angesichts des doch eher individuellen Charakters des Völkerrechts Vorsicht und Zurückhaltung obwalten; denn zum einen vermag das *Estoppel-Prinzip*, selbst ein „principe equitable"[126], vermeintliche „Billigkeitslücken" zu füllen, zum anderen unterliegt jegliche völkerrechtliche Konfliktlösung, eingedenk der berühmten Worte *Blackstone's*, *equity* sei „the soul and the spirit of all law"[127], wie auch immer gearteten Billigkeitserwägungen. Die Einführung einer allgemeinen materiellen *equitiy* daher, von der schon der englische Jurist *Selden* in ihrer Anwendung auf das englische Recht bemerkte, sie sei „..a roguish thing, for that it varies as the length of the Chancellor's foot"[128], als veritabler Völkerrechtssatz ist redundant[129].

---

122 Statt aller *Massey*-Fall, 21 AJIL 784 [1927].

123 Zitiert nach Fitzmaurice, The Case of the I'm Alone, XVII BYIL 100 Fn. 2 (82) [1936].

124 Zitiert nach Fitzmaurice, op. cit., loc. cit.

125 Nachdem *Verdross* und *Simma* die *clean hands* in der ersten (und unveränderten zweiten) Auflage von Universelles Völkerrecht noch als Bestandteil des diplomatischen Schutzes genannt haben (op. cit., S. 637), findet dieses Prinzip in der dritten Auflage keinerlei Erwähnung mehr.

126 Lauterpacht, Règles générales du droit de la paix, 62 RdC 184 (95) [1937 IV].

127 3 Commentaries on the Laws of England 429 [16th ed., London 1825].

128 Zitiert nach Das Zivilrecht Englands 109 (S. Goldschmidt, E. Heymann, R. Richter, H. Titze, M. Wolff, Hrsg., [Mannheim usw. 1931]).

129 Ähnliches gilt für die Verjährung eines Anspruchs im Völkerrecht. Bisher haben internationale Entscheidungsinstanzen nur vereinzelt unter Verweis auf den Billigkeitscharakter der Verjährung die gerichtliche Durchsetzbarkeit eines bestimmten

6. Zusammenfassung

Das bisher Dargestellte zeigt den diplomatischen Schutz als völkerrechtlichen Wiedergutmachungsanspruch eigener Art, mit dem ein Staat[130] die Verletzung *seines* Rechts auf Beachtung des Völkerrechts in der Person eines oder mehrerer seiner Angehörigen geltend macht. Hierbei ist die *Staatsangehörigkeit* des schutzbegünstigten Individuums zunächst formales Wirksamkeitselement für die staatliche Schutzausübungsberechtigung, wenn sie ein Individuum völkerrechtlich als Angehörigen eines bestimmten Staates festzulegen vermag und es damit seiner Personalhoheit und seinem generellen Schutz unterstellt. Die der Staatsangehörigkeit im Rahmen des diplomatischen Schutzes zufallende materielle Funktion konstituiert den aus der Völkerrechtsverletzung resultierenden *Schadenseintritt bei dem nun deliktsbetroffenen Staat.* Für die Erhebung des Wiedergutmachungsanspruchs ist daneben nicht nur das *ununterbrochene Vorliegen der Staatsangehörigkeit* vom Zeitpunkt der Schädigung des Individuums bis zum endgültigen Spruch einer über die Völkerrechtsverletzung zu befindenden Instanz unerläßlich, sondern auch der erfolglose Versuch innerstaatlicher Restitution durch *Erschöpfung eines entsprechenden Rechtsweges* notwendig. Unbestritten unterliegt auch der diplomatische Schutz dem das gesamte Völkerrecht tragenden Prinzip der *Billigkeit*, ohne daß sich allerdings spezifische Billigkeitsregeln für diesen Bereich nachweisen ließen.

II. Das Recht des Staates zur Gewährung von Einzelhilfe

Deutlich abgegrenzt vom diplomatischen Schutz in Form eines völkerrechtlichen Wiedergutmachungsanspruchs, bisweilen als ‚diplomatischer Schutz im engeren Sinne' bezeichnet[131], findet sich der ‚diplomatische Schutz im weiteren Sinne'[132] als das Recht – und möglicherweise auch die Pflicht – eines Staates, seinen Angehörigen im Ausland fürsorgerisch-stärkend beizustehen. Da diese Schutzform nicht Thema der vorliegenden

---

Anspruchs verwehrt, so daß es zu keiner expliziten Verjährungsregel im Völkerrecht gekommen ist, s. den *Gentini*-Fall (Anspruchsgeltendmachung 32 Jahre nach Entstehung unzulässig), J. H. Ralston, Venezuelan Arbitrations of 1903, 720 – 730 und zu diesem Komplex J. P. Müller, Vertrauensschutz im Völkerrecht 67 – 70 [Köln usw. 1971]. Der Gedanke der *equity* hat in der Spruchpraxis von StIGH und IGH nur jeweils in individual bzw. dissenting opinions eine Rolle gespielt, s. Judge *Hudson* in *Affaire des Prises d'Eau á la Meuse*, Arrêt du 28 Juin 1937, C.P.J.I., Sér. A/B – Fasc. No. 70, p. 77 und Judge *Schwebel* in *Military and Paramilitary Activities in and against Nicaragua (Nicaragua v. United States of America)*, Provisional Measures, Order of 10 May 1984, I.C.J. Reports 1984, p. 198.

130 Über die Möglichkeit diplomatischer Schutzausübung durch andere Völkerrechtssubjekte, insbes. Internationale Organisationen, s. 3. Teil B. I. 1.

131 Klein, Diplomatischer Schutz und grundrechtliche Schutzpflicht, 30 Die Öffentliche Verwaltung 705 (704) [1977].

132 Klein, op. cit., loc. lit.

Untersuchung ist, soll sie nur insoweit einer Darstellung zugeführt werden, als sie die strikte Trennung und Andersartigkeit vom Recht des Staates auf Wiedergutmachung deutlich werden läßt.

1. Bedeutung und Rahmen der Einzelhilfe

Jeder Staat hat das Recht, seinen Angehörigen im Ausland vermittels seiner diplomatischen oder konsularischen Amtsstellen Schutz zu gewähren. Diese Schutzfunktion, zunächst völkergewohnheitsrechtlich anerkannt und ausgestaltet oder Bestandteil hauptsächlich bilateraler Konsular-Freundschafts- bzw. Handelsverträge[133], ist mittlerweile durch das Wiener Übereinkommen über diplomatische Beziehungen (WÜD) vom 18. 4. 1961[134] und das Wiener Übereinkommen über konsularische Beziehungen (WÜK) vom 24. 4. 1963[135] multilateral kodifiziert worden. Die für den Auslandsschutz maßgeblichen Normen sind Art. 3 Ib) WÜD ("Aufgabe einer diplomatischen Mission ist es unter anderem, . . ., die Interessen des Entsendestaates und seiner Angehörigen im Empfangsstaat innerhalb der völkerrechtlich zulässigen Grenzen zu schützen, . . .") und Art. 5a) bzw. e) WÜK („Die konsularischen Aufgaben bestehen darin, a) die Interessen des Entsendestaates sowie seiner Angehörigen, und zwar sowohl natürlicher als auch juristischer Personen, im Empfangsstaat innerhalb der völkerrechtlich zulässigen Grenzen zu schützen; . . .; e) den Angehörigen des Entsendestaates, und zwar sowohl natürlichen als auch juristischen Personen, Hilfe und Beistand zu leisten;").

Offensichtlich läßt der Wortlaut dieser Texte, Art. 3 Ib) WÜD und Art. 5a) WÜK sind wortgleich, eine Abgrenzung der Individualschutzausübung durch diplomatische auf der einen und konsularische Organe auf der anderen Seite nur schwer zu. Lediglich die konsularischen Schutzfunktionen der WÜK unterscheiden zwischen einem Tätigwerden gegenüber offiziellen Stellen des Empfangsstaates (Art. 5a) WÜK) und einer unmittelbaren Hilfe- und Beistandsleistung gegenüber dem betroffenen Angehörigen des Entsendestaates selbst[136]. Aber selbst wenn dieser direkte fürsorgerische Kontakt als konsularische Aufgabe festgeschrieben ist, findet sich doch der Auslandsschutz generell als einheitliche Aufgabenzuweisung unter dem gemeinsamen Dach diplomatischer und konsularischer Missionen.

---

[133] Vgl. als Beispiel den deutsch-sowjetischen Konsularvertrag v. 25. 04. 1958, BGBl 1959 II 232, 338 UNTS 49.

[134] Vienna Convention on Diplomatic Relations, 500 UNTS 95, BGBl 1964 II 957 (in Kraft für 140 Staaten, s. Fundstellennachweis B, abgeschlossen am 31. 12. 1984 [Bundesminister der Justiz, Hrsg.]).

[135] Vienna Convention on Consular Relations, 596 UNTS 261, BGBl 1969 II 1585 (in Kraft für 110 Staaten, s. Fundstellennachweis B, abgeschlossen am 31. 12. 1984).

[136] Vgl. den Kommentar der ILC zu ihrem Entwurf der Konsularrechtskonvention in II Yearbook of the ILC 96 [1961].

Unter keinen Umständen dürfen diese Vorschriften als Ermächtigungsgrundlage für die Geltendmachung eines völkerrechtlichen Wiedergutmachungsanspruchs mißverstanden werden. Den Ausschluß einer derartigen Kompetenz legt schon die Textfassung beider Artikel nahe, wenn sie den Missionen des Entsendestaats das Recht unterlegt, die *Interessen seiner Angehörigen* zu schützen. In diesem Zusammenhang erschließt sich zugegebenermaßen nicht unmittelbar ein auf den Individualschutz begrenzter Normzweck aus der Formulierung, Aufgabe der Auslandsvertretungen sei gleichermaßen Schutz der *Interessen des Entsendestaats* im Empfangsstaat, denn die geforderte Restitution wegen der Nichtbeachtung des Völkerrechts gegenüber einem seiner Angehörigen bedeutet, wie gezeigt, Wahrnehmung und Schutz gerade staatlicher Interessen.

Ein Blick in die Entstehungsgeschichte des Art. 3 Ib) WÜD, stellvertretend für den ihm entsprechenden Art. 5a) WÜK, vermag hier Klarheit darüber zu verschaffen, welchen Inhalt die ILC der von ihr in Art. 3 Ib) WÜD aufgenommenen Aufgabe einer diplomatischen Mission, „protecting in the receiving State the interests of the sending State and of its nationals", wie es im Originaltext der Konvention heißt, beimaß und wie die hierzu befragten Regierungen diese Funktion interpretierten. Anlaß für eine Diskussion innerhalb der ILC über Art. 3 Ib) WÜD war eine Anregung der chilenischen Regierung, diese Bestimmung nur gelten zu lassen, wenn vorher der innerstaatliche Rechtsweg ausgeschöpft worden sei[137]. Während *Verdross* Chile unterstellte, es wolle jede formelle diplomatische Beschwerde vor Erschöpfung innerstaatlicher Rechtsbehelfe verhindern, die ILC aber in ihrem Entwurf an eher förmliche Mitteilungen (Démarchen) in Abwesenheit irgendwelcher rechtlichen Verfahren gedacht habe[138], hob *Garcia Amador* hervor, die Bemerkungen Chiles (und später Uruguays) könnten nur auf den diplomatischen Schutz im engeren Sinne Anwendung finden, Art. 3 Ib)[139] hingegen einen viel weiteren Bereich abdecke, vermöge doch eine diplomatische Mission die Interessen der Staatsangehörigen schützen im Wege formellen oder informellen Vorgehens, „which did not amount to diplomatic protection"[140]. Dieser Ansicht schlossen sich auch *Nervo* und *Fitzmaurice* an, als sie zum Ausdruck brachten, Art. 3 Ib) der Diplomatenrechtskonvention habe nichts mit der Staatenverantwortlichkeit als solcher zu tun, sondern umschreibe diplomatische Funktionen als „everyday assistance and general protection which a diplomatic mission afforded to its nationals"[141]. Da im Anschluß an diese Erklärungen der ILC über den Sinngehalt des

[137] UN Doc. A / CN. 4 / 114 / Add. 1.

[138] I Yearbook of the ILC 92 [1958].

[139] *Garcia-Amador* sprach eigentlich von Art. 2 b), der jedoch in der Konventionsendfassung zu Art. 3 I b) wurde.

[140] I Yearbook of the ILC 92 [1958].

[141] Statement *Nervo*, op. cit., loc. cit.

Art. 3 Ib) WÜD die Frage des diplomatischen Schutzes in Form der Geltendmachung eines völkerrechtlichen Wiedergutmachungsanspruchs als möglicherweise zum Regelungsinhalt der Konvention gewordenes Institut nicht mehr aufgeworfen wurde, sind die ILC-Kommentare als authentische Interpretation der durch besagten Artikel einer diplomatischen Mission zugewiesenen Aufgabe des Staatsangehörigenschutzes anzuerkennen.

Für die Auslegung des Art. 5 a) WÜK[142] gilt diese Interpretation in gleichem Maße wegen der mit Art. 3 Ib) WÜD nahezu identischen Formulierung, bei der es sogar nach Meinung eines Teils der ILC-Mitglieder ausschließlich, anstelle der tatsächlich kodifizierten Enumeration konsularischer Aufgaben und in bewußter Anlehnung an die Parallelpassage der Diplomatenrechtskonvention, hätte bleiben sollen[143].

Im Ergebnis beschränkt so der *Schutz der Interessen des Entsendestaats und seiner Angehörigen* die Auslandsvertreter auf ein Tätigwerden unmittelbar zugunsten des *Einzelnen* als „his friends in need"[144], stellt ausschließlich dessen Bedürfnisse in das Zentrum diplomatischer und konsularischer Fürsorge.

Freilich unterliegt auch der diplomatische Schutz im weiteren Sinne Voraussetzungen, wie sie schon vom diplomatischen Schutz im engeren Sinne her bekannt sind[145]. Hilfe- und Beistandsleistungen dürfen ausschließlich gegenüber Angehörigen des jeweiligen Entsendestaates erfolgen[146], wobei der Staatsangehörigkeit bloße Kompetenzabgrenzungswirkung zukommt[147]. Einen staatlichen Schaden konstituiert die Staatsangehörigkeit, wie es für den diplomatischen Schutz als Geltendmachung eines völkerrechtlichen Wiedergutmachungsanspruchs zutrifft, im Bereich diplomatischer und kon-

142 Art. 5 e) WÜK ist von seinem Wortlaut her zu eindeutig auf den unmittelbar-unterstützenden Individualschutz fixiert, als daß er Anlaß zu Auslegungsproblemen geben könnte.

143 II Yearbook of the ILC 96 [1961].

144 B. Sen, A Diplomat's Handbook of International Law and Practice 65.

145 Vgl. o. A. I. 2.

146 So schon die unmißverständlichen Formulierungen von Art. 3 I b) WÜD und Art. 5 a), e) WÜK; insbes. für den konsularischen Bereich zeigt dies eine Heranziehung von Konsularverträgen, s. den o., Fn. 133, erwähnten deutsch-sowjetischen Konsularvertrag, Art. 16. Ebenso Art. 2 des bisher noch nicht in Kraft getretenen Europäischen Übereinkommens über konsularische Aufgaben, v. 11. 12. 1967, authentischer engl. Text bei L. T. Lee, Vienna Convention on Consular Relations 284 [Leyden etc. 1966], dt. Text bei K. Hoffmann, II Konsularrecht 505 [Percha usw. 1982].

147 Für die Bundesrepublik Deutschland erklärt § 1 Punkt 2 des Konsulargesetzes (KG) v. 11. 09. 1974 (BGBl I 2317) den Konsularbeamten für berufen, „Deutschen ... Rat und Beistand zu gewähren". Gemeint sind Deutsche im Sinne des Grundgesetzes (§ 27 KG iVm. Art. 116 I GG), so daß der Konsularbeamte auf entsprechende Bitte hin auch Deutschen aus der DDR Hilfe gewähren kann (BVerfGE 36, 31/32 [1]), sog. „bereitgehaltene Zuständigkeit" (G. Hecker, Handbuch der konsularischen Praxis 28). Die Zuständigkeit aus § 1 Punkt 2 KG für Einwohner von Berlin (West) ergibt sich aus Anlage IV A Ziff. 2 a) des Viermächte-Abkommens (v. 03. 09. 1971, als Beilage zum Bundesanzeiger Nr. 174 v. 03. 09. 1972, 45, engl. Quelle 10 ILM 895 [1971]).

sularischer Aufgabenwahrnehmung nicht, denn wesentlich für den diplomatischen Schutz im weiteren Sinne ist seine Entfaltung gerade *vor* Eintritt eines vollendeten völkerrechtlichen Unrechts.

Die Forderung nach dem Kontinuitätserfordernis der Staatsangehörigkeit erscheint für die hier in Rede stehende Schutztätigkeit müßig, weil den anerkannt langwierigen Prozeß des Verlusts der alten und Erwerbs einer neuen Staatsangehörigkeit als ausgerechnet in den Zeitraum zwischen Eintritt der Beistand erfordernden (Not-)Situation und diplomatisch- bzw. konsularisch bewirkter Abhilfe fallend zu unterstellen angesichts der tatsächlichen und zeitlichen Unmittelbarkeit dieser Schutztätigkeiten wenig realitätsnah sein wird.

Bedenken schließlich gegen die Einbeziehung der *local remedies rule* rechtfertigen sich unter Verweis auf die Natur fürsorgerischer Unterstützung, die dem Betroffenen den Verfolg seiner Rechte im Empfangsstaat ermöglichen oder erleichtern soll und der sie nur gerecht werden kann, eben wenn sie dem Einzelnen bei der effektiven Ausschöpfung aller innerhalb einer fremden Rechtsordnung ihm zur Verfügung stehenden Rechtsmittel zur Seite steht.

2. Diplomatischer/konsularischer Schutz

Aus dem Vorangegangenen ergibt sich, daß ein Stufenverhältnis zwischen diplomatischem und konsularischem Schutz lediglich innerhalb des staatlichen Rechts auf Einzelhilfe für seine im Ausland aufhältigen Staatsangehörigen hergestellt werden kann. Dies wird in der Literatur bisweilen nicht mit der notwendigen Präzision herausgearbeitet. Für *Schneeberger* ist der diplomatische Schutz im engeren Sinne immer mit einem Schritt bei einer fremden Behörde verbunden, während Beistandshandlungen diplomatischer oder konsularischer Vertretungen ohne Vorstellungen bei einer Behörde in den Bereich des diplomatischen Schutzes im weiteren Sinne fallen sollen[148]. *Delbez* sieht das Wiedergutmachungsrecht des Staates in seiner Geltendmachung auf die „moyens diplomatiques“ verwiesen[149]. *Hoffmann* in seinem Kommentar zum deutschen Konsulargesetz schließlich setzt die Schwere einer Rechtsbeeinträchtigung in Beziehung zum Tätigwerden entweder der konsularischen oder der diplomatischen Auslandsvertretung, will diplomatischen Schutz im Sinne des Wiedergutmachungsanspruchs nur in „besonders gelagerten Fällen“ gewährt sehen und gibt für den Schutz in weniger gravierenden Fällen der berufskonsularischen Vertretung den Vorzug[150], die sich im „wesentliche[n] Unterschied zur Geltendmachung diplo-

---

148 Staatsangehörigkeit und diplomatischer Schutz, 39 Schweizerische Juristen-Zeitung 496 (493) [1942/1943].

149 Les Principes Généraux du Droit International Public 194 [3me éd., Paris 1964].

matischen Schutzes"[151] bei Schutzwahrnehmung unmittelbar an die zuständige Behörde des Konsularbezirks wende[152].

Alle drei wiedergegebenen Auffassungen scheinen eine Art Stufenverhältnis zwischen diplomatischem Schutz im engeren Sinne und konsularischem Schutz (verstanden als diplomatischer Schutz im weiteren Sinne) konstruieren zu wollen insofern, als die jeweilige Schutzausübung von der Schwere des Eingriffs abhängig gemacht wird; nur in besonders gelagerten Fällen schwerwiegender Rechtsbeeinträchtigungen steht dem Staat ein diplomatisches Schutzrecht zu, in allen anderen Fällen unterhalb dieser Schwelle steht ihm *„nur"* die Ausübung konsularischen Schutzes zur Seite. Gleichzeitig ist die Tendenz zu erkennen, die einzelne Schutzausübung nach der Amtsbezeichnung des tätig gewordenen Auslandsvertreters zu benennen.

Solcherlei Abgrenzungen sind unsachgemäß, da sie den diplomatischen Schutz im korrekt verstandenen Sinne als Reaktion auf vollendetes völkerrechtliches Unrecht nicht unterscheiden von staatlichen Aktivitäten einzelbezogen-karitativer Natur und Zielrichtung. Entscheidend sind weder Weg, Adressant noch Adressat der Geltendmachung einer Schutzmaßnahme, entscheidend ist auch nicht die Schwere des der ausländischen Person zugefügten Unrechts. Die diplomatische Protektion im eigentlichen *engeren* Sinn setzt sich das Ziel, einen völkerrechtlichen Anspruch auf Wiedergutmachung infolge einer in der Vergangenheit liegenden Völkerrechtsverletzung als eigenes Recht im Verhältnis zwischen zwei Völkerrechtssubjekten durchzusetzen. Hiergegen bezweckt der diplomatische Schutz im *weiteren* Sinne die Geltendmachung eines fremden Rechts, nämlich die Hilfe für ein Individuum bei der Wahrnehmung seiner Rechte im Verhältnis zum Aufenthaltsstaat, und kann dabei sogar, im Gegensatz zum tatsächlichen Schutzrecht, auch vorbeugenden, Rechtsverletzungen verhindernden Charakter haben.

Ein Stufenverhältnis und eine Unterscheidung überhaupt zwischen diplomatischem und konsularischem Schutz zeichnet sich ausschließlich innerhalb der staatlich gewährten Einzelhilfe ab. In der Regel wird schnelle und effektive Hilfe die konsularische Auslandsvertretung geben können, da sie mit den lokalen Behördenkompetenzen in ihrem Amtsbezirk vertraut ist und wohl der Großteil fürsorgerischer Maßnahmen lokalen Charakter

---

[150] Konsularrecht 1.1.8.1.6.

[151] Hoffmann bezieht sich hier auf den diplomatischen Schutz im engeren Sinne.

[152] K. Hoffmann, Konsularrecht 1.1.8.2. Auch G. Hecker, Handbuch der konsularischen Praxis, gelingt keine Unterscheidung zwischen diplomatischem Schutz im engeren und im weiteren Sinne, wenn er den Individualschutz als ausschließlich konsularischen Schutz definiert, op. cit., Rz A 62. Zur – ungenauen – Abgrenzung von diplomatischem zu konsularischem Schutz zuletzt N. Brunner, Die Frage nach dem Anspruch des Bürgers auf diplomatischen Schutz [Bern usw. 1983], für den dieses Problem eine „Frage der Intensität des staatlichen Engagements für den geschädigten Bürger" ist, op. cit., S. 6.

besitzt, wenn nicht konsularischer Schutz von vornherein schon vis-à-vis dem Hilfebedürftigen einsetzt (Art. 5 e) WÜK). Diplomatischer Schutz in diesem Zusammenhang wird relevant, wenn etwa bei einer Staatsbehörde eine Verwendung für den Einzelnen erforderlich ist und sicher auch bei jeder förmlichen Vorstellung gegenüber der Regierung des Empfangsstaats zugunsten eines oder mehrerer Angehöriger, nicht unbedingt immer aus Anlaß einer Rechtsbeeinträchtigung, sondern durchaus im Sinne von Konsolidierung oder Melioration des Wohles aller sich im Empfangsstaat aufhaltenden Staatsangehörigen des Entsendestaates.

3. Zusammenfassung

Deutlich unterschieden vom staatlichen Schutzrecht auf Wiedergutmachung wegen eines völkerrechtlichen Unrechts findet sich ein Bereich, in dem der Staat durch hierzu berufene Auslandsvertretungen seinen unter fremder Territorialhoheit stehenden Staatsangehörigen bei Wahrung und Durchsetzung ihrer Rechte behilflich ist, sei es direkt einzelbezogen im Verhältnis zum Schutzsuchenden selbst oder seine Sache gegenüber einer offiziellen Stelle des Empfangsstaates vertretend, sei es in Förderung ideeller oder materieller Interessen und Anliegen der Gesamtheit seiner Staatsangehörigen in ihrem jeweiligen Aufenthaltsstaat. Diese Form staatlicher Fürsorge wird – wenig glücklich, wie es sich gezeigt hat – als der diplomatische Schutz im weiteren Sinne bezeichnet. So irritierend diese Terminologie auch ist, bildet der diplomatische Schutz als völkerrechtliches Wiedergutmachungsinstitut dennoch ein klares *aliud* zur diplomatischen Hilfe[153].

III. Der „national claim“

In Erhebung eines *national claim* setzt der Staat in gleichem Maße die bei der Geltendmachung des diplomatischen Schutzes als völkerrechtlichen Wiedergutmachungsanspruch die Erfüllung ihm gegenüber bestehender Pflichten durch. Handelt es sich beim diplomatischen Schutz ausschließlich um die Durchsetzung eines Rechts des Staates auf völkerrechtsgemäße Behandlung seiner Angehörigen, dient der *national claim* der Kompensation für Schäden, die dem Staat in seiner generellen Kapazität als Subjekt der

---

[153] Sehr deutlich diese Abgrenzung im vorgenommenen Sinne auch in einer Note des Eidgenössischen Politischen Departements zur Verwaltungspraxis der Bundesbehörden, abgedr. in XXXIV Schweizerisches Jahrbuch für Internationales Recht 112 (111) [1978]. Seit neuerem hat *Reiterer* den Begriff der ‚sponsoring protection‘ entwikkelt für die Bemühungen des Staates zur Schaffung einer Art internationaler Infrastruktur für seine Staatsangehörigen, bspw. auf dem Gebiete des Handels oder des Tourismus (The Protection of Refugees by their State of Asylum 9 [Wien 1984]). Auch dieser „Schutz“ muß natürlich im Rahmen der vorliegenden Untersuchung unberücksichtigt bleiben.

Völkerrechtsgemeinschaft und in Ansehung der hierdurch begründeten Rechte zugefügt worden sind. *Kollmeyer* spricht anschaulich von einer Ersatzpflicht nicht hinsichtlich völkerrechtswidriger Behandlung einzelner Staatsangehöriger, sondern für Angriffe, „die sich in ihrer Tendenz gegen den verletzten Staat als solchen richten“[154].

Auch in diesem Zusammenhang mag die originäre Verletzung einer Einzelperson Auslösefaktor für den *national claim* sein, nur bleibt die individuell erlittene Verletzung, beim diplomatischen Schutz ausschließlicher Maßstab für den staatlichen Schaden, sekundär im Vergleich zu dem zu beanspruchenden Ersatz für die Rechtsbeeinträchtigungen, die sich sowohl über den Einzelverlust als auch über den aus jedwedem völkerrechtsdeliktischen Verhalten resultierenden – wenigstens immateriellen – Schaden hinaus als gravierend in erster Linie im Hinblick auf das Ansehen des Staates als Souverän in der Staatengemeinschaft auswirken.

Die völkerrechtspraktische Kasuistik hat den *national claim* im wesentlichen bei Verletzungen staatlicher Hoheitsträger (insbesondere Diplomaten und Konsuln) zugelassen. Den spezifischen Charakter des *national claim* im Rahmen völkerrechtlicher Wiedergutmachungsansprüche aus Anlaß der Verletzung von Einzelpersonen mag der im folgenden dargestellte *Robert M. Imbrie*-Fall[155] erhellen:

Imbrie, Vize-Konsul der Vereinigten Staaten in Persien, wurde am 18. 7. 1924 in Teheran auf offener Straße von einer aufgebrachten Menschenmenge ermordet. In einer offiziellen Note an die persische Regierung forderten die Vereinigten Staaten daraufhin „full reparation“[156] für den Tod *Imbries*, womit nicht nur die bereits von Persien angebotene Wiedergutmachung für die Witwe des Opfers gemeint war, sondern auch Ersatz der Kosten, „which might be incurred in connection with the dispatch to a Persian port of an American man-of-war (Kriegsschiff, d. Verf.) to receive the body from Vice Consul Imbrie, which should be accompanied while on Persian soil by a suitable Persian military guard of honor and rendered appropriate honors at the time of leaving Persian territory“[157]. Persien kam diesem amerikanischen Wiedergutmachungsverlangen nach, indem es zunächst sein förmliches Bedauern über den Vorfall mitteilte und sodann mit $ 110.000,– der amerikanischen Regierung die Kosten für den verlangten ehrenhaften Transport der Leiche von Teheran auf ein amerikanisches Kriegsschiff und weiter in die Vereinigten Staaten ersetzte. Die Übersetzung *Imbries* vom persischen Festland auf das Kriegsschiff war begleitet von einem 21-schüs-

---

154 Die Lehre vom Schutzrecht und die Praxis der internationalen Schiedsgerichte in Claimssachen 23.

155 Bei M. Whiteman, I Damages in International Law 136 – 138 [Washington 1937].

156 Op. cit., p. 137.

157 Op. cit., loc. cit.

sigen Ehrensalut seitens einer persischen Ehrenartillerieabteilung unter gleichzeitigem Hissen der amerikanischen Flagge. Einen weiteren Entschädigungsbetrag Persiens in Höhe von $ 60.000,– erhielt die Witwe *Imbries*. Der amerikanische Kongreß schließlich stellte der Witwe aus den für die ehrenvolle Heimschaffung des Opfers gezahlten $ 110.000,– zusätzlich $ 30.000,– zur Verfügung, „in full settlement of all claims or demands for personal injuries suffered by her and for the death of her husband“[158].

Die Details des vorstehend wiedergegebenen *Imbrie*-Falles zeigen, daß die Vereinigten Staaten zweierlei Ansprüche gegen Persien geltend machten. Im Wege des diplomatischen Schutzrechts[159] erhoben die USA Wiedergutmachungsansprüche bezogen auf den Mord an ihrem Staatsangehörigen *Imbrie*, wobei für die Festsetzung des infolge der Nichtbeachtung des Völkerrechts in der Person ihres Staatsangehörigen von den Vereinigten Staaten zu fordernden Schadensersatzes der „private“ Verlust der Witwe *Imbries* zugrundegelegt und ein der Höhe dieses Verlusts entsprechender Betrag auch an sie zur Auszahlung gebracht wurde. Darüberhinaus aber verfolgte die amerikanische Regierung mit einem *national claim* Wiedergutmachung für den materiellen bzw. immateriellen Schaden, der ihr mit dem brutalen Mord an einem die Vereinigten Staaten von Amerika im Ausland repräsentierenden Hoheitsträger an Würde und Ansehen nicht nur im bilateralen Verhältnis zu Persien sondern auch gegenüber der Staatengemeinschaft insgesamt entstanden war („The maintenance of relations between countries is primarily dependent upon the according of adequate protection to their ... official representatives“)[160].

Der Unterschied zwischen diplomatischem Schutz und *national claim* tritt deutlich hervor: während ersterer der Verletzung der Einzelperson bzw. ihrer Staatsangehörigkeit geradezu konstitutive Wirkungen für die Schadensentstehung bei einem Staat zuschreibt, stellt der gleichermaßen als völkerrechtlicher Deliktsanspruch verfolgte *national claim* die in der völkerrechtswidrigen Behandlung eines Staatsorgans oder staatlichen Funktionsträgers liegende besondere Verletzung von Ansehen und Würde des Staates selbst in den Mittelpunkt[161]. Insofern kann es bei einer solchen

[158] Laut Resolution des Kongresses v. 04. 03. 1937, bei M. Whiteman, I Damages in International Law 138.

[159] Ausgegangen werden kann hier von einer stillschweigenden Abbedingung der *local remedies rule* zwischen beiden Parteien.

[160] So die Note der USA an Persien in Zusammenhang mit der Ermordung Konsul *Imbries*, bei M. Whiteman, I Damages in International Law 138.

[161] *Jessup* spricht von der Verletzung bestimmter Rechte „which appertain to it (dem Staat, d. Verf.) in its collective or corporate capacity“, in A Modern Law of Nations 118. Etwas unglücklich wird der *national claim* von *Meron* als „case[s] of ‚direct injury‘“ bezeichnet, in The Incidence of the Rule of Exhaustion of Local Remedies, XXV BYIL 84 (83) [1959]. *Meron* übersieht, daß auch die zum diplomatischen Schutz führende Völkerrechtsverletzung eine direkte Verletzung von Rechten des Staates darstellt, s. o. A. I. 1. am Ende.

Schwerpunktsetzung durchaus zum Auseinanderfallen von diplomatischem Schutz und *national claim* kommen, wenn beispielsweise völkerrechtsdeliktisches Verhalten gegenüber einem *regnicole* dem Entsendestaat Anlaß für die Geltendmachung eines *national claim* gibt ohne ihn gleichzeitig – in Ermangelung der Staatsangehörigkeit – zur Erhebung des diplomatischen Schutzrechts zu legitimieren, welches ausschließlich dem Heimatstaat des *regnicole* zusteht. Ebenso ist natürlich im Falle einer ausschließlichen Funktionsbeeinträchtigung unter Ausschluß individuell-verletzender Wirkungen auch das alleinige Bestehen des *national claim* denkbar.

Zusammenfassend kann mithin festgestellt werden, daß der *national claim* grundsätzlich anderen Voraussetzungen unterliegt als das diplomatische Schutzrecht im engeren Sinne[162] und selbst bei gleichzeitiger Geltendmachung die *Kompensation eines der diplomatischen Protektion unbekannten Schadensmomentes* zum Ziel hat. Wenn dennoch im Rahmen einer Untersuchung über den diplomatischen Schutz für Staatenlose der *national claim* zur Darstellung gelangt, so geschieht dies nicht nur wegen der bei oberflächlicher Betrachtung drohenden Verwechselungsgefahr beider Deliktsansprüche, sondern auch im Hinblick darauf, daß gegebenenfalls ein *national claim* den Schutzrechtsanspruch zu substituieren geeignet sein wird, wenn die Geltendmachung diplomatischen Schutzes wegen Fehlens wesentlicher Voraussetzungen – bei Staatenlosen in erster Linie das Vorliegen der Staatsangehörigkeit – scheitern muß. De lege ferenda-Betrachtungen dieser Art sind jedoch dem 3. Teil der Untersuchung vorbehalten, nachdem zuvor die Situation Staatenloser de lege lata ausschließlich in Orientierung an den diplomatischen Schutz in Form des völkerrechtlichen Wiedergutmachungsanspruchs durchleuchtet worden ist[163].

---

162 Mißverständlich beschreibt *Whiteman* den *national claim* als Problem des Schadensumfangs (I Damages in International Law 136), ein Gedanke, der hinsichtlich der Indentität von amerikanischer Staatsangehörigkeit und amerikanischer Hoheitsfunktion im Fall *Imbrie* und den daraufhin geltend gemachten Schadensersatzansprüchen für die der Witwe einerseits und den USA als souveränem Staat andererseits entstandenen Schäden möglicherweise nahelag, der Systematik beider Deliktsansprüche jedoch nicht gerecht werden kann.

163 Nicht verwechselt werden darf der *national claim* im hier verwendeten Sinne mit dem insbes. von *Borchard* eingebrachten ‚national claim', den dieser Völkerrechtler im Zusammenhang mit der ‚doctrine of merger' (Verschmelzungstheorie) verwendet; nach Borchard verschmilzt im Falle völkerrechtswidriger Behandlung einer Privatperson deren deliktischer Anspruch nach Übernahme durch den Heimatstaat in dessen ‚national claim' („. . . the private claim becomes merged in the public demand of the government . . ."), The Diplomatic Protection of Citizens Abroad 356/357. Die Unhaltbarkeit der Verschmelzungstheorie weist *Messer* überzeugend nach, wenn er sie als in Widerspruch mit der Distinktion zwischen *völkerrechts*deliktischem und innerstaatlichem Anspruch stehend kritisiert, s. Schutzrecht und Nationalitätsprinzip 38 – 43.

IV. Ergebnis: Der diplomatische Schutz

Die vorangegangenen Ausführungen zeigen die Vielfalt der auf internationaler Ebene existierenden Möglichkeiten staatlichen Tätigwerdens im Falle rechtswidriger Behandlung von Einzelpersonen auf. In diesem Zusammenhang entsprechen echten völkerrechtlichen Deliktsansprüchen ihrer Natur nach nur der diplomatische Schutz im engeren Sinne und daneben der „national claim", denn die Geltendmachung diplomatischen Schutzes im weiteren Sinne dient seinem Fürsorgecharakter entsprechend ausschließlich der Sicherung von Rechten des Individuums selbst.

Bei den festgestellten Deliktsansprüchen aus Anlaß des durch die Schädigung eines Individuums geschaffenen rechtswidrigen Zustandes ist es wiederum allein der *diplomatische Schutz im engeren Sinne*, mit dem der Staat wegen der Ignorierung ihm gegenüber zu beachtender, für die Behandlung einzelner Fremder im Ausland entwickelter völkerrechtlicher Normen Wiedergutmachung, beschränkt auf den Umfang des individuell erlittenen Verlusts, zu fordern berechtigt ist, wenn er zudem die Einzelperson in völkerrechtlich anerkannter Weise als seinen Staatsangehörigen vom Zeitpunkt der Schadenshandlung ununterbrochen bis zur Entscheidung über den Anspruch reklamieren kann und überdies die ausreichende Erschöpfung des internen Rechtswegs im Schädigerstaat seitens des betroffenen Staatsangehörigen nachweist[164]. Uneingeschränkt vor diesem Hintergrund werden in der Folge *Schutzrecht, diplomatischer Schutz* oder *diplomatische Protektion* Verwendung finden[165].

---

[164] Keine Beachtung finden in dieser Arbeit wird die Frage, ob dem Einzelnen gegenüber seinem Heimatstaat ein Anspruch auf Ausübung diplomatischen Schutzes im engeren Sinne zusteht. Auf der Ebene des Völkerrechts ist ein solcher Anspruch auch angesichts der zunehmenden Bedeutung der Menschenrechte und ihrer Durchsetzung nicht erkennbar, s. K. Doehring, Die Pflicht des Staates zur Gewährung diplomatischen Schutzes 11 – 14 [Köln usw. 1959]. Allerdings verwehrt das Völkerrecht den Staaten nicht die innerstaatliche Regelung des Verlangens nach diplomatischer Protektion. Für die Organe der Bundesrepublik besteht „von Verfassung wegen" eine Pflicht zur diplomatischen Schutzausübung (BVerfGE 40, 141, 177), ohne damit jedoch dem Einzelnen ein subjektives Recht auf Schutzgewährung zu geben, sondern ihm nur den Anspruch auf pflichtgemäße und fehlerfreie Ermessensausübung über ‚Ob' und ‚Wie' diesbezüglichen staatlichen Tätigwerdens im Einzelfall zusprechend, ganz hM, s. K. Doehring, op. cit., S. 94, zuletzt Klein, Diplomatischer Schutz und grundrechtliche Schutzpflicht, 30 DÖV 704 – 710 [1977], jeweils m. w. N. und vor allem Randelzhofer in T. Maunz u. a., Grundgesetz-Kommentar, Art. 16 Abs. I Rdnr. 60 – 63 [4. Aufl. (22. Lieferung, Sept. 1983), München 1974 –]. Anderer Ansicht nur K. Oberthür, Der Anspruch des deutschen Staatsangehörigen auf diplomatischen und konsularischen Schutz gegenüber anderen Staaten [Diss., Köln 1965].

[165] Außer Betracht bleibt dabei der – durchaus anerkannte – diplomatische Schutz zugunsten juristischer Personen. Zwar spielt auch in diesem Zusammenhang die Staatszugehörigkeit der juristischen Person eine erhebliche Rolle, die Problematik diplomatischen Schutzes zugunsten einer staatenlosen juristischen Person dürfte sich aber angesichts nebeneinander bestehender unterschiedlicher Anknüpfungskriterien für die Bestimmung der Staatszugehörigkeit der juristischen Person (lediglich die

B. Begriff und Entstehungstatbestände der Staatenlosigkeit

Staatenlosigkeit bezeichnet den Zustand einer Person, die nach dem Recht keines Staates eine Staatsangehörigkeit besitzt. Eine völkerrechtliche Legaldefinition bestimmt in Art. I (1) der Konvention über die Rechtsstellung der Staatenlosen[166] den Staatenlosen als „Person, die kein Staat aufgrund seines Rechts als Staatsangehörigen ansieht".

Neben ihrer rechtlichen Eigenschaft, den Einzelnen als Mitglied eines Staates zu designieren, besitzt die Staatsangehörigkeit völkerrechtlich-faktische Auswirkungen, als das Völkerrecht, wie vorstehend verdeutlicht worden ist[167], gerade das Recht des Staates auf Ausübung diplomatischen Schutzes an das Vorliegen des Rechtsbandes der Staatsangehörigkeit zwischen Schutzausübendem und Schutzbegünstigtem koppelt. Im Ergebnis bedeutet dies, daß derjenige, der zwar im Besitz einer Staatsangehörigkeit ist, sich jedoch entweder willentlich nicht dem Schutz seines Heimatstaates unterstellt, oder demgegenüber der Heimatstaat bewußt und prinzipiell auf das diplomatische Schutzrecht verzichtet, in seiner Schutzlosigkeit dem Zustand tatsächlicher Staatenlosigkeit anheimgegeben ist. Insofern sind im folgenden zwei Arten von Staatenlosigkeit gegeneinander abzugrenzen und in ihrer Entstehung darzustellen.

I. Die Abgrenzung von de iure- und de facto-Staatenlosigkeit

Einer Studie des United Nations Economic and Social Council (ECOSOC) über das der Staatengemeinschaft infolge beider Weltkriege als besonders bedrückend gegenübergetretene Problem der Staatenlosigkeit[168] gemäß wird allgemein zwischen de iure-Staatenlosigkeit und der ihr von Praxis und Literatur gegenübergestellten de facto-Staatenlosigkeit differenziert[169].

Kontrolltheorie berücksichtigt die Staatsangehörigkeit der Mehrheit der Kapitalseigner, während Sitz- bzw. Gründungstheorie „dingliche" Zuordnungen vornehmen) realistisch kaum ergeben. Zu dieser auch vom IGH behandelten Problematik (*Barcelona Traction, Light and Power Company, Limited*, Preliminary Objections, Judgement, I.C.J. Reports 1964, p. 6, bzw. arrêt, C.I.J. Recueil 1970, p. 3) s. erschöpfend L. Caflisch, La Protection des Sociétés Commerciales et Intérêts Indirects en Droit International Public [La Haye 1969] und S. Beyer, Der diplomatische Schutz der Aktionäre im Völkerrecht [Baden-Baden 1977].

166 Convention Relating to the Status of Stateless Persons, v. 28. 09. 1954, 360 UNTS 130, BGBl 1977 II 235.

167 Vgl. o. Teil A. I.

168 A Study of Statelessness 8/9 (UN Doc. E/1112, 1 Febr. 1949, E/1112/Add. 1, 19 May 1949).

169 Neben der ECOSOC-Studie s. z. B. Langrod, Le problème de 'l apatridie, 59 Revue Politique et Parlamentaire 281/282 (279) [1957]; Schätzel, Die de facto-Staatenlosigkeit, in Völkerrecht und rechtliches Weltbild, Festschrift für Verdross 221 (217) [Wien 1960]; zuletzt auch Randelzhofer, sub voce ‚Nationality', in Encyclopedia of Public International Law, Instalment 8, 423.

1. de iure-Staatenlosigkeit

Die Staatenlosigkeit de iure bezeichnet den Rechtszustand eines Individuums, das entweder schon von Geburt an keine Staatsangehörigkeit besitzt, oder im Laufe seines Lebens die Staatsangehörigkeit verloren hat, ohne den Erwerb einer neuen vorweisen zu können, so daß es vom Recht keines Staates als dessen Staatsangehöriger anerkannt wird und daher nicht Mitglied einer solchen Gebietskörperschaft sein kann. In völkerrechtlicher Konsequenz steht der Staatenlose so unter keiner Personalhoheit, sondern unterliegt lediglich der Territorialhoheit seines jeweiligen Aufenthaltsstaates; er ist immer Fremder, immer schutzlos, und kein Staat hat völkerrechtlich die Pflicht, ihn in das Staatsgebiet zuzulassen und ihm Aufenthalt zu gewähren.

2. de facto-Staatenlosigkeit

De facto-staatenlos sind Personen, die, obwohl im formellen Besitz einer Staatsangehörigkeit, nach Verlassen ihres Heimatstaates dessen Schutz und Unterstützung nicht länger genießen, weil sie entweder selbst diesen Schutz nicht mehr in Anspruch nehmen wollen, oder ihnen dieser vom Heimatstaat – in der Regel aus politischen Gründen – verwehrt wird[170]. Bei diesem Personenkreis wird es sich im allgemeinen um Flüchtlinge handeln, „person[s]", wie es beispielsweise ganz im Sinne der vorstehenden Definition im Statut der Internationalen Flüchtlingsorganisation (International Refugee Organization, IRO) hieß, „... unable oder unwilling to avail [themselves] of the protection of the Government of [their] country of nationality or former nationality"[171].

Teilen de facto-Staatenlose und de iure-Staatenlose auch das gleiche Schicksal hinsichtlich ihrer Staatenlosigkeit im Völkerrecht, kann dennoch nicht von einer Korrelation im Status beider Gruppen gesprochen werden. Denn weder sind alle Staatenlosen zugleich Flüchtlinge, noch fehlt Flüchtlingen immer auch eine Staatsangehörigkeit. So fielen vor dem Zweiten Weltkrieg Staatenlosigkeit und Flüchtlingsstatus häufig zusammen, wie etwa im Fall der zunächst de facto-staatenlosen Gegner des Bolschewismus, die zwei bzw. fünf Jahre nach der russischen Revolution durch Zwangsexpatriierung nun auch de iure-staatenlos wurden[172], während nach dem Zweiten Weltkrieg gerade im Zuge rapiden Anwachsens der Weltbevölkerung sich die Staatenlosigkeit abseits gewaltpolitischer Abläufe als Resultat

---

[170] Vgl. die ECOSOC-Studie A Study of Statelessness 9.

[171] Annex I (First Part – Section A. 2) der Constitution of the IRO, v. 15. 12. 1946, 18 UNTS 3. Die Abschlußsitzung des General Council der IRO beendete die Tätigkeit dieser Organisation am 16. 02. 1952.

[172] Vgl. dazu unten 1. Teil B. II. 2. und 2. Teil A. II.

vornehmlich eines negativen Kompetenzkonfliktes zweier Anknüpfungsprinzipien für den Erwerb der Staatsangehörigkeit einstellte[173].

Der Unterschied zwischen de iure- und de facto-Staatenlosen ist ein essentiell juristischer: unter Zugrundelegung ausschließlich rechtlicher Gesichtspunkte bemißt sich die Qualität des Staatenlosen de iure, der nachweisbar *vom Recht keines Staates* in völkerrechtlich verbindlicher Weise *als national/ressortissant* gelten kann, auch dann nicht, wenn er den Schutz eines Staates genießt[174]. Als wesentlich-praktisches Merkmal steht hingegen bei dem de facto-Staatenlosen das *Fehlen des diplomatischen Schutzes* durch seinen Heimatstaat im Vordergrund, unbeeinflußt vom Vorliegen einer Staatsangehörigkeit, sondern zurückzuführen auf eine freiwillig oder unfreiwillig geschaffene politisch-räumliche Distanz zwischen beiden.

Neben der Literatur[175] ist auch die Staatenpraxis dieser rechtlich/faktischen Distinktion gefolgt, als sie in der „Schlußakte der Konferenz der Vereinten Nationen über die Beseitigung oder Verminderung der Staatenlosigkeit in der Zukunft" nach Vereinbarung des Übereinkommens vom 30. 8. 1961 zur Verminderung der Staatenlosigkeit eine Entschließung verabschiedete, „. . . daß Personen, die de facto staatenlos sind, nach Möglichkeit auch als de iure-Staatenlose behandelt werden sollen, um ihnen den Erwerb einer wirksamen Staatsangehörigkeit zu eröffnen"[176] und somit von einem engen Staatenlosenbegriff ausging.

Wenn daher im Rahmen der vorliegenden Arbeit ebenfalls die Problematik der Flüchtlinge, die unbestritten den größten Teil der de facto-Staatenlosen ausmachen, einen nicht unbeträchtlichen Raum einnehmen wird, so ist sie doch nur insoweit von Belang, als sie ein Licht auf die rechtliche

---

[173] Vgl. hierzu unten 1. Teil B. II. 1.

[174] So schon eine Resolution „Statut juridique des apatrides et des réfugiés" des IDI v. 24. 04. 1936, in deren Art. 1 das Institut den Staatenlosen definiert als „. . . tout individu qui n'est considéré par aucun Etat comme possédant sa nationalité. Cet individu ne cesse pas d'être apatride du fait qu'il est protégé diplomatiquement par un Etat, ou qu'un ou plusieurs Etats facilitent administrativement ses déplacements internationaux", Tableau Général des Resolutions (1873 – 1956) 62 – 66.

[175] Vgl. generell zur Abgrenzung zwischen de iure und de facto-Staatenlosen J. H. Simpson, The Refugee Problem 232 [London etc. 1939], R. Nathan-Chapotot, La Qualification Internationale des Réfugiés et Personnes Déplacées dans le Cadre des Nations Unies 47 [Diss., Genf 1949], A. Grahl-Madsen, I The Status of Refugees in International Law 77 [Leyden 1966]. Auch in der vorerwähnten Resolution des IDI (o. Fn. 174) wird diese Unterscheidung getroffen, wenn vom Flüchtling als „. . . individu qui, . . . ne jouit de la protection diplomatique d'aucune autre Etat.", (Art. 2 Abs. 2 der Resolution), gesprochen wird. Richtig bemerkt das Institut auch, daß „les qualités d'apatride et de réfugié ne s'excluent pas.", (Art. 2 Abs. 3 der Resolution).

[176] Resolution I des Final Act of the United Nations Conference on the Elimination or Reduction of Future Statelessness, v. 30. 08. 1961, UN Doc. A / Conf. 9 / 15 (1961), BGBl 1977 II 612 (608). Vgl. auch eine diesbezügliche Stellungnahme der Bundesregierung in der Denkschrift zum Übereinkommen über die Rechtsstellung der Staatenlosen v. 28. 09. 1954, BT Drs. 7 / 4170, 34.

Behandlung des de iure-Staatenlosen unter dem für beide Personengruppen sich entsprechenden schutzrechtlichen Aspekt zu werfen imstande ist[177].

II. Die Entstehungstatbestände der Staatenlosigkeit

Eine Studie von *Seckler – Hudson* hat die Entwicklung der Staatenlosigkeit aus annähernd 90 Konditionen oder Umständen herrührend nachgewiesen[178]. Als ein Hauptgrund für die Entstehung der Staatenlosigkeit kann zweifelsohne das dem im herkömmlichen Verständnis typischerweise grundsätzlich dem Staat vorbehaltenen Regelungsbereich (*domaine resérvé*) zufallende Recht eines jeden Staates gelten, die Erwerbs- und Verlusttatbestände seiner Staatsangehörigkeit autonom – mit allfälligen Mißbräuchen vorbeugenden völkerrechtlichen Einschränkungen[179] – zu regeln. Insbesondere die Hague Convention on Certain Questions relating to the Conflict of Nationality Laws[180] spricht in diesem Zusammenhang eine klare Sprache, wenn sie in Art. 1 bestimmt, daß „[I]t is for each State to determine under its own laws who are its nationals" [.] und in Art. 2 hinzufügt: „Any question as to whether a person possesses the nationality of a particular State shall be determined in accordance with the law of that State". Dieser Grundsatz wurde schon vorher im Rechtsgutachten des StIGH über *Staatsangehörigkeitsdekrete in Tunis und Marokko*[181] bestätigt, „. . . les questions de natio-

[177] Der von *Weis* in The International Status of Refugees and Stateless Persons, 83 Journal de Droit International 6 (4) [1956], bzw. in Legal Aspects of the Convention of July 28, 1951, relating to the Status of Refugees, 30 BYIL 480 (478) [1953] und vom gleichen Autor zuletzt in The Development of Refugee Law, Transnational Legal Problems of Refugees, Michigan Yearbook of International Legal Problems 27 [1982], wiederholte Vorschlag – dessen Urheberschaft korrekterweise *M. O. Hudson* zuzusprechen ist, s. seinen Bericht ‚Nationality, including statelessness' an die ILC, II Yearbook of the ILC 17 [1952] –, Staatenlose und Flüchtlinge als „unprotected persons" zu bezeichnen und diese Kategorie dann in „de iure-unprotected persons" und „de facto-unprotected persons" zu unterteilen, wobei es sich bei ersteren um Staatenlose und bei letzteren um Flüchtlinge handeln soll, trägt zwar dem schutzrechtlichen Aspekt in der Behandlung dieser Individuen Rechnung, verkennt aber die zwischen beiden vorzunehmende rechtliche Trennung und bedeutet mithin letztlich die zusätzliche Verwirrung der Sachauseinandersetzung durch Ersetzung eines alten mit einem neuen Begriffspaar. Gleiches gilt für den Vorschlag, de iure-Staatenlose als ‚apatrides techniques' und Flüchtlinge als ‚apatrides politiques' zu bezeichnen, gemacht von L. Bolesta-Koziebrodzky, Le Droit d'Asile 114 [Leyden 1962].

[178] Statelessness: with special reference to the United States 23 – 243 [Washington 1934]; zwar stellt die Autorin das Problem der Staatenlosigkeit aus spezifisch amerikanischer Sicht und unter Einbeziehung insbesondere amerikanischer Staatsangehörigkeitsregelungen vor, ohne jedoch eine allgemeinbezogene Aussage über die überall existierende Mannigfaltigkeit der Entstehungstatbestände von Staatenlosigkeit zu treffen.

[179] Vgl. o. A. I. 2. und Fn. 71. *Triepel* sprach bei dieser Konstellation instruktiv von einem „völkerrechtlichen Blankettsatz", in Völkerrecht und Landesrecht 220 [Leipzig 1899].

[180] Vom 12. 04. 1930, CLXXIX LNTS 89.

[181] *Avis consultatif concernant les décrets de nationalité promulgués en Tunisie et au Maroc,* [1923] C.P.J.I., sér. B, No. 4.

nalité sont, en principe ..., comprises dans ce domaine résérve (d'un Etat)"[182] und gilt bis zum heutigen Tage als Regel des allgemeinen Völkergewohnheitsrechts[183].

Ihren Ursachen nach läßt sich die Staatenlosigkeit einteilen in eine *originäre*, also mit der Geburt eingetretene, und in eine zu späterem Zeitpunkt durch Verlust der Staatsangehörigkeit evozierte *derivative* Staatenlosigkeit[184].

1. Originäre Staatenlosigkeit

Originäre Staatenlosigkeit ist das Ergebnis eines Negativkonflikts der beiden Anknüpfungsprinzipien für den Erwerb der Staatsangehörigkeit bei der Geburt, die in Abwesenheit einer völkerrechtlich verbindlichen Erwerbsregel[185] von den einzelnen Staaten bei Verleihung ihrer jeweiligen Staatsangehörigkeit nebeneinander angewendet werden. Praktisch jeder Staat der Erde gründet sein Staatsangehörigkeitsrecht entweder auf das Territorialitätsprinzip (*ius soli*) oder auf das Abstammungsprinzip (*ius sanguinis*), bzw. auf eine Kombination dieser Systeme[186].

---

[182] Avis consultatif, p. 24. Immerhin erklärte der Gerichtshof die Frage, ob eine bestimmte Angelegenheit in die ausschließlich innerstaatliche Jurisdiktion eines Staates falle, sybillinisch zu einer „question essentiellement relative" (p. 24) und sah Staatsangehörigkeitsfragen „dans l'état actuel du droit international" der ‚domaine réservé' angehörig (loc. cit.).

[183] Vgl. *Avis consultatif sur certain questions, surgissent à propos de l'application de l'article 4 du Traité de Minorités polonais*, [1923] C.P.J.I., sér. B, No. 7, p. 16; *Avis consultatif relative à l'echange des populations grecques et turques*, [1925] C.P.J.I., sér. B, No. 10, p. 19; zuletzt bestätigt auch vom IGH in der *Affaire Nottebohm* (deuxième phase), Arrêt du 6 avril 1955: C.I.J. Recueil 1955, p. 20, 23. Zu diesbezüglicher Schiedsgerichtspraxis s. *Interpretation of Minorities Treaty (Germany and Poland)*, 2 Annual Digest of Public International Law Cases 220 [1923-1924]; *Meyer-Wildermann c. Hoirie Hugo Stinnes et autres*, 4 Rec. T.A.M. 848 [1924-1925]; *Geoges Pinson (France) v. United Mexican States*, V UNRIAA 393; *Re Hochbaum*, 5 Collection of Decisions of the Upper Silesian Arbitral Tribunal 162; *Flegenheimer Claim*, 25 I.L.R. 97 [1958-I]. Für die Völkerrechtsliteratur s. statt aller L. Oppenheim, I International Law 643 und Randelzhofer, sub voce ‚Nationality', in Encyclopedia of Public International Law, Instalment 8, p. 417.

[184] Einteilung nach Vichniac, Le Statut International des Apatrides, 43 RdC 136 – 144 (115) [1933 I] und Francois, Le Problème des Apatrides, 53 RdC 287 – 314 (283) [1935 III]. Auf eine Unterscheidung zwischen „Heimatlosat volontaire" und „Heimatlosat involontaire" (nach Trachtenberg, sub voce ‚Heimatlose – Heimatlosat', in VII Répertoire de Droit International 559/560 (556) [A. de Lapradelle et J.-P. Niboyet, éd., Paris 1930]) wurde aus Gründen naheliegender Konzentrierung auf die Staatenlosigkeit per se und die sich aus ihr ergebenden schutzrechtlichen Konsequenzen verzichtet.

[185] Vgl. o. A. I. 2.

[186] Einzige Ausnahme ist das Gesetz über Staatsangehörigkeit und Aufenthalt des Staats der Vatikanstadt, demzufolge Erwerb und Verlust der vatikanischen Staatsangehörigkeit sich ausschließlich nach der Bekleidung eines Amtes und Innehabung eines Wohnsitzes im Staatsgebiet bemessen, s. Legge sulla Cittadinanza e il Soggiorno, v. 07. 06. 1929, veröffentl. in Acta Apostolicae Sedis, Supplemento per le Leggi e Disposizioni dello Stato della Città del Vaticano, v. 08. 06. 1929.

Unter Zugrundelegung des dem fränkisch-merowingischen Recht entstammenden ius soli[187] wird allein aufgrund der Geburt die Staatsangehörigkeit desjenigen Staates erworben, auf dessen Gebiet[188] es zur Geburt gekommen ist – unabhängig von der Staatsangehörigkeit beider Elternteile sowie von dem familienrechtlichen Status des Geborenen. Seit Verabschiedung des Code Napoleon im Jahre 1804 wurde diese bis dahin domininierende „rule of Europe"[189] zurückgedrängt vom Abstammungsgrundsatz, der ein Kind unabhängig vom Geburtsort die Staatsangehörigkeit erwerben läßt, welche – je nach dem zugrundezulegenden einzelstaatlichen Recht – dessen Vater oder dessen Mutter, bzw., für den Fall der Unehelichkeit des Kindes, in der Regel dessen Mutter, zur Zeit seiner Geburt besaß[190].

In Ansehung der Position des innerstaatlichen Rechts als sedes materiae für die Regelung von Staatsangehörigkeitsfragen ist eine völkerrechtlich verbindliche Festlegung der Staaten auf eines der beiden Erwerbsprinzipien ausgeblieben[191]. Dies bewirkt zwangsläufig eine Inadäquanz des Staatsan-

---

[187] Zu beiden Prinzipien in rechtshistorischem Zusammenhang, insbes. auch zur Frage, welches das ältere sei, s. A. de Lapradelle, De la Nationalité d'Origine 5 – 14 [Paris 1893] und v. Martitz, Das Recht der Staatsangehörigkeit im internationalen Verkehr, Annalen des Deutschen Reichs 1127 (793) [1875]; instruktiv zur Geschichte des ius soli ist auch der *Calvin's Case* [1608], 4 Coke Rep. 1.

[188] Den Staaten steht es frei, den Territorialitätsgrundsatz dahingehend zu erweitern, als sie der Geburt auf Schiffen oder in Flugzeugen für den Erwerb der Staatsangehörigkeit die Fiktion des auf dem eigentlichen Staatsgebiet Geborenseins zumessen können, so wie es auf völkerrechtlich-verbindlicher Ebene in Art. 3 des Übereinkommens zur Verminderung der Staatenlosigkeit v. 30. 08. 1961 „[z]ur Festsetzung der Pflichten der Vertragsstaaten nach diesem Übereinkommen . . ." normiert worden ist, ohne Ansehung des Aufenthalts von Schiff bzw. Luftfahrzeug, s. Weis, The United Nations Convention on the Reduction of Statelessness, 1961, 11 ICLQ 1082 (1073) [1962].

[189] A. Cockburn, Nationality or the Law as to Subjects and Aliens, Considered with a View to Future Legislation 13 [London 1869].

[190] Im Fall der Geburt eines unehelichen Kindes erwirbt dies bspw. in der Bundesrepublik gem. § 4 Nr. 2 RuStAG (v. 22. 07. 1913, BGBl III 102-1) die Staatsangehörigkeit der Mutter, wenn diese Deutsche ist.

[191] So ließ in diesem Zusammenhang schon Art. 18 der Hague Convention on Certain Questions Relating to the Conflict of Nationality Laws (v. 12. 04. 1930, CLXXIX LNTS 89) ausdrücklich offen, ob in dieser Konvention aufgeführte Erwerbstatbestände für die Staatsangehörigkeit „do or do not already form part of international law". Ebensowenig wurde die in Art. 3 des Vertragsentwurfs der Harvard Law School zu einem „Law of Nationality" (23 AJIL, Spec. Suppl. 13 [1929]) vorgesehene Festlegung der Staaten entweder auf das ius soli oder auf das ius sanguinis Völkerrecht. Völkerrechtlich verbindliche Aussagen zum ius soli enthalten jeweils Art. II des Optional Protocol to the Vienna Convention on Diplomatic Relations, concerning Acquisition of Nationality (v. 18. 04. 1961, 500 UNTS 223) und des Optional Protocol to the Vienna Convention on Consular Relations concerning Acquisition of Nationality (v. 24. 04. 1963, 596 UNTS 469), welche bisher geltendes diesbezügliches Völkergewohnheitsrecht dahingehend kodifizieren, als Kinder von Diplomaten oder Konsuln bei Geburt im Empfangsstaat nicht dessen Staatsangehörigkeit erwerben (in diesem Sinne schon Art. 12 der Hague Convention on Certain Questions Relating to the Conflict of Nationality Laws), sowie Art. 1 des Übereinkommens zur Verminderung der Staatenlosigkeit, der jedem Vertragsstaat auferlegt, „einer in seinem Hoheitsgebiet geborenen Person, die sonst staatenlos wäre, seine Staatsangehörigkeit

gehörigkeitsrechts der Staaten, die, frei von völkerrechtlichen Zwängen, ius soli und ius sanguinis entweder ausschließlich, zumeist jedoch nebeneinander, anwenden und damit originäre Staatenlosigkeit fördernde Negativkonflikte schaffen. Einer Studie der Vereinten Nationen zufolge[192] gibt es für eine Staatenlosigkeit bei Geburt folgende Gründe:

1. Ein im Ausland geborenes Kind wird staatenlos, wenn es in einem ius sanguinis-Staat zur Welt kommt und seine Eltern einem reinen ius soli-Staat angehören oder seine Eltern Staatsangehörige zweiter oder dritter Generation eines ius sanguinis-Staates sind.
2. Ein ehelich in einem ius sanguinis-Staat geborenes Kind ist staatenlos, wenn sein Vater staatenlos, oder, im Falle unehelicher Geburt, wenn seine Mutter staatenlos ist.
3. Das in einem ius sanguinis-Staat geborene Kind staatenloser Eltern ist staatenlos.
4. Ein Kind unbekannter Eltern wird bei Geburt in einem ius sanguinis-Staat staatenlos.
5. Findlinge gelten sowohl im ius soli- als auch im ius sanguinis-Staat als staatenlos.
6. Die Geburt auf einem Schiff oder Luftfahrzeug zieht Staatenlosigkeit nach sich, wenn sie auf der Hohen See, in Territorialgewässern oder einem fremden Hafen, bzw. in fremdem Luftraum stattgefunden hat.
7. Das Kind staatenloser Eltern mit diplomatischer Immunität wird ebenfalls staatenlos.

Zwar bemühen sich diverse Konventionen internationaler[193] wie auch regionaler[194] Bedeutung um die Eliminierung der aufgeführten, unbedingt zur originären Staatenlosigkeit führenden Konstellationen durch Herstellung eines „compromise between ius soli and ius sanguinis States, not a compromise between the ius soli and ius sanguinis principles“[195], müssen

[zu verleihen]“. Die Verleihung der Staatsangehörigkeit iure sanguinis an einen Findling schreibt die zuletzt genannte Konvention dem Vertragsstaat vor, auf dessen Hoheitsgebiet das Findelkind aufgefunden wird, da es als von Eltern abstammend gilt, welche die Staatsangehörigkeit dieses Staates besitzen (so schon Art. 14 der Hague Convention on Certain Questions Relating to the Conflict of Nationality Laws).

192 Report on the Elimination or Reduction of Statelessness, II Yearbook of the ILC 167, 195 [1953].

193 Vor allem die Convention on the Reduction of Statelessness; s. auch Samore, Statelessness as a Consequence of the Conflict of Nationality Laws, 45 AJIL 476 – 494 [1951].

194 Bspw. die nur für Mitglieder der Internationalen Konvention für das Zivilstandswesen Gültigkeit zu erlangende Convention Tendant à Réduire le Nombre des Cas d'Apatridie (Übereinkommen zur Verringerung der Fälle von Staatenlosigkeit, v. 13. 09. 1973, 54 Verträge der Bundesrepublik Deutschland 380 [Ser. A, Nr. 717]).

aber den Erfolg ihrer Zielvorgabe messen lassen an dem mehr als zurückhaltenden Verhalten der Staaten, deren Vielzahl offensichtlich an einer universell-völkerrechtlichen Bindungswirkung dieser Übereinkommen desinteressiert ist[196], so daß die Problematik originärer Staatenlosigkeit auch in absehbarer Zukunft Realität besitzen wird.

2. Derivative Staatenlosigkeit

Derivative Staatenlosigkeit entsteht durch den Verlust der bisherigen Staatsangehörigkeit ohne einen nachfolgenden Neuerwerb. Abgesehen von der anerkannten freiwilligen Aufgabe[197] hat insbesondere durch Deprivation der Staatsangehörigkeit die so erzeugte Staatenlosigkeit nie an Bedeutung verlieren können. Während die „heimatlosat en masse“[198] regelmäßig eine Folge gewaltsamer bzw. (friedens)-vertraglicher Territorialveränderungen war oder sich als Resultat drastischer Gesetzgebungsakte und Verwaltungsverordnungen gegen bestimmte Minderheiten oder politisch

---

[195] So der schweizerische Delegierte anläßlich der Beratungen zur Convention on the Reduction of Statelessness, UN Doc. A / Conf. 9 /C. 1 / SR. 3, p. 4 [1961].

[196] Durch die Convention on the Reduction of Statelessness sind derzeitig erst 13 Staaten gebunden (Stand: 31. 12. 1984), obwohl die Konvention vom 30. 08. 1961 datiert. Die Konvention ist für die Bundesrepublik seit dem 29. 11. 1977 (Bek. 26. 10. 1977 – BGBl 1977 II 1217) in Kraft. Auch das o. Fn. 194 erwähnte Übereinkommen regionaler Bedeutung ist momentan erst für vier Staaten verbindlich (Stand: 31. 12. 1984); diese Konvention datiert vom 13. 09. 1973 (für die Bundesrepublik in Kraft seit dem 24. 09. 1977, Bek. 27. 10. 1977 – BGBl 1977 II 1219).

[197] H. Lauterpacht, International Law and Human Rights [New York 1950] bezeichnet das Recht auf freiwillige Aufgabe der eigenen Staatsangehörigkeit als „inherent in the human person ... [which] shall not be denied“, op. cit., p. 347. Auch sieht Art. 15 II der Allgemeinen Erklärung der Menschenrechte (Universal Declaration of Human Rights, v. 10. 12. 1948, GAOR 3rd sess., Resolutions Part I, p. 71) vor, daß „niemand[em] ... das Recht versagt werden [darf], seine Staatsangehörigkeit zu wechseln“, dt. Übers. bei B. Simma / U. Fastenrath, (Hrsg.), Menschenrechte 5; fast wortgleich Art. 20 III der American Convention on Human Rights, v. 22. 11. 1969, OAS Official Records, OEA / Ser. K / XVI / I. I, Doc. 65, Rev. 1, Corr. 2. Allerdings ist zu beachten, daß die freiwillige Aufgabe der eigenen Staatsangehörigkeit vielfach von dem Erwerb einer neuen abhängig sein wird. Dies wird durch Art. 7 der Hague Convention on Certain Questions Relating to the Conflict of Nationality Laws und Art. 7 Ia) der Convention on the Reduction of Statelessness ausdrücklich festgelegt, verbindlich jedoch – wie in Fn. 196 gezeigt – für eine äußerst geringe Anzahl von Staaten. Bei den jeweiligen Kodifikationskonferenzen, die zum Abschluß der eben genannten Konventionen führten, stieß die Einfügung eines ‚expatriation permit‘ des ursprünglichen Heimatstaats als Voraussetzung für die freiwillige Aufgabe der bisherigen Staatsangehörigkeit auf massiven und, was die Konvention aus dem Jahre 1961 betrifft, auch erfolgreichen Widerstand der Vereinigten Staaten, die einen Verzicht auf die Staatsangehörigkeit als „fundamental individual right“ sahen, s. hierzu A. P. Mutharika, The Regulation of Statelessness unter International and National Law 3 u. Fn. 13 [Dobbs Ferry 1980 –].

[198] Trachtenberg, sub voce ‚Heimatlose – Heimatlosat‘, VIII Répertoire de Droit International 599. Der Begriff ‚Heimatlose‘ entstammt ursprünglich internationalen Übernahme- und Ausweisungsverträgen des frühen 19. Jahrhunderts (s. hierzu u. 2. Teil A. I. 1.) und nicht, wie *Trachtenberg*, op. cit., loc. cit., meint, dem Art. 56 der schweizerischen Bundesverfassung vom 15. 03. 1848.

unliebsame Bevölkerungsteile einstellte, inkorporieren die meisten innerstaatlichen Staatsangehörigkeitsgesetze bestimmte Tatbestände, deren Erfüllung zur „heimatlosat individuel"[199] führt.

Eine der ersten Massenstaatenlosigkeiten in der jüngeren Geschichte Europas beispielsweise entstand im Zuge der Zession Schleswigs und Holsteins von Dänemark an Preußen und Österreich durch den Wiener Frieden im Jahre 1864[200]. Art. XIX des Friedensvertrages räumte den Einwohnern der abgetretenen Herzogtümer die Möglichkeit ein, binnen sechs Jahren nach Friedensschluß für Dänemark zu optieren und sich dort niederzulassen. Viele der Optanten kehrten in die abgetretenen Gebiete zurück – Art. XIX beließ ihnen ihr unbewegliches Eigentum – und bald darauf kam es zwischen Dänemark und Preußen[201] zu Auseinandersetzungen über die Staatsangehörigkeit der auf den zedierten Gebieten zur Welt gekommenen Optantenkinder, die Dänemark als ius soli-Land naturgemäß für Preußen hielt, während Preußen sie wegen der Option iher Väter für Dänen hielt. Den aus diesem Konflikt resultierenden 10.000 Staatenlosen[202] verlieh die preußische Regierung erst nach Abschluß der sogenannten Optantenkonvention zwischen Dänemark und dem Deutschen Reich aus dem Jahr 1907[203] auf Antrag die preußische Staatsangehörigkeit.

In diesem Jahrhundert erzeugte vornehmlich die Auflösung der österreichisch-ungarischen Monarchie durch die Friedensverträge von St. Germain[204] und Trianon[205] eine Flut von Staatenlosen. Hauptursache hierfür waren die Bestimmungen des Art. 70 des Friedensvertrages von St. Germain und sein Pendant, Art. 61 des Friedensvertrages von Trianon, denn beide Vorschriften sollten die Grundlage dafür schaffen, daß jeder Staatsangehörige des ehemaligen Österreich-Ungarn unter Ausschluß der österreichischen bzw. ungarischen die Staatsangehörigkeit einer der Neunationen auf dem Territorium des Habsburger Reiches erhielt. Anders als beispielsweise in den Friedensverträgen mit Bulgarien von Neuilly[206] und mit der Türkei von Sèvres[207] und Lausanne[208], die ihren Staatsangehörigkeitsregelungen den jeweiligen Wohnsitz des Betroffenen zugrundelegten, führten die

---

199 Trachtenberg, op. cit., loc. cit.

200 Vom 30. 10. 1864, G. Martens, XVII NRG 474 [1er sér.].

201 Nach dem preußischen Sieg über Österreich trat Österreich im Prager Frieden (v. 23. 08. 1866, G. Martens, XVIII NRG 344 [1er sér.]) seine Rechte auf die Herzogtümer an Preußen ab.

202 Diese Zahl gibt P. Fauchille, I Traité de Droit International Public 863 [8me éd., publ. par H. Bonfils, Paris 1922].

203 Vgl. insbes. Art. I des Vertrages v. 11. 01. 1907, G. Martens, 1 NRG 632 [3me sér.].

204 Vom 10. 09. 1919, G. Martens, XI NRG 691 [3me sér].

205 Vom 04. 06. 1920, G. Martens, XII NRG 423 [3me sér.].

206 Vom 27. 11. 1919, G. Martens, op. cit., p. 323.

207 Vom 10. 08. 1920, G. Martens, op. cit., p. 664.

208 Vom 24. 07. 1923, G. Martens, XIII NRG 338 [3me sér.].

„schlechtberatenen Ententejuristen“[209] auf Drängen Österreichs und der Tschechoslowakei ein Anknüpfungskriterium aus dem österreichischen innerstaatlichen Recht ein, das ‚Heimatrecht‘ (*Indigenat*). Jeder Staatsangehörige der untergegangenen habsburgischen Monarchie sollte nach Maßgabe der genannten Artikel die Staatsangehörigkeit desjenigen Nachfolgestaates erlangen, der nach Inkrafttreten der beiden Friedensverträge[210] über das Gebiet Souveränität ausübt, in welchem der Einzelne vorher das Heimatrecht besessen hatte. Damit rekurrierten die Verträge auf ein Statusverhältnis – das österreichische Recht verstand unter Heimatrecht ein persönliches Verhältnis zur Gemeinde, welches zum ungestörten Aufenthalt im Gemeindegebiet und der Inanspruchnahme gemeindlicher Unterstützung bei sozialer Notlage berechtigte[211] –, das schon seit seiner Einführung im Jahre 1863 den Vorgaben eines Vielvölkerstaates mit naturgemäß extensiven Wanderbewegungen nicht gerecht werden konnte und zur Zeit der Vertragsverhandlungen angesichts wirtschafts- und kriegsbedingter Bevölkerungsverschiebungen vollends zu einer unzuverlässigen juristischen Abstraktion verkommen war[212]. Mithin bürdeten Art. 70 und Art. 61 der genannten Pariser Vorortverträge Millionen von Menschen, an deren Staatsangehörigkeit kein Zweifel bestand, den oft unmöglich zu führenden Nachweis eines Heimatrechts in einer ehemals österreichisch-ungarischen Gemeinde auf. In Ermangelung dieses Nachweises versagten die Nachfolgestaaten regelmäßig die Verleihung ihrer Staatsangehörigkeit und schufen damit eine *heimatlosat en masse*, mit der sich der Völkerbund bis zum Beginn des Zweiten Weltkriegs beschäftigen mußte. Abgesehen davon, daß zudem ein Heimatrecht in den Provinzen Herzegowina und Bosnien gänzlich unbekannt war, konnten eine Reihe von Nachfolgestaaten heimatberechtigte Personen ablehnen[213], oder haben im Fall einer vorgesehenen Option diesen einseitigen Rechtsakt dennoch einer für den Optanten konstitutiven Ermessensentscheidung ihrer innerstaatlichen Behörden unterworfen[214].

---

[209] H. Engländer, Die Staatenlosen 12 [Wien 1932].

[210] Der Friedensvertrag von St. Germain trat am 16. 07. 1920 in Kraft, der Vertrag von Trianon am 26. 07. 1921.

[211] Spiegel, sub voce ‚Heimatrecht‘, 2 Österreichisches Staatswörterbuch 810 (809) [2. Aufl., E. Mischler, J. Ulbrich, Hrsg., Wien 1906].

[212] Zur Kritik am Heimatrecht und seinen negativen Auswirkungen im Rahmen der beiden Friedensverträge s. insbes. S. Gargas, Die Staatenlosen 11 – 46 [Leiden 1928], der unter Verweis auf eine entsprechende Statistik schon für das Jahr 1890 den Anteil der de lege lata Heimatberechtigten von insgesamt 13 Millionen in österreichischen Aufenthaltsgemeinden Geborenen auf ca. 21 % errechnet.

[213] U. a. war dies in Art. 71 des Friedensvertrages von St. Germain für Italien vorgesehen.

[214] Vgl. hierzu v. Medinger, Die Staatenlosigkeit in den österreichisch-ungarischen Nachfolgestaaten, 1 Völkerbund und Völkerrecht 327 – 333 [1934/35], der als Beispiele derartig völkerrechtswidrigen Verhaltens das italienische Gesetz über den Staatsangehörigkeitswechsel v. 30. 12. 1920 und die jugoslawischen Optionsverordnungen v. 25. 11. 1920 und v. 30. 08. 1921 nennt, op. cit., S. 328/329. S. hierzu auch die Aufsätze von Gettys, The Effect of Changes of Sovereignty on Nationality, 21 AJIL

Schließlich barg auch die Auslegung der Staatsangehörigkeitsfragen in Elsass-Lothringen regelnden Art. 79 des Versailler Vertrages[215] zur Staatenlosigkeit führende Konsequenzen, namentlich bei den in Elsass-Lothringen beheimateten Deutschen, die vor Inkrafttreten des Friedensvertrages[216] lediglich die elsässisch-lothringische Landeszugehörigkeit besaßen und nach Auffassung des Reichsministeriums des Innern, die von der Verwaltungspraxis der meisten deutschen Bundesstaaten befolgt wurde, nach der Zession Elsass-Lothringens durch das Deutsche Reich an Frankreich in Verfolg von Art. 51 des Versailler Vertrages staatenlos geworden waren[217].

Eine neue Welle von Staatenlosen sahen die Zwanziger Jahre dieses Jahrhunderts im Rahmen der sich konsolidierenden russischen Revolution, als das Zentrale Exekutivkomitee und der Rat der Volkskommissare der Sowjetunion mit Erlaß zweier Dekrete[218] sämtlichen russischen Emigranten, die entweder mehr als fünf Jahre sich im Ausland aufgehalten bzw. die Sowjetunion ohne entsprechende Autorisierung nach dem 07. 11. 1917 verlassen hatten, oder Angehörige gegen die Sowjetunion kämpfender Armeen resp. konterrevolutionärer Organisationen waren, die Staatsangehörigkeit entzogen und damit knapp 800.000 Menschen[219] staatenlos machten[220]. Auch heute noch bedient sich dieser Staat des Entzugs der Staatsbürgerschaft wegen ‚antisowjetischer Tätigkeit', um sich mißliebiger Dissidenten, genannt seien nur einige prominente Beispiele wie *Aksonov, Kopelew, Rostropowitsch, Kremer* und zuletzt mit Erlaß vom 25. 08. 1983 der Schriftsteller *Georgi Wladimov*[221], zu entledigen.

---

268 – 278 [1927] und Bentwich, Statelessness through the Peace Treaties after the First World-War, XXI BYIL 171 – 176 [1944], die eine Fülle weiterer Beispiele zu diesem Thema aufführen. Das Schicksal eines durch die hier wiedergegebenen friedensvertraglichen Staatsangehörigkeitsregelungen betroffenen Einzelnen schildert *Seckler-Hudson* instruktiv am Beispiel des berühmten Theaterregisseurs *Max Reinhardt*, der die habsburgische Nationalität nach Inkrafttreten der Pariser Vorortverträge verlor, eine Option für die tschechische Staatsangehörigkeit verabsäumte, trotz seines Lebensmittelpunktes in Berlin die deutsche Staatsangehörigkeit nicht erhielt, erfolglos zum Erwerb der lettischen Staatsangehörigkeit in Riga Grundeigentum erwarb und schließlich in Budapest um die Verleihung der ungarischen Staatsangehörigkeit einkam, Statelessness: with special reference to the United States 188.

215 Vom 28. 06. 1919, G. Martens, XI NRG 323 [3me sér.], RGBl 1919, 688.

216 Für den Großteil der Unterzeichnerstaaten, so auch für das Deutsche Reich und Frankreich, trat der Versailler Vertrag am 10. 01. 1920 in Kraft.

217 Vgl. hierzu den nach *Schätzel* (Die elsass-lothringische Staatsangehörigkeitsregelung und das Völkerrecht 82 [Berlin 1929]) „geistige[n] Vater der Staatenlosentheorie des Reichsministeriums des Innern", Schwalb, Deutsch-französische Staatsangehörigkeitsfragen nach dem FrV [sic!], 25 Deutsche Juristen-Zeitung 640 – 642 [1920], heftig kritisiert von Schätzel, op. cit., 80 – 94 und in Der Wechsel der Staatsangehörigkeit infolge der deutschen Gebietsabtretungen 36 – 45 [Berlin 1921].

218 Dekrete v. 15. 12. 1921 und 29. 10. 1924, abgedr. bei R. Flournoy / M. O. Hudson, A Collection of Nationality Laws 511 [New York 1929].

219 Nach einer Übersicht bei J. H. Simpson, The Refugee Problem 559, der diese Zahl per 01. 01. 1922 angibt und für die Jahre 1936-37 nach einer Schätzung des Nansenamtes immerhin noch ca. 360.000 Betroffene der Ausbürgerungsdekrete nennt.

220 Für ihre rechtliche Behandlung s. u. 2. Teil A. II.

Auf eine der postrevolutionären sowjetischen ähnliche Praxis blickt auch die Türkei zurück, die nach ihren Massakern an den Armeniern die größtenteils ins Ausland geflohenen Überlebenden dieser Volksgruppe mit Gesetz vom 23. 05. 1927 ausbürgerte[222].

Eine neue Ära der Staatenlosigkeit begann anläßlich *Hitlers* Machtergreifung 1933. Mit dem ‚Gesetz über den Widerruf von Einbürgerungen und die Aberkennung der deutschen Staatsangehörigkeit' vom 14. 7. 1933[223] verschaffte sich die Reichsregierung die Möglichkeit, u. a. Reichsangehörige, „sofern sie durch ein Verhalten, das gegen die Pflicht zur Treue gegen Reich und Volk verstößt, die deutschen Belange geschädigt haben", ihrer Staatsangehörigkeit für verlustig zu erklären und sich solchermaßen nicht nur jüdischer Reichsangehöriger[224], sondern auch dem nationalsozialistischen System nicht genehmer Kritiker zu entledigen, wie sie beispielsweise am 25. 8. 1933 *Lion Feuchtwanger, Alfred Kerr, Heinrich Mann, Wilhelm Pieck, Philipp Scheidemann, Ernst Toller* und *Kurt Tucholsky* ausbürgerte[225]. Vervollkommnet wurde die Ausbügerung der Juden mit der Elften Verordnung zum Reichsbürgergesetz vom 25. 11. 1941[226], die Juden mit nicht nur vorübergehendem Aufenthalt im Ausland die deutsche Staatsangehörigkeit entzog. Mit dem Deutschen Reich sympathisierende Staaten sorgten, wenn sie nicht eine diesbezügliche Gesetzgebung kopierten[227], dafür, daß Juden, die im Zuge von Evakuierungstransporten des Reichssicherheitshauptamts in Konzentrationslager verschleppt wurden, nach Überschreiten der jeweiligen Landesgrenze die Staatsangehörigkeit verloren[228].

---

221 Der Tagesspiegel, v. 26. 08. 1983.

222 Abgedr. bei R. Flournoy / M. O. Hudson, A Collection of Nationality Laws 569. Speziell zum Komplex der staatenlosen Türken (Armenier) s. Vichniac, Le Statut International des Apatrides, 43 RdC 204 – 207 (115) [1933 I].

223 RGBl 1933 I, 480.

224 In Verwirklichung von Punkt 4 des Parteiprogramms der NSDAP v. 24. 02. 1920, in dem es hieß: „Staatsbürger kann nur sein, wer Volksgenosse ist. Volksgenosse kann nur sein, wer deutschen Blutes ist, ohne Rücksicht auf Konfession. Kein Jude kann daher Volksgenosse sein", wiedergegeben bei W. Hofer (Hrsg.), Der Nationalismus. Dokumente 1933 – 1945, S. 28 [Frankfurt 1957].

225 Vgl. die Bekanntmachung des Reichsministers des Innern v. 23. 08. 1933, RAnz. Nr. 198 v. 25. 08. 1933.

226 RGBl 1941 I, 722.

227 Wie Italien, u.a. mit Dekret Nr. 1728 v. 17. 11. 1938, „Provvedimenti per la difesa della razza italiana", XXIV Legislazione Italiana 2097 [1938 II].

228 Für Rumänien ergibt sich dies aus einem Telegramm des deutschen Gesandten *Rintelen* an das Auswärtige Amt im Jahre 1942, der diesem Ministerium den Abschluß der „Vorbereitungen in politischer und technischer Hinsicht in bezug auf die Lösung der Judenfrage in Rumänien" bestätigt und mitteilt, „[e]s ist Vorsorge getroffen, daß diesen Juden nach Überschreiten der rumänischen Grenze die Staatsangehörigkeit verlorengeht", eine Bedingung, die, nach Aussage *Adolf Eichmanns* bei Vorlage dieses Telegramms durch seinen Verhöroffizier *Less*, das Auswärtige Amt gestellt hatte, s. J. v. Lang (Hrsg.), Das Eichmann-Protokoll. Tonbandaufzeichnungen der israelischen Verhöre 132/133 [Berlin 1982].

Nach dem Zweiten Weltkrieg hat es de iure-Staatenlosigkeit, zurückzuführen auf Massenausbürgerungen des eben geschilderten Ausmaßes, nicht mehr gegeben[229]; vielmehr steht nun die *heimatlosat individuel* im Vordergrund, derivativ ausgelöst durch kodifizierte Verlusttatbestände hinsichtlich der Staatsangehörigkeit in den einzelstaatlichen Gesetzgebungen. Eine Durchsicht der Staatsangehörigkeitsregelungen legt vielfältige Normierungen des Verlusts der Staatsangehörigkeit frei. Sie wird entzogen bei Eintritt in eine fremde Armee und bei Ableisten fremden Militärdienstes[230], bei Mitgliedschaft im öffentlichen Dienst eines fremden Staates[231], bei mehrjähriger Abwesenheit vom Heimatstaat[232], bei Geburt im Ausland und nicht erfolgter Rückkehr in den Heimatstaat innerhalb einer bestimmten Zeitspanne[233], bei Verurteilung wegen eines schwerwiegenden Verbrechens[234], bei betrügerischer Erlangung der Einbürgerung oder Fehlern im Einbürgerungsverfahren[235] – und – neben einer unübersichtlichen Fülle von Einzel-

---

[229] Die Ausbürgerungen deutschstämmiger Minderheiten in der Tschechoslowakei, in Polen und Jugoslawien, betraf eine vergleichsweise geringe Personenzahl. Die Massenausweisung aller in Uganda lebenden Inder durch *Idi Amin* 1972 bedeutete keinen Staatsangehörigkeitsverlust, da diese Menschen in der Regel das ‚Citizenship of the United Kingdom and Colonies' besaßen, s. W. G. Kuepper / G. L. Lackey / E. Swinerton, Ugandan Asians in Great Britain 50 [London 1975].

[230] So z. B. § 32 des Staatsbürgerschaftsgesetzes Österreichs idF. des Bundesgesetzes v. 11. 07. 1973 und des Gesetzes v. 07. 11. 1974, österr. BGBl 1974, 703, oder Art. 7 I der Verfassung Perus v. 09. 04. 1933, abgedr. bei A. Bergmann / M. Ferid, VII Internationales Ehe- und Kindschaftsrecht, ‚Peru', S. 2 [Frankfurt 1985].

[231] Vgl. Art. 20 I b) des Gesetzesdekrets Griechenlands Nr. 3370 v. 29. 09. 1955 mit den Änderungen durch Notgesetz Nr. 481/1968 über die griechische Staatsangehörigkeit, abgedr. op. cit., Bd. III, ‚Griechenland', S. 2, oder Art. 21 c) des Gesetzes Nr. 276 Syriens v. 24. 11. 1969 zur Regelung der Staatsangehörigkeit, abgedr. op. cit., Bd. VIII, ‚Arabische Republik Syrien', S. 2; in der Regel erfolgt ein Entzug der Staatsangehörigkeit erst nach fruchtloser Fristsetzung zur Aufgabe der Dienstposition.

[232] So, allerdings mit Beschränkung auf Eingebürgerte, Art. 25 f) des Staatsangehörigkeitsgesetzes Nr. 403 der Türkei v. 11. 02. 1964, abgedr. op. cit., ‚Türkei', S. 2, oder Art. 9 Nr. 2 der Verfassung der Republik Guatemala v. 15. 09. 1965, abgedr. op. cit., Bd. III, ‚Guatemala', S. 2.

[233] U. a. § 8 des Staatsangehörigkeitsgesetzes Dänemarks v. 27. 05. 1950, Nr. 252 abgeändert durch die Gesetze v. 11. 12. 1968, Nr. 399 und v. 29. 03. 1978, Nr. 117, abgedr. op. cit., Bd. II, ‚Dänemark', S. 4, oder Art. 7 Nr. 5 des Gesetzes der Niederlande v. 12. 12. 1892 über die niederländische Staatsangehörigkeit und die Eingesessenschaft, abgedr. op. cit., Bd. VI, ‚Niederlande', S. 4; die Rückkehr in den Heimatstaat, bzw. die Abgabe der Erklärung, Staatsbürger bleiben zu wollen, müssen normalerweise innerhalb von 10 – 22 Jahren erfolgen.

[234] Art. 98 Nr. 1 des Staatsangehörigkeitsgesetzes Frankreichs v. 19. 10. 1945 idF. der Gesetze Nr. 73/42 v. 09. 01. 1973, Nr. 74/631 v. 05. 07. 1974, Nr. 76/1179 v. 22. 12. 1967 und Nr. 78/731 v. 12. 07. 1978, abgedr. op. cit., Bd. III, ‚Frankreich', S. 1, oder, beschränkt auf Eingebürgerte, Sec. 25 II c) des Malawi Citizenship Act v. 14. 06. 1966 idF. v. 1971, abgedr. bei H. Hecker (Hrsg.), Das Staatsangehörigkeitsrecht des anglophonen Afrika 200 [Frankfurt 1981].

[235] Vgl. Sec. 23 (2) des Gesetzes Neuseelands über die britische Staatsangehörigkeit und das neuseeländische Bürgerrecht, Nr. 15 von 1948 idF. des Gesetzes Nr. 38 von 1959, abgedr. op. cit., Bd. VI, ‚Neuseeland', S. 1, oder Art. 27 a) des Gesetzes Luxemburgs v. 22. 02. 1968 über die luxemburgische Staatsangehörigkeit idF. des Gesetzes v. 26. 06. 1975, abgedr. op. cit., ‚Luxemburg', S. 1.

fällen[236] – insbesondere im Zusammenhang mit dem Militärdienst bei Nichtfolgeleistung einer Einberufung[237], bzw. bei Desertierung[238]. Neben diesen einigermaßen fest umrissenen Deprivationsanlässen bleiben in die Legislation vieler Staaten aufgenommene Generalklauseln, die den Verlust der Staatsangehörigkeit wegen ‚Kompromittierens des Heimatstaats', ‚Unwürdigkeit, weiterhin Staatsangehöriger zu bleiben' oder ‚im öffentlichen Interesse' vorsehen, unberücksichtigt[239].

Zusammenfassend kann somit festgehalten werden, daß der Massencharakter derivativer Staatenlosigkeit de iure nach dem Zweiten Weltkrieg verblaßt und nunmehr individueller Natur wird, wenn Staaten die vermeintliche Verletzung ihnen gegenüber obliegender Treue- und Gehorsamspflichten durch den einzelnen Bürger mit dem Entzug der Staatsangehörigkeit pönalisieren; *heimatlosat en masse* begegnet der Völkerrechtsgemeinschaft zur Zeit in ihrer de facto-Ausgestaltung mit ca. 10 Millionen Flüchtlingen weltweit[240]. Was die individuell-derivative Staatenlosigkeit betrifft, so wird auch sie, ebenso wie die originäre Staatenlosigkeit, zukünftig einen internationalen Problemfaktor bilden. Denn zum einen sehen sich die mit Blick auf eine Reduzierung der Entstehungstatbestände von Staatenlosigkeit gerade im derivativen Bereich entwickelten Strategien unweigerlich konfrontiert

---

236 Einen Schwerpunkt bilden hier der Staatsangehörigkeitsentzug wegen Republikflucht (s. u. a. Art. 20 a) des Gesetzes Bulgariens über die bulgarische Staatsangehörigkeit v. 07. 10. 1968, abgedr. op. cit., Bd. II, ‚Bulgarien', S. 8) und der Tatbestand ‚trading with the enemy' (dazu bspw. Sec. 40 [3b] des British Nationality Act 1981, abgedr. op. cit., Bd. III, ‚Großbritannien', S. 4 und gleichlautende Bestimmungen in den Staatsangehörigkeitsgesetzen der meisten Commonwealth-Länder). Als Beispiel für die weite Palette nicht klassifizierbarer Entzugsgründe sei auf Art. 41 Nr. 1 der Verfassung Paraguays v. 10. 07. 1940 (abgedr. op. cit., Bd. VII, ‚Paraguay', S. 1) verwiesen, nach dem eine Person aufhört, „paraguayischer Bürger zu sein, . . . wenn sie betrügerischen Bankrott macht".

237 So Art. 15 (5) des Staatsangehörigkeitsgesetzes Polens v. 15. 02. 1962, abgedr. op. cit., Bd. VII, ‚Polen', S. 4, oder Art. 8 c) des Gesetzes Argentiniens über die Staatsangehörigkeit und das Staatsbürgerrecht v. 18. 05. 1978, abgedr. in 32 Das Standesamt 327 [1979].

238 So Art. 25 e) des Staatsangehörigkeitsgesetzes der Türkei Nr. 403 v. 11. 02. 1964, abgedr. op. cit., Bd. VIII, ‚Türkei', S. 2, oder Sec. 1 (6) des Commonwealth Act der Philippinen Nr. 63, v. 21. 10. 1936 idF. des Gesetzes v. 02. 06. 1947, abgedr. op. cit., Bd. VII, ‚Philippinen', S. 2.

239 Während die Mehrzahl der Staaten solcherlei Klauseln als lediglich einen unter mehreren Verlusttatbeständen kodifiziert haben, bedient sich die Sowjetunion in Art. 18 ihrer Verfassung v. 07. 10. 1977 (abgedr. op. cit., Bd. IX, ‚UdSSR', S. 10a) der Normierung ausschließlich eines Entziehungsgrundes für die Staatsangehörigkeit, „sofern eine Person Handlungen begangen hat, die den guten Ruf des Begriffes eines UdSSR-Bürgers diskriminieren und dem Prestige oder der Staatssicherheit der UdSSR schaden". Keine Rolle mehr spielt die insbes. vor dem Ersten Weltkrieg verbreitete Staatenlosigkeit der Frau nach ihrer Verheiratung, nach Inkrafttreten der Convention on the Nationality of Married Women (v. 20. 02. 1957, 309 UNTS 65,. BGBl 1973 II 1249) am 11. 08. 1958 für mittlerweile über 50 Vertragsstaaten ein nur noch marginales Problem.

240 Schätzung nach dem Weltflüchtlingsbericht des amerikanischen Flüchtlingsausschusses für das Jahr 1982, Der Tagesspiegel v. 04. 08. 1982.

mit einzelstaatlichen Interessen, die das Instrument der Ausbürgerung als ultima ratio bei dem Verstoß gegen politisch-nationale Treuepflichten keinesfalls international preiszugeben bereit sein werden. Und zum anderen sind die zur Verbesserung der Position des Staatenlosen entwickelten Strategien mit der Gestaltung seines Status' im jeweiligen Aufenthaltsstaat befaßt[241], wenden sich dem Einzelnen jedoch nicht in seiner konkret-schutzlosen Lage zu.

C. Der Untersuchungsgegenstand

Das Vorangegangene, insbesondere die Ausführungen zum Institut des diplomatischen Schutzes, hat verdeutlicht, daß die Staatsangehörigkeit der Transmissionsriemen für den Genuß spezifisch völkerrechtlicher Begünstigungen durch den Einzelnen ist. Die traditionelle Struktur des Völkerrechts läßt wegen der untrennbaren Verbundenheit diplomatischer Schutzausübung mit der Staatsangehörigkeit die Ausübung des diplomatischen Schutzes als Geltendmachung eines völkerrechtlichen Wiedergutmachungsanspruchs zugunsten der „peregrini sine civitate“[242] nicht zu[243], diplomatischer Schutz für Staatenlose wird eigentlich zu einer contradictio in se. In diesem Sinne konsequent findet sich die Schutzlosigkeit des Staatenlosen seitens der völkerrechtlichen Literatur versinnbildlicht, wenn man ihn als „bird which flies alone“[244], „vessel(s) on the open sea not sailing under the flag of a state“[245], oder schlicht als „res nullius“[246] umschreibt. Und mit geradezu schonungsloser Offenheit konstatierte die amerikanisch-mexikanische Claims Commission im Fall *Dickson Car Wheel Company (U.S.A.) v. United Mexican States*[247] im Jahre 1931: „A state ... does not commit an international delinquency in inflicting an injury upon an individual lacking nationality, and consequently, no state is empowered to intervene or complain on his behalf either before or after the injury“[248].

---

[241] Stellvertretend sei hier das Übereinkommen über die Rechtsstellung der Staatenlosen genannt.

[242] A. Weiss, I Traité Théorique et Pratique de Droit International Privé 22 [2me éd., Paris 1907].

[243] Vgl. die Entscheidung der mexikanisch-amerikanischen Schiedskommission im Fall *Naomi Russel, In Her Own Right and as Administrator and Guardian (U.S.A.) v. United Mexican States*, IV UNRIAA 805: „Nationality is the justification in international law for the intervention of one government to protect persons and property in another country“ (811). Für die Literatur s. statt aller L. Oppenheim, I International Law 668/669 und L. Delbez, Les Principes Généraux du Droit International Public 237 [2me éd., Paris 1951].

[244] So schon *Aristoteles*, zitiert bei B. Jowett, I The Politics of Aristotle, translated into English 5 [Oxford 1885].

[245] L. Oppenheim, I International Law 668.

[246] G. Schwarzenberger, International Law 171 [2nd ed., London 1950].

[247] IV UNRIAA 669.

[248] Dec., p. 678.

Natürlich sind von der durch die Schiedskommission so formulierten klassischen Position schon von vornherein im Lichte mittlerweile entwikkelter Menschenrechtsgarantien Abstriche vorzunehmen. Im folgenden aber soll gerade der zweite Teil dieser Aussage untersucht werden, denn die Staatenpraxis hat den Staatenlosen seit ca. Mitte des 19. Jahrhunderts unter schutzrechtlichen Aspekten durchaus Aufmerksamkeit geschenkt. Anhand der entwickelten Definition des diplomatischen Schutzes werden daher in diese Richtung gegangene und gehende Bemühungen der völkerrechtlichen Praxis zugunsten Staatenloser zur Darstellung gelangen unter der Fragestellung, ob nicht vielleicht doch im Hinblick auf das Verhältnis Staatsangehörigkeit/diplomatischer Schutz *Akzessorietätslockerungen* nachweisbar sind, die eine endgültige Aussage über die Möglichkeit des diplomatischen Schutzes für Staatenlose de lege lata erlauben und gegebenenfalls Erträge zu einer Lösung der Problematik de lege ferenda bieten.

Zweiter Teil

Diplomatischer Schutz für Staatenlose bis in die Gegenwart

Die internationalen Schutzbemühungen für Staatenlose sollen unterteilt auf zwei große Zeitperioden untersucht werden, bis zum Ende des Zweiten Weltkriegs und bis in die Gegenwart. Besondere Beachtung dabei verdienen gerade Bemühungen um Staatenlose von ihren Anfängen bis ins Jahr 1945, da die Staatenlosigkeit in diesem Zeitraum der Staatenwelt eine unmittelbare Reaktion auf die praktischen Konsequenzen dieses Phänomens abverlangte, während nach dem Zweiten Weltkrieg das internationale Augenmerk eher auf die Eliminierung der Staatenlosigkeit und Integrierung der Staatenlosen gerichtet war und es so natürlich an Impulsen im Hinblick auf eine Verbesserung der Situation des Einzelnen in seiner völkerrechtlichen Schutzlosigkeit fehlen ließ.

A. Die schutzrechtliche Behandlung von Staatenlosen bis zum Ende des Zweiten Weltkriegs

Die Existenz der Staatenlosigkeit verläuft notwendigerweise parallel zur Existenz staatlicher Einheiten, deren eine von drei Konstituenten gerade ein personell-rechtlich abgrenzbares Staatsvolk bildet. So überrascht es nicht, daß schon die Frühzeit der Staatswerdung in Griechenland die *Apoliden* und in Rom die *peregrini sine civitate* kannte. Gleichwohl forderte die Staatenlosigkeit zuerst mit Beginn des 19. Jahrhunderts Beachtung in dem Maße, als zu diesem Zeitpunkt hauptsächlich die europäischen Staaten – mit Blick auf die Errungenschaften der französischen Revolution und in Verwirklichung des Nationalstaats – durch Nachvollziehen entsprechender Normierungen der Art. 2 – 6 des Titre II der französischen Verfassung vom 3. 9. 1791[1] ihrerseits Verfassungsbestimmungen schufen, welche die Staatsangehörigkeit nach innen als Voraussetzung für den Genuß eines Rechten- wie auch Pflichtenstatus und damit nach außen als die staatliche Personalhoheit eingrenzend konkretisierten[2]. Staatenlosigkeit bedeutete mithin nicht nur

---

[1] 3 Collection Complète des Lois, Décrets, Ordonnances, Réglements, Avis du Conseil-d'État 240 [J. B. Duvergier, éd., 2me éd. Paris 1834].

den Einbruch einer innerstaatlichen Rechtsposition, sondern daneben auch die Nichterfassung in einem bestimmten Staatsvolke mit der völkerrechtlichen Konsequenz der Schutzlosigkeit, die angesichts der im 19. Jahrhundert zunehmend zu verzeichnenden Bevölkerungsbewegungen kriegs-, wirtschafts- und auswanderungsbedingter Natur ihre bisher periphere Bedeutung verlor, ohne jedoch zu einer *heimatlosat en masse* zu führen. Exemplifiziert werden soll im folgenden der schutzrechtliche Aspekt der Staatenlosigkeit an diversen Übernahme- und Ausweisungsverträgen europäischer Staaten im 19. Jahrhundert, am Sonderproblem einer Minderheit sowie an den Konsularschutzverhältnissen in der Levante und den Barbareskenstaaten, bevor sich das Augenmerk auf den Schutz für Staatenlose zur Zeit des Völkerbundes richtet. Dabei beschränken sich die Ausführungen zunächst ganz allgemein auf die Darstellung willentlicher oder reflexartiger Schutzbemühungen zugunsten Staatenloser, um eine jeweils vorzunehmende Subsumtion beschriebener Tatbestände unter den diplomatischen Schutz im hier vorausgesetzten Sinn nicht zu präjudizieren.

I. Die Periode bis zur Völkerbundszeit

1. Übernahme- und Ausweisungsverträge im 19. Jahrhundert

Der völkerrechtlichen Problematik Staatenloser wandten sich erstmalig Konventionen im frühen 19. Jahrhundert zu, als der aufkeimende souveräne Nationalstaat das Augenmerk auf den Bürger richtete und seine rechtsstaatliche Verantwortung gegenüber nicht seiner Personalhoheit unterstehenden, staatenlosen Personen abgrenzte.

Grundlegend für diese Bemühungen war eine am 9. Mai 1818 zwischen Preußen und dem Königreich Bayern abgeschlossene ‚Übereinkunft wegen wechselseitiger Uebernahme der Vagabunden und Ausgewiesenen‘[3], mit der erstmalig in der Geschichte ein Aspekt der Staatenlosigkeit einer Regelung zugeführt worden ist, als gemäß § 2 b) die Übernahme derjenigen nicht versagt werden durfte, „welche von heimathlosen Eltern zufällig innerhalb des Staatsgebiets geboren sind, solange sie nicht in einem anderen Staat das Unterthanenrecht, nach dessen Verfassung, erworben, oder sich daselbst mit Anlegung einer Wirtschaft verheirathet, oder darin, unter Zulassung der Obrigkeit, Zehn Jahre lang gewohnt haben“. Eine wortgleiche Bestimmung enthalten diesbezügliche Konventionen, die Preußen mit anderen Mit-

---

[2] Bspw. der 4. Titel, § 1, der Verfassungsurkunde des Königreichs Bayern, v. 26. 05. 1818, abgedr. bei K. H. L. Pölitz, 1 Die Europäischen Verfassungen seit dem Jahre 1789 bis auf die Neueste Zeit 132 [2. Aufl., Leipzig 1832], oder § 19 der Verfassungsurkunde des Königreichs Württemberg, v. 25. 09. 1819, abgedr. op. cit., S. 434.

[3] Gesetzessammlung für die Königlichen Preußischen Staaten 1818, S. 53.

gliedern des Deutschen Bundes, wie mit Nassau[4], Hessen[5], Sachsen und den sächsischen Staaten Altenburg, Coburg-Gotha, Meiningen, Weimar, Schwarzburg-Sondershausen und Schwarzburg-Rudolstadt[6], Oldenburg[7] und Württemberg[8], sowie Bayern mit Sachsen[9] unterzeichneten.

Abgelöst wurde die vorerwähnte Regelung im Jahre 1851 durch ein fast schon als europäisch zu bezeichnendes Abkommen zwischen den Staaten des Deutschen Bundes mit Ausnahme Österreichs, Holstein-Lauenburgs und Liechtensteins, den *Gothaer Vertrag*[10]. Der Gothaer Vertrag unterscheidet schon zwischen derivativ und originär Staatenlosen, wenn er „[j]ede der contrahirenden Regierungen" verpflichtet, nicht nur „ihre vormaligen Angehörigen (Unterthanen), auch wenn sie die Unterthanschaft nach der inländischen Gesetzgebung bereits verloren haben, so lange, als sie nicht in dem anderen Staate nach dessen eigener Gesetzgebung angehörig geworden sind, auf Verlangen des anderen Staats wieder zu übernmehmen" (Art. I b), sondern diese Pflicht auch hinsichtlich einer Person, die „zu keiner Zeit einem der contrahirenden Staaten als Unterthan angehörig gewesen (Art. I)" ist, dem Staat auferlegt, auf dessen Territorium dieser Staatenlose „a) nach zurückgelegtem 21sten Lebensjahre sich zuletzt 5 Jahre hindurch aufgehalten, oder b) sich verheirathet und mit seiner Ehefrau unmittelbar nach der Eheschließung eine gemeinschaftliche Wohnung mindestens 6 Wochen innegehabt hat, oder c) geboren ist" (Art. II). Ähnlich wie dem preußisch-bayerischen Übernahmevertrag aus dem Jahr 1818 eine Pilotwirkung für Verträge Preußens mit den übrigen Staaten des Deutschen Bundes zukam, fanden die Bestimmungen der Art. I und II des Gothaer Vertrages gegen Ende des 19. und zu Beginn des 20. Jahrhundert ihren Niederschlag in Abkommen des Deutschen Reiches mit Italien[11], Dänemark[12], Österreich-Ungarn[13], Belgien[14], Rußland[15], den Niederlanden[16] und der Schweizerischen Eidgenossenschaft[17].

---

[4] Vom 31. 03. 1819, op. cit. 1819, S. 95.

[5] Vom 31. 03. 1819, op. cit., S. 132 und v. 26. 05. 1840, op. cit. 1840, S. 146.

[6] Das mit Sachsen abgeschlossene Übereinkommen datiert v. 05. 02. 1820, op. cit. 1820, S. 40, seine Anwendung wurde in der Folgezeit zwischen Preußen und den benannten sächsischen Herzogtümern bzw. dem Großherzogtum vereinbart.

[7] Vom 18. 11. 1840, op. cit. 1840, S. 366.

[8] Vom 05. 02. 1845, op. cit. 1845, S. 779.

[9] Vom 15. 06. 1820, abgedr. bei G. F. Martens, V Nouveau Recueil de Traités d'Alliance, de Paix, de Tréve, de neutralités 511 (1808 – 1822) [Göttingen 1846 – 1857].

[10] Vom 15. 07. 1851, Gesetzessammlung für die Königlichen Preußischen Staaten 1851, S. 711, oder K. v. Martens / F. de Cussy, VI Recueil manuel et pratique de traités, . . . 580 (1856) [Leipzig 1846 – 1857].

[11] Déclaration concernant l'assistance réciproque des malades, la réception des exilés et les passeports, v. 08. 08. 1873, bei G. Martens, I NRG 258 [2me sér.], Zentralblatt für das Deutsche Reich 1873, S. 281.

[12] Déclaration concernant l'assistance réciproque des malades et la réception des exilés, v. 11. 12. 1873, G. Martens, I NRG 263 [2me sér.], Zentralblatt für das Deutsche Reich 1874, S. 31.

Mit dem Auslauf des 19. Jahrhunderts war so Europa überzogen von einem relativ dichten Vertragsnetz, das den Staatenlosen erstmalig völkerrechtlicher Beachtung teilhaftig werden ließ. Die Übernahme- und Ausweisungsverträge eröffneten den Staatenlosen die Möglichkeit, den wenigstens territorialen Schutz eines übernahmepflichtigen Staates in Anspruch nehmen zu können und damit zumindest vor Übergriffen ihres Aufenthaltsstaates sicher zu sein, in dem sie ansonsten mangels einer Staatsangehörigkeit vollkommen schutzlos gewesen wären, hätte sich doch kein Staat ihrer annehmen können und dürfen.

2. Juden in Rumänien

Die Juden in Rumänien bildeten die wohl größte und homogenste Gruppe Staatenloser im 19. Jahrhundert. Wiewohl schon seit dem frühen 13. Jahrhundert in den Fürstentümern Moldau und Walachei ansässig[18], waren die Juden dort nicht nur fortwährend Ziel gewalttätiger Übergriffe seitens der Bevölkerung[19], sondern sahen sich auch obrigkeitlicherseits bis weit nach der Proklamation des Staates Rumänien im Jahr 1861 und sogar über die eigentliche Staatswerdung als Ergebnis des Berliner Kongresses 1878 hinaus erheblichen Rechtsbeeinträchtigungen unterworfen[20].

Grundlegend für die Staatenlosigkeit der Juden war der dieser Religionsgruppe nach innerstaatlichem Recht beigemessene Fremdenstatus; *Israeliten* galten als Ausländer, staatenlose Ausländer, denn sie besaßen keine Staatsangehörigkeit[21]. Der Erwerb des Indigenats in einem der beiden Für-

---

[13] Vgl. die ,Verordnung des Ministers des Innern vom 18. 08. 1875, wodurch ein Übereinkommen zwischen den Regierungen der österreichisch-ungarischen Monarchie und des deutschen Reiches wegen gegenseitiger Uebernahme ihrer ursprünglichen Staatsangehörigen, insoweit dieselben dem anderen Staate noch nicht angehörig geworden sind, kundgemacht wird', RGBl 1875, 278, Zentralblatt für das Deutsche Reich 1877, S. 475.

[14] Déclaration pour reglér le traitement et le repatriement des indigents respectifs, v. 07. 07. 1877, G. Martens, II NRG 145 [2me sér.], Zentralblatt für das Deutsche Reich 1877, S. 398.

[15] Übereinkommen zwischen dem Reich und Rußland, betr. die gegenseitige Übernahme früherer Angehöriger beider Länder, v. 29. 01. 1894, Zentralblatt für das Deutsche Reich 1894, S. 81.

[16] Convention concernant l'etablissement et la subvention des ressortissants réciproques dans les pays de l'autre Partie contractante, v. 17. 12. 1904, G. Martens, XXXIII NRG 13 [2me sér.], RGBl 1906, 879.

[17] Niederlassungsvertrag v. 13. 11. 1909, G. Martens, V NRG 608 [3me sér.], RGBl 1911, 887.

[18] Nach Rey, La Question Israélite en Roumanie, X RGDIP 461 (460) [1903].

[19] Vgl. hierzu die Schilderungen bei Rey, op. cit., p. 466 ff.

[20] Vgl. *Reys* Beispiele legislatorischer Diskriminierungen, op. cit., p. 461 f., p. 487 ff.

[21] In diesem Sinne auch der damalige Standardkommentar zum rumänischen Zivilrecht von D. Alexandresco, I Explicaţiune Teoretică şi Practică Dreptului Civil

stentümer oder später der rumänischen Staatsangehörigkeit blieb den Juden faktisch verschlossen. Denn war ein solcher Erwerb unter Zugrundelegung des Indigenats- bzw. Staatsangehörigkeitsrechts iure sanguinis[22] ohnehin ausschließlich dem „enfant né de parents roumains"[23] vorbehalten, entzog sich den Juden ebenso die Naturalisierung als Möglichkeit zur Herstellung eines Rechtsbandes zu der von ihnen bewohnten Gebietskörperschaft. Zunächst sahen die in den Fürstentümern Moldau und Walachei geltenden ‚Règlements organiques'[24] die Naturalisierung nur für Ausländer „d'un rit chrétien"[25] vor. Das nach der Proklamation Rumäniens geschaffene rumänische Zivilgesetzbuch vom 20. 11. 1864 brachte in diesem Punkt nur auf dem Papier eine Erleichterung, wenn es in Art. 9 zwar hieß, „[c]eux qui ne sont pas de rite chrétien ne peuvent obtenir la qualité et les droits de citoyen roumain qu'aux conditions prescrites par l'article 16 du présent code"[26], gerade aber Art. 16 des Zivilgesetzbuches nicht nur einen 10-jährigen Wohnsitz in Rumänien, die Absicht der Begründung eines dauernden Wohnsitzes und den Nachweis der Nützlichkeit des prospektiven Staatsangehörigkeitserwerbers für seine neue Heimat verlangte, sondern selbst bei kumulativem Vorliegen aller drei Voraussetzungen nur den Anspruch verhieß, „die Zuerkennung [der] Staatsangehörigkeit mit Aussicht auf Erfolg beantragen zu dürfen"[27], da die rumänische Staatsangehörigkeit sodann erst nach Anhörung des Staatsrates von der Nationalversammlung verliehen wurde. Bevor allerdings ein jüdischer Antragsteller diesen Parcour betreten konnte, hatte Art. 7 der rumänischen Verfassung vom 1. 7. 1866 in Außerkraftsetzung der relevanten Bestimmungen im Zivilgesetzbuch den alten Zustand unter den ‚Règlements organiques' zur Naturalisierungsfrage wiederhergestellt: „Les étrangers de rites chrétiens peuvent seuls obtenir la naturalisation"[28].

Român (Theoretische und praktische Erläuterungen des rumänischen Zivilrechts) 145 [Iaşi und Bucureşti 1886].

[22] Nachweise bei E.-S. Zeballos, I La Nationalité 297 [Paris 1914].

[23] Art. 10 des rumänischen Zivilgesetzbuches v. 20. 11. 1864, zitiert bei E.-S. Zeballos, op. cit., loc. cit.

[24] Bei diesen ‚Règlements organiques' handelte es sich um Verfassungen im weitesten Sinne, die der russische General *Kisselev* nach dem Frieden von Adrianopel 1829 als Gouverneur von Moldau und Walachei für diese Fürstentümer schuf; sie traten für Walachei und Moldau 1831 bzw. 1832 in Kraft.

[25] Vgl. Annexe X des Règlement für das Fürstentum Moldau, abgedr. bei M. de Minciaky et. al. (éds.), Règlement Organique de la Principauté de Moldavie [New York, o. J.]. Eine parallele Regelung enthielt das Règlement organique de la Principauté de Valadie in seinem Art. 379, nach Rey, La Question Israélite en Roumanie, X RGDIP 462 (460) [1903].

[26] Zitiert bei Rey, op. cit., p. 465.

[27] So in seiner Darstellung und Kritik des Art. 16 S. Gargas, Die Staatenlosen 81.

[28] Zitiert in Annuaire de Législation Étrangère 760 [1879]. Tatsächlich ist für die kurze Zeit der Geltungsdauer des Art. 16 Zivilgesetzbuch vom Tage seines Inkrafttretens am 01. 12. 1865 bis zur Verkündung der Verfassung am 01. 07. 1866 kein Antrag auf Einbürgerung seitens einer Person jüdischen Glaubens gestellt worden, Nachweis op. cit., loc. cit.

In der Mitte des 19. Jahrhunderts befanden sich mehr als 100 000[29] dieser „véritable caste de parias, sans patrie et sans droits“[30] unter dem Schutze Österreich-Ungarns. Nachdem die Habsburger Monarchie durch einen Handels- und Schiffahrtsvertrag mit der Ottomanischen Pforte vom 27. 7. 1718[31] das Recht erhalten hatte, überall dort, „ou les autres Puissances européennes entretiennent des Consuls et des interprêtes“[32] zum Schutze seiner „négociant[s] imperial[es]“[33] selbst Konsularämter zu errichten, ließen die k. und k. Konsuln ihre Protektion bald auch sogenannten Schutzgenossen angedeihen. Die Internuntiatur Österreichs in Konstantinopel stellte hierfür Personen, die keine österreichische Untertanschaft bzw. Staatsangehörigkeit besaßen, Internuntiaturpässe aus. Mit dem Besitz eines solchen Dokuments war sein Inhaber nach österreichischem Recht imstande, seine „kaiserliche Unterthanschaft ... vor den kaiserlichen Consularämtern“ nachzuweisen, wurde „durch den gehörig registrirten kaiserlichen Internuntiaturspaß für den in der Levante lebenden und keiner inländischen, sondern bloß der Consulargemeinde angehörigen [zum] *Unterthan de facto*“[34]. In dieser Eigenschaft waren die Geschützten „in dem vollen Genusse der österreichischen staatsbürgerlichen Rechte“[35] und konnten daher nach Ausstellung des Internuntiaturpasses, einem Akt der Staatsangehörigkeit analog[36], sich des Privilegs der Mitgliedschaft in einem machtpolitisch bedeutsamen Schutzverband gegenüber ihrem Aufenthaltsstaat versichern. Dies bedeutete insbesondere „das Recht auf den Consularschutz hinsichtlich ihrer Person, ihres Eigenthumes und des ungestörten Betriebes erlaubter Geschäfte [und] das Recht auf die österreichische Consularjurisdiction“[37].

Interventionen Österreichs zugunsten seiner jüdischen de facto-Untertanen nahmen unterschiedliche Gestalt an. Die rumänischen Juden sahen sich

---

[29] Diese Zahl gibt Rey, Un Aspect Particulier de la Question des Minorités. Les Israélites de Roumanie, XXXII RGDIP 137 (133) [1925]. Damit schützte Habsburg immerhin ein gutes Viertel aller staatenlosen Juden in Rumänien, deren Gesamtzahl sich auf ca. 400.000 addierte, nach Arntz, De la Situation de la Roumanie au Point de Vue du Droit International, IX Revue de Droit International et de Législation Comparée 20 (18) [1877].

[30] Bluntschli, Le Congrès de Berlin et sa Portée au Point de Vue du Droit International, XI RDILC 427 (1, 411) [1879].

[31] Vertrag von Passarowitz, abgedr. bei G. Noradounghian (éd.), I Recueil d'Actes Internationaux de l'Empire Ottoman 220 [Paris 1897].

[32] Art. 5 des Vertrags von Passarowitz.

[33] Art. 5 des Vertrags von Passarowitz.

[34] Hervorhebung vom Verf. Diese jahrzehntelange Praxis Österreichs wurde so in § 1 b) der Ministerialverordnung ‚womit Vorschriften für die kaiserlichen Consularämter in der Türkei in Betreff der staatsbürgerlichen Verhältnisse der im türkischen Reiche befindlichen Unterthanen und Schutzbefohlenen kundgemacht werden‘, v. 02. 12. 1857, kodifiziert, RGB 1857, S. 908.

[35] § 14 der Ministerialverordnung v. 02. 12. 1857.

[36] So gewichtet von Lentner, sub voce ‚Schutzgenossenschaft‘ in E. Mischler / J. Ulbrich, (Hrsg.), 4 Österreichisches Staatswörterbuch 210 [Wien 1909].

[37] Art. 16 der Ministerialverordnung v. 02. 12. 1857 (s. vorstehend Fn. 34).

vor allem nach der Proklamation des Staates Rumänien teilweise gewalttätigen Repressionen ausgesetzt, als auf gesetzgeberische Initiativen zur Verbesserung ihrer tatsächlichen und rechtlichen Lage die rumänische Bevölkerung, bisweilen unter polizeilichem und militärischem Flankenschutz, mit anti-jüdischen Ausschreitungen reagierte. Ab 1867 forderte der rumänische Innenminister *Bratiano*[38] eine rigide Anwendung schon existierender Gesetze über das Vagabundentum gegen die Juden und erreichte damit Massenverhaftungen, Deportationen und die Zerstörung jüdischen Eigentums, Maßnahmen, die von der Regierung als „mesures d'hygiène"[39] begründet wurden. Österreich reagierte in Fällen dieser Art zumeist mit einer Protestnote an die rumänische Regierung, welche neben einer scharfen Verurteilung des jeweiligen Übergriffs die Forderung nach sofortiger Freilassung der Verhafteten, Ersatz individuell erlittenen Schadens und Bestrafung der Verantwortlichen enthielt[40]. Rumänien erfüllte regelmäßig derartige Forderungen, die zugunsten staatenloser Juden auch seitens anderer Mächte des europäischen Konzerts, insbesondere Frankreichs[41] und Großbritanniens[42], geltend gemacht wurden. Dabei war es jedoch allein die Habsburger Monarchie, die gerade unter Verweis auf ein rechtsbandähnliches de facto-Untertanenverhältnis zu den Juden schon seit Ende des 18. Jahrhunderts Schutzrechte beanspruchte; die Protektionsgewährungen Frankreichs und Großbritanniens begründeten sich hingegen ausschließlich auf ihre Eigenschaft als Mitglieder der die Donaufürstentümer unter ihr Protektorat stellenden sieben Signatarmächte des Pariser Vertrags vom 18. 8. 1858[43], in welcher sie unter Verweis auf Art. 48 dieser Konvention und die dort garantierte Gleichbehandlung aller Moldavier und Wallachier bei Wahrnehmung der Bürgerrechte sich verfolgter Juden annahmen.

Die europäischen Großmächte sahen sich in ihren Schutzrechten auch durch die Anerkennung Rumäniens als souveränen Staat nicht beeinträchtigt. Als solcher zunächst im Verhältnis Türkei/Rußland durch Art. 5 des

---

[38] *Bratiano* hatte paradoxerweise ein Jahr vorher bei den Verfassungsberatungen die schrittweise Einbürgerung der Juden in seinem Land gefordert, s. Rey, La Question Israélite en Roumanie, X RGDIP 466 (460) [1903].

[39] Moniteur Officiel v. 26. 05. 1867, zitiert bei Rey, op. cit., p. 467.

[40] Vgl. z. B. die Note des österreichischen Generalkonsuls *Eder* v. 24. 04. 1868 an die rumänische Regierung, abgedr. als Doc. No. 89 bei I. Loeb, La Situation des Israélites en Turquie, en Serbie et en Roumanie 325 [Paris 1877].

[41] Rey, La Question Israélite en Roumanie, X RGDIP 467 (460) [1903], berichtet u. a. von einer persönlichen Intervention *Napoleons III.* zur Freilassung massenverhafteter Juden.

[42] Über Schutztätigkeiten Englands im Fürstentum Moldau gibt Viscount *Stratford de Redcliffe* in einer Parlamentsdebatte am 01. 07. 1867 dem House of Commons Auskunft, CLXXXVIII Hansard's Parliamentary Debates 747 [3rd ser., 18. 06. 1867 – 23. 07. 1867].

[43] Convention pour l'organisation definitive des Principautés de Moldavie et de Valadie, bei G. Martens, XVI (2) NRG 50 [1ère sér.]; die weiteren Unterzeichnerstaaten waren Österreich, Preußen, Rußland, Sardinien und die Ottomanische Pforte.

San-Stefano-Friedens vom 03. 03. 1878[44] fixiert, wurde Rumäniens Souveränität in toto erst als Ergebnis des Berliner Kongresses im gleichen Jahr von allen Europäischen Großmächten bestätigt. Um jedoch sicherzustellen, daß Rumänien, wie von ihm in Art. 44 des Berliner Vertrages vom 13. 07. 1878[45] abverlangt, innerstaatlich eine Gleichbehandlung aller religiösen Bekenntnisse durchsetzte, stipulierte Art. 49 dieses Vertrages hinsichtlich der „priviléges et attributions des Consuls en matière de protection" bis zum Abschluß entsprechender Übereinkünfte Rumäniens mit den Mächten einen status quo, währenddem „[l]es droits acquis resteront en vigueur". Insgesamt dauerte es noch weitere neun Jahre, bis alle Unterzeichnerstaaten des Berliner Vertrages auf ihre Protektionsrechte verzichtet hatten, Österreich-Ungarn mit der Erklärung vom 14. 5. 1887, „qu'á partir du 1er Janvier 1888 (n.st.), l'Autriche-Hongrie cessera d'accorder en Roumanie sa protection aux personnes qui ne juissent pas effectivement de la nationalité autrichiènne ou hongroise"[46].

Über eine Zeitspanne, die sich vom Ende des 18. Jahrhunderts bis weit in die zweite Hälfte des 19. Jahrhunderts erstreckte, hatte damit in erster Linie die österreichisch-ungarische Monarchie einen zahlenmäßigen durchaus beachtenswerten Teil der Juden in Rumänien unter ihren Schutz gestellt. Diesen de facto-Untertanen, als Staatenlose weder im Besitz der rumänischen, noch der österreichischen bzw. ungarischen Staatsangehörigkeit, gewährte die Habsburger Monarchie unter Einschaltung ihrer Diplomaten Protektion gegenüber zunächst den Donaufürstentümern Moldau und Walachei, wie später Rumänien, und zwar immer dann, wenn diese Minder-

---

[44] G. Martens, III NRG 246 [2me sér.].

[45] Op. cit., p. 449, s. auch RGBl 1878, 307. Die in Art. 43 kodifizierte Anerkennung Rumäniens war auf Betreiben des französischen Delegierten *Waddington* ausdrücklich abhängig gemacht worden („en la rattachant aux conditions exposées dans les deux articles suivants") von nichtdiskriminierender Behandlung der Angehörigen aller Glaubensrichtungen und der Gewährleistung freier Religionsausübung.

[46] G. Martens, XVIII NRG 808 [2me sér.]. Fast wortgleiche Erklärungen gaben ebenfalls 1887 das Deutsche Reich, op. cit., loc. cit., und Frankreich, op. cit., p. 809, ab, während Italien schon am 13. 03. 1881 durch Abschluß einer Konsularkonvention (G. Martens, VIII NRG 607 [2me sér.]) auf seine entsprechenden Schutzrechte verzichtet hatte. In Ansehung gerade der Erklärung Österreich-Ungarns war die offizielle Meinung Rumäniens, ein solcher Verzicht sei bereits anläßlich des am 22. 06. 1875 abgeschlossenen Handelsvertrages mit den Habsburgern (RGB 1876, 159) eingetreten – s. die Erklärung des damaligen rumänischen Außenministers *Boéresco* vor dem rumänischen Parlament während der Sitzung v. 12. / 24. 07. 1875, wiedergegeben bei J. Berkowitz, La Question des Israélites en Roumanie 439 [Paris 1923] und insbes. seinen Aufsatz La Situation Politique des Anciennes Principautés Roumaines du Danube avant 1878, IV RGDIP 378 (324) [1897] – rechtlich keineswegs fundiert und nur im Streben Rumäniens nach möglichst rascher und vollständiger Autonomie, beeinträchtigt vornehmlich durch das Protektionssystem, das die „consuls autrichiens" rumänischer Auffassung nach „usèrent dans des proportions aussi immenses que scandaleuses" (Boéresco, op. cit., p. 362) zu würdigen. Beseitigt wurde die Massenstaatenlosigkeit der Juden in Rumänien erst nach Abschluß des in Art. 60 des Friedensvertrages von St. Germain vorgesehenen Minderheitenschutzvertrages vom 09. 12. 1919 (G. Martens, XIII NRG 529 [3me sér.], Art. 3 u. 7).

heit als Ziel von Pogromen oder legislatorischem und exekutivischem Unrecht Beeinträchtigungen ausgesetzt war. Für die Kompensation derartiger Beeinträchtigungen traten in einem allerdings enger gesetzten Rahmen auch andere europäische Mächte zugunsten der staatenlosen Juden ein. Demgemäß sah die Völkerrechtspraxis erstmalig einen umfangreichen, aktiv-systematischen Schutz Staatenloser.

3. Konsularschutzverhältnisse in der Levante und den Barbareskenstaaten

Auf den ersten Blick ist nicht unbedingt eine Divergenz ersichtlich zwischen dem Schutz staatenloser Juden in dem (Levante-)Staat Rumänien und dem nachfolgend zu behandelnden Schutz im Rahmen von Konsularschutzverhältnissen generell in der Levante und den Barbareskenstaaten[47]. Dennoch existiert ein gravierender Unterschied zwischen diesen Schutzverhältnissen, der zur untersuchungsmäßigen Trennung beider führen muß. Grundsätzlich nämlich entsprang das System der Konsularschutzverhältnisse in der Levante und den Barbareskenstaaten einem unüberbrückbaren Gegensatz zwischen islamischem auf der einen und klassischem Völkerrecht auf der anderen Seite: das islamische Konzept des Völkerrechts, beispielsweise seine Ausgestaltung in Form des *Djihād*[48], des Kriegs zur Ausbreitung des Islams, des ewigen Kriegs bis zur endgültigen Islamisierung der Welt, wie ihn u. a. Sure IX 29 des Korans[49] vorsieht, stand diametral entgegengesetzt dem vom Westfälischen Frieden 1648[50] eingeleiteten klassischen, europäischen Völkerrecht, mit dem sich die christliche Staatengemeinschaft eine dem Frieden dienende zwischenstaatliche Ordnung geschaffen hatte, in der Krieg lediglich als Instrument zur Wiederherstellung des Friedens dienen sollte[51]. Eben wegen dieses vom christlichen Völkerrecht den Islamstaaten

---

[47] Zur Levante gezählt werden gemeinhin die Türkei, Griechenland, Rumänien, Serbien, Montenegro, Bulgarien, Bosnien und Herzegowina, Zypern, zu den Barbareskenstaaten Tripoli und Tripolitanien, Marokko, Algerien, Tunis, Ägypten. Letztere werden auch als osmanische Vasallenstaaten bzw. als nordafrikanische Seeräuberstaaten bezeichnet.

[48] Schreibweise nach Handwörterbuch des Islam (A. J. Wensinck / J. H. Kramers, Hrsg.) 112 [2. Aufl., Leiden 1976].

[49] "Kämpft gegen diejenigen, die nicht an Gott und den jüngsten Tag glauben und nicht verbieten, was Gott und sein Gesandter verboten haben, und nicht der wahren Religion angehören . . . bis sie kleinlaut aus der Hand Tribut entrichten", Der Koran (R. Paret, Übers.) 134/135 [Stuttgart usw. 1979]. Über den zumindest völkerrechtsähnlichen Charakter des *Djihad* s. H. Janson, Die rechtlichen und ideologischen Beziehungen des islamischen Staatenkreises zum abendländischen Völkerrecht 33 – 35 [Diss., Bern 1955]. *F. v. Holtzendorff* beschreibt in seinem Handbuch des Völkerrechts [Bd. I, Berlin 1885] treffend den Konflikt zweier Glaubenssysteme auf der Ebene des Völkerrechts, op. cit., p. 298.

[50] Vom 24. 10. 1648, abgedr. bei K. Zeumer, Quellensammlung zur Geschichte der Deutschen Reichsverfassung in Mittelalter und Neuzeit, Dok. 197 u. 198 [2. Aufl., Tübingen 1913].

entgegengebrachten und politisch nachvollzogenen prinzipiellen Mißtrauens war den zivilisierten Staaten schon seit der Zeit der Kreuzzüge daran gelegen, ihre Untertanen bzw. Staatsangehörigen in den levantinischen und Barbareskenstaaten, auch als *pays hors chrétienté* bezeichnet, keinesfalls byzantinischer Gerichtsbarkeit, sondern ausschließlich der eigenen Konsulargerichtsbarkeit unterstellt zu wissen und diese privilegierende Exemtion jedweder Person christlichen Ritus' in muselmanischen Ländern zu verschaffen.

Das klassische Völkerrecht als „product of Christian civilization"[52] und dazu die Konflikte des Judentums mit dem Christentum gerade im nachreformatorischen Zeitalter lassen letztlich die Einordnung der in Rumänien geschützten Juden in das abendländisch-christliche System konsularischer Schutzverhältnisse nicht zu, sondern legen Zeugnis ab für den Sonderfallcharakter der Protektionsbemühungen um diese Personengruppe[53].

Von den eigentlichen, historisch-rechtlich abgegrenzten Konsularschutzverhältnissen in der Levante und den Barbareskenstaaten soll zunächst der Schutz reduziert ausschließlich auf Staatenlose dargestellt werden[54]. Ein kodifiziertes und institutionalisiertes Schutzsystem für Staatenlose läßt sich anhand der Konsularschutzpraxis Preußens bzw. später des Deutschen Reiches nachweisen.

Ausdrücklich sieht § 4 Nr. 1 einer ‚Instruction vom 6. März 1864, betreffend die Ertheilung des preußischen Schutzes im türkischen Reiche mit Einschluß von Aegypten, den Vereinigten Fürstentümern und Serbien'[55] vor, daß als ‚de facto Unterthanen'[56] preußischen Schutz erhalten können „Personen, welche dem preußischen oder einem anderen deutschen Staatsverbande angehört *haben* (Hervorhebung v. Verf.), desgleichen Abkömmlinge solcher Personen". Diese Bestimmung bezog sich ausweislich einer zeitgenössischen

[51] Zum Gewaltverbot des Westfälischen Friedens als theoretischem und praktischem Völkerrechtspostulat s. A. Randelzhofer, Völkerrechtliche Aspekte des Heiligen Römischen Reiches nach 1648, 257 - 259 [Berlin 1967].

[52] L. Oppenheim, I International Law 48.

[53] Nach Hajnal, sub voce ‚Orient, naher', K. Strupp (Hrsg.), II Wörterbuch des Völkerrechts und der Diplomatie 184 (183) [Berlin usw. 1925], kommt noch hinzu, daß Rumänien sich seit Beginn der Herrschaft des Prinzen *Karl von Hohenzollern-Sigmaringen*, unter dem es eine höhere Stufe geistiger und politischer Kultur eingenommen zu haben meinte, keinesfalls mehr zur Levante zugehörig fühlte und konsequenterweise ganz prinzipiell eine Anwendung des Rechts der Schutzverhältnisse innerhalb seines Hoheitsgebiets ausschließen wollte.

[54] Schutzverhältnisse zugunsten Angehöriger von Drittnationen, zahlenmäßig wesentlich gewichtiger, werden im 3. Teil A. I. 1. dieser Untersuchung behandelt werden.

[55] Abgedr. bei B. W. v. König, Preußens Consular-Reglement 510 [2. Aufl., Berlin 1866].

[56] Nach der Legaldefinition des § 1 Nr. 3 der Instruktion „Personen, welche ohne ein bestimmtes Anrecht auf den preußischen Schutz zu haben, vergünstigungsweise diesen Schutz erhalten (de facto Unterthanen)".

Kommentierung auf in den Jurisdiktionsbereich preußischer Konsularämter ausgewanderte Preußen oder andere Deutsche, die nach Ablegen ihrer bisherigen Staatsangehörigkeit noch keine neue Staatsangehörigkeit erworben hatten, also staatenlos waren[57]. Auch eine die zitierte Rechtsvorschrift aus dem Jahre 1864 ablösende, nunmehr reichseinheitliche ‚Instruktion, betreffend die Erteilung des von den Kaiserlich deutschen Konsularbehörden zu gewährenden Schutzes im türkischen Reiche mit Einschluß von Ägypten, Rumänien und Serbien, sowie in China und Japan' vom 01. 05. 1872[58] begünstigte solcherart „Personen, welche einem der zu dem Reiche gehörigen Staaten angehört *haben* (Hervorhebung v. Verf.), desgleichen Abkömmlinge solcher Personen"[59]; und sehr deutlich bekräftigte eine ‚Anordnung des Reichskanzlers, betreffend die Konsulargerichtsbarkeit über Schutzgenossen' vom 27. 10. 1900[60] die deutsche Schutzgewährung auch für „ehemalige Deutsche, ..., wenn sie keine fremde Staatsangehörigkeit erworben, sich auch nicht ausdrücklich dem Schutze einer fremden christlichen Macht oder dem Schutze der Landesbehörden unterworfen haben"[61]. Auf diese Weise bestand für ehemals deutsche Staatsangehörige in der Levante und in den Barbareskenstaaten auf diesbezüglichen Antrag hin und nach Erteilung eines Schutz- oder Matrikelscheines[62] die Möglichkeit, sich reichsdeutschem Schutz zu unterstellen in dem Umfange, wie ihn auch Reichsangehörige genossen.

Andere Länder schufen sich vornehmlich der Hohen Pforte gegenüber in ähnlicher Manier Schutzgenossen oder de facto-Untertanen, ohne jedoch eine den Bemühungen Preußens bzw. des Deutschen Reiches entsprechende legislatorische Diligenz bei der Manifestation solcher Schutzbefohlenen obwalten zu lassen. Wie den staatenlosen rumänischen Juden stellte Österreich-Ungarn auch seinen in der Levante oder den Barbareskenstaaten aufhältigen ehemaligen Angehörigen Internuntiatur- oder Botschaftspässe aus und beschützte sie als kaiserliche de facto-Untertanen[63]. Frankreich hinge-

---

[57] Vgl. v. König, op. cit., S. 32.

[58] Abgedr. bei B. W. v. König, Handbuch des deutschen Konsularwesens, Anhang 157 [8. Aufl., B. v. König, Hrsg., Berlin 1914].

[59] § 3 Ziff. 1 der Instruktion. Damit waren, so die Kommentierung v. Königs, op. cit., S. 71, Personen gemeint, „die die Staats- bzw. Reichsangehörigkeit verloren haben".

[60] Abgedr. bei B. W. v. König, op. cit., Anhang 155.

[61] § 2 Nr. 1 der Anordnung – mit sachbezogenen Einschränkungen, die allerdings im Zusammenhang mit der prinzipiellen Schutzgewährung für staatenlose ehemalige Deutsche unerheblich sind.

[62] Das amtliche Formular eines Schutzscheins findet sich bei B. W. v. König, op. cit., S. 823.

[63] Nach Maßgabe der schon o. Fn. 34 zitierten Ministerialverordnung v. 02. 12. 1857. Zu dieser Kategorie österreichisch-ungarischer Schutzgenossen s. die zeitgenössische Kommentierung besagter Verordnung von J. v. Malfatti di Monte Tretto, Handbuch des österreichisch-ungarischen Consularwesens 132/133 [Wien 1879]. Die Zulässigkeit der Parallele zwischen diesen Schutzgenossen und den ‚ehemaligen

gen, die historisch einflußreichste und wichtigste Schutzmacht im Ottomanischen Reich[64], erstreckte nichtsdestoweniger seinen Schutz auf *Levantins*, d. h., auf Personen, die keinesfalls Franzosen, aber ebensowenig Untertanen der Pforte waren, nur unter der Voraussetzung, daß diese Levantiner zur Errichtung ihres Wohnsitzes in Frankreich berechtigt waren[65], ein Vorbehalt, der den Schutz Frankreichs zugunsten Staatenloser in Levante und Barbareskenstaaten zahlenmäßig auf äußerst niedrigem Niveau halten mußte. Auch das polyglotte Großbritannien des 18. und 19. Jahrhunderts anerkannte im wesentlichen als ‚persons enjoying Her Majesty's protection' nur *British subjects*, d. h., Untertanen Ihrer Majestät durch Geburt oder Naturalisation und *(British-) protected persons*, d. h., Angehörige Ihrer Majestät Dominions bzw. Kolonien, oder einheimische Angestellte ihrer Legationen und Konsulate im Ausland[66]. Trotzdem hat England außerhalb dieser Kategorien von Fall zu Fall seinen Schutz ausgedehnt auf „persons who are not subjects"[67] und auf Personen „floating in the intermediate state"[68], die also im Begriff waren, nach Ablegung ihrer alten, britischen Staatsangehörigkeit die Erwerbstatbestände einer fremden Naturalisierung zu erfüllen[69].

Einen noch engeren Standpunkt als Frankreich und England nahmen die Vereinigten Staaten von Amerika in der Festlegung ihrer Protektionszuständigkeit gegenüber Nicht-Amerikanern ein, denn die USA schützten Fremde seit jeher ausschließlich im Wege der *good offices*. Diese Vermittlungen glichen nicht dem Instrumentarium der ‚Guten Dienste' internationaler Streitbeilegung im Sinne der jeweils zweiten Titel entsprechender Abkommen der beiden Haager Friedenskonferenzen von 1899 und 1907[70]; die amerikanischen Auslandsvertreter gewährten vielmehr dem Fremden in seinen Bemühungen gegenüber dem Aufenthaltsstaat eine Art loser Assistenz[71],

---

Deutschen' im Schutzsystem Preußens und des Deutschen Reiches konzediert auch H. Belart, Der Schutzgenosse in der Levante 78 [Diss., Bern 1898].

64 Vgl. dazu u. 3. Teil A. I. 1.

65 Vgl. dazu A. de Clerq / C. de Vallat, I Guide Pratique des Consulats 451/452 [4me éd., Paris 1880] unter Berufung auf ein Circulaire des affairs étrangères v. 12. 01. 1856.

66 Vgl. unter Beispielsaufführung F. T. Piggott, Exterritoriality 154/155 [London 1982].

67 W. E. Hall, A Treatise on the Foreign Powers and Jurisdiction of the British Crown 136 [Oxford 1894], der loc. cit. gleichzeitig darauf hinweist, dieserlei Schutzpraxis basiere „indeed upon no principle whatever".

68 Hall, op. cit., p. 70.

69 Hall, op. cit., p. 70/71 unter Verweis auf „the equities of the case".

70 Art. 2 – 8 der Convention pour le règlement pacifique des conflits internationaux, v. 29. 07. 1888, G. Martens, XXVI NRG 920 [2me sér.], RGBl 1901, 393, und wortgleich Art. 2 – 8 des gleichnamigen I. Haager Abkommens v. 18. 10. 1907, G. Martens, III NRG 360 [3me sér.], RGBl 1910, 5.

71 Vgl. eine Konsularinstruktion des Department of State an den amerikanischen Generalkonsul in Panama hinsichtlich dessen Hilfestellung für einen türkischen

jedoch nur nach erfolgter Beauftragung durch den Heimatstaat des Beschwerten und im gleichzeitigen Einvernehmen der Lokalbehörden. Hierbei wurden die Schutzsuchenden nicht, der Praxis anderer Schutzmächte gemäß, in ihrer Rechtsausstattung amerikanischen Staatsangehörigen in gleicher Situation assimiliert, sondern amerikanischer Schutz beschränkte sich auf den Einsatz privat-inoffizieller Autorität und persönlichen Ansehens von Amtspersonen in Drittländern, unter bewußtem Ausschluß irgendeiner „official interposition" zugunsten des schutzsuchenden Ausländers[72]. Dennoch verdankt die Völkerrechtspraxis diesem Schutzverständnis einen cause célèbre diplomatischer Protektion als offiziell-amerikanischer Interposition für einen Staatenlosen in der Levante, den *Koszta*-Fall[73].

Koszta hatte infolge seiner Flucht in die Türkei als Teilnehmer des ungarischen Aufstandes im Jahre 1849 seine österreichische Staatsangehörigkeit verloren[74]. In den Vereinigten Staaten gab *Koszta* im Jahre 1852 eine ‚declaration of intent', also eine Absichtserklärung zum Erwerb der amerikanischen Staatsangehörigkeit, ab und erhielt im Jahre 1853, amerikanischer Staatsbürger konnte er erst 1857 werden[75], auf einer Geschäftsreise vom amerikanischen chargé d'affaire in Konstantinopel ein *tezkereh*, einen Schutzbrief, der ihn als Protegé der USA auswies[76]. Nach Erteilung des *tezkereh* wurde *Koszta* in Smyrna auf eine österreichische Brigg entführt. Der Kommandant eines am Folgetage in Smyrna eintreffenden amerikanischen Kriegsschiffes verlangte und erreichte von Österreich unter Androhung von Waffengewalt und unter Berufung auf das Recht der Vereinigten Staaten zur Ausübung diplomatischen Schutzes für *Koszta* dessen Freilassung.

Der *Koszta*-Fall zeigt – obwohl er das Verhältnis USA-Österreich betreffend eher untypisch für ein Konsularschutzverhältnis, verstanden als Konfliktlösung kontinentaleuropäisch-islamischer Völkerrechtsgegensätze, ist –,

Staatsangehörigen: „Your service in the case should be limited to the simple transmission of the claim or request for information, without any examination or discussion of its justness . . .", Instruktion v. 09. 11. 1885, Foreign Relations 1887, 1077.

72 Zu diesem inhaltlichen Rahmen amerikanischer Protektion zugunsten Angehöriger von Drittstaaten s. die Korrespondenz des State Department an die schweizerische Botschaft in Washington mit angeführten Beispielen aus der diplomatischen Praxis, For. Rel. 1887, 1076.

73 Zu den ausführlichen Fakten dieses Falles s. den österreichisch-amerikanischen Notenwechsel bei J. B. Moore, III Digest of International Law 820 – 854.

74 Unter Zugrundelegung eines kaiserlichen Dekrets vom 24. 03. 1832, nach welchem Untertanen, die ohne Erlaubnis des Magistrats das Kaisertum mit Nichtrückkehrwillen verließen, ihrer bürgerlichen und politischen Rechte verlustig gingen, s. J. B. Moore, op. cit., p. 828.

75 Nach Sec. 1 des seinerzeit gültigen ‚Act to establish an uniform rule of Naturalization', v. 14. 04. 1802 (2 United States Statutes at Large 153) war zum Erwerb der amerikanischen Staatsangehörigkeit per Naturalisierung ein fünfzehnjähriger Aufenthalt des Fremden in den USA vorausgesetzt.

76 Diese Bedeutung maß die amerikanische Seite dem ‚tezkereh' selbst bei, s. J. B. Moore, III Digest of International Law 825.

daß auch die USA trotz ihres engen Protektionssystems sich in der Levante eines Staatenlosen annehmen konnten und wohl auch zukünftig angenommen hätten, sofern allerdings wenigstens ein Teiltatbestand des innerstaatlichen Naturalisierungsprozesses durch den Staatenlosen erfüllt worden wäre.

Insgesamt verloren die beschrieben Konsularschutzverhältnisse erst an Bedeutung, als Europa und sein *ius publicum europaeum* vornehmlich aus Gründen weltpolitischer Entwicklungen in ihrer Ausstrahlung auf die Orientfrage die Türkei als rechtlich-politisch gleichberechtigten Partner betrachteten und der Pforte auch ausdrücklich in Art. VII des Pariser Friedens vom 30. 03. 1856[77] nachließen, „à participer aux avantages du droit public et du concert Européens"; die Abschaffung der Schutzgenossenschaft in toto wurde der Türkei jedoch erst in Art. 28 des Lausanner Friedensvertrages[78] gewährt, während Ägypten und Marokko hierfür immerhin bis 1949[79] bzw. 1956[80] Geduld aufbringen mußten. Als Hochzeit der Schutzgenossenschaft läßt sich aber zweifelsohne das 19. Jahrhundert bestimmen, als die kontinentaleuropäischen Staaten im sogenannten ‚konsularischen Orient'[81], also in der Levante, den Barbareskenstaaten und im Fernen Osten, ihren der eigenen Konsulargerichtsbarkeit unterstellten Staatsangehörigen auch staatenlose Fremde als Schutzgenossen assimilierten. Ähnlich den Juden in Rumänien waren diese Staatenlosen, einmal bei einer Auslandsvertretung immatrikuliert und mit einem Schutzschein versehen, den Staatsangehörigen einer europäischen Großmacht gleichgestellt und konnten sich wie jene der Protektion des Schutzstaates im Verhältnis zum Aufenthaltsstaat versichern.

4. Würdigung

Prima facie läßt sich eine Beachtung schutzrechtlicher Natur von Staatenlosen durch das Völkerrecht im vorigen Jahrhundert nicht von der Hand weisen. Eindeutig aber auch muß ein Abgleich der Protektion Staatenloser in dem erwähnten Zeitraum mit der heute gültigen Völkerrechtsauffassung von diplomatischem Schutz zu einem negativen Ergebnis führen. Dabei

---

77 G. Martens, XV NRG 770 [1ère sér.]. Dieser Vertrag wurde den Krimkrieg beendend zwischen Österreich, Frankreich, Großbritannien, Preußen, Rußland, Sardinien und der Ottomanischen Pforte geschlossen.

78 Vom 24. 07. 1923, XXVIII LNTS 12.

79 Art. 1 iVm. der Übergangsregelung des Art. 3 der Convention regarding the Abolition of the Capitulations in Egypt, v. 08. 05. 1937, G. Martens, XXXV NRG 15 [3me sér.].

80 Vgl. die Note des amerikanischen Botschafters in Marokko an den marokkanischen Außenminister, v. 06. 10. 1956, American Foreign Policy – Current Documents 1956, p. 715.

81 Nach Sasse, sub voce ‚Konsulargerichtsbarkeit', 2 WdV 280 (278).

kann zunächst ganz generell festgehalten werden, daß die Staatsangehörigkeit als Bestandteil des Nationalstaatsgedankens erst gegen Ende des 18. und zu Beginn des 19. Jahrhunderts langsam an Struktur gewann, an Struktur vornehmlich für die inhaltliche und organisatorische Ausgestaltung des Verhältnisses Staat/Bürger unter besonderer Betonung des Rechten- und Pflichtenstatus' des Einzelnen gegenüber seinem Heimatstaat. Völkerrechtliche Implikationen, noch dazu spezifisch schutzrechtliche, mußten angesichts des „zarten" Alters der Staatsangehörigkeit sekundär bleiben. Es verbietet sich daher, den untersuchten Schutz Staatenloser im 19. Jahrhundert den strengen Maßstäben des schematisierten Instituts diplomatischen Schutzes als Prinzip des modernen Völkerrechts unseres Jahrhunderts zu unterwerfen. In erster Linie gilt dies für die eingangs dieses Kapitels untersuchten Übernahmeverträge. Wenngleich von sicherlich nicht zu unterschätzender Bedeutung für den Schutz Heimatloser, zu Beginn des 19. Jahrhunderts – wie der Nomenklatur vieler dieser Verträge zu entnehmen – oftmals als Parias und Vagabunden gescholten, die von ihrem vormaligen Heimatstaat wiederaufgenommen werden konnten, fügen sich die Übernahme- und Ausweisungsverträge trotzdem auch nicht annähernd in eine wie auch immer geartete Systematik diplomatischen Schutzes, sondern waren die Antwort der damaligen Staaten auf ein eher technisches Problem, bei dessen Lösung der betroffenen Personengruppe mehr reflexartig ein *Territorialschutz* zufiel[82]. Somit sind erfolgte Übernahmen als Konsequenz dieser Verträge keinerlei Subsumtion unter den diplomatischen Schutz, unter die Geltendmachung eines völkerrechtlichen Wiedergutmachungsanspruchs, zugänglich.

In gleicher Weise scheint dies für den Schutz staatenloser Juden in Rumänien und für den Schutz von de facto-Untertanen nicht zu gelten. Immerhin behandelten Österreich die staatenlosen Juden und die europäischen Großmächte ihre Schutzgenossen nach Erfüllung bestimmter Formalien de facto wie eigene Staatsangehörige. Die Aufnahme in den eigenen Schutzverband wurde durch Ausstellung eines Internuntiaturpasses, eines Schutzbriefes, eines *tezkerehs*, gewährleistet in echter Kompensation der Staatsangehörigkeitsverleihung und ermöglichte dem Staat, bei Verletzung dieser Personengruppe dann materiell-rechtlich einen eigenen Wiedergutmachungsanspruch als staatlichen Rechtstitel gegenüber dem Aufenthaltsstaat des „Staatenlosen" zu erheben. Die Kontinuität des de facto-Untertanenverhältnisses sowie die Erschöpfung lokaler Rechtsinstanzen einmal unterstellt, unterschied sich die dann gewährte Protektion in nichts von der klassischen Ausgestaltung diplomatischen Schutzes aus Anlaß der Verletzung eines (de iure-)Staatsangehörigen. Die tatbestandliche Kongruenz solchen

[82] In diesem Sinne auch H. Suffrian, Die Rechtsstellung der Heimatlosen 25/26 [Hamburg 1925].

staatlichen Schutzes zugunsten eigener Staatsangehöriger und im völkerrechtlichen Sinne Fremder auf der einen Seite darf jedoch auf der anderen nicht den Blick auf den historisch-politischen Gesamtrahmen, innerhalb dessen der dargestellte Schutz Staatenloser stattgefunden hat, verstellen. Im Europa des vorigen Jahrhunderts war gerade der Balkan Spielball des europäischen Mächtekonzerts mit seinen vereinten aber mehr noch entgegengesetzten Bemühungen, im Ottomanischen Reich Einflußsphären zu schaffen, zu erhalten oder zu Lasten einzelner Staaten zu erweitern. Ein Kalkül derartiger Machtpolitik war die Sicherstellung der Präsenz möglichst zahlreicher Untertanen des eigenen Staatsverbandes in der Levante und den Barbareskenstaaten, die man als machtpolitischen Faktor wahlweise gegen die Ottomanische Pforte und gegen um Einfluß ringende europäische Staaten einsetzen konnte. Ähnlich wie bei der Würdigung der Übernahmeverträge wird man auch den Schutz für de facto-Untertanen als bloßen Reflex qualifizieren müssen, nämlich als *Reflex staatlicher Machtinteressen* mit eigentlichem Ziel von Ausweitung der abendländischen zu Lasten der morgenländischen Machtsphäre bzw. zu Lasten der eines anderen europäischen Staates, wenngleich dieser Reflex zweifelsohne ein in sich weitgehend systematisierter war. Daneben ist die völkerrechtliche Begründetheit diplomatischer Protektion für Schutzgenossen ebenfalls an der besonderen historischen Situation zu messen. Wie gezeigt, standen sich europäisches und islamisches Völkerrecht in einem unüberbrückbaren, von Mißtrauen genährten Gegensatz gegenüber. Für die christliche Staatengemeinschaft mit ihren christlich-ideellen Vorstellungen des Völkerrechts war es nur logisch, gegenüber nichtchristlichen barbarischen Staaten völkerrechtliche Prinzipien als in der Sache zwanglose, auf die Anforderungen des Einzelfalls zugeschnittene und beschränkte Rechtsverfolgung anzuwenden. Vor diesem Hintergrund läßt sich auch der rechtliche Ausgangspunkt des diplomatischen Schutzes für Juden in Rumänien und für Staatenlose in der Levante und den Barbareskenstaaten generell nicht mit dem heutigen Stand des universell-genossenschaftlichen Völkerrechts in Einklang bringen[83].

II. Die Staatenlosen in der Völkerbundszeit

Die Völkerbundszeit sah eine in die Millionen gehende *heimatlosat en masse*. Die Kriege des Balkanbundes gegen die Türkei und später untereinander in den Jahren 1912 und 1913, die Pariser Vorortverträge nach Beendigung des Ersten Weltkriegs, die russische Revolution im Zusammenhang mit den beiden Ausbürgerungsdekreten des Rats der sowjetischen Volkskom-

[83] Zu diesem Ergebnis kommt auch K. R. Messer, Schutzrecht und Nationalitätsprinzip 104/105.

missare von 1921 und 1924, die rücksichtslose Vertreibung aller Armenier – mit denen Assyrer, Chaldäer, Kurden und gewisse Personen syrischer Abstammung ein vergleichbares Schicksal teilten – durch die Nationaltürken unter *Mustafa Kemal Pascha*, der griechisch-türkische Krieg 1922 und nicht zuletzt das Faktum eines vierjährigen Weltkriegs selbst als Prädestination massenweiser Entwurzelung von Menschen haben Anfang der Zwanziger Jahre dieses Jahrhunderts vornehmlich Europa mit Staatenlosen geradezu überflutet[84]. Die Gesamtzahl der so staatenlos Gewordenen ist verläßlich nicht anzugeben[85]. Ebenso verhält es sich mit einer zahlenmäßig exakten Differenzierung zwischen de iure- und de facto- Staatenlosen bezogen auf die Zeit nach dem Ersten Weltkrieg. Dennoch läßt sich für die Völkerbundszeit eine ungefähre Dimension de iure-Staatenloser feststellen: von den schon erwähnten Ausbürgerungsdekreten des Zentralen Exekutivkomitees und des Rats der Volkskommissare der Sowjetunion vom 15. 12. 1921 und vom 29. 10. 1924[86] waren rund 800.000 Personen betroffen[87], während ein türkisches Gesetz vom 23. 05. 1927[88] etwa 900.000 bisher de facto-staatenlose Flüchtlinge – in der Hauptsache mit den Jungtürken nonkonform gewesene religiöse Minderheiten des vormaligen Ottomanischen Reichs, wie Armenier, Assyrer und Chaldäer, Kurden und Tscherkessen – de iure staatenlos machte[89]. Insgesamt waren demgemäß wenigstens 1,7 Millionen Betroffene ohne Staatsangehörigkeit.

Bei dieser Anzahl Staatenloser, „thrown upon the charity of Europe“[90], konnte Problemlösungen seitens einzelner Staaten oder humanitärer Organisationen unmöglich Erfolg beschieden sein. In Anerkenntnis dieser Tatsa-

---

[84] Zu den Pariser Vorortverträgen – Versailles, St. Germain, Neuilly, Trianon, Sèvres – und zu den sowjetischen Ausbürgerungsdekreten s. schon o. 1. Teil B. II. 2.

[85] Weit überzogen ist sicherlich die Angabe *Uhlenbrocks*, durch den Weltkrieg und durch die ihn beendenden Verträge hätten mehr Menschen ihre Staatsangehörigkeit eingebüßt als ganz Europa zur Zeit des Wiener Kongresses an Einwohnern zählte, in Das Völkerrecht der Staatsangehörigkeit 20/21 [Würzburg 1936], da schon für das Jahr 1800 in Europa 187 Millionen Einwohner angegeben werden, in Der Fischer Weltalmanach 1984, 687 [Frankfurt 1983].

[86] Abgedr. bei R. Flournoy / M. O. Hudson, A Collection of Nationality Laws 511; s. bereits o. 1. Teil B. II. 2.

[87] Nach J. H. Simpson, The Refugee Problem 559.

[88] Abgedr. bei R. Flournoy / M. O. Hudson, op. cit., p. 569. Art. I dieses Gesetzes lautete (in engl. Übers.): „The Council of Ministers is empowered to declare that Ottoman subjects who during the War of Independence took no part in the National movement, kept out of Turkey and did not return from July 24, 1923 to the date of the publication of this law, have forfeited the Turkish nationality“.

[89] Die hier genannte Zahl von 900.000 Staatenlosen errechnet sich aus von J. *Lepsius*, in Deutschland und Armenien 1914 – 1918 [Potsdam 1919], S. LXV, bezifferten 845.000 Armeniern, welche die türkischen Pogrome überlebt hatten, abzüglich 30.000 Opfern der türkischen Massaker in Hadjun und Maraş im Jahre 1920 (diese Zahl nennt J. H. Simpson, The Refugee Problem 33) und zuzüglich 80.000 betroffener Personen assyrischer, chaldäischer, kurdischer und tscherkassicher Herkunft (s. zu dieser Zahl J. H. Simpson, op. cit., p. 47, 61).

[90] Balogh, World Peace and the Refugee Problem, 75 RdC 392 (363) [1949 II].

che und der Unzulänglichkeit bisheriger eigener Bemühungen ersuchte das Internationale Komitee des Roten Kreuzes (IKRK) anläßlich einer im Februar 1921 von ihm veranstalteten Konferenz aller mit der Flüchtlingshilfe befaßter Organisationen den Völkerbundrat um die Schaffung eines Hochkommissariats für Flüchtlinge[91], wobei dem IKRK vornehmlich an der Hilfestellung für russische Flüchtlinge lag. Neben der effektiven Zentralisation humanitärer Aktionen drang das IKRK beim Völkerbundrat an erster Stelle auf die Definition des Rechtsstatus' russischer Flüchtlinge, „because it is impossible that ... there could be 800.000 men in Europe unprotected by any legal organisation recognised by international law"[92]. Für die Wahrnehmung dieser Aufgaben ernannte der Völkerbundrat daraufhin den norwegischen Polarforscher *Fridtjof Nansen*, der, dem Völkerbund schon einmal verbunden durch seine Tätigkeit als Kommissar für die Repatriierung von Kriegsgefangenen 1920 bis 1922, am 01. 09. 1921 seiner Ernennung zum ‚Hochkommissar für den Völkerbund im Zusammenhang mit den Problemen betreffend russische Flüchtlinge in Europa' akzeptierte[93]. In der Folgezeit erweiterte der Völkerbund das Mandat *Nansens* auf Armenier, Türken, Griechen, Bulgaren, Assyrer, Assyro-Chaldäer, Kurden und andere Personen syrischer Herkunft[94], so daß *Nansen* schon bald nach seiner Ernennung ganz allgemein als Hoher Kommissar für Flüchtlinge gelten konnte[95]. Auf seine Anregung hin wurden ab 1925 die technischen Aufgaben des Hochkommissariats, also insbesondere Arbeitsbeschaffung, Ansiedlung und andere Maßnahmen karitativer Art, der International Labour Organization

---

[91] Brief und Memorandum dieses Ersuchens finden sich im League of Nations Official Journal 1921, p. 227 – 229.

[92] So Punkt I des Memorandums, op. cit., p. 228.

[93] Vgl. das diesbezügliche Telegramm *Nansens* an den Generalsekretär des Völkerbundes, LoN Off. J. 1921, p. 1027. Eine Chronologie der Umstände, die zur Schaffung des Flüchtlingshochkommissariats führten, und eine Übersicht über die anfängliche Arbeit dieser Behörde gibt Micheli, Les origines, la création et l'activité du haut commissariat de la Société des nations pour les réfugiés russes, 4 Revue Internationale de la Croix-Rouge 14 – 26 [1922].

[94] Griechen und Bulgaren waren der direkten Fürsorge des Flüchtlingskommissars nur kurz unterstellt, da einmal auf Betreiben *Nansens* im Hinblick auf eine Gesamtlösung des griechisch-türkischen Flüchtlingsproblems zwischen beiden Ländern eine ‚Convention Concernant l'Échange des Populations Grecques et Turques' (v. 30. 01. 1923, XXXII LNTS 76) geschlossen und nachfolgend eine autonome ‚Refugee Settlement Commission' zur Verwirklichung dieses Abkommens eingesetzt wurde (s. Protocole relatif à l'établissement des Réfugiés en Grèce et à l'institution, à cet effet, d'un Office Autonome d'Établissement des Réfugiés, v. 29. 09. 1923, XX LNTS 29), s. zu diesem Komplex S. P. Ladas, The Exchange of Minorities – Bulgaria, Greece and Turkey 618 – 704 [New York 1932]; des weiteren setzte der Völkerbundsrat auf Bitten Bulgariens einen Völkerbundskommissar für die Durchführung des in Art. 56 des Friedensvertrages von Neuilly vorgesehenen griechisch-bulgarischen Bevölkerungsaustauschs ein (s. Protocole relatif à l'etablissement des Réfugiés en Bulgarie, v. 08. 09. 1926, LVIII LNTS 245), s. hierzu Ladas, op. cit., p. 591 – 617.

[95] Berichte *Nansens* über seine Arbeit wurden ca. ab 1923 im offiziellen Organ des Völkerbundes, dem Journal Officiel, stets als vom „Haut-Commissaire de la Société pour les réfugiés" erstattet wiedergegeben, eine Bezeichnung, die *Nansen* sich auch selbst gab, s. bspw. 4 Journal Officiel 383 [1923].

(ILO) übertragen[96], deren Flüchtlingsabteilung jedoch 1929 die Arbeit einstellte, während gleichzeitig das Flüchtlingshochkommissariat, bisher selbständiges Organ des Völkerbundes, durch Beschluß der Bundesversammlung dem Generalsekretariat des Völkerbundes, zunächst mit einjähriger Beschränkung dieser Maßnahme und unter der Voraussetzung einer grundsätzlichen Neustrukturierung der Flüchtlingshilfe, unterstellt wurde[97].

Nach alledem ist es nicht nur im Hinblick auf den Untersuchungsgegenstand dieser Arbeit sinnvoll, sondern auch in Ansehung der vorangegangenen historisch-chronologischen Darstellung des Rahmens, in dem sich *Nansens* Arbeit bewegt hat, sachgerecht, die schutzrechtlichen Aspekte der Tätigkeit des Flüchtlingshochkommissariats in den Vordergund zu rücken. Die bereits erwähnte Anregung des IKRK, das vom Völkerbund zu schaffende Amt solle sich vornehmlich einer Definierung der Rechtsstellung des Flüchtlings annehmen, ist zu Beginn der Amtszeit *Nansens* von offizieller Seite als ein Grundsatz der Flüchtlingshilfe nie expressis verbis festgestellt[98], sondern nach und nach eher stillschweigend anerkannt worden[99], da zwar der Völkerbund einerseits die schutzrechtliche Verantwortung für die Flüchtlinge akzeptieren mußte, wenn er ihren Rechtsstatus international verbindlich normieren wollte, das hierin liegende politische Risiko der Schuztausübung gegenüber dem jeweiligen Aufenthaltsstaat des Begünstigten jedoch scheute[100]. Trotzdem gelang es *Nansen*, wie nachfolgend darzustellen sein wird, unter breiter multilateraler Mitwirkung und Anerkennung den Status des Flüchtlings in sogenannten *arrangements*[101] determinieren zu lassen und ihn unter den Schutz des Völkerbundes zu stellen.

Nach dem Tode *Nansens* am 13. 05. 1930 schuf die Völkerbundsversammlung durch Resolution vom 30. 09. 1930[102] ein ‚International Refugees Office', welches mit einem Zeitlimit von höchstens acht Jahren die bisher im

---

[96] Zu dieser innerhalb der ILO nicht ganz unumstrittenen Entscheidung s. J. H. Simpson, The Refugee Problem 203 – 207.

[97] Resolution v. 23. 09. 1929, LoN Off. J., Spec. Suppl. No. 74, p. 43 [1929]; in der Resolution ist gleichzeitig entschieden, daß „the refugees' organisation should be wound up within a maximum period of ten years".

[98] In einem Memorandum des Generalsekretärs des Völkerbundes vom 16. 03. 1921 an die Mitglieder der Organisation über eine Konzentration der Flüchtlingshilfe vermittels Schaffung eines Flüchtlingshochkommissars hielt Sekretär *Drummond* den Rechtsstatus der Flüchtlinge für „primarily a matter for the Governments of the countries in which many of the refugees are living", schloß aber dennoch „international arrangement and co-operation" in dieser Frage unter den Auspizien des Völkerbundes nicht aus, s. LoN Off. J., p. 226 [1921].

[99] "[T]acitly admitted", wie *Simpson* treffend formuliert, The Refugee Problem 193.

[100] So findet sich tatsächlich erst in einer Resolution der Völkerbundsversammlung vom 30. 09. 1930 eine die bisherige Arbeit *Nansens* resümierende offizielle Bestätigung, daß die Organe des Völkerbundes mit der „political and legal protection" der Flüchtlinge betraut seien, LoN Off. J., Spec. Suppl. No. 83, p. 48 [1930].

[101] Zu der wichtigen rechtlichen Bedeutung dieser Terminologie s. u. 2. Teil A. II. 1.

[102] LoN Off. J., Spec. Suppl. No. 83, p. 48 [1930], s. schon vorstehend Fn. 100.

wesentlichen von der ILO – und für ein Interimsjahr unter administrativer Aufsicht des Generalsekretärs – wahrgenommene humanitär-technische Seite der Flüchtlingshilfe weiterführen sollte. Hinsichtlich des im Amt des Flüchtlingshochkommissars selbst institutionalisierten Aspekts der Rechtshilfe entschied die Versammlung in derselben Resolution, „to entrust to the regular organs of the League of Nations the political and legal protection of the refugees“[103]. Schon recht früh nach seiner Einsetzung versah das *Nansen International Office for Refugees* – so zu Ehren des verstorbenen Philantrophen benannt – auch den Rechtsschutz der Flüchtlinge, da seine Trennung von der humanitären Arbeit in der administrativen Praxis durch das *Internationale Nansenamt* nicht aufrechtzuerhalten war[104]. Markstein in der Tätigkeit des Internationalen Nansenamtes war die Erarbeitung einer Konvention über die internationale Rechtsstellung der Flüchtlinge, welche in einer Untersuchung über den Schutz Staatenloser in der Völkerbundszeit breiten Raum einnehmen muß. Schließlich sollen neben dem Wirken *Nansens* und des Internationalen Nansenamtes auch sonstige Bemühungen zugunsten staatenloser Flüchtlinge innerhalb und außerhalb des Völkerbundes bis 1945 erörtert werden. Denn die Dreißiger Jahre stellten den Völkerbund vor die Bewältigung erneuter, im Zuge der politischen Entwicklung in Deutschland entstandener Flüchtlings- bzw. Staatenlosenströme, die sich vornehmlich aus deutschen und deutsch-jüdischen, Saarflüchtlingen, sowie tschechischen, österreichischen und spanischen Flüchtlingen rekrutierten. Zur Lösung der sich hier ergebenden Probleme bediente man sich eines ‚Hochkommissariats für die aus Deutschland kommenden Flüchtlinge‘, eines ‚Hochkommissariats für Flüchtlinge unter dem Schutz des Völkerbundes‘ und eines ‚Zwischenstaatlichen Flüchtlingskommittees‘, deren jeweilige Mandatswahrnehmung unter schutzrechtlichem Aspekt ebenfalls zu erörtern sein wird.

1. Nansenpässe

Nansen erkannte von Anbeginn seiner Tätigkeit als Flüchtlingshochkommissar für den Völkerbund die Notwendigkeit, Wirksamkeit und Effektivität koordinierter karitativer Hilfeleistungen zugunsten der Flüchtlinge durch die Präzisierung eines multilateral anerkannten, rechtlich abgesicherten Status' dieser Menschen zu gewährleisten und sicherzustellen. Die beiden sowjetischen Ausbürgerungsdekrete hatten eine aus russischen Kriegsgefangenen, Angehörigen der Armeen *Wrangels, Denikins* und *Kol-*

---

[103] Und dies zeitlich unbegrenzt, s. die Rede *Hamiltons* im 6. Ausschuß der 11. Sitzungsperiode der Bundesversammlung, LoN Off. J., Spec. Suppl. No. 90, p. 10 [1930].

[104] Bald nach Installierung des Internationalen Nansenamtes wurden dessen Delegierte jährlich vom Generalsekretär des Völkerbundes offiziell mit der Wahrnehmung des Rechtsschutzes für die Flüchtlinge betreut, s. E. Jahn, Der völkerrechtliche Schutz von Flüchtlingen 46 [Diss., Bonn 1955].

tschaks, sowie aus im Zusammenhang mit der Oktoberrevolution Geflüchteten bestehende manövrierunfähige – weil identitätslose – Masse in Europa geschaffen. Der nach einem alten russischen Sprichwort neben Körper und Seele dritte Bestandteil eines Menschen, sein Paß, war Thema einer im Juli 1922 von *Nansen* nach Genf einberufenen internationalen Regierungskonferenz, die sich unter Mitwirkung von sechzehn Staaten am 05. 07. 1922 im ‚Arrangement relatif à la délivrance des certificats d'identité aux réfugiés russes'[105] auf die Ausstellung eines einheitlichen Legitimationspapieres für die russischen Flüchtlinge durch deren jeweiligen Aufenthaltsstaat verständigte. In der Folgezeit wurden die Bestimmungen dieser Übereinkunft – mit einer wichtigen, noch zu erwähnenden Erweiterung – auf armenische[106], assyrische, assyro-chaldäische, türkische, syrische und kurdische[107] Flüchtlinge ausgeweitet, zuletzt erhielten im Jahre 1935 Saar-Flüchtlinge und Flüchtlinge aus Deutschland den mittlerweile auch offiziell so bezeichneten Nansenpaß[108]. Anfängliche Schwierigkeiten bei der Auslegung und Anwendung des Arrangements betreffend russische und armenische Flüchtlinge machten das diese ergänzende und erweiternde ‚Arrangement relatif à la délivrance des certificats d'identité aux réfugiés russes et arméniens' vom 12. 05. 1926[109] notwendig, in dem erstmalig sich eine Definition des Begriffs ‚Flüchtling' fand. So war beispielsweise russischer Flüchtling „[t]oute personne d'origine russe qui ne jouit pas ou ne jouit plus de la protection du Gouvernement de l'Union des Républiques socialistes soviétiques, et qui n'a pas acquis une autre nationalité"[110]. Entsprechendes galt für die armenischen Flüchtlinge[111] und wurde zukünftig allen weiteren Arrangements unterlegt[112].

---

105 Arrangement with Regard to the Issue of Certificates of Identity to Russian Refugees, XIII LNTS 237.

106 Projet Concernant l'Institution d'un Certificat à l'Identité pour les Réfugiés Arméniens, v. 31. 05. 1924, Société des Nations Journal Officiel 1924, p. 969.

107 Arrangement concerning the Extension to other Categories of Refugees of certain Measures taken in favour of Russian and Armenian Refugees, v. 30. 06. 1928, LXXXIX LNTS 63.

108 Projet Concernant l'Institution d'un Certificat d'Identité pour les Réfugiés provenant de la Sarre, v. 30. 07. 1935, SdN J. O. 1935, p. 1681. Im Vorspann dieses zum Völkerbundsdokument C. L. 120. 1935. XII. gehörenden Arrangements bittet der Generalsekretär des Völkerbundes die Mitgliedsstaaten um Beitrittserklärungen für diesen „cas . . . d'extension du régime des passeports Nansen", loc. cit. Zu den Flüchtlingen aus Deutschland s. o. 2. Teil A. II. am Ende.

109 Arrangement relating to the Issue of Identity Certificates to Russian and Armenian Refugees, LXXXIX LNTS 47.

110 Ziff. 2 des Arrangements. Mit diesem Arrangement vom 12. 05. 1926 wurde gleichzeitig die sog. *Nansenmarke* geschaffen, die bei Ausstellung und Erneuerung des Nansenpasses vom jeweils Berechtigten für 5 Goldfranken erworben werden mußte; dieser Betrag wurde in einen Fonds des Völkerbundes zur Finanzierung der Flüchtlingsarbeit abgeführt.

111 Ziff. 2 des Arrangements v. 12. 05. 1926, s. vorstehend Fn. 109.

112 Ziff. 2 des Arrangements betreffend assyrische, assyro-chaldäische und türkische Flüchtlinge, v. 30. 06. 1928, vorstehend Fn. 107. Ziff. 1 des Arrangements betref-

Neben dieser wohl erstmalig multilateral bestätigten Flüchtlingsdefinition in seinem formellen Anwendungsbereich enthält das Ergänzungsarrangement vom 12. 05. 1926 insbesondere im materiellen Regelungsgehalt eine wichtige Bestimmung zur Frage der Wiedereinreisemöglichkeit des Flüchtlings in seinen Zufluchtsstaat. Den Bedenken der Teilnehmer an der Regierungskonferenz im Juli 1922, die Ausstellung eines Identitätspapieres begründe womöglich die Wiederaufnahmepflicht des paßausstellenden Staates, hatte Ziffer 3 des Arrangements zugunsten der russischen Flüchtlinge noch dahingehend Rechnung getragen, als die Gewährung des Passes „n'implique en aucun façon pour le réfugié le droit au retour dans l'Etat oū il l'a obtenu, sauf autorisation spéciale de cet Etat“[113]. Da dies dem Sinn des Nansenpasses als wichtigem Instrument legaler und weithin uneingeschränkter Freizügigkeit für den Inhaber nicht tatsächlich gerecht werden konnte, einigten sich die Staaten im supplementären Arrangement des Jahres 1926 prinzipiell auf die „apposition sur les certificats d'identité du visa de retour pour les réfugiés quittant le pays“[114], allerdings in gleichzeitiger Übereinstimmung darüber, „que les gouvernements se réservent la faculté d'apporter à ce principe des exceptions dans des cas spéciaux“.

Der Versorgung mit dem Nansenpaß folgte im Jahre 1928 eine weiterentwickelte Konsolidierung des *statut juridique* heimatloser Flüchtlinge.

Es fällt auf, daß bis 1928 Rechtsgrundlage für die praktische Tätigkeit des Flüchtlingshochkommissars, *Nansens*, lediglich eine Resolution des Völkerbundrats vom 27. 6. 1921 war, in der die (russische) Flüchtlingsproblematik durch Ernennung eines „carefully chosen High Commissioner“[115] zu bewältigen beschlossen wurde unter der Aufgabenzuweisung „to co-ordinate the action taken in the various countries ...“. In welchem Umfang aber die Delegierten des Hohen Kommissars in den einzelnen Ländern welche konkrete Tätigkeit entfalten durften, befand endlich ein ‚Arrangement relatif au statut juridique des réfugiés russes et arméniens‘ vom 30. 06. 1928[116]. Das Arrangement empfahl dem Flüchtlingshochkommissar unter Nennung einer

---

fend die Saar-Flüchtlinge, v. 30. 07. 1935 (vorstehend Fn. 108) hingegen beschränkte den Anwendungsbereich auf Personen mit „statut d'habitant“ im Saargebiet, bevor sie wegen des Ergebnisses des (in Art. 34 – 40 des Versailler Vertrages angeordneten) Plebiszits über die politisch-rechtliche Zuordnung des Saargebiets geflohen waren und keinen Paß besaßen. Eine de iure-Staatenlosigkeit stellte sich bei diesen ehemaligen Saareinwohnern nicht ein.

113 Auch der Nansen-Paß selbst enthielt diese Einschränkung an erster Stelle: „Le prèsent certificat n'est pas valable pour le retour dans le pays qui l'a délivré sans une mention spéciale inscrite sur le présent document“, s. das vereinbarte Paßformular als Annex zum Arrangement v. 05. 07. 1922, XIII LNTS 241.

114 Ziff. 3 des Arrangements v. 12. 05. 1926, LXXXIX LNTS 47.

115 LoN Off. J., Spec. Suppl. No. 5, p. 37 [1921].

116 Arangement relating to the Legal Status of Russian and Armenian Refugees, LXXXIX LNTS 53.

möglichst großen Anzahl von Repräsentanten in den einzelnen Ländern folgende Aufgaben zu versehen[117]:

a) Bestätigung von Identität und Stellung der Flüchtlinge;
b) Bestätigung ihres Familien- und Personenstandes, soweit sich dieser auf Dokumente oder Amtshandlungen ihres Herkunftslandes begründet;
c) Bezeugung der Ordnungsmäßigkeit, Gültigkeit und Übereinstimmung von im Herkunftsland ausgestellten Dokumenten mit dem früheren Recht dieses Landes;
d) Beglaubigungen von Unterschriften der Flüchtlinge, sowie der Abschriften und Übersetzungen von muttersprachlich abgefaßten Dokumenten;
e) Bezeugung des guten Leumunds und der guten Führung des einzelnen Flüchtlings für die Gegenwart und die Vergangenheit und seiner beruflichen bzw. seiner akademischen Qualifikation gegenüber den Behörden des Landes;
f) Empfehlung des einzelnen Flüchtlings an die zuständigen Behörden insbesondere für die Erlangung von Visa und Aufenthaltsgenehmigungen, sowie für die Zulassung zu Erziehungseinrichtungen, Bibliotheken etc.

Über diese im wesentlichen mit der „papierenen Heimat"[118] des Flüchtlings befaßten Punkte hinaus empfahl das Arrangement, bei der Bestimmung des Personalstatuts der Flüchtlinge wahlweise das Recht des Wohnsitzlandes bzw. das des Aufenthaltslandes anzuwenden, falls der Zufluchtsstaat das frühere Recht des jeweiligen Heimatlandes nicht mehr anerkennt (Ziff. 2), eine Empfehlung, die vor allem im Hinblick auf das Gebiet der Ehescheidung ergangen ist (Ziff. 3). Hinzu kamen Empfehlungen zur Freistellung von der cautio iudicatum solvi (Ziff. 5), zu moderater Anwendung einschränkender Anordnungen über die Beschäftigung ausländischer Arbeitnehmer auf Flüchtlinge (Ziff. 6), zu ebensolcher Zurückhaltung bei Ausweisungen (Ziff. 7), zu steuerlicher Gleichbehandlung mit den Angehörigen des Zufluchtsstaates (Ziff. 8) und zur Gewährung weitestmöglicher Freizügigkeit innerhalb des Aufnahmelandes sowie der Berechtigung zur Wiedereinreise in den Aufnahmestaat (Ziff. 9)[119].

Zentrale Bedeutung kam Ziff. 4 des Arrangements zu. Sie regte an, „que la jouissance de certains droits et le bénéfice de certaines faveurs accordés aux étrangers sous condition de réciprocité, ne soient pas refusés aux réfugiés russes et arméniens faute de réciprocité". Denn erst mit dieser Empfehlung

[117] Vgl. Ziff. 1 a) – f) des Arrangements.

[118] O. Kimminich, Der Internationale Rechtsstatus des Flüchtlings 223 [Köln usw. 1962].

[119] Die Wiedereinreiseempfehlung ging dahin, den Nansenpaß mit folgendem Zusatz zu versehen: „[L]e présent certificat est valable pour le retour dans le pays qui l'a délivré pendant la durée de sa validité".

war das Eis gebrochen, dem Flüchtling eine Rechtsposition im Zufluchtsland zu schaffen, der er, unter normalen Umständen dem weitgehend auf Gegenseitigkeit beruhenden Fremdenrecht unterworfen, in seiner spezifischen Situation nur unter Verzicht auf das Gegenseitigkeitsprinzip versichert sein konnte.

So hat *Nansen* unter Einbringung seiner Autorität als Flüchtlingshochkommissar des Völkerbundes am Ende der Zwanziger Jahre erreicht, daß die Hauptgruppen der Flüchtlinge, von denen die Überzahl staatenlos war, sich im Besitzes eines Identitätspapieres befanden und in ihrem jeweiligen Zufluchtsstaat in der Person eines Repräsentanten des Flüchtlingshochkommissariats einen Ansprechpartner besaßen, der ihnen immerhin bei der Verifikation ihres Status' zur Seite zu stehen befugt war. Dieses Verdienst um den Schutz staatenloser Flüchtlinge erfährt nicht unbedingt eine Schmälerung dadurch, daß der Nansenpaß und das System der Delegierten in den einzelnen Aufnahmeländern auf Arrangements basierte, vertragsvölkerrechtlich „anomalous instruments“[120] in Form von Übereinkommen ohne Bindungswirkung, sondern mit Empfehlungscharakter. Denn so gut wie alle Flüchtlingsaufnahmeländer hatten sich den Empfehlungen der zwischen 1922 und 1935 vereinbarten Arrangements unterworfen[121], Frankreich und Belgien sogar ein völkerrechtlich verbindliches ‚Accord Relatif au Fonctionnement des Service du Haut Commissaire de la Société des Nations pour les Réfugiés‘[122] unterzeichnet und ratifiziert[123], aufgrund dessen die Nansen-Repräsentanten in beiden Ländern nach Erteilung des Agrément durch den Außenminister zu Diplomaten im weiteren Sinne aufgewertet wurden[124]. Letztlich vermochte der Nansenpaß wenigstens rudimentär die pathologi-

---

120 Jennings, Some International Law Aspects of the Refugee Question, XX BYIL 99 (98) [1939].

121 Vgl. die Übersicht in A Study of Statelessness, UN Doc. E / 1112, v. 01. 02. 1949, E / 1112 / Add. 1, v. 19. 05. 1949, p. 42/43.

122 Agreement Concerning the Functions of the Representatives of the League of Nations' High Commissioner for Refugees, v. 30. 06. 1928, XCIII LNTS 377. Durch wortgleiche Übernahme der Funktionenempfehlungen im Arrangement betreffend den Rechtsstatus russischer und armenischer Flüchtlinge vom selben Tage (s. vorstehend Fn. 116) sollte eine multilateral-autoritative Definition von Stellung und Aufgabenbereich der Nansen-Repräsentanten geschaffen werden.

123 Allerdings blieb es bei der Unterzeichnung und Ratifikation dieses Abkommens ausschließlich seitens der genannten Staaten.

124 Vgl. die diesbezüglichen Erklärungen Frankreichs und Belgiens bei Vertragsunterzeichnung bzw. Ratifikation, XCIII LNTS 378, 380. Zur – nicht unumstrittenen – Anwendung dieses Vertrages und des Arrangements v. 30. 06. 1928 (s. o. Fn. 122) in Frankreich s. Trachtenberg, L'Arrangement International Relatif au Statut Juridique des Réfugiés Russes et Arméniens et son Application en France, XXV Revue de Droit International Privé 61 – 69 [1930]. Jugoslawien akzeptierte den Nansenvertreter zwar nicht in der Funktion, die ihm Frankreich und Belgien zubilligten, führte aber in seiner Akkreditierungsliste des Diplomatischen Corps die ‚Delegation chargée des intérêts de l'émigration Russe‘ als Nachfolger der ehemaligen russischen Konsulate in Belgrad und Zagreb, s. J. H. Simpson, The Refugee Problem 418.

sche Situation des staatenlosen Flüchtlings zu entschärfen. Ein Ausbürgerungsakt hatte ihn seiner Staatsangehörigkeit beraubt und ihn damit in jeder Form der Beachtung und Anerkennung auf der Ebene des Völkerrechts enthoben. Die völkerrechtliche Identifikation des Einzelnen ersetzte nun der Nansenpaß, indem er zwischen der Staatengemeinschaft und dem Staatenlosen ein Verhältnis fingierte, welches in mancherlei Hinsicht dem zwischen Staatsangehörigem und Heimatstaat vergleichbar war. Ein speziell für staatenlose Flüchtlinge im Ansatz entwickelter internationaler Rechtsstatus ersetzte den üblichen fremdenrechtlichen Mindeststandard, der Flüchtlingshochkommissar und seine Delegierten substituierten im Rahmen der ihnen zugewiesenen Funktionen den Heimatstaat des betroffenen Individuums.

Inwieweit – über den territorialen Schutz hinausgehend, der dem Inhaber eines Nansenpasses seitens des Ausstellerstaates nun ohnehin zufiel – die Wahrnehmung der dem Flüchtlingshochkommissar des Völkerbundes und seinen Repräsentanten überantworteten Aufgabenstellung bei Durchsetzung der „grande Charte des apatrides“[125] tatsächlich als Ausübung diplomatischen Schutzes im Sinne der vorliegenden Problemvorgabe zugunsten des Paßinhabers zu gelten vermag, bleibt nach Darstellung des Internationalen Nansenamtes sowie sonstiger Bemühungen um den Schutz für Staatenlose in einer Gesamtwürdigung zu klären[126].

2. Internationales Nansenamt

Schon im September 1929 hatte die Bundesversammlung des Völkerbundes eine Abwicklung der geleisteten Flüchtlingshilfe bis spätestens 31. 12. 1939 beschlossen[127]. Mit einer noch geringeren Zeitvorgabe begann nach dem Tode *Nansens* das am 30. 09. 1930 durch Resolution der Völkerbundsversammlung ins Leben gerufene ‚Internationale Nansenamt für Flüchtlinge‘ im April 1931 seine Arbeit, die bis zum 31. 12. 1938 abgeschlossen sein mußte[128]. Die Liquidation des Amtes innerhalb von sieben Jahren und die damit verbundene Terminierung der Flüchtlingshilfe durch den Völkerbund überhaupt, aber auch die sich angesichts der Weltwirtschaftskrise ständig verschlechternde Lage gerade der staatenlosen Flüchtlinge legten die offen-

---

[125] *Vichniac* in einer Würdigung des Arrangement Relatif au Statut Juridique des Réfugiés Russes et Arméniens v. 30. 06. 1928 (s. vorstehend Fn. 116), Le Statut International des Apatrides, 43 RdC 218 (115) [1933 I].

[126] Vgl. unten 2. Teil A. II. 4.

[127] LoN Doc. A. 70, 1929 VII, p. 3.

[128] Vgl. o. 2. Teil A. II. am Ende. Die Statuten des Amtes sind in LoN Doc. A. 27, 1931, p. 10 – 12, wiedergegeben. Für den Verwaltungsrat des Internationalen Nansenamtes war die Mitgliedschaft von zwei Flüchtlingen vorgesehen, so daß erstmalig die Betroffenen selbst aktiv in führender Position an der Flüchtlingsarbeit teilnehmen konnten.

sichtlichen Mängel bisher abgeschlossener Arrangements frei, die in ihrer Unverbindlichkeit, in ihrem punktuellen Regelungscharakter, keine systematische Lösung des Flüchtlingsproblems zu garantieren schienen und vermutlich nach Wegfall der Autorität des Völkerbundes mit dem 31. 12. 1939 einer längerfristigen Belastung nicht standhalten würden. Schon zu Beginn der Dreißiger Jahre begannen die Staaten, sich auf die Unverbindlichkeit und Unvollkommenheit der Nansen-Arrangements zu besinnen, stellten Nansenpässe ohne Verlängerungsmöglichkeit für nur ein Jahr aus[129], um die Flüchtlinge sodann wieder abzuschieben, oder sie versuchten, die Auswirkungen der globalen Wirtschaftsdepression auf dem internen Arbeitsmarktsektor zugunsten der eigenen arbeitenden Bevölkerung durch prinzipielle Nichterteilung von Arbeitsgenehmigungen an Fremde zu kompensieren.

Trotz dieser für eine Stabilisierung und Fundamentierung des Rechtsstatus' staatenloser Flüchtlinge außerordentlich negativen Atmosphäre gelang es dem Internationalen Nansenamt unter der Präsidentschaft *Max Hubers*, die Rückentwicklung der Situation staatenloser Flüchtlinge auf einen Stand vor 1922 aufzuhalten, als es am 28. 10. 1933 in Genf zum Abschluß einer völkerrechtlich verbindlichen ‚Convention relatif au statut international des réfugiés' kam[130]. In Anerkennung der schon existierenden Arrangements bezweckte das Abkommen, „... de compléter et de consolider l'oevre accomplie par la Société des Nations au profit des réfugiés"[131] sowie „de créer les conditions qui permettront aux décisions antérieurement prises dans ce sens par le divers Etats des produire leur plein effet"[132]. Vom Norminhalt her bestätigte es im wesentlichen den bereits im Arrangement betreffend die Rechtsstellung russischer und armenischer Flüchtlinge vom 30. 6. 1928[133] anempfohlenen Rechtsstatus, dies jedoch in rechtsverbindlicher Form. In weiterentwickelter Substantiierung der Vorgaben des Arrangements und mit der Zielsetzung, dessen Schwächen im Nansenpaßwesen, in Ausweisungs- und Asylfragen auszugleichen, statuierte die Konvention Erleichterungen für die Aus- und Einreise von Nansenpaßinhabern (Art. 2), Restriktionen bei der Ausweisung und Zurückweisung (refoulement) von Flüchtlingen in Verbindung mit einer Pflicht zur Asylgewährung (Art. 3), regulierte den international-privatrechtlichen Status des Flüchtlings (Art. 4 – 6), sah eine weniger rigide Arbeitsmarktbeschränkung für diesen Perso-

---

[129] Lediglich die von Polen ausgestellten Nansenpässe enthielten eine zweijährige Gültigkeitsdauer, Estland erteilte diese Pässe für einen unbefristeten Zeitraum.

[130] Convention relating to the International Status of Refugees, CLIX LNTS 199. Die Konvention galt für alle durch die Arrangements vom 05. 07. 1922, 31. 05. 1924 und 30. 06. 1928 erfaßten Personengruppen. Einzig Frankreich erweiterte ihren Anwendungsbereich noch auf spanische Flüchtlinge, s. Decret No. 45-766 v. 15. 03. 1945, in La Semaine Juridique 1945, No. 9452.

[131] Punkt 4 der Präambel des Abkommens.

[132] Punkt 5 der Präambel des Abkommens.

[133] Vgl. o. 2. Teil A. II. 1.

nenkreis vor (Art. 7) und enthielt eine Reihe weiterer Bestimmungen zur sozialen Fürsorge (Art. 9 – 11), Bildung und Weiterbildung (Art. 12) sowie Besteuerung (Art. 13), wobei den Flüchtlingen bei Genuß dieser Rechte entweder die Position eines meistbegünstigten Ausländers oder Inländergleichbehandlung zugesichert und vom Reziprozitätsprinzip dispensiert wurde (Art. 14).

Die erfolgreiche und befriedigende Anwendung der Konvention lag wiederum in den Händen der seit dem Arrangement vom 30. 06. 1928 ernannten Repräsentanten – nunmehr des Internationalen Nansenamtes – in den einzelnen Ländern. Insgesamt 19 Repräsentanten oder Korrespondenten in Deutschland, Österreich, Belgien, Bulgarien, China, Finnland, Frankreich, Griechenland, Polen, den baltischen Staaten Estland, Lettland, Litauen, Danzig, Rumänien, der Schweiz, Syrien, der Tschechoslowakei, der Türkei und weiteren Ländern waren beauftragt, das in der Konvention entwickelte Konzept eines Rechtsstatus' für staatenlose Flüchtlinge in seiner Realisierung durch die einzelnen Flüchtlingsaufnahmeländer sicherzustellen und zu beobachten. Ganz allgemein charakterisierte der Nachfolger *Max Hubers* und *Georg Werners* in der Präsidentschaft des Internationalen Nansenamtes, der norwegische Richter *Michael Hansson*, die Repräsentanten seiner Behörde als „d'un intérêt vital pour le réfugié, pour qui elle représentent l'autorité à laquelle il a recours dans toutes les circonstances de sa vie“[134]. Praktischen Schwerpunkt der Funktionsausübung des Nansendelegierten stelle die Intervention zugunsten des Flüchtlings bei Behörden des Aufnahmestaates dar anläßlich aller Angelegenheiten, die seinen Status aus der Konvention tangierten. Zahlenmäßig die Hauptrolle spielten dabei in der Regel Interventionen im Zusammenhang mit der Ausstellung, Verlängerung und Erneuerung des Nansenpasses sowie der Befreiung vom Erwerb der Nansenmarke, gefolgt von Interventionen anläßlich der Wahrnehmung solcher Funktionen, wie sie dem Vertreter des Nansenamtes unter Zugrundelegung des ‚Arrangement relatif au statut juridique des réfugiés russes et arméniens' vom 30. 06. 1928 bei der Beglaubigung und Bestätigung statusbegründender öffentlicher Dokumente oder Urkunden aus dem vormaligen Heimatstaat des Flüchtlings zukamen[135]. Daneben setzten sich die örtlichen Repräsentanten in Ansiedelungs-, Unterbringungs-, Räumungs- und Naturalisierungsfragen für die Flüchtlinge ein, standen ihnen in organisatorischer und teilweise finanzieller Unterstützung bei der Begründung eines Berufs- oder Erwerbsstandes zur Seite – hierbei gerade auch im Wege der Intervention bei Benachteiligung des Betroffenen auf dem inländischen Arbeitsmarkt –, gewährten allgemein Rechtshilfe und hatten ein überaus

---

[134] In einem ‚Rapport Concernant la Liquidation de l'Office', SdN J. O. 1937, p. 456.

[135] Vgl. o. 2. Teil A. II. 1. Die Weiteranwendung des Arrangements war in Art. 16 der Konvention ausdrücklich vereinbart.

waches Auge auf die Beachtung der Aus- und Abweisungsgrundsätze, wie sie nunmehr durch Art. 3 der Konvention festgelegt waren[136]. So erreichten beispielsweise die Interventionen der Repräsentanten und Korrespondenten des Internationalen Nansenamtes im Jahre 1936 eine Gesamtzahl von über 120.000, das Folgejahr verzeichnet 119.000 Interventionen zugunsten und im Interesse einzelner Flüchtlinge[137].

Alles in allem wird sich daher zunächst festhalten lassen können, daß dem Internationalen Nansenamt auf der Grundlage der Konvention betreffend ein internationales Flüchtlingsstatut in Verbindung mit Repräsentanten in den wichtigsten Flüchtlingsaufnahmeländern die Weiterentwicklung und Stabilisierung eines international als verbindlich anerkannten Schutzes für staatenlose Flüchtlinge gelang. Menschen, die aufgrund fehlender Staatsangehörigkeit oder praktisch-politischer Konsequenzen wegen außerhalb des Gefüges normaler internationaler Normgeflechte standen, hatten einen durchaus umfassend ausgestalteten Rechtsstatus erhalten, der ihnen wenigstens für die Dauer der Innehabung dieses Status' den Schutz durch eine völkerrechtliche Autorität vor Beeinträchtigungen sie begünstigender Positionen garantierte. Naturgemäß konnte diese Protektion differenzierter ausfallen als zuvor unter dem Nansenpaßsystem, welches den Ausweisinhabern im wesentlichen einen Schutz notarieller Natur durch die Repräsentanten des Flüchtlingshochkommissars konzedierte[138]. Die Kongruenz des Verhältnisses Flüchtling/Nansenamt mit dem des Staatsangehörigen zu seinem Heimatstaat erfuhr während der Existenz des Internationalen Nansenamtes eine nicht unerhebliche Verstärkung und Differenzierung im Vergleich zu den unter *Nansen* selbst entwickelten Schutzinstituten: denn zum einen unterlag der Rechtsstatus des staatenlosen Flüchtlings nun verbindlichem Völkervertragsrecht, zum anderen aber – und für die völkerrechtliche Qualität des ausgeübten Schutzes von größter Wichtigkeit – war die Funktion des Nansenamtrepräsentanten ausgeweitet auf die Sicherstellung materieller Rechtspositionen des Flüchtlings aus der Konvention von 1933. Ob allerdings eine solche Schutzausübung ein Äquivalent zum diplomatischen Schutz bildet[139], muß zunächst auch hier der Untersuchung in einer Gesamtwürdigung vorbehalten bleiben, nachdem nachfolgend sonstige Bemühun-

---

136 Für eine detaillierte Übersicht über die genaue Anzahl der Interventionen auf den genannten Sachgebieten und unterteilt nach Aufnahmeländern bis zum Berichtszeitraum 1935/36 s. den ‚Rapport' des Präsidenten des Internationalen Nansenamtes in SdN J. O. 1937, p. 458 – 465 (Tableau A).

137 Nach Société des Nations, Rapport sur l'Oevre de la Société 1936/37, No. A. 6. 1937, p. 210, bzw. 1937/38, No. A. 6. 1938, p. 148.

138 Vgl. die o. 2. Teil A. II. 1. bei Fn. 117 aufgeführten Funktionen der Nansenrepräsentanten bei der Feststellung der „papierenen Heimat" des Flüchtlings ausweislich Ziff. 1 a) – f) des ‚Arrangement relatif au statut juridique des réfugiés russes et arméniens' v. 30. 06. 1928.

139 So bspw. R. Nathan-Chapotot, Les Nations Unies et les Réfugiés 61 [Paris 1949].

gen um den Schutz Staatenloser in- und außerhalb des Völkerbundes vorgestellt worden sind.

3. Sonstige Bemühungen um den Schutz für Staatenlose

Im Zuge der politischen Auflösungserscheinungen des Völkerbundes ab 1930 stellten sich bald auch die Schutzbemühungen für Staatenlose nicht mehr als Monopol der Organisation dar, zumal es ohnehin ihr erklärter Wille war, die Arbeit des Internationalen Nansenamtes per 31. 12. 1938 terminiert zu sehen. Zunächst galt es jedoch, auf den ständig zunehmenden Strom von Flüchtlingen aus dem Deutschen Reich zu reagieren, die aufgrund der Machtübernahme und nachfolgender politischer Ereignisse ein zahlenmäßig erhebliches schutzloses Potential bildeten[140].

Schon im September 1933 wurde im Rahmen der 14. Vollversammlung des Völkerbundes eine Lösung des Problems der Flüchtlinge aus Deutschland diskutiert, wobei zum ersten Male ein Mitgliedstaat selbst direkt an der Verursachung einer Flüchtlingsbewegung teilhatte. Trotz dieser politisch sehr delikaten Situation wurde am 11. 10. 1933 ein spezielles Hochkommissariat ins Leben gerufen, der ‚Haut Commissaire pour les Réfugiés provenant d'Allemagne'[141], welcher auf Drängen Deutschlands faktisch ein Eigenleben führte, als er weder Völkerbund noch Nansenamt, sondern einem eigenen Verwaltungsrat verantwortlich war, ausschließlich diesem seine Berichte zuleitete und die Finanzierung des Amtes nicht mit Resourcen des Völkerbundes bestritt[142]. Ohne Autorität des Völkerbundes versehen erwies sich der Hochkommissar für Flüchtlinge aus Deutschland als gegenüber den Regierungen der Flüchtlingsaufnahmeländer nicht genügend durchsetzungsfähig[143], so daß – Deutschland war seit dem 21. 10. 1933 nicht mehr Mitglied des Völkerbundes – das Hochkommissariat mit Beschluß der Bun-

---

140 Bis Dezember 1937 zählte man ca. 158.000 Flüchtlinge aus Deutschland, davon ca. 138.000 Juden, die spätestens durch die 11. Verordnung zum Reichsbürgergesetz vom 25. 11. 1941 de iure staatenlos wurden; das hier zitierte Zahlenmaterial basiert auf einem Aufsatz von Grossmann / Jacob, The German Exiles and the „German Problem", 4 Journal of Central European Affairs 167 (165) [1944/45]. Für 1941 wurden schon ca. 450.000 Flüchtlinge aus Deutschland geschätzt, davon 285.000 Juden, s. A. Tartakower / K. R. Grossmann, The Jewish Refugee 336 [New York 1944].

141 Durch Resolution der Völkerbundsversammlung, SdN J. O. 1933, p. 1646.

142 Vgl. die Resolution vom 11. 10. 1933, loc. cit. Durch diese Struktur des Kommissariats konnte eine Stimmenthaltung Deutschlands bei der Abstimmung über die Resolution erreicht werden, da die deutsche Delegation zuvor die Auffassung vertreten hatte, eine Einmischung des Völkerbundes selbst in die Frage der deutschen „Emigration" sei unzulässig, s. hierzu P. Frings, Das internationale Flüchtlingsproblem 1919 – 1950, 37 f. [Frankfurt 1951], m. w. N.

143 Vgl. auch die Begründung für das Scheitern des Kommissariats im ‚Letter of Resignation' des ersten Kommissars *McDonald*, LoN Doc. O. 13, M. 12, 1936, XII-Annex, p. 1 – 2, der seinem Amt eine essentiell politische Funktion beimaß, wie sie dem Völkerbund selbst gebührte.

desversammlung vom 10. 10. 1936 in den Völkerbund inkorporiert wurde[144], nachdem zuvor bereits der zweite Amtsinhaber als Beamter des Völkerbundes, dessen Rat und Versammlung er direkt verantwortlich war, die administrativen Kosten seines Amtes bei der Organisation geltend zu machen begann[145].

Grundlage und inhaltliche Ausgestaltung der Funktionen des Hochkommissars für Flüchtlinge aus Deutschland entsprachen im wesentlichen dem schon installierten Schutzapparat beim Völkerbund. Zunächst wurde in einem ‚Arrangement provisoire concernant le statut des réfugiés provenant d'Allemagne'[146] der Betroffenenkreis festgelegt (Art. 1) und die Ausstellung eines dem Nansenpaß analogen Ausweispapieres vereinbart (Art. 2). Allerdings schloß dieses Arrangement den de iure-Staatenlosen gerade nicht ein, wenn es den ‚réfugié provenant d' Allemgane' definierte als „toute personne. . ., qui ne possède pas un autre nationalité que la nationalité allemande. . ."[147]. Ihre Berichtigung fand diese wohl eher redaktionelle Ungenauigkeit[148] in Art. 1 a) der am 10. 2. 1938 unterzeichneten ‚Convention concernant le statut des réfugiés provenant d'Allemagne'[149], der den Anwendungsbereich der Konvention auf „personnes possédant ou ayant possédé la nationalité allemande" bezog. Darüberhinaus enthielt die Konvention in diesem Zusammenhang eine wichtige Neuerung, wie sie in den bisherigen Arrangements und Konventionen in solcher Deutlichkeit nicht festzustellen war, als sie den Betroffenenkreis nicht bei den derzeitigen oder ehemaligen Besitzern der deutschen Staatsangehörigkeit beließ, sondern ihn in Art. 1 b) expressis verbis auf „[l]es apatrides non visés par les conventions ou arrangements antérieurs ayant quitté le territoire allemand . . ." ausweitete. Ansonsten zeigt sich die Konvention, bald auch auf Personen aus dem ehemaligen Gebiet Österreichs bzw. aus dem Sudetenland bezogen[150], in enger

---

[144] LoN Doc. A. 73, 1936, XII. B. 12.

[145] Vgl. Holborn, The Legal Status of Political Refugees, 1920 – 1938, 32 AJIL 694 (680) [1938].

[146] Provisional Arrangement concerning the Status of Refugees coming from Germany, v. 04. 07. 1936, CLXXI LNTS 75.

[147] Dies übersieht *Kimminich*, wenn er schreibt, die Flüchtlingsdefinition des Arrangements entspräche der gebräuchlichen Formel, Der internationale Rechtsstatus des Flüchtlings 238, denn die bisherigen Arrangements bezogen in ihren Anwendungsbereich sämtlichst auch staatenlose Flüchtlinge mit ein, s. dazu o. 2. Teil A. II. 1.

[148] Immerhin regelte Art. 5 des Arrangements auch ein Personalstatut für „réfugiés sans nationalité".

[149] Convention concerning the Status of Refugees coming from Germany, CXCII LNTS 59.

[150] Für die ehemaligen Österreicher s. das Additional Protocol to the Provisional Arrangement and to the Convention, signed at Geneva on July 4th, 1936, and February 10th, 1938, respectively, concerning the Status of Refugees coming from Germany, v. 14. 09. 1939, CXCVIII LNTS 141; für Bewohner des Sudetenlandes durch Resolution des Völkerbundsrats vom 17. 01. 1939, SdN J. O. 1939, p. 72/73. Sowohl Protokoll als auch Resolution erstreckten sich in Anlehnung an den entsprechenden Passus der Konvention ausdrücklich auch auf Staatenlose.

und teilweiser wortgleicher Verwandtschaft zu der des Jahres 1933 und zum Arrangement von 1936. Hervorzuheben ist eine in allen bisherigen Konventionen und Arrangements nicht getroffene Unterscheidung zwischen de facto staatenlosen Flüchtlingen und solchen de iure bei der Feststellung ihres Personalstatuts: während die de facto-Staatenlosen hierbei nach Ausländergrundsätzen behandelt werden sollten, galt für das Personalstatut de iure-Staatenloser das Recht ihres Niederlassungs- oder Aufenthaltsstaates (Art. 6)[151]. Obwohl nunmehr die dem Anwendungsbereich der Konvention unterfallenden staatenlosen Flüchtlinge ein *statut juridique* besaßen, analog dem durch die Konvention des Jahres 1933 kodifizierten, ermangelten sie eines gleichermaßen strukturierten Durchsetzungs- und Überwachungsinstrumentariums, wie es das Netz der Nansenrepräsentanten bildete. Denn der Hochkommissar für Flüchtlinge aus Deutschland verfügte in seinem Zuständigkeitsbereich lediglich über die Hilfe eines Assistenten, wie auch sein Mandat in gewollter Reduzierung gegenüber dem des Nansenrepräsentanten auf die ganz allgemeine Verbesserung des Rechtsstatuts' dieser speziellen Flüchtlingsgruppe beschränkt war, in Form von „démarches auprés des gouvernements en vue d'obtenir leur adhésion à l'Arrangement provisoire du 4 juillet 1936“[152]. Im Abschlußbericht über seine Amtszeit vom 14. 2. 1936 bis 31. 12. 1938 konnte Hochkommissar *Malcolm* auf eine Gesamtzahl von 5000 Flüchtlingen verweisen, die entweder als Einzelne oder in Gruppen von seinen persönlichen Interventionen bei den zuständigen Behörden der Aufnahmeländer profitiert hatten[153].

Die politisch-optimistische Begrenzung der Funktionsausübungen des Internationalen Nansenamtes einerseits und des Hochkommissariats für aus Deutschland, dem ehemaligen Österreich und dem Sudetenland kommende Flüchtlinge andererseits auf den 31. 12. 1938 ließ sich angesichts der auch weiterhin eher progressiv verlaufenden Entwicklung des Flüchtlingsproblems nicht aufrechterhalten. Deshalb nahm die Bundesversammlung des Völkerbundes einen schon 1935 in Antizipierung der Notwendigkeit organisierter Flüchtlingshilfe auch über den Stichtag des 31. 12. 1938 hinaus von Norwegen eingebrachten Vorschlag auf, eine einheitliche, für die Koordination der Flüchtlingsarbeit zugunsten sämtlicher Flüchtlingsgruppen zuständige Behörde zu schaffen[154], und installierte mit Wirkung vom 01. 01. 1939 einen ‚Haut Commissaire de la Société des Nations pour les réfugiés relevant jusqu'ici de l'Office international Nansen et du Haut Commissaire

151 Wortgleich mit Art. 5 des Arrangements vom 04. 07. 1936, welches sich dennoch nicht, wie vorstehend ausgeführt, auf die Behandlung de iure-Staatenloser anwenden ließ.

152 Resolution der Bundesversammlung in Doc. A. 73. 1936. XII.

153 LoN Doc. A. 25. 1938. XII, p. 2.

154 SdN J. O. 1935, Suppl. Spéc. No. 143, p. 10.

pour les réfugiés provenant d'Allemagne'[155]. Die Funktionen dieses zentralen Amtes waren hauptsächlich „a) [a]ssurer la protection politique et juridique des réfugiés" unter Bezugnahme auf die Resolution der Versammlung vom 30. 09. 1930[156], und „b) [v]eiller à la mise en vigeur et à l'application du statut juridique des réfugiés tel que l'ont defini, notamment, les Conventions du 28 octobre 1933 et du 10 févriér 1938". Mit Etablierung dieses Hochkommissariats war die Kontinuität der Überwachung und Durchsetzung des den Flüchtlingen vornehmlich aus den Konventionen der Jahre 1933 und 1938 zugewachsenen Rechtsstatuts von seiten einer internationalen Behörde gewährleistet, wenngleich dem neuen Hochkommissar für alle Flüchtlinge unter dem Schutz des Völkerbundes im Gegensatz zu seinen Vorgängern im Nansenamt und im Hochkommissariat für aus Deutschland kommende Flüchtlinge die Gewährung direkter humanitärer Einzelhilfe jetzt ausdrücklich versagt blieb zugunsten einer allgemeinen Koordinierungstätigkeit auf diesem Sektor und ohne Befugnis „pour engager juridiquement en quoi que ce soit la Société des Nations", da diese hinsichtlich seiner Aktivitäten keinerlei rechtliche oder finanzielle Verantwortung mehr zu tragen bereit war[157].

Weitere Grenzen bei der Wahrnehmung seines Schutzmandats wurden dem Flüchtlingshochkommissar naturgemäß durch die tatsächlichen Auswirkungen des Zweiten Weltkrieges gesetzt. Zu Beginn der Besetzung des größten Teils Europas durch die Achsenmächte hatte das Hochkommissariat Kontakte lediglich zu einer geringen Anzahl Flüchtlinge in der Türkei und der Schweiz. In Großbritannien intervenierte das Kommissariat regelmäßig zugunsten dort beginnend mit dem Jahr 1940 internierter Flüchtlinge deutscher und österreichischer Herkunft. Gegen Kriegsende und nach zunehmender Befreiung der besetzten Länder konnte der Flüchtlingskommissar seine Tätigkeiten wieder verstärken, zumal auch nach Normalisierung der Lage in Belgien und Frankreich beide Länder das von ihnen am 30. 06. 1928 unterzeichnete ‚Accord'[158] über die Funktionen der Nansenrepräsentanten reaktivierten und der Flüchtlingshochkommissar sich erneut zweier Repräsentanten bedienen konnte. Im Ergebnis erfuhr die *protection politique et juridique* seitens der Flüchtlingsbehörde im Vergleich zum Zeitraum seit 1930 weniger qualitativ eine Änderung, als diese Mandatswahrnehmung kriegsbedingte Schmälerungen quantitativer Natur allerdings hinnehmen mußte[159].

---

155 Resolution v. 30. 09. 1939, SdN J. O. 1938, Suppl. Spéc. No. 183, p. 137.

156 Vgl. bereits o. 2. Teil A. II. u. Fn. 100.

157 Punkt 2 c) und 5 der Resolution vom 30. 09. 1939. Insofern ersetzte der Völkerbund dem neuen Hochkommissar nur administrative Kosten.

158 Vgl. dazu schon o. 2. Teil A. II. 1. u. Fn. 122.

159 Eine Übersicht der geleisteten Arbeit des Hochkommissariats geben die vom Amtsinhaber *Emerson* dem Völkerbund erstatteten Jahresberichte in Doc. C. 63. M.

Parallel zur Vereinigung des Internationalen Nansenamtes mit dem Hochkommissariat für aus Deutschland kommende Flüchtlinge zum Hochkommissariat für alle unter dem Schutz des Völkerbundes stehenden Flüchtlinge hatte sich auf Betreiben des amerikanischen Präsidenten *Roosevelt* als Ergebnis einer von 32 Staaten besuchten Konferenz in Evian über das Flüchtlingsproblem am 03. 08 1938 das ‚Intergovernmental Committee on Refugees' (IGCR) konstituiert[160]. Ihm fielen Aufgaben im Bereich der Organisation von Auswanderung und Neuansiedlung zu, anfangs zugunsten politisch, religiös und rassisch Verfolgter aus Deutschland und Österreich[161], ab 1943 im Hinblick auf sämtliche Personen, die infolge der Ereignisse in Europa ihr Wohnsitzland verlassen hatten[162]; Aufgaben also, deren Wahrnehmung das ‚Intergovernmental Committee' als humanitäres Pendant zur Funktionsausübung des Flüchtlingshochkommissariats klassifizierten, mit dem es überdies seit 1940 in Personalunion geführt wurde und dessen Mandat es nach Beendigung der Flüchtlingsarbeit des Hochkommissars am 31. 12. 1946 vollständig übernahm. Nicht unerwähnt bleiben darf in diesem Zusammenhang der schutzrechtliche Aspekt in der Arbeit des Intergouvernementalen Flüchtlingskomitees, welches in der Vorbereitung des *Londoner Reisedokuments* lag, auf das sich eine vom Komitee einberufene Staatenkonferenz am 15. 10. 1946 vertraglich einigte[163]. Mit diesem Dokument erhielten diejenigen Flüchtlinge ein international anerkanntes Identitätspapier – „provided that the said refugees are stateless or do not in fact enjoy the protection of any Government"[164] –, denen die Ausstellung eines Nansenpasses aufgrund des personell eng gezogenen Anwendungsbereichs der jeweiligen Arrangements oder Konventionen bisher verwehrt war. Bei dem *London Travel Document* handelte es sich um ein nansenpaßähnliches Ausweispapier, das die Wiedereinreise in das Ausstellerland nun jedoch nicht mehr, wie sein Vorbild, von einem entsprechenden Visum abhängig machte, sondern selbst als „automatic return visa"[165] galt[166]. Einzige weitere Neue-

56. 1940. XII, C. 7. M. 7. 1941. XII, C. 25. M. 25. 1942. XII, C. 19. M. 19. 1943 XII, C. 23. M. 23. 1944. XII und C. 79. M. 79. 1945. XII, sowie eine im ‚Rapport sur les Travaux de la Société pendant la Guerre' im Oktober 1945 enthaltene Zusammenfassung ‚Assistance Internationale aux Réfugiés', Doc. A. 6. 1946, p. 117 – 121.

160 Zu seiner Entstehungsgeschichte und Arbeit s. Estorick, The Evian Conference and the Intergovernmental Committee, 203 Annals of the American Academy of Political and Social Science 136 – 141 [1939].

161 Die Gründungsresolution des IGCR findet sich in A Study of Statelessness 116/117 (UN Doc. E / 1112, 1. Febr. 1949, E / 1112 / Add. 1, 19 May 1949).

162 Das Komitee folgte damit einer wiederum von Norwegen schon 1935 eingebrachten Anregung, international organisierte Protektion auf sämtliche Flüchtlinge und Staatenlose auszudehnen, SdN. J. O. 1935, Suppl. Spéc. No. 143, p. 10 (s. bereits vorstehend Fn. 154).

163 Agreement Relating to the Issue of a Travel Document to Refugees who are the Concern of the Intergovernmental Committee on Refugees, 11 UNTS 84, BGBl 1951 II 160.

164 Art. 1 der Vereinbarung.

rung im Vergleich zu den Nansenpässen bildete im Abkommen von 1946 eine Ausschlußklausel, wie sie expressis verbis bisher in keine der mit analoger Materie befaßten Arrangements oder Konventionen Aufnahme gefunden hatte, dahingehend, daß die Ausstellung des Londoner Reisedokuments „does not in any way entitle the holder to the protection of the diplomatic or consular authorities of the country of issue", und mehr noch, „does not confer on these authorities a right of protection"[167].

Wie schon zu Beginn der Untersuchung über diplomatischen Schutz für Staatenlose bis in die Gegenwart erwähnt, konzentrierten sich die Schutzbemühungen zugunsten dieser Gruppe im zwischenstaatlichen Rahmen auf eine pragmatische Lösung der Probleme, denen zum einen die Staatenlosen selbst in ihrer spezifischen Situation ausgeliefert waren, mit denen zum anderen aber auch die internationale Staatengemeinschaft ihrerseits sich konfrontiert fand. Zwar gab es durchaus Versuche und Ansätze, die Schutzausübung zugunsten Einzelner, nachdem sie spätestens in den Dreißiger Jahren dieses Jahrhunderts innerhalb des entwickelten Konzepts der Staatenverantwortlichkeit durchaus als theoretisch durchdrungen gelten konnte, einer völkerrechtlichen Kodifikation zu unterziehen, jedoch ohne den diplomatischen Schutz gerade Staatenloser als problemrelevant zu erkennen und ebensowenig das Stadium eines bloßen Kodifikations*vorhabens* überschreitend[168]. Es bleibt das Verdienst des Institut de Droit International, nicht nur eine profunde Untersuchung über den Rechtsstatus von Staatenlosen und Flüchtlingen vorgelegt[169], sondern ihre Ergebnisse auch in einer Serie von zehn Resolutionen zur völkerrechtlichen Problematik der Stellung Staatenloser und Flüchtlinge fixiert zu haben. Von diesen, auf der Brüsseler Sitzung des Instituts im April 1936 verabschiedeten Resolutionen thematisiert eine ausschließlich den diplomatischen Schutz für Staatenlose. Nach ihr kann der Staat, auf dessen Territorium ein staatenloser Nicht-Flüchtling seinen Wohnsitz oder seinen gewöhnlichen Aufenthalt hat, als Konsequenz auf irgendeine Handlung nach der Aufenthaltsbegründung im Interesse des Staatenlosen den diplomatischen Schutz ausüben[170].

---

[165] So die Beschreibung von L. W. Holborn, The International Refugee Organization 323 [London etc. 1956].

[166] Der dies bestimmende Art. 15 (1) der Vereinbarung lautet: „The travel document shall entitle the holder to leave the country where it has been issued and, during the period of validity of the said document, to return thereto without a visa from the authorities of that country, subject only to those laws and regulations which apply to the bearers of duly visaed passports".

[167] Art. 18 der Vereinbarung.

[168] Vgl. o. 1. Teil A. und Fn. 15 – 17.

[169] Ausgearbeitet vom norwegischen Völkerrechtler *Raestad*, 39 Annuaire de l'Institut de Droit International 1 – 109 [1936 I].

[170] Art. 7 Abs. 1 (1) des vom Institut vorgestellten ‚Statut juridique des apatrides et des réfugiés' lautet: „L'Etat, sur le territoire duquel un apatride non réfugié a etabli son domicile ou, à défaut, sa résidence habituelle, pourra exercer, dans l'interêt de

Völkervertragsrecht ist die vorstehende Resolution des Institut de Droit International bis zum Ende des Zweiten Weltkriegs nicht geworden, die das Londoner Reisedokument schaffende Vereinbarung schloß ein Protektionsrecht jedenfalls für das Ausstellerland des Identitätspapieres ausdrücklich aus. Auf der anderen Seite standen zum Ausklang des Zweiten Weltkrieges faktisch sämtliche staatenlosen Flüchtlinge unter einem Schutz internationaler Institutionen, deren Mandatswahrnehmung die Sicherstellung der *protection politique et juridique* vorsah. Ob die diesbezüglich dargestellten Bemühungen *Nansens*, seiner Repräsentanten, des Internationalen Nansenamtes bis hin zu den verschiedenen Hochkommissariaten und zuletzt des Intergouvernementalen Komitees die Kriterien des diplomatischen Schutzes erfüllen, soll nunmehr in einer sich anschließenden Würdigung festgestellt werden.

4. Würdigung

Während die schutzrechtliche Beachtung Staatenloser in der Periode bis zur Völkerbundszeit noch als marginal sich darstellte wegen der erst langsam zunehmenden Bedeutung der Staatsangehörigkeit im Völkerrecht generell und in Fragen der Staatenverantwortlichkeit speziell, wurde die Staatenlosigkeit nach dem Ende des Ersten Weltkriegs eine Massenerscheinung, mit der die Staaten sich auf breiter Ebene auseinanderzusetzen gezwungen waren. Insbesondere auf der Ebene des Völkerrechts waren die Staaten gefordert, da Staatenlose – Personen ohne Staatsangehörigkeit und damit nicht mehr Teil des vielmaschigen Rechten- und Pflichtengeflechts, wie es die Staatsangehörigkeit nach Maßgabe bestimmter völkerrechtlicher Prämissen zwischen dem Einzelnen und seinem Heimatstaat ausgestaltet – vom Völkerrecht bis zu diesem Zeitpunkt einfach nicht erfaßt waren. So erfolgte zunächst eine graduelle Einbeziehung des Staatenlosen in die Völkerrechtsgemeinschaft, anfangs vermittels eines Identitätspapiers, dann durch Erarbeitung eines immer detaillierteren und völkerrechtlich verbindlicheren Rechtsstatus', zu dem der Staatenlose mit seinem Paß Zugang erhielt. Hiermit wurde versucht, eine Lücke zu füllen, die wegen des vollständigen Bruchs zwischen Einzelnem und Heimatstaat gerade auch auf völkerrechtlicher Ebene entstanden war, die Lücke der Enthebung des Einzelnen von seinem Kontakt mit der Völkerrechtsordnung, den er bisher ausschließlich durch Mediation seines Heimatstaates hatte und auch nur haben konnte.

An die Feststellung des Vorliegens eines dezidierten Katalogs von staatenlosen Flüchtlingen zugesicherten Rechten muß sich nun die Frage anschließen, ob ihr Schutz in der vorstehend beschriebenen Weise wirklich den Tat-

---

celui-ci, la protection diplomatique en conséquence de tout fait survenu après cet établissement", in Tableau Général des Résolutions (1873 – 1956), 65 (62).

bestand des diplomatischen Schutzes erfüllt hat[171]. Die Wahrnehmung von Schutzfunktionen zugunsten staatenloser Flüchtlinge durch die verschiedenen Völkerbundsorgane und das Intergouvernementale Komitee war die Realisierung eines Mandats, welches sich in den zitierten völkerrechtlichen Urkunden mit *,protection juridique et politique'* umschrieben findet. Zuerst erschien dieser Terminus in einem Bericht des Generalsekretärs des Völkerbundes an die Generalversammlung über die Flüchtlingsarbeit der Organisation, in dem über das Problem „de la protection juridique des réfugiés"[172] referiert wurde, gelangte sodann erweitert in einen Beschluß der Generalversammlung vom 30. 9. 1930, welcher „la protection politique et juridique des réfugiés"[173] regulären Organen des Bundes anvertraute, um schließlich einzugehen in einen Beschluß der Generalversammlung vom 30. 9. 1938, der als eine Funktion des neugeschaffenen Hohen Kommissars des Völkerbundes für die Flüchtlinge die Sicherstellung der „protection politique et juridique des réfugiés"[174] festlegte. Die Kontinuität der Verwendung dieses Begriffs rechtfertigt damit zunächst die Annahme, daß sich seit Ende der Dreißiger Jahre dieses Jahrhunderts die *protection politique et juridique* als völkerrechtliches Institut auf dem Gebiet zwischenstaatlichen Schutzes für staatenlose und schutzlose Flüchtlinge etabliert hatte. Ebenso wird damit klar, daß sich dieser Schutz schon terminologisch von diplomatischem Schutz unterscheidet.

Ob dieser formale Unterschied auch zu einer materiell-inhaltlichen Abgrenzung der *protection politique et juridique* von der *protection diplomatique* führt, kann anhand der praktischen Handhabung des politischen und rechtlichen Schutzes in der Völkerbundszeit unter Bezugnahme auf die

---

[171] Dabei stehen lediglich Schutzbemühungen seitens der genannten zwischenstaatlichen Organe zur Untersuchung und nicht etwa solche der einzelnen Ausstellerländer des Nansenpasses oder gleichartiger Identifikationspapiere; denn die vom Völkerrecht einem Paß beigemessene Bedeutung erschöpft sich in dessen Anerkennung als Identitätsdokument mit einer – widerlegbaren – Vermutung in Bezug auf die Staatsangehörigkeit seines Inhabers, s. statt aller D. C. Turack, The Passport in International Law [Lexington etc. 1972]. Keinesfalls ist dem Paß selbst die Berechtigung zur Geltendmachung diplomatischen Schutzes durch das Ausstellerland inhärent, s. deutlich hierzu Diplock, Passports and Protection in International Law, XXXII The Grotius Society 42 – 59 [1946], insbes. p. 58/59. Mit Ausnahme Bulgariens, welches den Inhabern von ihm ausgestellter Nansenpässe per Gesetz die Ausübung diplomatischen Schutzes in Aussicht stellte, Gesetz v. 27. 10. 1937, Državen Vestnik [Staatsanzeiger] v. 05. 11. 1937, Nr. 248, nahmen denn auch nur die genannten Organe des Völkerbundes und das Intergouvernementale Komitee Schutzfunktionen zugunsten staatenloser Flüchtlinge wahr, wobei sich im übrigen keinerlei Feststellungen über eine erfolgte praktische Umsetzung des bulgarischen Gesetzes treffen lassen, die Zurückweisung möglicher Schutzgewährung Bulgariens durch den betroffenen Anspruchsgegner in einem solchen Fall jedoch unterstellt werden darf.

[172] Société des Nations, Doc. A. 28. 1930. XIII; der Bericht datiert vom 30. 08. 1930.

[173] SdN J. O. 1930, Suppl. Spéc. No. 90; s. bereits o. 2. Teil A. II. u. Fn. 103.

[174] SdN J. O. 1938, Suppl. Spéc. No. 183, p. 137; s. bereits o. 2. Teil A. II. 3. u. Fn. 155.

eingangs dieser Untersuchung herausgearbeiteten Kriterien zum diplomatischen Schutz verdeutlicht werden. Der politische Aspekt dieser Protektion steckte zunächst einen allgemeinen Rahmen ab, innerhalb dessen die schutzbezogenen Tätigkeiten internationaler Organe im Verhältnis zu einzelnen Staaten stattfanden, wenn zunächst ganz allgemein ein festumrissenes Rechtsstatut für staatenlose Flüchtlinge unter Zuhilfenahme des völkerrechtlichen Vertragsinstrumentariums begründet und seine Implementierung gesichert wurde. Die initiatorische Rolle, welche der Völkerbund und seine Organe hierbei einnahmen, wurde von der Organisation selbst als politischen Charakter besitzend eingeschätzt in dem Sinne, als sie „implique des relations entretenues en son nom avec les gouvernements et leurs départments compétents pour l'application d'accords internationaux provoqués par elle“[175]. Damit stellt sich die ‚political protection‘ als Schutzwahrnehmung *politisch-rechtsfortbildender Natur* dar, als „reformatory task“[176] des Mandats gerade der verschiedenen Flüchtlingshochkommissariate des Völkerbundes, in eindeutigem Kontrast zum diplomatischen Schutz als in der Regel einzelfallbezogener und rechtsbeharrender Protektion nach erfolgter Völkerrechtsverletzung.

Neben diesen dem diplomatischen Schutz fremden politisch-reformerischen Aufgaben bei der Etablierung eines internationalen Mindeststandards für Flüchtlinge bezog sich die ‚protection juridique‘ durchaus auf die Behauptung der völkerrechtlich anerkannten Rechte für den individuell Begünstigten. Die dabei entfalteten Tätigkeiten der Flüchtlingshochkommissare und des Nansenamtes mit seinen Repräsentanten in den verschiedenen Flüchtlingsaufnahmeländern haben vorstehend eine detaillierte Beschreibung erfahren. Waren es anfangs auf Grundlage des ‚Arrangement relatif au statut juridique des réfugiés russes et arméniens‘[177] im weitesten Sinne *notarielle* Funktionen, die den Vertretern *Nansens* bei der Verifikation des Personalstatuts eines Flüchtlings gegenüber seinem Aufenthaltsstaat zukamen, wuchs den hierzu beauftragten Organen des Völkerbundes parallel zur Konsolidierung des Rechtsstatus' der Flüchtlinge mehr und mehr die Aufgabe zu, bei Nichtgewährung oder Beeinträchtigung einzelner Rechte des Flüchtlings gezielt gegen eine solche Rechtsverletzung bzw. Rechtsbenachteiligung zu intervenieren. Schlägt man nun jedoch den Bogen zum diplomatischen Schutz, läßt sich unschwer erkennen, daß Interventionen der beschriebenen Art nicht in Wahrnehmung eines eigenen Anspruchs

---

[175] So der vorstehend Fn. 172 zitierte Bericht des Generalsekretärs des Völkerbundes v. 30. 08. 1930, Doc. A. 28. 1930. XIII, p. 6.

[176] Weis, The International Protection of Refugees, 48 AJIL 220 (193) [1954], der, ebenso wie Rothholz, Der Begriff der „protection juridique et politique“. Ein Beitrag zur Flüchtlingsfrage, 2 ArchVR 410 (404) [1950], diese Schutzkomponente als dem diplomatischen Schutz unbekannt bezeichnet.

[177] Vgl. o. 2. Teil A. II. 1. u. Fn. 116.

des Völkerbundes – oder des Intergouvernementalen Komitees – erfolgten, sondern immer als Geltendmachung eines Anspruchs des Flüchtlings selbst. Dieses Momemt *fürsorgerischer Hilfe* der Schutzfunktion wird besonders deutlich in der Präambel der ‚Convention Concernant le Statut des Réfugiés Provenant d'Allemagne'[178], welche nicht nur die Beweggründe der Vertragsparteien für den Abschluß dieser Übereinkunft erfaßt, sondern implizit auch den Rahmen der Schutzfunktion des Völkerbundes absteckt bei der Überwachung der Anwendung dieser Konvention, als nämlich die Parteien ihr Verlangen artikulierten, „que soient assurés ***aux réfugiés*** la jouissance des droits civils, le libre et facile accés aux tribunaux, la sécurité et la stabilité dans l'établissement et dans le travail, des facilités dans l'exercice des professions, de l'industrie, du commerce et dans les déplacements, l'admission dans les écoles et dans les universités"[179]. Rechte des Flüchtlings also, deren Einhaltung und Verwirklichung die jeweilige internationale Autorität *für den Flüchtling* sicherzustellen hatte, nicht jedoch für sich selbst, aus eigenem Recht, forderte. Die Arbeit der verschiedenen Flüchtlingshochkommissariate und des Intergouvernementalen Komitees beschränkte sich auf die Assistenz des Flüchtlings im Rahmen der Assimilierung seines Rechtsstatus' an das innerstaatliche Recht des Aufenthaltsstaates, welches die nunmehr völkerrechtlich kodifizierten und damit verbindlichen Vorgaben bezüglich der Rechtsstellung des Flüchtlings auf den Gebieten der Ein- und Ausreise, der Freizügigkeit, der Aufenthaltserlaubnis, der Identitätsbestimmung, der Arbeitserlaubnis, der Teilhabe an Sozialleistungen und nicht zuletzt auch der Naturalisierung – um einige fundamentale Bestandteile des Rechtsstatus' für den Flüchtling zu nennen – absorbieren mußte[180].

Im Ergebnis erklärt sich die Flüchtlingsarbeit des Völkerbundes und seiner Organe sowie des Intergouvernementalen Komitees im Bereich der ‚protection politique et juridique' als obsorgliche Assistenz bei der Wahrnehmung *fremder* Rechte und nicht als Erhebung eines eigenen völkerrechtlichen Deliktsanspruchs. Der Schutz der Staatenlosen in der Völkerbundszeit ist in seinem völkerrechtlichen Gehalt der Subsumtion unter den diplomatischen Schutz nicht zugänglich.

---

[178] Vgl. o. 2. Teil A. II. 3. u. Fn. 149.

[179] Hervorhebung vom Verfasser.

[180] Ob dem Einzelnen ein Anspruch auf solcherlei Assistenz zuwächst, wie es Rothholz, Der Begriff der „protection juridique et politique". Ein Beitrag zur Flüchtlingsfrage, 2 ArchVR 410/411 (404) [1950], meint, erscheint zweifelhaft, zumal sich auch ein entsprechendes Durchsetzungsinstrumentarium in keiner der Konventionen findet. Jedenfalls könnte ein vermeintlicher Anspruch dieser Art entgegen *Rothholz*, op. cit., loc. cit., kein klares Abgrenzungskriterium zum diplomatischen Schutz hergeben, da ein Schutzanspruch des Individuums weder zu den Voraussetzungen dieses Instituts gehört, noch aber im innerstaatlichen Recht undenkbar wäre.

B. Die schutzrechtliche Behandlung der Staatenlosen nach dem Zweiten Weltkrieg

Die schutzrechtliche Behandlung der Staatenlosen nahm mit dem Ende des Zweiten Weltkriegs einen zweigleisigen Verlauf. Im Vordergrund standen dabei die Flüchtlinge mit ihrem Wesensmerkmal der Schutzlosigkeit. Ein Großteil der Anfangsarbeit der neugegründeten Vereinten Nationen konzentrierte sich darauf, der nicht nur zahlenmäßig herausfordernden Dimensionen des Flüchtlingsproblems Herr zu werden. Neben praktischer Betreuung dieser Menschen nahm allerdings die völkerrechtliche Bewältigung der Probleme, vor die sich die Staaten gestellt sahen, ihren Anfang mit einer Resolution des Wirtschafts- und Sozialrates der Vereinten Nationen, welche nach Lösungsmöglichkeiten ganz allgemein aus dem Blickwinkel der Staatenlosigkeit suchte. Auf Anregung der Commission on Human Rights, „[t]hat early consideration be given by the United Nations to the legal status of persons who do not enjoy the protection of any government, in particular pending the acquisition of nationality as regards their legal and social protection . . ."[181], erbat der ECOSOC den Generalsekretär der Vereinten Nationen „[t]o undertake a study of the existing situation in regard to the protection of stateless persons by the issuance of necessary documents and other measures, . . ."[182]. Als Ergebnis einer bald vorgelegten Studie durch den Generalsekretär rief der ECOSOC im August 1949 ein ‚Ad Hoc Committee on Statelessness and Related Problems' ins Leben mit der Aufgabe, einen Konventionsentwurf über den internationalen Status von Flüchtlingen und Staatenlosen zu erarbeiten. Im Januar 1950 beendete das Komitee seine Tätigkeit mit der Vorlage einer ‚Draft Convention Relating to the Status of Refugees and a Protocol thereto Relating to the Status of Stateless Persons'[183]. Auf Grundlage einer überarbeiteten Fassung dieses Entwurfs nahm sodann eine in Genf einberufene Staatenkonferenz am 28. 07. 1951 die ‚Convention relating to the Status of Refugees'[184] an.

Das vorgelegte ‚Protocol Relating to the Status of Stateless Persons' wurde von der Staatenkonferenz an die Vereinten Nationen zurückverwiesen[185]. Das Protokoll – es regelte in einem Satz die Anwendung, mutatis mutandis, fast aller Bestimmungen der Flüchtlingskonvention – erfuhr in der Folge eine vollständige Überarbeitung, in der man es von der ihm bisher

---

[181] Abgedr. in Official Records of the Economic and Social Council, Third Year, sixth sess., Suppl. No. 1, p. 13.

[182] Resolution 116 (VI) D, v. 02. 03. 1948, in Resolutions Adopted by the Economic and Social Council During its Sixth Session (2 February to 11 March 1948), p. 18.

[183] UN Doc. E/1618, E/A. C. 32/5.

[184] 189 UNTS 150, BGBl 1953 II 559.

[185] Final Act of the United Nations Conference of Plenipotentiaries on the Status of Refugees and Stateless Persons, UN Doc. A/Conf. 2/108 (1951).

zugewiesenen Appendix-Funktion befreite, bis eine Staatenkonferenz auf dieser Grundlage am 28. 09. 1954 die ‚Convention Relating to the Status of Stateless Persons‘[186] verabschiedete.

Diese rechtshistorischen Gegebenheiten gebieten eine zwischen Flüchtlingen und Staatenlosen differenzierende Untersuchung, da sie im Ergebnis eine schutzrechtliche Trennung beider gezeitigt haben.

I. Der Schutz für staatenlose Flüchtlinge

Noch während des Zweiten Weltkriegs nahmen sich die Westalliierten erstmalig in den von ihnen befreiten oder besetzten Gebieten der Flüchtlingsproblematik durch Schaffung regionaler Organisationen an. In Erkenntnis der Notwendigkeit zwischenstaatlicher Bemühungen unter möglichst breiter Beteiligung etablierten 44 Staaten bereits während des Krieges und knapp zwei Jahre vor der Gründung der UNO die ‚United Nations Relief and Rehabilitation Administration‘ (UNRRA), deren Flüchtlingsarbeit später von eigens hierfür geschaffenen Sonderorganisationen bzw. Spezialabteilungen im System der Vereinten Nationen fortgeführt wurde. Die weiteren Ausführungen haben sich neben einer Vorstellung dieser Organisationen und ihrer Tätigkeiten auf die Frage zu konzentrieren, ob insbesondere der unter UNO-Mandat seitens der ‚International Refugee Organization‘ (IRO) und des ‚United Nations High Commissioner for Refugees‘ (UNHCR) Flüchtlingen als *legal and political protection*, *international protection* und *administrative assistance* gewährte Schutz in möglicher Weiterentwicklung des in der Völkerbundszeit entstandenen Instituts der ‚protection politique et juridique‘ völkerrechtsfortbildend in Richtung auf diplomatischen Schutz sich verdichtet hat.

1. Alliierter Flüchtlingsschutz bis 1947

Nach einer Erhebung der ILO gab es bereits 1943 ungefähr 30 Millionen Menschen, die Kriegsereignisse aus ihren ursprünglichen Heimatländern vertrieben und entweder ihrer Staatsangehörigkeit oder wenigstens doch ihres Schutzes beraubt hatten, und die nun tatsächlicher und rechtlicher Willkür ihres jeweiligen Aufenthaltsortes anheimgegeben waren[187]. In vergleichsweise kleinem Rahmen begannen die Engländer eine organisierte Flüchtlingsfürsorge, als sie am 01. 06. 1942 die ‚British Middle East Relief and Refugee Administration‘ (MERRA) gründeten, eine paramilitärische Organisation, die in Syrien, Ägypten und auf dem Gebiet des heutigen Israel

---

[186] 360 UNTS 130, BGBl 1979 II 473.

[187] Die Zahlenangabe der ILO-Untersuchung nach E. M. Kulischer, Europe on the Move; War and Population Changes 1917 – 1947, 305 [New York 1948].

Menschen versorgte, die infolge des italienischen Feldzugs gegen Griechenland im Jahre 1940, der unmittelbaren Gegenoffensive Griechenlands in Albanien, sowie des Balkanfeldzugs Deutschlands 1941, nach Nordafrika und in den Nahen Osten geflohen waren. Nach der erfolgreichen anglo-amerikanischen Invasion Französisch-Nordafrikas im November 1942 bestimmte der amerikanische Präsident *Roosevelt* die Errichtung des ‚Office of Foreign Relief and Rehabilitation Operations' (OFRRO), das ab 18. 11. 1942 als Unterabteilung des State Department die Verantwortung für knapp 40.000 vom Vichy-Regime internierte Flüchtlinge, hauptsächlich Gaullisten, zentral- und osteuropäische Juden und spanische Republikaner, übernahm[188] mit dem Ziel „[t]o undertake the work of organizing American participation in the activities of the United Nations in furnishing relief and other assistance to the victims of war in areas reoccupied by the forces of the United Nations"[189]. Beide Organisationen beschränkten sich auf regionale *humanitäre Hilfe* für die in ihren Zuständigkeitsbereich fallenden Personen, was hauptsächlich die Zurverfügungstellung von Medizin, Lebensmitteln und Kleidung an die Insassen vorgefundener Flüchtlingslager bedeutete. Im Vordergrund stand hierbei nicht so sehr ein tatsächlicher Schutz für den Flüchtling, wie vielmehr die Ermöglichung der Inanspruchnahme seiner Arbeitskraft im zivilen Dienstleistungsbereich des eigenen Militärs[190].

Natürlich erkannten die Alliierten schon bald, daß nach dem mit Zuversicht angestrebten Niederringen Deutschlands und der anderen Achsenmächte[191] die Bewältigung des zu erwartenden überdimensionalen Flüchtlingsproblems eine global-konzentrierte Anstrengung erfordern würde, zumal die Kriegführung der Achsenmächte ein effektives Tätigwerden des Flüchtlingshochkommissariats und des Intergouvernementalen Komitees verbot. Von dieser Einschätzung geleitet riefen 44 Vertreter alliierter Mächte nach intensiven Vorverhandlungen am 09. 11. 1943 im Weißen Haus die UNRRA ins Leben[192]. Ihre Funktion richtete sich darauf, „[t]o plan, coordinate, administer or arrange for the administration of measures for the

---

188 Zahlenangabe und Zusammensetzung der Flüchtlinge nach M. C. Proudfoot, European Refugees: 1939 – 52, 94 [London 1957].

189 Department of State Bulletin v. 21. 11. 1942, p. 948. Mit ‚United Nations' waren natürlich die Kriegsalliierten und ihre Verbündeten gemeint, die sich in der Washingtoner ‚Declaration by the United Nations' v. 01. 01. 1942 zu den Prinzipien der ‚Atlantic Charter' v. 14. 08. 1941 bekannt hatten, Texte bei M. – C. Ku (ed.), I A Comprehensive Handbook of the United Nations 93, resp. 94 [New York 1978].

190 Diesen Schluß lassen die Ausführungen *Proudfoots* (European Refugees: 1939 – 52) über die Arbeiten von MERRA und OFFRO zu, op. cit., p. 95.

191 In einer Rede vor dem britischen Unterhaus versprach *Churchill* bereits 1940 den Völkern Europas, „that the shattering of the Nazi power will bring them all immediate food, freedom and peace", CCCLXIV Hansard's Parliamentary Debates 55 [4th ser., 21. 08. 1940].

192 ‚Agreement for the United Nations Relief and Rehabilitation Administration', abgedr. bei G. Woodbridge, III UNRRA 23 [Washington 1950], der sehr ausführlich auch über die Gründungsgeschichte von UNRRA berichtet, s. op. cit., Vol. I., p. 3 – 32.

relief of victims of war in any area under the control of any of the United Nations through the provision of food, fuel, clothing, shelter and other basic necessities, medical and other essential services"[193]. Dies zeigt, daß die UNRRA sich nicht eine permanente und in praktischer wie rechtlicher Beziehung durchstrukturierte Lösung des Flüchtlingsproblems zum Ziel gesetzt hatte, sondern ihr an der Implementierung von Übergangsmaßnahmen gelegen war, um den vom Krieg betroffenen Ländern bei ‚rehabilitation' – Wiederingangsetzung – der Wirtschaft und des öffentlichen Lebens zu assistieren. Kernpunkt einer solchen Hilfestellung stellten, wie es Resolution Nr. 1 des Verwaltungsrates über den Tätigkeitsbereich der UNRRA formulierte, dar „Relief services: ...; assistance in caring for, and maintaining records of, persons found in any areas under the control of any of the United Nations who by reason of war have been displaced from their homes and, in agreement with the appropriate governments, military authorities or other agencies, in securing their repatriation or return"[194]. Insofern standen nicht einmal der Flüchtling in seiner klassischen Definition im Vordergrund, sondern ‚victims of war' bzw. *displaced persons* (DP's), deren Repatriierung Sinn und Zweck der UNRRA ausmachten[195]. Ohne daher das Verdienst der UNRRA schmälern zu wollen, die bis zum 30. 06. 1947 insgesamt sieben Millionen DP's repatriierte[196], ist ihre Tätigkeit, wie die von MERRA und OFRRO, jedoch im Lichte der dieser Untersuchung zugrundeliegenden Fragestellung als ausschließlich *humanitärer Beitrag* zum Wiederaufbau der vom Zweiten Weltkrieg betroffenen Länder zu werten. Zur Gewährung rechtlichen Schutzes war die UNRRA nicht mandatiert. Diese Aufgabe fiel bis zu ihrer Auflösung am 30. 06. 1947 in den alleinigen Zuständigkeitsbereich des Intergouvernementalen Komitees.

Somit ergab sich am Ende des Zweiten Weltkriegs folgende Situation: zwar hatte die UNRRA Millionen von DP's repatriieren und sie auf diese Weise der internationalen Verantwortung entziehen können, zurück blieb aber eine beträchtliche Anzahl von nichtrepatriierungswilligen DP's, Nach-

---

[193] Art. I Ziff. 2 a) der Vereinbarung.

[194] Res. Nr. 1 Ziff. II 2) des Verwaltungsrats der UNRRA vom November 1943, bei G. Woodbridge, III UNRRA 42.

[195] Bei den Vorverhandlungen zur Gründung der UNRRA hatte es hinsichtlich des zu begünstigenden Personenkreises Meinungsverschiedenheiten darüber gegeben, ob, wie von England gefordert, die UNRRA grundsätzlich allen Staaten und deren Angehörigen Hilfe gewähren würde, ein Streitpunkt, der im amerikanischen Sinne dahingehend beigelegt wurde, Feindländern und Vertriebenen deutscher Volkszugehörigkeit, soweit ihre Vertreibung nicht auf nationalsozialistischem Unrecht beruhte, nicht beizustehen. Hätte sich die englische Meinung durchgesetzt, wäre es, so *Frings*, nicht zu den im Potsdamer Abkommen vertraglich festgelegten Austreibungen von Millionen reichs- und volksdeutscher Flüchtlinge gekommen, Das internationale Flüchtlingsproblem 1919 – 1950, 49.

[196] Zahlenangabe nach J. Vernant, The Refugee in the Post-War World 30/32 [London 1953].

kriegsflüchtlingen, neben 366 000 Vorkriegsflüchtlingen[197], sogenannten Nansen-Flüchtlingen, unter den Fittichen des Intergouvernementalen Komitees. Zwangsläufig mußte nun wieder angeknüpft werden an die Erfahrungen des Völkerbundes, der vom Flüchtling nicht immer als repatriierbarer Person, sondern meistens in seiner Schutzlosigkeit als völkerrechtlichem Problem herausgefordert war.

2. Flüchtlingshilfe der Vereinten Nationen

Schon die Tagesordnung für die erste Sitzung der Vollversammlung der Vereinten Nationen beginnend am 10. 01. 1946 enthielt unter Punkt 17: „Matters of urgent importance, including the problems of refugees“[198]. Mit Resolution vom 12. 2. 1946 beauftragte die Generalversammlung den Wirtschafts- und Sozialrat mit der Ausarbeitung von Grundlagen für eine internationale Instanz zuständig für Flüchtlinge und DP's[199]. Nach überaus hitzigen Diskussionen im ‚Special Committee on Refugees and Displaced Persons‘ des ECOSOC nicht nur über das prinzipielle Erfordernis, sondern auch über Charakter und Funktionen im Hinblick auf Wirkungsfeld und Ziel dieser Instanz, erzielte das Komitee Einigkeit über den Bedarf einer „truly representative and effective organization under the auspices of the United Nations“ mit „full authority to deal with all classes of displaced and uprooted persons“, ausgestattet mit finanziellen Resourcen „to cope adequately with this urgent complex, and inevitably long-term problem“[200]. Als Ergebnis seiner Arbeit legte das Komitee die Entwurfsfassung des Statuts einer befristeten Sonderorganisation[201] der Vereinten Nationen nach Maßgabe von Art. 57 der UN-Charta vor[202]. Die UNO-Generalversammlung nahm sodann in ihrer zweiten Sitzungsperiode am 15. 12. 1946 die ‚Constitution of the International Refugee Organization‘[203] an. Gemäß Art. 18 Ziff. 2 der Satzung sollte die IRO ihre Mandatsausübung beginnen, sobald dem Statut minde-

---

[197] Diese Zahl gibt P. Frings, Das internationale Flüchtlingsproblem 1919 – 1950, 47, Fn. 115, an.

[198] UN-Off. Rec., First Part of the First Session of the General Assembly Plenary Meetings, 10 January – 14 February 1946, p. 33.

[199] Op. cit., p. 603.

[200] UN Doc. E/REF/52, p. 2. Den Gedanken einer „International Organization for Refugees and Stateless Persons“ hatte zuallererst Norwegen bei der Gründungskonferenz der Vereinten Nationen im Mai 1945 in San Francisco eingebracht, war jedoch damit nicht durchgedrungen, s. Report by the Executive Committee to the Preparatory Commission of the UN, 12. Nov. 1945, p. 51.

[201] Im englischen Originaltext sowohl des Statuts als auch der UN-Charta ist die Bezeichnung „specialized agency“ gewählt, die hier übernommene ‚Sonderorganisation‘ folgt der amtlichen deutschen Übersetzung der Charta, BGBl 1973 II 431.

[202] Zur Gründungsgeschichte dieser Sonderorganisation s. ausführlich m. w. N. L. W. Holborn, The International Refugee Organization 29 – 46.

[203] 18 UNTS 3, dt. Übers. in Institut für Besatzungsfragen (Hrsg.), Das DP-Problem 149 [Tübingen 1950].

stens 15 Staaten beigetreten waren, deren Beiträge nicht weniger als 75% des in Anlage II festgelegten vorläufigen Haushalts für das erste Rechnungsjahr ausmachten. In Antizipation eines möglicherweise nicht unerheblichen Zeitablaufs bei dieser Konstellation des Inkrafttretens der IRO-Satzung und zur Gewährleistung von Kontinuität in der internationalen Flüchtlingsarbeit – die Auflösung des Intergouvernementalen Komitees und der UNRRA per 30. 06. 1947 stand bevor – einigte sich die Generalversammlung gleichermaßen auf die Schaffung einer ‚Vorbereitenden Kommission der Internationalen Flüchtlingsorganisation' (PCIRO)[204], die nach Beitrittserklärungen von acht Regierungen interimistisch Funktionen der IRO wahrnahm, deren Statut erst am 20. 08. 1948 vollwirksam wurde. Die Betreuung durch die IRO erstreckte sich gemäß Anlage 1, 1. Teil, Abschnitt A des Statuts auf Flüchtlinge, gleichgültig ob sie ihre Staatsangehörigkeit beibehalten haben oder nicht, als Opfer unter nationalsozialistischer, faschistischer und quislingähnlicher Regime und des falangistischen Regimes, als schon vor dem Zweiten Weltkrieg diesen Status besitzend, als außerhalb des Landes ihrer Staatsangehörigkeit oder ihres früheren gewöhnlichen Aufenthalts sich befindliche Personen, die infolge von Ereignissen nach Ausbruch des Zweiten Weltkriegs nicht willens oder in der Lage waren, den Schutz der Regierung des Landes in Anspruch zu nehmen, dessen Staatsangehörigkeit sie besaßen oder früher besessen hatten, als früher in Deutschland oder Österreich wohnhaft gewesene Juden, Ausländer oder Staatenlose, die als Opfer nationalsozialistischer Verfolgung später in eines dieser Länder zurückgekehrt sind[205], sowie als Kriegswaisen. Des weiteren fielen in die Zuständigkeit der IRO verschleppte Personen (DP's), also regelmäßig aus rassischen, religiösen oder politischen Gründen Deportierte.

Die Hauptfunktion der IRO lag – so ergibt es sich aus der Präambel und Art. 2 Ziff. 1 der Satzung – in der Repatriierung von Flüchtlingen, zumal die Heimschaffung am ehesten eine Garantie dafür zu bieten schien, „to bring about a rapid and positive solution of the problem of bona fide refugees and displaced persons, which shall be just and equitable to all concerned"[206]. Trotzdem gelang es der IRO bis zum 31. 03. 1951 lediglich 72 000 Flüchtlinge zu repatriieren, bei einer Gesamtzahl von gut 1,6 Millionen registrierten und betreuten Personen anscheinend eine Verfehlung des gesetzten Zieles[207]. Da die Gründungsstaaten der IRO eine mögliche Veränderung der politi-

[204] Agreement on Interim Measures to be taken in Respect of Refugees and Displaced Persons, 18 UNTS 122, dt. Übers. in Institut für Besatzungsfragen (Hrsg.), op. cit., S. 168.

[205] Erneut waren, wie schon zuvor bei der UNRRA, Flüchtlinge deutscher Volkszugehörigkeit von der Hilfe ausgeschlossen, soweit sie nicht als Verfolgte der nationalsozialistischen Diktatur galten, s. Anlage I, 2. Teil, Ziff. 4 der IRO-Satzung.

[206] Annex I „Definitions – General Principles", Ziff. 1 a) der Satzung.

[207] Zahlenangabe hinsichtlich der Repatriierten nach Ristelhueber, Au Secour des Réfugiés. L'oevre de l'Organisation Internationale pour les Réfugiés 215 [Paris 1951].

schen Landschaft in den ehemaligen Heimat- bzw. Aufenthaltsstaaten der Flüchtlinge und DP's und die sich daraus ergebende größtenteils negative Beziehung auf den Rückkehrwillen der Betroffenen nicht genügend antizipiert hatten, legte die IRO zunehmend den Schwerpunkt ihrer Aktivitäten auf Umsiedlungs- und Neuansiedlungsmaßnahmen. Vor die im Vergleich zur bloßen Repatriierung zeitaufwendige Lösung dieser Aufgabe auf organisatorischer Ebene und mehr noch auf der Ebene innerstaatlich-legislatorische Einflußnahme zur prinzipiellen Schaffung der Neuansiedlungsvoraussetzungen mit all' ihren fremdenrechtlichen Implikationen gestellt, rückte bei der Internationalen Flüchtlingsorganisation bald die *legal and political protection*, zu deren Gewährung sie nach Maßgabe von Art. 2 Ziff. 1 des Statuts ermächtigt war, in den Vordergrund.

Ein ähnliches Mandat nahm zeitweise parallel zu IRO, und nach deren Liquidation am 01. 03. 1952[208] allein, das Amt des UNHCR wahr. Spätestens im Jahre 1949 hatte sich herausgestellt, daß die Flüchtlingsproblematik sich zu einer globalen Herausforderung entwickelt hatte, der lediglich technisch im Rahmen von Wiederansiedlungs- bzw. Repatriierungstätigkeit zu begegnen keine sachgerechte Lösung schien, weil sie die Bedeutung des Problems insbesondere im zwischenstaatlichen Bereich zu durchdringen nicht geeignet war. Es existierten weder eine umfassende befriedigende Flüchtlingsdefinition, noch ein multilateral als verbindlich zu betrachtendes Flüchtlingsrecht. Zur Bewältigung der aus diesen Gründen innerhalb der UNO für notwendig erachteten Neuorganisation und Zentralisierung der Flüchtlingshilfe hatte der Generalsekretär der Vereinten Nationen in seiner schon erwähnten Studie[209] dem Wirtschafts- und Sozialrat präzise Vorschläge sowohl zum Rechtsstatus schutzloser Personen gemacht, als auch deren generellen Schutz durch ein internationales Organ, u. a. durch ein „high commissioner's office . . . placed unter the control of the United Nations"[210], angeregt. In unmittelbarer Reaktion auf diese Vorschläge nahm die Generalversammlung am 3. 12. 1949 eine Resolution an, mit der die Schaffung des Amtes eines ‚United Nations High Commissioner for Refugees' nicht später als dem 01. 01. 1951 beschlossen wurde[211]. Ihre Exekution fand Resolution GA (IV) 319 sodann in der Resolution der Generalversammlung vom 14. 12. 1950, die das vom Dritten Ausschuß erarbeitete ‚Statute of the Office of the United Nations High Commissioner for Refugees' annahm und die Staaten aufforderte, mit dem neuen Amt zusammenzuarbeiten[212]. Gleich der

[208] Res. GC 108, 11. – 16. 02. 1952, bei L. W. Holborn, The International Refugee Organization 748.

[209] A Study of Statelessness, s. o. Fn. 168.

[210] A Study of Statelessness 70.

[211] Res. GA (IV) 319 – Resolution on Refugees and Stateless Persons.

[212] Res. GA (V) 428 – Annex, GAOR 5th sess., Resolutions, p. 46; dt. Übers. in 6 Europa-Archiv 3819 [1951]. In Res. GA (V) 429 vom gleichen Tag billigte die General-

erste Satz des ersten Kapitels seines Statuts weist dem Flüchtlingshochkommissar als Hauptaufgabe die Wahrnehmung des ‚internationalen Schutzes' der Flüchtlinge zu. In Ergänzung hierzu fiel die Ausübung von ‚administrative assistance' nach Maßgabe von Art. 25 der Flüchtlingskonvention in den Zuständigkeitsbereich des UNHCR, sofern nicht die Behörden des Aufenthaltsstaates dem Flüchtling diese Hilfe zuteil werden ließen. Der personelle Umfang des UNHCR-Mandats erstreckte sich zunächst gem. Art. 1 der Flüchtlingskonvention auf die sog. statutären Flüchtlinge, d. h., auf Flüchtlinge unter Zugrundelegung der Definition in den bereits erwähnten Abkommen vom 12. 05. 1926, 30. 06. 1928, 28. 10. 1933, 10. 02. 1938, im Protokoll vom 14. 9. 1939 und in der Satzung der IRO[213], sowie auf Personen, die infolge von Ereignissen vor dem 1. Januar 1951 des Schutzes ihres Heimatlandes verlustig gegangen waren[214], bzw. auf Staatenlose, die nicht mehr in das Land ihres gewöhnlichen Aufenthalts zurückkehren konnten oder wollten, fand aber durch das Protokoll über die Rechtsstellung der Flüchtlinge vom 31. 01. 1967[215] eine Erweiterung auf sämtliche Personen, selbst wenn sie erst durch Ereignisse nach dem 1. Januar 1951 Flüchtlinge geworden sind[216].

Die konkrete und materiell-schutzrechtliche Ausgestaltung der Flüchtlingshilfe der Vereinten Nationen soll nun im Mittelpunkt des weiteren Verlaufs dieser Untersuchung stehen.

3. Umfang des Flüchtlingsschutzes

Der Umfang des seitens der Vereinten Nationen Flüchtlingen gewährten Schutzes bemaß sich, so ist gezeigt worden, nach *legal and political protection* der IRO und bemißt sich seit dem Erlöschen der Internationalen Flüchtlingsorganisation nach *international protection* und teilweise *administrative assistance* des UNHCR. Diese drei Rechtsgrundlagen werden nachstehend im einzelnen zu kommentieren sein mit besonderem Augenmerk auch auf eine mögliche Bedeutung der Auswechselung von ‚legal and political protection' der IRO-Satzung zugunsten einer nunmehr *international protection* im UNHCR-Statut.

---

versammlung die Einberufung einer Staatenkonferenz zur weiteren Formulierung und Verabschiedung der im Verlauf dieser Arbeit noch zu erwähnenden ‚Draft Convention Relating to the Status of Refugees', wie sie vom hierzu einberufenen ‚Ad Hoc Committee on Refugees and Stateless Persons' entworfen worden war, s. schon o. 2. Teil B.

213 Vgl. o. 2. Teil A. II. 1., 2., 3., sowie 2. Teil B. I. 2.

214 Wobei die Vertragsstaaten diese Ereignisse nach Art. 1 B 1) der Konvention entweder auf Europa einschränken, bzw. auf „Europa oder anderswo" ausweiten konnten, eine Einengung, die das Statut des UNHCR nicht kennt.

215 Protocol Relating to the Status of Refugees, 606 UNTS 267, BGBl 1969 II 1294.

216 Art. I (2) des Protokolls.

a) „legal and political protection"

„Functions and powers" der IRO waren in Art. 2 ihrer Verfassung[217] wie folgt normiert: „The functions of the Organization to be carried out in accordance with the purposes and the principles of the Charter of the United Nations, shall be: . . .; the legal and political protection; . . ., of persons who are the concern of the Organization under the provisions of Annex I". Zu diesem Zweck war die IRO u. a. generalklauselartig ermächtigt, „to perform any other legal act appropriate to its purposes"[218]. Zur Sicherstellung der Schutzfunktion erlegte Art. 4 Ziff. 9 jedem Mitgliedsstaat auf, „to afford its general support to the work of the Organization", darüberhinaus genoß die IRO auf dem Territorium jedes seiner Mitglieder gem. Art. 13 Ziff. 1 „such legal capacity as may be necessary for the exercise of its objectives". Zwar existiert weder in der IRO-Verfassung noch in einem anderen Völkerrechtsinstrument eine Legaldefinition von *legal and political protection*, jedoch hatte die PCIRO den praktischen Rahmen ihrer Rechtsschutztätigkeit schon gleich bei Arbeitsbeginn abgesteckt und festgelegt. ‚Rechtlicher und politischer Schutz' sollte umfassen die Wahrnehmung der rechtlichen Interessen der Flüchtlinge unter Einschließung ihrer Vertretung gegenüber den Regierungen der Aufenthaltsstaaten, den Abschluß und die Überwachung internationaler Abkommen zugunsten der Flüchtlinge, die Wahrnehmung von Verwaltungshilfe und zuletzt auch den Unterhalt eines Rechtsauskunftsdienstes für einzelne Flüchtlinge[219].

Praktisch entfaltete sich das Wirken der IRO auf der genannten Basis wie folgt: dem allgemein-politischen Mandat wurde die Flüchtlingsorganisation gerecht durch Mitarbeit an internationalen Absichtserklärungen und Vertragsinstrumenten mit Bezugnahme auf spezifische Flüchtlingsprobleme, so an der ‚Universal Declaration of Human Rights'[220] mit ihren Artikeln 13 (Freizügigkeit und Auswanderungsfreiheit), 14 (Asylrecht) und 15 (Recht auf Staatsangehörigkeit), an der ‚Convention on the Declaration of Death of Missing Persons'[221] zur Beseitigung jurisdiktioneller Schwierigkeiten im Zusammenhang mit Todeserklärungen und ihrer Anerkennung[222], an Art. 44

---

217 Artikel ohne weitere Bezeichnung sind im Rahmen dieses Abschnitts der Untersuchung solche der IRO-Verfassung.

218 Art. 1 Ziff. 2 k).

219 Vgl. den Bericht des Exekutivsekretärs der PCIRO über rechtlichen und politischen Schutz der Flüchtlinge, IRO/PREP/41 v. 29. 04. 1947, wiedergegeben bei Weis / Jahn, Die Vereinten Nationen und die Flüchtlinge, in W. Schätzel / T. Veiter, (Hrsg.), Handbuch des Internationalen Flüchtlingsrechts 249 (245) [Wien usw. 1960].

220 Allgemeine Erklärung der Menschenrechte, v. 10. 12. 1948, Res. 217 (III), GAOR 3rd Sess., Resolutions Part I, p. 71, dt. Übers. bei B. Simma / U. Fastenrath, (Hrsg.), Menschenrechte 5 [München 1979].

221 Konvention über die Todeserklärung Verschollener, v. 06. 04. 1950, 119 UNTS 122, BGBl 1955 II 706.

der ‚Geneva Convention Relative to the Protection of Civilian Persons in Time of War'[223] betreffend die Behandlung eines Flüchtlings allein wegen seiner Zugehörigkeit zu einem Feindstaat[224] und schließlich am UNHCR-Statut bzw. an der Flüchtlingskonvention aus dem Jahre 1951 insgesamt. Neben dieser Interessenvertretung im Rahmen einer grundsätzlichen Konsolidierung von Flüchtlingsrechten im allgemeinen Völkerrecht versah die IRO die Nachfolgeschaft des Intergouvernementalen Komitees bei der Aufsicht über Einhaltung und Anwendung des Übereinkommens vom 15. 10. 1946 über die Schaffung des sog. *London Travel Document*[225]. Neben den ursprünglich 23 Partnern des Übereinkommens unterzeichneten während des Bestehens der IRO auf Betreiben dieser Organisation weitere sieben Regierungen – zu denen auch die der Bundesrepublik Deutschland gehörte –, während eine Anzahl weiterer Regierungen ihre Bereitschaft erklärte, das Flüchtlingsreisedokument anzuerkennen. Obwohl die meisten Länder das ‚London Travel Document' ohne vorherige Konsultation der IRO ausstellten, ließ sich beispielsweise die Schweiz regelmäßig vor Ausstellung des Dokuments von der dortigen IRO-Vertretung die Flüchtlingseigenschaft des Antragstellers bestätigen, in Italien wurde das Ausweispapier sogar von der Internationalen Flüchtlingsorganisation selbst erteilt nach Gültigkeitserklärung durch die italienischen Behörden[226].

Sehr intensiven Gebrauch machte die IRO (bzw. PCIRO) von ihrer Berechtigung, mit einzelnen Staaten Abkommen zu schließen, flankiert von Memoranden, Erklärungen und Protokollen, so daß sie auf einer solchen Rechtsgrundlage das ihr kraft Verfassung übertragene Mandat der *legal and political protection* zielgerichtet und auf die Situation der Flüchtlinge in den einzelnen Vertragsstaaten abgestimmt wahrzunehmen imstande war. Art. 2 Ziff. 2 d) ihrer Verfassung ermächtigte die Flüchtlingsorganisation „to enter into contracts, . . .; including contracts with Governments or with occupation or control authorities, whereby such authorities would continue to undertake, in part or in whole, the care and maintenance of refugees and displaced persons in territories under their authority, under the supervision

---

222 Das gesamte Abkommen wurde von der IRO initiiert und in Zusammenarbeit mit dem UNO-Generalsekretär auch entworfen, s. IRO/PREP, Res. 75, May 1948, bei L. W. Holborn, The International Refugee Organization 710.

223 (IV.) Genfer Abkommen zum Schutze von Zivilpersonen in Kriegszeiten, v. 12. 08. 1949, 75 UNTS 287, BGBl 1954 II 917.

224 Art. 44, der dem Gewahrsamsstaat auferlegt, Flüchtlinge nicht lediglich aufgrund ihrer rechtlichen Zugehörigkeit zu einem feindlichen Staat als feindliche Ausländer zu behandeln, wurde infolge eines diesbezüglichen Memorandums des Generalsekretärs der IRO in die Konvention aufgenommen, s. L. W. Holborn, The International Refugee Organization 327.

225 Zu der Übereinkunft s. bereits o. 2. Teil A. II. 3. u. Fn. 163; ihr Art. 20 bestimmte den Übergang der Rechtsstellung des IGCR auf eine mögliche andere Internationale Organisation.

226 L. W. Holborn, The International Refugee Organization 324.

of the Organization". Art. 2 Ziff. 2 j) sah eine Kompetenz vor „to conclude agreements with countries able and willig to receive refugees and displaced persons for the purposes of ensuring the protection of their legitimate interests. . .". Die überwiegende Anzahl der solchermaßen abgeschlossenen insgesamt 51 Abkommen mit 25 Ländern[227] regelten neben Fragen der Stellung der IRO (bzw. PCIRO) als UNO-Spezialorganisation mit allen damit verbundenen Privilegien in den Vertragsstaaten Unkostenfinanzierungsfragen, organisatorisch-technischen Fragen bei der Tätigkeitsausübung durch die IRO, auch weitgehend detailliert die vereinbarten Aufgaben und Befugnisse der Organisation unter größtenteils besonderer Spezifikation von Rechtsschutzgewährung.

Stellvertretend für die gem. Art. 2 Ziff. 2 d) mit den Alliierten betreffend die von ihnen nach dem Zweiten Weltkrieg besetzten deutschen Gebiete abgeschlossenen Verträge mag hier das am 01. 07. 1947 in Kraft getretene ‚Agreement between the IRO and the Control Commission for Germany (CCG) with respect to IRO operations in the British Zone of Germany'[228] aufgeführt werden. Art. IV Nr. 10 dieser Übereinkunft überantwortete der IRO: „Protection of the legitimate interests of stateless displaced persons and refugees and of those who do not enjoy the protection of their Government of nationality and of such other persons as may be agreed upon." In Erfüllung dieser Aufgabe hatte sich die IRO in der britischen wie auch in der amerikanischen Besatzungszone[229] ein Netz von Rechtsberatern geschaffen, die dem einzelnen Betroffenen individuellen Rechtsschutz sowohl gegenüber deutschen Dienststellen als auch den Besatzungsmächten selbst gewährten. Über Art und Umfang der seitens des IRO-‚legal staff' in diesem Zusammenhang entfalteten Tätigkeit gibt eine Übersicht bezogen auf die amerikanische Besatzungszone – dort waren die meisten Flüchtlinge konzentriert in insgesamt 330 Sammelstellen der IRO – für die Zeit vom 01. 01. 1949 bis 31. 03. 1950 Auskunft. In über 720 000 Fällen erteilten die ‚legal counsellors' entweder Rechtsrat oder ließen Flüchtlingen Rechtsvertretung zuteil werden, u. a. im Zusammenhang mit Gewerbeausübung (ca. 2 850 Fälle), mit Sozialversicherungsfragen (ca. 8 700 Fälle), mit arbeitsrechtlichen und arbeitsmarktpolitischen Belangen (ca. 8 700 Fälle), mit An-

[227] Die genannten Zahlen wurden ermittelt anhand einer Aufstellung bei L. W. Holborn, op. cit., p. 594 / 674, die eine Übersicht über sämtliche von der IRO und ihrer Vorbereitenden Kommission abgeschlossenen ‚Agreements' bzw. mit ihnen vereinbarter ‚Protocols', ‚Codicils', ‚Joint Statements' und ‚Memoranda' gibt.

[228] Abgedr. bei L. W. Holborn, op. cit., p. 656.

[229] Auf der Grundlage des ‚Agreement between the IRO and the Commander-in-Chief, European Command, as to IRO's operation in the US area of control in Germany', v. 28. 07. 1948, abgedr. bei L. W. Holborn, op. cit., p. 661. Die Verantwortlichkeit der IRO für die Rechtsschutzgewährung war in Sec. IV a dieser Übereinkunft im Gegensatz zu der mit der britischen Kontrollkommission eher allgemein festgelegt als „. . . the carrying out of the functions laid down in its Constitution . . .".

sprüchen auf Entschädigungen und Abfindungen (ca. 16870 Fälle), mit Problemen des Personalstatuts (ca. 46 350 Fälle) und mit Umsiedlungsschwierigkeiten (ca. 77400 Fälle)[230].

Schutzfunktionen ähnlicher Natur übten PCIRO/IRO daneben in den eigentlichen Flüchtlingsaufnahmeländern auf der Grundlage von gem. Art. 2 Ziff. 2 j) der Satzung geschlossener Übereinkommen aus. In der Regel hieß es der Terminologie der IRO-Verfassung folgend in den einzelnen Abkommen – dasjenige mit Australien sei statt aller erwähnt –: „The legal and political protection of immigrants after their arrival in Australia will be assumed by PCIRO acting under the provisions of the Constitution of the International Refugee Organization in such matters"[231]. Hervorzuheben ist Art. VIII der Übereinkunft mit der Regierung des Großherzogtums Luxemburg; eine Bestimmung, die wenigstens von ihrer Formulierung her inhaltlich über das übliche Schutzmandat der IRO hinauszugehen scheint, wenn sie unter der Überschrift ‚Legal and Political Protection' festgelegt: „The Government recognizes the IRO as having the same rights as are granted to nations with regard to their nationals, in the matter of legal and political protection of persons coming within its mandate who do not, in law or in fact, enjoy the protection of any government"[232].

Neben der soeben für das Wirken der IRO in der amerikanischen Besatzungszone Deutschlands exemplarisch vorgestellten Betätigungsfeldern knüpfte die Flüchtlingsorganisation in vielen Aufnahmeländern an die alte Tradition der Ausübung quasi-konsularischer Befugnisse im Sinne der Wahrnehmung notarieller Funktionen bei der Verifikation des Personalstatuts der Flüchtlinge an, wie sie für die Nansen-Repräsentanten auf der Grundlage des Arrangements vom 30. 06. 1928 erstmals zugunsten der russischen und armenischen Flüchtlinge definiert worden waren[233]. Und wieder erteilte Frankreich in Anlehnung an seine diesbezügliche, im Accord mit Belgien vom 30. 06. 1928[234] völkerrechtlich verbindlich bestätigte Praxis dem Vertreter der IRO das Exequatur, „to carry out for the benefit of all

---

[230] Übersicht und Zahlenmaterial nach Zytphen – Adeler, Legal and Political Protection of Refugees, II Jus Gentium – Nordisk Tidsskrift for Folkeret og International Privatret 158 Fn. 61 (141) [1950]; der Autor war Rechtsberater im ‚Department of Protection, Mandate and Reparations' der IRO.

[231] Art. 7 des ‚Agreement between the Government of the Commonwealth of Australia and the PCIRO', v. 21. 07. 1947, bei L. W. Holborn, The International Refugee Organization 675. Ähnliche Bestimmungen finden sich insbes. in den Abkommen mit Dänemark (Art. II e u. Art. VII), Frankreich (Sec. III No. 12) und Italien (Art. II 1 f), sämtlichst bei L. W. Holborn, op. cit., p. 597, 605, 631.

[232] ‚Agreement between the IRO and the Government of Luxemburg concerning the selection of Refugees and Displaced Persons for Luxemburg', v. 09. 03. 1949, bei L. W. Holborn, op. cit., p. 638.

[233] ‚Arrangement relatif au statut juridique des réfugiés russes et arméniens', s. o. 2. Teil A. II. 1.

[234] Vgl. o. 2. Teil A. II. 1.

refugees and displaced persons ... the quasi-consular functions mentioned in article I of the International Agreement of 30 June 1928[235].

Nicht zuletzt betreute die IRO Flüchtlinge auch in Fragen allgemeiner Wiedergutmachung, Rückerstattung und Entschädigung. So bestimmte zunächst ganz allgemein Teil I, Art. 8 des Pariser Reparationsabkommens[236], daß zugunsten nichtrepatriierbarer Opfer nationalsozialistischer Maßnahmen der Gegenwert sämtlichen von den alliierten Streitkräften in Deutschland aufgefundenen Nicht-Münzgoldes sowie eine zusätzliche Summe von nicht mehr als 25 Mio. Dollar als erste Reparationsquote bereitgestellt werden. Die Verwaltung und zweckdienliche Verwendung des auf diese Weise geschaffenen Fonds wurde im gleichen Artikel zunächst dem Intergouvernementalen Komitee überantwortet, in dessen Rechtsnachfolgeschaft jedoch bald gem. Art. 20 ihrer Verfassung die IRO trat und die Geldmittel auskehrte[237]. Stark einzelfallbezogener konnte die IRO wenig später wirken. Denn das Pariser Reparationsabkommen regelte nur allgemeine Reparationszahlungen an Opfer nationalsozialistischer Verfolgung, ohne, wie Teil I, Art. 8 I ausdrücklich hervorhob, Entschädigungs- bzw. Rückerstattungsforderungen einzelner Flüchtlinge gegen eine zukünftige deutsche Regierung zu präjudizieren. Die Voraussetzungen für die Geltendmachung solcher Individualansprüche schufen die alliierten Besatzungsmächte in Deutschland mit dem Erlaß einer Vielzahl von Rückerstattungsgesetzen als Militärgesetzen[238] und durch nachhaltige Beeinflussung des Länderrates zur Einleitung landesgesetzgeberischer Schritte, wie sie in der amerikanischen Besatzungszone in das vom Süddeutschen Länderrat erlassene ‚Gesetz zur Wiedergutmachung nationalsozialistischen Unrechts' – bekannt geworden

[235] Sec. IV des ‚Agreement between the PCIRO and the French Government concerning the establishment and the activity of the PCIRO Office in France', v. 13. 01. 1948, bei L. W. Holborn, op. cit., p. 619. Diesen Status besaß der IRO-Vertreter bis 1952, als Frankreich den Flüchtlingsschutz nach Gründung des ‚Office Français de Protection des Réfugiés et Apatrides' selbst übernahm.

[236] Agreement on Reparation from Germany, on the Establishment of an Inter-Allied Reparation Agency and on the Restitution of Monetary Gold, v. 14. 01. 1946, 555 UNTS 69, dt. Übers. bei Bundesministerium der Justiz (Hrsg.), I Deutsches Vermögen im Ausland 14 [Köln 1951].

[237] Dies in enger Zusammenarbeit mit dem ‚American Jewish Joint Distribution Committee' und der ‚Jewish Agency for Palestine' und konzentriert auf die Finanzierung gemeinnütziger Vorhaben auf dem Krankenversorgungssektor und im Berufsbildungswesen, s. hierzu N. Robinson, Beraubung und Wiedergutmachung 35 [New York 1962].

[238] Für die amerikanische Zone Gesetz Nr. 59 der Militärregierung Deutschland – Amerikanisches Kontrollgebiet, v. 10. 11. 1947, Amtsblatt der Militärregierung Deutschland – Amerikanisches Kontrollgebiet, Ausgabe G, S. 1; für die britische Zone Gesetz Nr. 59 der Militärregierung Deutschland – Britisches Kontrollgebiet, v. 12. 05. 1949, Amtsblatt der Militärregierung Deutschland – Brititsches Kontrollgebiet, Nr. 28, S. 1169; für die französische Zone Verordnung Nr. 120 des französischen Oberbefehlshabers in Deutschland, v. 10. 11. 1947, Journal Officiel du Commandement en Chef Francais en Allemagne No. 279 – 282, p. 2060 [1949]; für die drei Westsektoren Berlins BK/O (49) 180, v. 26. 07. 1949, Verordnungsblatt für Groß-Berlin I S. 221 [1949].

als ,General Claims Law' – vom 26. 04. 1949[239] mündeten[240]. Neben aktiver Mitarbeit an dem Zustandekommen dieser Entschädigungsgesetze, die ins Einzelne gehende Schadenstatbestände enthielten, Anspruchsberechtigte definierten und mitunter Spezialtribunale zur Entscheidung über geltend gemachte Ansprüche schufen, half die IRO individuell bei Erhebung und Durchsetzung von Erstattungsansprüchen im Wege intensiver Aufklärungskampagnen hinsichtlich einer effektiven Rechtswahrnehmung, aber auch durch anwaltliche Vertretung der Flüchtlinge vor den entsprechenden Spruchkörpern, zumal sich viele der Anspruchsteller bereits in ihren neuen Aufnahmeländern befanden[241].

Vor einer Würdigung der *legal and political protection* seitens der IRO im Kontext der zu Beginn dieser Untersuchung erarbeiteten Definition des diplomatischen Schutzes kann zunächst festgestellt werden, daß im Gegensatz zum Flüchtlingsschutz bis zum Zweiten Weltkrieg nach 1945 die Person des Flüchtlings erstmals völkerrechtlich konturiert war und institutionalisiert seitens einer internationalen Organisation in Wahrnehmung einer satzungsgemäß übernommenen Funktionszuweisung Protektion empfing. In systematisierender Fortentwicklung des vor dem Zweiten Weltkrieg Gestalt angenommenen Flüchtlingsschutzes versah die Internationale Flüchtlingsorganisation die politische Seite ihres Schutzmandats durch Anregung und Herbeiführung von den Status des Flüchtlings weiter ausgestaltenden Kodifikationen. Den rechtlichen Part ihrer diesbezüglichen Aufgabe bildete gruppen- wie einzelfallbezogener Rechtsschutz bezüglich all' jener Probleme, die den Flüchtling im Zufluchts- bzw. Aufenthaltsstaat als ,Fremden', indes *ohne* fürsorge- und schutzbereiten Heimatstaat konfrontierten. In Art und Umfang hebt sich die Schutzgewährung der IRO durchaus progressiv von der ihrer Vorläufer ab. Hatte *Nansen* den Flüchtling vermittels eines Ausweispapieres zunächst einer völkerrechtlichen Kenntnisnahme überhaupt zugeführt, hatten sodann Repräsentanten des Nansenamtes – und in ihrer Folge die Flüchtlingshochkommissariate – den Anfang gemacht für eine aufsichtsähnliche Schutzausübung im Zusammenhang mit den Rechten des Flüchtlings aus der Konvention von 1933, nahm die IRO den ihr multilateral und völkerrechtlich verbindlich erteilten Auftrag der *,legal and*

---

239 Vgl. bspw. Gesetz- und Verordnungsblatt für das Land Hessen, v. 18. 08. 1949, Nr. 26/27.

240 Gerade letzteres hatte entscheidenden Einfluß auf die bundeseinheitliche Entschädigungsgesetzgebung, so Biella, Die Entstehung des Bundesrückerstattungsgesetzes, in F. Biella (u.a.), Das Bundesrückerstattungsgesetz 76 (73) [München 1981].

241 Vgl. die Beschreibung dieser IRO-Tätigkeit bei L. W. Holborn, The International Refugee Organization 321/322. In ihren diesbezüglichen Bemühungen abgelöst wurde die IRO beginnend mit dem Jahr 1949 durch die *United Restitution Organization (URO)*, einer in London von deutschen jüdischen Rechtsanwälten gegründeten Organisation, welche nach und nach die internationalen jüdischen Erstattungsbemühungen gegenüber Deutschland verkörperte, s. hierzu N. Sagi, German Reparations 43 [Jerusalem 1980] m. w. N.

political protection', inhaltlich über die ,protection politique et juridique' der Vorkriegszeit hinausgehend, nicht nur gemäß des die Unterstützungspflicht der Organisationsmitglieder statuierenden Satzungsartikels 4 Abs. 9 autoritativ wahr, sondern zudem in gewissem Sinne auch hoheitlich, da die IRO-Vertreter nach Maßgabe von Art. 13 der Satzung in den Mitgliedsstaaten bei ihrer Arbeit die Immunitäten und Privilegien beanspruchen konnten, wie sie regelmäßig diplomatischen und konsularischen Auslandsvertretungen zugestanden werden. Dahingestellt bleiben mag, ob dem Flüchtling damit die Position eines Schutzgenossen zukam, wie dies das Institut für Besatzungsfragen 1950 in einer Studie über ausländische Flüchtlinge in Deutschland schlußfolgerte[242] und solchermaßen eine Parallele zum diplomatischen Schutz in der Levante und den Barbareskenstaaten zog[243].

b) „international protection"

„Ich denke", so wird *van Heuven Goedhart*, erster UN-Flüchtlingshochkommissar und zuvor als Vorsitzender des Dritten Ausschusses der Generalversammlung mit der Ausarbeitung des Statuts für das Amt des ,United Nations High Commissioner for Refugees' unmittelbar betraut, zitiert, „daß Abs. 8 meines Statuts und Resolution 538 B IV der Vollversammlung ... es vollkommen klarmachen, daß „international protection" nach den Vorstellungen der Vereinten Nationen ein wesentlich weiteres Feld absteckt als die traditionelle Konzeption der „protection juridique et politique" ... denn durch die Annahme dieser Konzeption ist die Generalversammlung der Wirklichkeit viel näher gekommen als wenn sie sich auf die Feststellung der Aufgabe des Rechtsschutzes im technischen Sinne allein beschränkt hätte"[244].

Die hier zu behandelnde schutzrechtliche Aufgabenzuweisung an den UNHCR findet sich in Kap. I Nr. 1 seines Statuts: „The United Nations High Commissioner for Refugees, acting under the authority of the General Assembly, shall assume the function of providing international protection, under the auspices of the United Nations, to refugees who fall within the scope of the present Statute ..."[245]. Im Unterschied zur IRO, deren Verfassung ihr bei Mandatswahrnehmung nicht nur die hierfür jeweils notwen-

---

242 Das DP-Problem 3, mit massiver Kritik an der Rechtsstellung ausländischer Flüchtlinge auf deutschem Gebiet als „weit über das Maß des üblichen und notwendigen Flüchtlingsschutzes" hinausgehend, op. cit., loc. cit.

243 Vgl. o. 2. Teil A. I. 4., wo von zumindest tatbestandlicher Kongruenz der Staatenlosen innerhalb von Konsularschutzverhältnissen gewährten Protektion mit diplomatischem Schutz im hier unterstellten Sinne ausgegangen wird.

244 In einer Erklärung auf der 3. Tagung des Beratenden Ausschusses für Flüchtlingsfragen am 30. 04. 1954, bei E. Jahn, Der völkerrechtliche Schutz von Flüchtlingen 69.

245 Zur Originalquelle des Statuts und seiner deutschen Übersetzung s. vorstehend Fn. 212.

dige Rechtsfähigkeit (,legal capacity', Art. 13 Ziff. 1 der Satzung) in den Mitgliedsstaaten, sondern auch deren allgemeine Unterstützung (,general support', Art. 4 Ziff. 9 der Satzung) expressis verbis zugesichert hatte bei gleichzeitiger Ermächtigung, zur Durchführung ihrer Aufgaben sämtliche erforderlichen Maßnahmen zu treffen (Art. 2 Ziff. 2 der Satzung), ist das ,feedback' der Flüchtlingsaufnahmeländer im Zusammenhang mit der Wahrnehmung von *international protection* durch das Amt des UNHCR eher geschmälert worden, indem Kap. I Nr. 2 des Statuts der Arbeit des Hochkommissariats ausdrücklich einen „entirely non-political character" zuweist, „humanitarian and social" in ihrer Ausübung, sowie nachdrücklich nur in den Dienst von „groups and categories of refugees" stellt. Hierbei ist der UNHCR zudem „policy directives" seitens der Generalversammlung oder des ECOSOC verpflichtet (Kap. I Nr. 3 des Statuts), gegebenenfalls in Zusammenarbeit mit einem eigens zu gründenden und aus Vertretern von Mitgliedsstaaten wie Nicht-Mitgliedsstaaten der UNO bestehenden ,advisory committee on refugees' (Kap. I Nr. 1 des Status). Die Aufforderung an die Staaten zur allgemeinen Unterstützung der Flüchtlingsarbeit aus der IRO-Satzung wich dem Appell zur Zusammenarbeit mit dem Flüchtlingshochkommissar – verankert nicht im Statut selbst, sondern in einer Resolution der Generalversammlung, bei deren Annex es sich um das eigentliche Statut des UNHCR handelt[246].

Dennoch bildet *international protection* die zentrale Funktion des UNHCR[247]. Nicht nur ist sie in Kap. I Nr. 1 des Statuts gleich an zuvorderster Stelle genannt, im Gegensatz zur IRO-Satzung enthält das Statut des UNHCR in Kap. II Nr. 8 eine Legaldefinition des Rechtsschutzauftrages, die erste Präzisierung der Schutzfunktion eines Flüchtlinge betreuenden internationalen Organs, möglicherweise zwar nur exemplarisch für das Institut selbst, sicherlich aber – und dies steht hier zunächst im Vordergrund – exhaustiv im Hinblick auf das in Rede stehende Betätigungsfeld des UNHCR. Wegen seiner Bedeutung für den weiteren Verlauf dieser Untersuchung sei nachstehend Kap. II Nr. 8 des Statuts des Hohen Kommissars der Vereinten Nationen für Flüchtlinge in seinem originalen englischen Wortlaut zitiert:

[246] Res. 428/V, v. 14. 12. 1950, GAOR 5th sess., Annexes, Agenda item 32, p. 28.

[247] Mit eindeutigem Vorrang gegenüber seiner zweiten Funktion, der Herbeiführung von Dauerlösungen für das Flüchtlingsproblem. *Holborn* (I Refugees: A Problem of Our Time [Metuchen 1975]) ist der Auffassung, die oben beschriebenen Prämissen und Einschränkungen hinsichtlich der Arbeit des UNHCR bezögen sich ausschließlich auf seine Bemühungen um eine dauerhafte Lösung der Flüchtlingsproblematik, während die Rechtsschutzfunktion „is exclusively the HC's to exercise as he sees fit, independent of the approval or disapproval of individual governments, or even the Executive Committee [sic!]", op. cit., p. 88. Eine solche Interpretation des UNHCR-Statuts wird aber seinem Wortlaut nicht gerecht. Die Zusammenarbeit mit dem Beratenden Ausschuß, der vollkommen unpolitische Charakter der Flüchtlingsarbeit und die Weisungsgebundenheit des Kommissars an Direktiven der Genralversammlung bzw. des ECOSOC beziehen sich deutlich auf beide Funktionen des UNHCR.

"The High Commissioner shall provide for the protection of refugees falling under the competence of his Office by:

a) Promoting the conclusion and ratification of international conventions for the protection of refugees, supervising their application and proposing amendments thereto;

b) Promoting through agreements with governments the execution of any measures calculated to improve the situation of refugees and to reduce the number requiring protection;

c) Assisting governmental and private efforts to promote voluntary repatriation or assimilation within new international communities;

d) Promoting the admission of refugees, not excluding those in the most destitute categories, to the territories of States;

e) Endeavouring to obtain permission for refugees to transfer their assets and especially those necessary for their resettlement;

f) Obtaining from governments information concerning the number and conditions of refugees in their territories and the laws and regulations concerning them;

g) Keeping in close touch with the governments and intergovernmental organizations concerned;

h) Establishing contact in such manner as he may think best with private organizations dealing with refugee questions;

i) Facilitating the co-ordination of the efforts of private organizations concerned with the welfare of refugees".

Schutzrelevant sind vor allem a) und b) der eben wiedergegebenen Nr. 8 des Statuts. Seine Zuständigkeit, Abschluß und Ratifizierung von internationalen Abkommen zum Schutz der Flüchtlinge zu fördern, ihre Anwendung zu überwachen und Abänderungsvorschläge zu machen (Nr. 8 a)), sowie durch Sonderabkommen mit Regierungen die Durchführung aller Maßnahmen zu fördern, die geeignet sind, die Lage der Flüchtlinge zu verbessern und die Anzahl derjenigen zu verringern, die schutzbedürftig sind (Nr. 8 b)), nahm der UNHCR schwerpunktmäßig in der Mitarbeit am Zustandekommen der Flüchtlingskonvention des Jahres 1951[248] und der Überwachung ihrer Anwendung wahr. Ebenso maßgeblich beeinflußte das Amt des Hohen Kommissars den Abschluß des ‚Agreement Relating to Refugee Seamen'[249] und vertrat Flüchtlingsinteressen durch Anregung und Förderung der Aufnahme von den besonderen rechtlichen Status dieser Gruppe miteinbeziehenden Bestimmungen in universelle oder regionale Konventionen, die sich auf rechtliche Interessen der Flüchtlinge auswirken würden[250].

---

[248] Und ihres afrikanischen Pendants, der ‚OAU Convention Governing the Specific Aspects of Refugee Problems in Africa', VIII International Legal Materials 1288 [1969].

[249] Vereinbarung über Flüchtlingsseeleute, v. 23. 11. 1957, 506 UNTS 125; BGBl 1961 II 828. Zu seiner Entstehungsgeschichte vgl. Weis, The Hague Agreement Relating to Refugee Seamen, 7 ICLQ 334 – 348 [1959].

Bezüglich der Ausübung individuellen Rechtsschutzes fällt auf, daß der Wortlaut von Kap. I Nr. 2 des UNHCR-Statuts scheinbar nicht mehr an die auch diese Schutzfunktion inkorporierenden Tradition der ‚legal and political protection' anknüpft, wenn sich die Arbeit des Hochkommissars „as a rule" mit Flüchtlingsgruppen oder -kategorien befassen soll. Ein Vorschlag der USA, Großbritanniens, Belgiens und Frankreichs anläßlich der Beratungen des Statuts dahingehend, der Hochkommissar solle kraft seines Statuts die Befugnis erhalten, auch zugunsten des von ihm betreuten einzelnen Flüchtlings zu intervenieren[251], ist bei der Endfassung des Statuts nicht berücksichtigt worden. Trotzdem zogen weder die Staatenpraxis – wie sogleich anhand der praktischen Tätigkeit des UNHCR aufgezeigt werden wird – noch die sich dem Mandat des Kommissars zuwendende Literatur die Berechtigung des UNHCR auch zu individueller Schutzgewährung in Zweifel. Vielmehr ist sie aus der Natur der im Hochkommissariat institutionalisierten Flüchtlingshilfe anerkannt, Ausfluß also einer teleologisch-funktionellen Interpretation des Statuts im Sinne der *implied powers*-Theorie, wie sie der IGH in seinem Rechtsgutachten *Reparation for Injuries Suffered in the Service of the United Nations* angewendet hat[252]. Grundsätzlich hat der UNHCR die Aufgabe, für den internationalen Schutz der Flüchtlinge zu sorgen und die Anwendung internationaler Konventionen zum Schutz der Flüchtlinge zu überwachen. Mehr noch haben die Vertragsstaaten der Flüchtlingskonvention aus dem Jahre 1951 diese unterzeichnet mit dem in der Präambel ausgedrückten Anerkenntnis, „daß dem Hohen Kommissar der Vereinten Nationen für Flüchtlinge die Aufgabe obliegt, die Durchführung der internationalen Abkommen zum Schutz der Flüchtlinge zu überwachen, und daß eine wirksame Koordinierung der zur Lösung dieses Problems getroffenen Maßnahmen von der Zusammenarbeit der Staaten mit dem Hohen Kommissar abhängen wird"[253]. Ein solches Zugeständnis impli-

---

250 Beispielhaft seien genannt die ‚Universal Copyright Convention' (Welturheberrechtsabkommen), v. 06. 09. 1952, 216 UNTS 132, BGBl 1955 II 102 (Protocol 1 Annexed to the Universal Copyright Convention Concerning the Application of that Convention to the Works of Stateless Persons and Refugees) und die ‚European Convention on Extradition' (Europäisches Auslieferungsabkommen), v. 13. 12. 1957, 359 UNTS 273, BGBl 1964 II 1371 (Art. 3). Unerwähnt bleiben zunächst die Kodifikationsarbeiten des UNHCR hinsichtlich der staatenlosen Nicht-Flüchtlinge, sie werden in einem gesonderten Abschnitt der Untersuchung vorgestellt (s. u. 2. Teil B. II.).

251 Vgl. UN Doc. AC. 3/C. 129.

252 I.C.J. Reports 1949, p. 174; „. . . powers which, though not expressly provided . . ., are conferred upon it [gemeint ist im Rechtsgutachten selbst die UNO, d. Verf.] by necessary implication as being essential to the performance of its duties", Dec., p. 182, in Fortführung des Rechtsgutachtens Nr. 13 des StIGH über die *Competence of the International Labour Organization to Regulate, Incidentally, the Personal Work of the Employer*, [1926] P.C.I.J., ser. B, No. 13.

253 Auch in Art. 35 der Flüchtlingskonvention verpflichten sich die Vertragsstaaten „zur Zusammenarbeit mit dem Amt des Hohen Kommissars . . . bei der Ausübung seiner Befugnisse, insbesondere zur Erleichterung seiner Aufgabe, die Durchführung der Bestimmungen dieses Abkommens zu überwachen".

ziert nichts anderes, als daß sich die Überwachungsfunktion gerade auch im Falle des Verstoßes gegen eine Norm internationaler Flüchtlingsabkommen konkretisiert, und zwar gegebenenfalls im Sinne zu gewährenden individuellen Rechtsschutzes, denn die Verletzung einer Flüchtlingsrechtsnorm wirkt sich immer individuell aus, bevor sie – bei Nichteinschreiten des UNHCR – ohnehin die Behandlung der Flüchtlinge als Gruppe präjudizieren würde. Aus diesem Grunde ist die Ermächtigung des Hohen Flüchtlingskommissars im Rahmen seines *international protection*-Mandats zur Ausübung individuellen Rechtsschutzes unbestritten[254].

Individueller Rechtsschutz als natürlicher und notwendiger Bestandteil der *international protection* fand auf drei Ebenen statt. Er nahm einmal die Form von *Rechtsberatung* an, wenn es darum ging, den Flüchtling ganz generell mit den allgemeinen gesetzlichen Bestimmungen seines Aufenthaltslandes vertraut und ihn mit den völkerrechtlichen Regeln über seinen Status bekannt zu machen – eine Hilfestellung, die offensichtlich nicht im entferntesten in die Nähe des hier untersuchten Instituts gerückt werden kann, da sie eine Beziehung ausschließlich zwischen UNHCR und Flüchtling herstellt. Auf einer zweiten Ebene ist der *Rechtsbeistand* angesiedelt, eine quasi fortgeschrittene Rechtsberatung, die nun den Flüchtling beim Umgang mit Verwaltungsbehördern, auf deren Mitwirkung er bei seiner tatsächlichen und rechtlichen Etablierung im Aufnahmeland angewiesen ist, assistiert. Auch für eine solche Protektion hat das eben zur Rechtsberatung Gesagte zu gelten, zumal es noch an einer den Flüchtlingsrechten zuwiderlaufenden Handlung fehlt.

Darüber hinaus schaltete sich der UNHCR auch dann ein, wenn dem Flüchtling eine echte Rechtsbeeinträchtigung seitens seines Aufenthaltsstaates widerfahren war, zumeist durch Verletzungen der Flüchtlingskonvention selbst, deren Anwendung seitens innerstaatlicher Behörden des öfteren dem von der Konvention begründeten Rechtsstatus des Flüchtlings nicht entgegenkam. Bei *Rechtsvertretungen* dieser Art bediente sich der Hohe Kommissar mehr und mehr lokalgegründeter ‚legal assistance'-Programme, in deren Rahmen die Mandatierung einheimischer Rechtsberater oder Rechtsanwälte finanziert wurde[255]. Tätigkeitsschwerpunkte dieser

---

[254] Vgl. zu Bestätigungen in der Literatur O. Kimminich, Der internationale Rechtsstatus des Flüchtlings 283, Weis / Jahn, Die Vereinten Nationen und die Flüchtlinge, in W. Schätzel / T. Veiter, (Hrsg.), Handbuch des Internationalen Flüchtlingsrechts 272, L. W. Holborn, I Refugees: A Problem of Our Time 91, sowie den langjährigen Inhaber des UNHCR-Amtes, Aga Khan, Legal Problems Relating to Refugees and Displaced Persons, 149 RdC 332 (287) [1976 I]. Sehr ausführlich hierzu auch Pompe, De conventie von 28 juli 1951 en de Internationale Bescherming van Vluchtelingen, Rechtsgeleerd Magazijn Themis 487/488 (425) [1956].

[255] Ähnlich der URO mit ihrer vorstehend Fn. 241 geschilderten spezifischen Zielsetzung wurde zur Lösung des Rechtsvertretungsproblems in Belgien 1953 bspw. ein ‚Centre d'initiation pour réfugiés et étrangers' gegründet, in Griechenland existierte

Rechtsvertreter in der Bundesrepublik waren Sozial-, Fürsorge- und Arbeitsrecht, Entschädigungsrecht, Aufenthalts- und Paßrecht, Feststellung der Flüchtlingseigenschaft, Strafrecht, Schuldrecht, Wohnung und Miete, Familie und Ehe sowie Lastenausgleichsdarlehen, wobei beispielsweise für das Jahr 1959 insgesamt 202 mal bei Behörden interveniert wurde und es zu 63 Vertretungen vor Gericht kam[256].

Während der UNHCR mehr Mentor dieser Art individuellen Rechtsschutzes war, führte er selbst aktiv die schon zur Tradition zwischenstaatlicher Flüchtlingsschutzorganisationen seit dem Ersten Weltkrieg gewordenen Aufgaben fort, wobei im Vordergrund seine Mitarbeit bei der Entscheidung über die Flüchtlingseigenschaft Einzelner stand[257]. In der Bundesrepublik Deutschland engagierte der Flüchtlingshochkommissar sich besonders auf dem Felde der Wiedergutmachung für erlittenes nationalsozialistisches Unrecht. Der UNHCR hatte die Bundesregierung schon unmittelbar nach Verabschiedung des Bundesergänzungsgesetzes zur Entschädigung für Opfer der nationalsozialistischen Verfolgung (BEG)[258] auf Unzulänglichkeiten bei der Normierung von Verfolgungsgründen (§ 1 BEG) als Voraussetzung für die Inanspruchnahme von Leistungen aufgrund dieses Gesetzes hingewiesen, insofern es den wegen seiner Rasse, seines Glaubens oder seiner Weltanschauung Verfolgten und Geschädigten wiedergutmachungsrechtlich besser stellte, als den allein wegen seiner Staatsangehörigkeit Verfolgten. Am 05. 10. 1960 schließlich unterzeichneten UNHCR und Bundesregierung ein Abkommen, dessen Art. 2 die Bundesregierung verpflichtete, dem Kommissariat 45 Millionen DM zwecks Schaffung eines Härtefonds für

---

ein Refugee Service Committee, vgl. L. W. Holborn, op. cit. p. 283. Koordiniert und unterstützt wurden diese Projekte zudem von einem 1958 gegründeten ‚International Center for Coordination of Legal Assistance', s. L. W. Holborn, op. cit., loc. cit.

256 Vgl. die Statistik bei Weis / Jahn, Die Vereinten Nationen und die Flüchtlinge, in W. Schätzel / T. Veiter, (Hrsg.), Handbuch des Internationalen Flüchtlingsrechts 276/277 (245). Beide Autoren, wie auch *Holborn* in ihrem Werk über die Arbeit des UNHCR (Refugees: A Problem of Our Time), scheinen die eben beschriebene delegierte Rechtshilfe als eine Art Vorstufe der *international protection* zu klassifizieren, wobei nach Auffassung *Holborns* lediglich das Eingreifen des Hochkommissariats selbst in „emergencies ... vital matters ..., or when the issue has diplomatic as well as legal aspects" (op. cit., p. 285) Ausübung von *international protection* ist. Diese Aufspaltung wurde in der vorliegenden Untersuchung nicht unternommen, weil, wie bereits eingangs aufgezeigt (o. 1. Teil A. II. 2.), die Einordnung völkerrechtlicher Schutztätigkeit ihrer Qualität nach erheblichen, nicht nur rechtssystematischen Bedenken begegnet, sondern auch völlig unpraktikabel ist, wie auch *Holborn* (op. cit., loc. cit.) konzedieren muß: „... it is very difficult to establish a clear line between assistance and protection".

257 Vgl. den Bericht des ersten Amtsinhabers, des Niederländers *van Heuven Goedhart*, The Problems of Refugees, 82 RdC 347/348 (261) [1953 I]. Der Flüchtlingskommissar schildert, daß sein Amt in Belgien völlig autonom und verbindlich die Flüchtlingseigenschaft bestimmte, op. cit., p. 347.

258 Vom 18. 09. 1953, BGBl I 1387. Ein Entschädigungsgesetz hatte bis dahin lediglich auf der Ebene einiger Bundesländer existiert.

,Nationalgeschädigte' zur Verfügung zu stellen[259]. Eine eigens hierfür geschaffene ,Indemnification Section' bei dem Flüchtlingshochkommissariat in Genf verwaltete den Fonds, bearbeitete Anspruchserhebungen und kehrte letztlich auch die Entschädigungsbeträge aus. Nach einem Briefwechsel mit dem UNHCR im November 1966 leistete die Bundesrepublik weitere Zahlungen in Höhe von 3,5 Millionen DM auf einen weiteren bei dem Kommissariat eingerichteten Entschädigungsfonds, mit dem die Flüchtlingsbehörde Personen auszahlte, die in Ansehung des für die Übereinkunft aus dem Jahre 1960 geltenden Stichtages des 31. 12. 1953 für das Vorliegen der Flüchtlingseigenschaft bisher keinerlei Entschädigung erhalten hatten[260].

Der soeben gegebene Umriß der *international protection* in ihrer Realisierung durch den UNHCR vermag nicht unbedingt die eingangs dieses Kapitels zitierte Vorgabe *van Heuven Goedharts* zu verifizieren, nach der die Kompetenzen seiner Behörde über die bisher der ,legal and political protection' gezogenen Grenzen hinausgingen. Lediglich mit dem Unterschied, einen breit gefächerten kodifizierten Schutzauftrag – derjenige der IRO war allgemein ermächtigend und damit bedeutungsoffener – zu exekutieren, zeigt auch das Instititut der *international protection* in seiner praktischen Anwendung einen politischen wie einen rechtlichen Teil. Wie bei der IRO manifestiert sich die politische Seite des Schutzmandats der UNHCR in der Initiierung von und Mitarbeit an internationalen Kodifikationsvorhaben zur Rechtsstellung der Flüchtlinge, in der Überwachung ihrer Anwendung und in ergänzender Fortentwicklung ihrer Inhalte. Besondere Hervorhebung verdienten in diesem Zusammenhang die Übereinkünfte des UNHCR mit der deutschen Bundesregierung auf dem Wiedergutmachungsgebiet als Beispiel für die Wahrnehmung der Kompetenz aus Kap. II Nr. 8 b) seines Statuts. In dieser Kontinuität zur Schutzausübung der IRO – auch diese Organisation hatte sich gerade auf entschädigungs- und wiedergutmachungsrechtlichem Terrain engagiert – steht ebenso die rechtliche Seite der *international protection* des Flüchtlingshochkommissars. Gruppenbezogen und individuell verwendete sich der UNHCR zugunsten der Flüchtlinge gegenüber ihren Aufenthaltsstaaten, wobei neben der für den oder die Betroffenen alles entscheidenden Feststellung der Flüchtlingseigenschaft Schutztätigkeiten anläßlich der Nichtgewährung von Rechten aus der

[259] Der offizielle Wortlaut des Abkommens ist unveröffentlicht; eine zusammenfassende Darstellung seines Inhalts findet sich als Mitteilung des Auswärtigen Amtes in 12 Rechtsprechung zum Wiedergutmachungsrecht 301 [1961]. Die vorstehend bei Fn. 258 erwähnte, in den ursprünglichen §§ 167, 168 BEG angelegte Ungleichbehandlung wurde darüberhinaus durch Art. VII des Zweiten Gesetzes zur Änderung des Bundesentschädigungsgesetzes, v. 14. 09. 1965 (BGBl I 1315), entschärft. Vgl. zu dieser Problematik Zorn, Die Entschädigung für Nationalgeschädigte, 17 RzW 145 – 150 [1966].

[260] Vgl. sehr ausführlich zu den Aktivitäten des UNHCR im Entschädigungsbereich L. W. Holborn, I Refugees: A Problem of Our Time 285 – 290.

Flüchtlingskonvention von 1951 im Vordergrund standen. Dennoch mag letztlich dahingestellt bleiben, ob – jedenfalls in quantitativer Hinsicht – *international protection* die Schutzausübung der Vorläufer des UNHCR hinter sich läßt. Zu bestimmen ist allein – und insofern nur kann hier die Aussage des ersten Flüchtlingshochkommissars über das „wesentlich weitere Feld" dieses Schutzkonzepts von Beachtung sein – eine mögliche Verdichtung der *international protection* auf diplomatischen Schutz hin.

c) *„administrative assistance"*

Während die beiden zuvor behandelten Schutzformen sich in ihrer Wahrnehmung an eigens für die Flüchtlingshilfe geschaffene internationale Institutionen adressierten, wird die *administrative assistance* in erster Linie von den Flüchtlingsaufnahmeländern selbst ausgeübt. Niedergelegt ist diese Verwaltungshilfe als Art. 25 der Flüchtlingskonvention des Jahres 1951. Unter der offiziellen Überschrift ‚administrative assistance' normiert Art. 25:

"1. When the exercise of a right by a refugee would normally require the assistance of authorities of a foreign country to whom he cannot have recourse, the Contracting States in whose territory he is residing shall arrange that such assistance be afforded to him by their own authorities or by an international authority.

2. The authority or authorities mentioned in praragraph 1 shall deliver or cause to be delivered under their supervision to refugees such documents or certifications as would normally be delivered to aliens by or through their national authorities.

3. Documents or certifications so delivered shall stand in the stead of the official instruments delivered to aliens by or through their national authorities, and shall be given credence in the absence of proof to the contrary.

4. ...

5. ..."[261].

Mit seinen Bestimmungen trägt Art. 25 der Flüchtlingskonvention einer prekären Situation des Flüchtlings Rechnung, der sich bei der Manifestation seiner Identität, seines Personalstatuts oder seiner beruflichen Qualifikation der Hilfe seiner Heimatbehörden naturgemäß nicht mehr bedienen kann. Die so entstehende Lücke bei der erfolgreichen Rechtsausübung und gerade auch im Zusammenhang mit der Integration des Flüchtlings in den jeweiligen Aufenthaltsstaat überbrückt Art. 25, der die Behörden der Aufnahmeländer hier an die Stelle derjenigen des früheren Heimatstaates eines Flüchtlings treten läßt und den solchermaßen ausgestellten Dokumenten ausdrücklich Validität beimißt (Ziff. 3). Würde ein Staat seine Behörden mit

---

[261] Ziff. 4 und 5 sind für den hier in Rede stehenden Zusammenhang von keiner Bedeutung.

dieser Aufgabe nicht betrauen wollen, so hatten die vertragsschließenden Parteien sich bei den Beratungen über Art. 25 geeinigt, fiele diese Kompetenz nach Maßgabe von Kap. II Nr. 8 b) seines Statuts dem Flüchtlingshochkommissar der Vereinten Nationen zu[262].

Es fällt auf, daß der im Mittelpunkt von Art. 25 stehenden und nunmehr durch *administrative assistance* beizukommenden Problematik schon einmal Rechnung zu tragen versucht wurde, nämlich mit dem bereits erwähnten, auf Betreiben *Nansens* abgeschlossenen ,Arrangement relatif au statut juridique des réfugiés russes et arméniens' vom 30. 06. 1928[263], welches dem Flüchtlingshochkommissar des Völkerbundes und seinen Delegierten die Kompetenz zur Ausübung von Verwaltungshilfe erteilte, eine Funktion, die Frankreich und Belgien im ,Accord Relatif au Fonctionnement des Service du Haut Commissaire de la Société des Nations pour les Réfugiés' vom gleichen Tage sogar als völkerrechtlich verbindlich zwischen sich anerkannten[264]. Dabei hatte das Arrangement in seinem Art. 1 Ziff a) – f) einzelne Fallgestaltungen der Verwaltungshilfe oder quasi-konsularischen Unterstützung normiert, Art. 25 der Flüchtlingskonvention beschränkt sich auf eine allgemeine Erfassung dieses Bestandteils der Flüchtlingshilfe – allerdings, dies ergeben die Beratungen des mit der Erarbeitung der Konvention befaßten Staatenausschusses, mit deutlicher Orientierung an Art. 1 des Arrangements von 1928[265]. Deshalb kann von einer Inhaltsgleichheit der in Art. 1 stipulierten Schutzfunktion mit *administrative assistance* des Art. 25 ausgegangen werden.

Wenn nun die *administrative assistance* dennoch Aufnahme in die Untersuchung über den diplomatischen Schutz für Staatenlose findet, obwohl ihr Pendant aus der Völkerbundszeit, wie schon festgestellt, die Kriterien des diplomatischen Schutzes keineswegs erfüllt[266], so soll hier ausschließlich gewichtigen Stimmen in der Völkerrechtsliteratur Rechnung getragen werden. Mehr oder weniger zurückhaltend bekennen sich *Bindschedler*, *Seidl-Hohenveldern* und *Oppenheim* wenigstens zu der Möglichkeit, Art. 25 der Flüchtlingskonvention in Richtung auf eine Ermächtigung des Zufluchtsstaates zur Ausübung diplomatischen Schutzes zugunsten der auf seinem Territorium aufhältigen Flüchtlinge zu interpretieren[267]. In der sich jetzt

262 Vgl. hierzu die Nachweise in der Kommentierung des Art. 25 durch N. Robinson, Convention Relating to the Status of Refugees 129 u. Fn. 199 [New York 1953]. Der Autor weist zu Recht darauf hin, daß die Bestimmung von Ziff. 3 des Artikels insbes. für die kontinentaleuropäischen Vertragsstaaten Bedeutung erlangt, da in Common Law-Ländern die hier angestrebte Validität von Dokumenten gemeinhin durch ,affidavits' (eidesstattliche Versicherungen) gewährleistet werden kann, op. cit., p. 131.

263 Vgl. o. 2. Teil A. II. 1.

264 Vgl. o. 2. Teil A. II. 1.

265 Nachweis bei N. Robinson, Convention Relating to the Status of Refugees 129 u. Fn. 198.

266 Vgl. o. 2. Teil A. II. 4.

anschließenden Würdigung der schutzrechtlichen Behandlung staatenloser Flüchtlinge nach dem Zweiten Weltkrieg wird sich zeigen müssen, ob die *administrative assistance* den Vertragsstaat der Flüchtlingskonvention tatsächlich ermächtigt, um in den Worten *Oppenheimers* zu sprechen, „to invoke the provisions of the Treaty (gemeint ist das 51er Abkommen, d. Verf.) on behalf of the stateless person *regardless of the rule as to the nationality of claims* . . ."[268].

4. Würdigung

Unter Verweis insbesondere auf das bei der Evaluation des Schutzes für Staatenlose unter der Ägide des Völkerbundes Festgestellte[269] ist auch im Rahmen der Würdigung schutzrechtlicher Behandlung staatenloser Flüchtlinge nach dem Zweiten Weltkrieg zu resümieren, daß *legal and political protection, international protection* sowie *administrative assistance* mit dem Institut des diplomatischen Schutzes nicht gleichzusetzen sind.

Dies geht nicht, so liegt angesichts der beschriebenen Praxis von IRO und UNHCR auf der Hand, zu Lasten der staatenlosen Flüchtlinge. Denn spätestens seit Zustandekommen der Flüchtlingskonvention des Jahres 1951 wurde ein dezidiertes Flüchtlingsschutzrecht etabliert, besitzen die Flüchtlinge einen völkerrechtlich garantierten Minimumstandard, wie ihn im Zusammenhang mit der Staatenverantwortlichkeit der Aufenthaltsstaat gegenüber den auf seinem Territorium sich befindlichen fremden Staatsangehörigen einhalten muß. Jedoch entbehrt im Vergleich zum fremdenrechtlichen der flüchtlingsrechliche Minimumstandard des für das Auslösen diplomatischen Schutzes unerläßlichen Bezugspunktes zum völkerrechtlichen Deliktsrecht, da im Falle der Nichteinhaltung der dem Flüchtling gewährten Mindestrechte nicht ein Völkerrechtssubjekt in eigenen Rechten verletzt und damit Deliktsobjekt ist, sondern der Flüchtling selbst diese Position besetzt. Wenn auch der Verstoß gegen den flüchtlingsrechtlichen Minimumstandard Schutzfunktionen hierzu beauftragter internationaler Organisationen auslöst, geht es bei der Schutzgewährung ausschließlich um die Rechte und Interessen *des betroffenen Flüchtlings* und nicht um die Wiedergutmachung einer Verletzung originärer Rechte von IRO und UNHCR.

---

[267] Bindschedler, La Protection de la Propriété Privée en Droit International Public, 90 RdC 230 (173) [1956 II]; Seidl – Hohenveldern, Völkerrechtswidrige staatliche Eigentumseingriffe und deren Folgen, 53 Die Friedenswarte 3 Fn. 8 (1) [1955/56], wobei der Autor dies wenig später wieder verwarf, in Die internationale Flüchtlingskonvention von 1951 in der Praxis, bei E. Brüel u. a., (Hrsg.), Internationalrechtliche und staatsrechtliche Abhandlungen – Festschrift für Walter Schätzel 450 (411) [Düsseldorf 1960]; L. Oppenheim, I International Law 640 Fn. 2.

[268] Op. cit., loc. cit., Hervorhebung d. Verf. *Oppenheim* verweist an der zitierten Stelle auf § 313 seines Lehrbuchs, wo er auf die Flüchtlingskonvention eingeht.

[269] Vgl. o. 2. Teil A. II. 4.

Bestätigt wird die mangelnde Subsumtionsfähigkeit von *legal and political protection*, *international assistance* und *administrative assistance* unter diplomatischen Schutz schon vom bloßen Wortlaut ihrer jeweiligen Rechtsgrundlagen in der Verfassung der IRO, im Statut des UNHCR bzw. in der Flüchtlingskonvention. ‚Rechtlicher und politischer Schutz' zugunsten aller unter das IRO-Mandat fallenden Personen unter der klaren Prämisse, „that genuine refugees and displaced persons, until such time as their repatriation or re-settlement and re-establishment is effectively completed, should be protected in *their* rights and legitimate interests ..."[270]. ‚Internationaler Schutz' der unter die Bestimmungen der Satzung für das Amt des Hohen Kommissars für Flüchtlinge fallenden Flüchtlinge, unpolitisch in seiner Art, humanitär und sozial. Und ‚Verwaltungshilfe', die dem Flüchtling bei zur Ausübung eines Rechts nicht zu realisierender Mitwirkung ausländischer Personen entweder seitens seines Aufnahmelandes oder – subsidiär – des UNHCR zuteil wird.

Die beschriebene Praxis aller drei Schutzarten zeichnet kein gegenteiliges Bild.

Neben der ohnehin als diplomatische Schutzausübung außer Betracht bleibenden reformerisch-kodifikatorischen Arbeit der IRO im Rahmen der Weiterentwicklung eines internationalen Flüchtlingsrechts standen bei der individuellen Schutzausübung ohne Ausnahme Rechte des betroffenen Flüchtlings selbst in Rede – den Unterschied zur Flüchtlingshilfe in der Völkerbundszeit bildet lediglich eine etwas solidere Rechtsgrundlage, wie sie sich insbesondere in den nach Maßgabe von Art. 2 Ziff. 2 d) der IRO-Verfassung abgeschlossenen 51 Regierungsabkommen manifestiert. ‚Solider' im hier gebrauchten Sinne darf jedoch keinesfalls als ein rechtliches ‚Mehr' mit Blick in Richtung diplomatischer Schutz mißverstanden werden. Die verwendeten Standardformulierungen für die Kompetenz der IRO zur (Rechts-) Schutzgewährung weisen immer *fürsorgerischen Charakter* auf, überantworteten der Flüchtlingsorganisation den Schutz der legitimen Interessen der *Flüchtlinge*. Insofern fällt der oben zitierte Art. VIII der IRO-Übereinkunft mit der Regierung des Großherzogtums Luxemburg[271] tatsächlich nur formal, nicht aber inhaltlich aus dem üblichen Regelungsgehalt der Schutzaufgabe für die IRO heraus; denn aus dem Gesamtzusammenhang dieser Aufgabe und ihrer rechtlichen wie praktischen Ausgestaltung kann Art. VIII nur dahingehend verstanden werden, daß der IRO in Luxemburg das Recht eingeräumt wurde, ihre Schutzbefohlenen bei der Durchsetzung ihrer Rechte nach der luxemburgischen Rechtsordnung oder nach Flüchtlingsvölkerrecht zu unterstützen, in Anlehnung an eben jenes Recht der Staaten, ihren Staatsangehörigen im Ausland Hilfestellungen konsularischer bzw.

---

[270] Abs. 5 der Präambel der IRO-Verfassung; Hervorhebung v. Verf.

[271] S. 145.

diplomatischer Organe zu geben. Nicht haltbar ist die vom Tübinger Institut für Besatzungsfragen in seiner Studie über ausländische Flüchtlinge in Deutschland gezogene Parallele zwischen dieser Personengruppe und den de facto-Untertanen des „europäischen Konzerts" in der Levante und den Barbareskenstaaten[272]. Denn die europäischen Staaten hatten seinerzeit aus machtpolitischen Gründen und aus überheblichem Mißtrauen gegenüber dem Islam christliche Schutzgenossen vermittels Ausstellung von Internuntiaturpässen und Schutzbriefen faktisch den muselmanischen Staatsverbänden ausgegliedert[273]. ‚Rechtlicher und politischer Schutz' dieses Verständnisses war den Bemühungen der IRO fremd. Nicht Herausnahme des Flüchtlings aus dem rechtlichen Gefüge seines Aufenthaltsstaats und Anbindung an ein anderes Völkerrechtssubjekt, das dann gegebenenfalls einen eigenen Wiedergutmachungsanspruch bei völkerrechtswidriger Behandlung des Flüchtlings besäße, war Ziel des Schutzes der IRO, sondern im Gegenteil, Sicherstellung von Integration und Assimilierung des Flüchtlings auf der Grundlage *seiner* Rechte aus dem internationalen Flüchtlingsrecht in die Personengemeinschaft des Aufenthaltsstaats[274].

Auch wenn ‚internationaler Schutz' des UNHCR mit der Hypothek belastet ist, ein wesentlich weiteres Feld abzustecken als das traditionelle Konzept des ‚rechtlich und politischen Schutzes'[275], erweist sich diese Hypothek anhand der beschriebenen Praxis des Flüchtlingskommissars als nur verbale, ohne eine vom bisherigen Flüchtlingsschutz differierende rechtliche Einordnung rechtfertigen zu können. Unter Verweis auf das bei der Würdigung des seitens der Internationalen Flüchtlingsorganisation ausgeübten Schutzes Festgestellte bleibt es auch bei der Überprüfung des ‚internationalen Schutzes' dabei, daß der UNHCR – wenngleich ihn hierbei auch eine dezidierte Rechtsgrundlage (Kap. II Nr. 8 seines Statuts) ermächtigt – qualitativ die gleiche Protektion gewährt wie sämtliche Vorgängerinstitutionen. In quantitativer Hinsicht war und ist der Flüchtlingshochkommissar durch ‚internationalen Schutz' mandatiert, im Gegensatz zum mehr operativen Schutz der IRO die Flüchtlinge zuzuführen einer „final solution of their problems in the forms of repatriation and assimilation within new national

[272] Das DP-Problem 3.

[273] Ausführlich hierzu o. 2. Teil A. I. 3. u. 4., bzw. u. 3. Teil A. I. 1.

[274] In einem Memorandum des Generaldirektors der IRO wird dies für die Flüchtlinge in Deutschland u. a. wie folgt betont: „Es ist zu unterstreichen, daß solche Sicherungen in keiner Weise darauf abzielen, eine Vorzugsstellung zu schaffen, sondern lediglich sicherzustellen, daß DP/Flüchtlinge die gleiche Behandlung wie Deutsche erhalten", Ziff. 11 des Momorandums des Generaldirektors der Internationalen Flüchtlingsorganisation an die Hohen Kommissare der Besatzungsmächte über die Stellung der Flüchtlinge in Deutschland, veröffentlicht als Anhang zum Dokument Nr. GC/102 v. 16. Sept. 1949 der IRO, abgedr. als Anlage 11 in Das DP-Problem 187.

[275] In Anlehnung an die diesbezügliche, o. 2. Teil B. I. 3. b) zu Fn. 244 zitierte Äußerung des ersten Flüchtlingshochkommissars der UNO, *van Heuven Goedhart*.

communities"[276]. Lediglich in diesem Zusammenhang mag der ,internationale Schutz' des UNHCR tatsächlich ein weiteres Feld abstecken als der ,rechtliche und politische Schutz' der IRO. Aufgrund dieser Aufgabenzuweisung, wie sie der ,internationale Schutz' darstellt, können sich Verletzungen von Rechten des UNHCR mit der zumindest theoretischen Folge eines eigenen Wiedergutmachungsanspruchs dieses Organs nur insoweit ergeben, als dem UNHCR von einem Staat verboten würde, sein Schutzmandat wahrzunehmen oder er sich Einschränkungen bei der Schutzwahrnehmung ausgesetzt sähe, nicht jedoch bei der Verletzung der Rechte eines Flüchtlings. Damit realisiert sich im ,internationalen Schutz' des UNHCR das Konzept des diplomatischen Schutzes nicht[277].

Dieses Ergebnis erstreckt sich ohne weiteres auch auf die ,Verwaltungshilfe' des Flüchtlingshochkommissars der Vereinten Nationen gem. Art. 25 der Flüchtlingskonvention von 1951. Wie jedoch bereits ausgeführt, will vor allem *Oppenheim* die in Art. 25 kodifizierte ,Verwaltungshilfe' immerhin für die Aufenthaltsstaaten der Flüchtlinge als Ermächtigungsgrundlage zur diplomatischen Schutzgewährung verstanden wissen[278]. Dem kann nicht gefolgt werden. *Oppenheim* übersieht, daß die Mitwirkung bei der Ausübung eines Rechts, die der Flüchtling aufgrund seiner spezifischen Lage von seinem bisherigen Heimat- oder Aufenthaltsstaat nicht mehr beanspruchen kann und sie ihm in diesem Fall, wie es Art. 25 Ziff. 1 vorsieht, von einer Behörde des Zufluchtsstaats zuteil wird, nach Ziff. 2 – 5 des Art. 25 sich auf Urkunden und Bescheinigungen bezieht, die beispielsweise Identität, Personalstatut oder Ausbildungsgrad autoritativ nachweisen. Damit trug man hauptsächlich der Rechtslage kontinentaleuropäischer Länder Rechnung, die solcherlei Nachweise vermittels einer eidesstattlichen Versi-

---

[276] Dies die Einschätzung seiner Arbeit als UN-Flüchtlingshochkommissar durch van Heuven-Goedhart, The Problem of Refugees, 82 RdC 362 (261) [1953 I], der von einem „„promotional" rather than „operational" mandate" spricht, op. cit., loc. cit.

[277] Vgl. statt aller auch M. Reiterer, The Protection of Refugees by their State of Asylum 83, 86/87. Bei einem auf diese Art entwickelten Urteil über die rechtliche Qualität des vom UNHCR gewährten Schutzes braucht nur der Vollständigkeit halber und summarisch auf die auch *praktische* Unmöglichkeit diplomatischer Schutzausübung durch den UNHCR hingewiesen werden, der, anders als ein Staat, bei der Durchsetzung seines Wiedergutmachungsanspruchs lediglich auf „amicable means" (Weis, The International Protection of Refugees, 48 AJIL 219 (193) [1954]) angewiesen ist, ihm also nicht die Möglichkeiten im Rahmen von Art. 2 IV der UNO-Charta zur Seite stehen und er, wegen Art. 34 I des IGH-Statuts an einer Klage vor diesem Gericht gehindert, allenfalls über Art. 65 I des IGH-Statuts die Erstattung eines Rechtsgutachtens beantragen kann.

[278] Vgl. o. 2. Teil B. I. 3. c) am Ende. Es soll im folgenden eine Auseinandersetzung ausschließlich mit *Oppenheim* erfolgen, da die in diesem Zusammenhang weiterhin genannten Autoren (*Bindschedler* und *Seidl-Hohenveldern*) mehr oder weniger gleichzeitig mit der Aufstellung ihrer Hypothese sich wieder von ihr distanzieren bzw. die Beantwortung offenlassen. Relativ ausführlich stellt nur noch *Grahl-Madsen* die Verwaltungshilfe „under the heading of protection", Commentary on the Refugee Convention 1951, 167 [Geneva 1963].

cherung nicht anerkennen[279]. Der Blick auf die Entstehungsgeschichte des Art. 25, wie er oben bereits getan wurde[280], läßt keinen anderen Schluß zu, als daß es sich hier um eine Metamorphose des *quasi-konsularischen Schutzes* handelt, wie ihn *Nansen* im Rahmen der Flüchtlingshilfe des Völkerbundes entwickelt hat[281]. Möglicherweise hat *Oppenheim* sich von einem flüchtigen Überlesen der ersten Ziff. von Art. 25 irritieren lassen, seine Auslegung, der Zufluchtsstaat könne dem Flüchtling bei Verletzung seiner Rechte aus der Konvention von 1951 diplomatischen Schutz gewähren, findet bei einer Gesamtschau dieser Vorschrift jedenfalls keine Stütze[282].

Für den Schutz staatenloser Flüchtlinge nach dem Zweiten Weltkrieg gilt mithin gleiches wie für die schutzrechtliche Behandlung Staatenloser bis zum Ende des Zweiten Weltkriegs: weder die internationalen Flüchtlingsbehörden noch die Zufluchtsstaaten selbst waren oder sind auf Grundlage der vorgestellten Rechtsquellen oder des Flüchtlingsvölkergewohnheitsrechts dazu imstande, zugunsten des Flüchtlings diplomatischen Schutz zu gewähren.

II. Der Schutz für staatenlose Nicht-Flüchtlinge

Der Schutz für staatenlose Nicht-Flüchtlinge nach dem Zweiten Weltkrieg stand und steht im Schatten des Schutzes für die Flüchtlinge. Zwar hatte der ECOSOC dem Generalsekretär der Vereinten Nationen im Jahre 1948 den Auftrag erteilt, „eine Untersuchung der derzeitigen Situation in Bezug auf den Schutz von staatenlosen Personen vorzunehmen“[283], also als Untersuchungsgegenstand keineswegs Flüchtlinge bestimmt; die daraufhin vom Generalsekretär ein Jahr später vorgelegte Untersuchung ‚A Study of Statelessness‘[284] ließ dann aber schon keinen Zweifel mehr darüber, daß die Zahl der staatenlosen Nicht-Flüchtlinge begrenzt sei, gegenüber derjenigen staatenloser Flüchtlinge eindeutig zurücktrete und anhand des vorliegenden Zahlenmaterials die zuletzt genannte Gruppe im Vordergrund der Studie stehen müsse[285]. Es nimmt daher nicht wunder, daß die erste völkervertragsrechtliche Beachtung Staatenloser ohne Flüchtlingseigenschaft nur als Protokoll zum Entwurf der Flüchtlingskonvention von 1951 stattfand, das von

---

[279] Zu dieser Intention der Vertragsparteien bei der Fassung von Art. 25 s. N. Robinson, Convention Relating to the Status of Refugees 131 u. dort Fn. 203.

[280] 2. Teil B. I. 3. c).

[281] Und wie er bereits o. 2. Teil A. II. 4. entsprechend gewürdigt worden ist.

[282] So, wenn auch mit nicht ganz überzeugender Begründung, ebenfalls O. Kimminich, Der internationale Rechtsstatus des Flüchtlings 322/323.

[283] Vgl. zur diesbezüglichen ECOSOC-Resolution und allgemein zur Chronologie der völkervertragsrechtlich instituierten Unterscheidung zwischen Flüchtlingen und Staatenlosen o. 2. Teil B.

[284] Vgl. o. 1. Teil B. I. Fn. 168.

[285] S. 5 – 10 der Untersuchung.

der Staatenkonferenz in Genf abgetrennt und zunächst an die zuständigen Ausschüsse der UNO zurückverwiesen wurde.

Bekanntermaßen ist es schließlich am 28. 09. 1954 zum Abschluß eines Übereinkommens über die Rechtsstellung der Staatenlosen gekommen, welches sich eng an die Flüchtlingskonvention von 1951 anlehnt. Der eingangs dieses Kapitels verwendete Kommentar eines (schutzrechtlichen) Schattendaseins staatenloser Nicht-Flüchtlinge hat nichtsdestotrotz seine Berechtigung, weil die Abtrennung der Kodifizierung des Status' eines Staatenlosen von derjenigen eines Flüchtlings nicht ausschließlich der Tatsache Rechnung trug, daß der internationalen Staatengemeinschaft Staatenlose immer oder doch fast immer im Gewande des Flüchtlings gegenübergetreten waren. Verhindert werden sollte vielmehr eine völlige Gleichstellung beider Gruppen Staatenloser; genau dies nämlich hätte die Verabschiedung der Flüchtlingskonvention nebst Protokoll bedeutet, sah doch das Protokoll die schlichte mutatis mutandis-Anwendung der Konvention auf staatenlose Nicht-Flüchtlinge vor[286]. In der Tat kennt das Übereinkommen über die Rechtsstellung der Staatenlosen[287] – im Vergleich zu Regelungen der Flüchtlingskonvention von 1951 – keine Meistbegünstigungsklausel bei der Vereinigungsfreiheit (Art. 15) und der unselbständigen Erwerbstätigkeit (Art. 17), nicht ausgeschlossen bleibt zudem die Möglichkeit, den Staatenlosen wegen unrechtmäßigen Aufenthalts bzw. illegaler Einreise zu bestrafen, oder ihn gar in ein Land auszuweisen, in dem sein Leben bedroht ist[288].

Auf den in schutzrechtlicher Hinsicht wohl einschneidensten Unterschied zwischen staatenlosen Nicht-Flüchtlingen und Flüchtlingen, resp. zwischen Staatenlosenkonvention von 1954 und Flüchtlingskonvention von 1951, wird im Zusammenhang mit der Durchsicht spezifischer, mit Staatenlosen befaßter Vertragswerke und allgemeiner, Staatenlose berücksichtigender internationaler Instrumente nachfolgend einzugehen sein.

---

286 Zu dieser Vorgeschichte des Übereinkommens über die Rechtsstellung der Staatenlosen s. N. Robinson, Convention Relating to the Status of Stateless Persons 5 [New York 1955], der daneben allerdings auch Gründe mehr rechtstechnischer Natur für die Aufspaltung erwähnt.

287 Im Folgenden als ‚Staatenlosenkonvention von 1954' referiert.

288 Obwohl zumindest letzteres von den Unterzeichnerstaaten der Konvention in der Schlußakte unter Hinweis auf entgegenstehendes allgemeines Völkerrecht ausgeschlossen wurde, Final Act of the United Nations Conference on the Status of Stateless Persons, bei N. Robinson, Convention Relating to the Status of Stateless Persons 140. Einen ausführlichen Vergleich der Staatenlosenkonvention von 1954 mit der Flüchtlingskonvention nimmt Weis, The Convention Relating to the Stauts of Stateless Persons, 10 ICLQ 255 – 264 [1961], vor.

1. Ausschließlich mit Staatenlosen befaßte Vertragswerke

In diese Kategorie von Verträgen universellen Charakters fallen die bereits in einiger Ausführlichkeit vorgestellten Staatenlosenkonvention von 1954 sowie das Übereinkommen zur Verminderung der Staatenlosigkeit vom 30. 8. 1961.

a) Übereinkommen über die Rechtsstellung der Staatenlosen

Als Eckpfeiler für die Überwachung der Anwendung der Flüchtlingskonvention von 1951 und gegebenenfalls für ihre Durchsetzung hat sich das Statut des UNHCR mit seiner diesbezüglichen Mandatserteilung an diese internationale Instanz erwiesen; daneben sind die Vertragsstaaten über Art. 35 Ziff. 1 verpflichtet, mit dem Amt des Hohen Kommissars bei der Ausübung seiner Befugnisse und insbesondere zur Erleichterung seiner Arbeit, die Durchführung der Bestimmungen der Konvention zu überwachen, zusammenzuarbeiten.

Die Staatenlosenkonvention von 1954 hingegen fordert den Vertragsstaaten keine wie auch immer geartete Zusammenarbeit mit den Vereinten Nationen oder irgendeiner anderen internationalen Kontrollinstitution ab, weist auch dem UNHCR, an den in diesem Zusammenhang vorrangig zu denken wäre, keine Kontroll- bzw. Schutzfunktion zu. Damit gibt es keine Stelle, die in Bezug auf Überwachung und Durchsetzung der Staatenlosenkonvention von 1954 zugunsten der staatenlosen Nicht-Flüchtlinge Funktionen auszuüben berechtigt wäre, wie sie dem UNHCR im Rahmen des Flüchtlingsschutzes zufallen. Lediglich über das Tatbestandsmerkmal ‚de iure-Staatenlosigkeit' kann die Zuständigkeit des UNHCR für den Schutz eines solchen Staatenlosen nicht begründet werden, vielmehr muß hierfür die besondere Qualifikation der Flüchtlingseigenschaft nach Maßgabe von Art. 1 der Flüchtlingskonvention von 1951 (in Verbindung mit dem Protokoll von 1967[289]) hinzutreten[290]. Dies gilt gleichermaßen für die subsidiäre Zuständigkeit des UNHCR zur *Verwaltungshilfe*, die als Parallelvorschrift

---

[289] Welches im wesentlichen die Beschränkungen örtlicher und zeitlicher Natur in der Flüchtlingsdefinition der Konvention von 1951 aufhebt (Art. I).

[290] Hat ein Staat sowohl Flüchtlingskonvention als auch Staatenlosenkonvention ratifiziert, muß er gegenüber einem Staatenlosen iSd. Staatenlosenkonvention, der gleichzeitig das besondere Qualifizierungsmerkmal von Art. 1 der Flüchtlingskonvention bzw. von Art. I des Zusatzprotokolls erfüllt, die günstigere Regelung – teilweise der Flüchtlingskonvention – anwenden; dies folgt aus der in Abs. 3 der Präambel der Staatenlosenkonvention zum Ausdruck kommenden Absicht der Vertragsparteien, mit dieser Konvention solche Staatenlosen zu erfassen, die nicht unter den Anwendungsbereich der Flüchtlingskonvention fallen, s. insbes. die minutiöse Kommentierung bei N. Robinson, Convention Relating to the Status of Stateless Persons 9. In jedem Fall aber besitzt der „qualifizierte" Staatenlose die *international protection* des UNHCR.

zu Art. 25 der Flüchtlingskonvention auch als Art. 25 in die Staatenlosenkonvention Eingang gefunden hat[291].

Wenigstens die der Flüchtlingskonvention nachgebildete Staatenlosenkonvention von 1954 erweist sich daher zunächst als völkerrechtlicher Vertrag, in dem sich die Unterzeichnerstaaten verpflichten, den auf ihrem Territorium sich aufhaltenden Staatenlosen – ohne Ansehung ihrer Flüchtlingseigenschaft – eine festumrissene innerstaatliche Mindestrechtsstellung zu geben; zu den Folgen einer vertragswidrigen Nichtgewährung von Rechten an die Staatenlosen, die nicht als Flüchtlinge in das Protektionsnetz des UNHCR fallen oder überhaupt zu ihrer Überwachung, trifft das Übereinkommen über die Rechtsstellung der Staatenlosen keine Aussage.

b) Konvention über die Verminderung der Staatenlosigkeit

Parallel zu den Kodifikationsarbeiten des ECSOC ‚Ad Hoc Committee on Statelessness and Related Problems', die letztlich in die Flüchtlingskonvention von 1951 und die Staatenlosenkonvention von 1954 mündeten, hatte auch die ILC sich als eines ihrer Kodifikationsvorhaben von Anbeginn ihrer Arbeit im Jahre 1949 an ‚nationality including statelessness' gewählt[292]. Nach einer Selbstbeschränkung der Kommission auf das Problem der Staatenlosigkeit legte Berichterstatter *Cordova* 1953 eine ‚Draft Convention on the Elimination of Future Statelessness' sowie eine ‚Draft Convention on the Reduction of Future Statelessness' vor[293], die beide nach einigen Änderungen in Ansehung von Kommentierungen seitens 15 Regierungen[294] im Jahre 1959 einer nach Genf einberufenen Staatenkonferenz als Arbeitsunterlage vorgelegt wurden[295]. Die Konferenz entschied sich für *Cordovas* Vertragsentwurf zur Verminderung zukünftiger Staatenlosigkeit und verabschiedete am 30. 08. 1961[296] das sich nunmehr seit dem 13. 12. 1975 in Kraft befindliche Übereinkommen zur Verminderung der Staatenlosigkeit[297]. Die Bestim-

---

[291] Vgl. die Kommentierung des Art. 25 von Robinson, op. cit., p. 93 mit der des gleichen Autors im Zusammenhang mit der Flüchtlingskonvention in Convention Relating to the Status of Refugees 129 u. Fn. 199.

[292] Vgl. die Liste von 14 Kodifikationskomplexen, die die ILC der Generalversammlung als Ergebnis ihrer ersten konstituierenden Sitzung vom 12. 04. – 09. 06. 1949 mitteilte – ‚Nationality, including Statelessness' ist Punkt 14 der Liste –, Yearbook of the ILC 281 [1949].

[293] Abgedr. in II Yearbook of the ILC 167 [1953].

[294] Die ‚Revised Drafts' sind wiedergegeben in II Yearbook of the ILC 143 [1954].

[295] Zusammen mit einer ‚Draft Convention on the Reduction of Statelessness' von der Regierung Dänemarks, UN Doc. A/Conf. 9/4.

[296] Die Staaten hatten sich 1959 zunächst vertagt, da keinerlei Übereinstimmung zur Frage der Aberkennung der Staatsangehörigkeit zu erzielen war.

[297] Ausführlich zur Kodifikationsgeschichte des Übereinkommens Weis, The United Nations Convention on the Reduction of Statelessness, 1961, 11 ICLQ 1075 – 1080 (1073) [1962].

mungen des Übereinkommens versuchen rationale Ordnungsprinzipien einzuführen, welche die Staatenlosigkeit als Resultat der miteinander konkurrierenden ius soli- und ius sanguinis-Systeme in den Staatsangehörigkeitsgesetzen der Staaten vermeiden helfen sollen. Die Staaten dürfen nur insoweit mit ihrer bisher ausgeübten Praxis der Verleihung oder des Entzugs der Staatsangehörigkeit fortfahren, wie diese *nicht* zur Staatenlosigkeit führt. So wird beispielsweise gem. Art. 1 des Übereinkommens ein ius sanguinis-Staat einer auf seinem Staatsgebiet geborenen Person dennoch seine Staatsangehörigkeit verleihen, wenn sie anderenfalls staatenlos würde.

Beachtenswert in schutzrechtlicher Hinsicht ist Art. 11 des Übereinkommens: „The Contracting States shall promote the establishment within the framework of the United Nations, as soon as may be after the deposit of the sixth instrument of ratification or accession, of a body to which a person claiming the benefit of this Convention may apply for the examination of his claim and for assistance in presenting it to the appropriate authority".

In Vollzug dieser Bestimmung bat die Generalversammlung der Vereinten Nationen 1974 das Amt des UNHCR, „provisionally to undertake the functions forseen under the Convention on the Reduction of Statelessness in accordance with its Article 11..."[298] und verlängerte diese Mandatierung zwei Jahre später auf unbestimmte Zeit[299]. Damit bildet der UNHCR die in Art. 11 des Übereinkommens zur Verminderung der Staatenlosigkeit vorgesehene Stelle, an die sich Staatenlose um Unterstützung in Verfolg ihrer Rechte aus dem Übereinkommen wenden können. Ähnlich wie Art. 8 seines Statuts sowie Art. 25 und Art. 35 der Flüchtlingskonvention von 1951 es vorsehen, gibt auch Art. 11 des Übereinkommens dem UNHCR die Möglichkeit, in Ausübung eines ihm übertragenen Schutzrechts zugunsten der Staatenlosen gegenüber einem der Unterzeichnerstaaten tätig zu werden.

Über die praktische Art der Funktionsausübung des Flüchtlingshochkommissars nach Maßgabe von Art. 11 des Übereinkommens zur Verminderung der Staatenlosigkeit liegen keine Informationen vor; erstaunlicherweise entbehren die hierfür heranzuziehenden jährlichen Berichte des UNHCR an die Generalversammlung der Vereinten Nationen als offizielle Quellen seiner Tätigkeit jeglicher diesbezüglicher Hinweise[300].

Die Bewertung der schutzrechtlichen Qualität des Mandats des UNHCR in Bezug auf staatenlose Nicht-Flüchtlinge wird sich deshalb auf eine Auslegung des Wortlauts von Art. 11 beschränken müssen sowie auf die Beachtung des Rahmens, innerhalb dessen der UNHCR üblicherweise zugunsten der Flüchtlinge allgemeinhin Schutz ausübt.

---

[298] GA Res. 3274 (XXIX) v. 10. 12. 1974.

[299] GA Res. 31/36 v. 30. 11. 1976.

[300] Vgl. jeweils ‚Report of the United Nations High Commissioner for Refugees', GA Off. Rec., ab 30th sess., Supplements Nos 12 (A/30 – 39/12).

Zudem kann als Maßstab protektioneller Klassifikation das herangezogen werden, was aus den Entwürfen der ILC im Zusammenhang mit Art. 11 von der Staatenkonferenz in Genf nicht in die Endfassung des Übereinkommens übernommen worden ist.

Hierbei handelt es sich zum einen um den Vorschlag, eine „agency" einzurichten, mit der Aufgabe „to act, when it deems appropriate, on behalf of stateless persons before Governments or before [a] tribunal . . ."[301]. Dieser neben der „agency" ins Leben zu rufende Gerichtshof sollte zuständig sein, „to decide . . . complaints presented by the agency . . . on behalf of a person claiming to have been denied nationality in violation of the provisions of the Convention"[302].

In ihrer eigenen Interpretation dieses Vorschlags läßt die ILC erkennen, daß – ohne zum Problem des Individuums als Völkerrechtssubjekt Stellung nehmen zu wollen – gerade dem Staatenlosen ohne Schutz irgendeines Staates in jedem Fall ein direkter Zugang zu internationalen Gerichten oder Instanzen eingeräumt werden müsse[303]. Der zu installierenden Agentur käme die Funktion zu, nicht nur den Staatenlosen vor dem Gericht zu vertreten (‚on behalf of a person . . .'), sondern gleichzeitig auch als eine Art Vorprüfungsausschuß zu dienen, der offensichtlich unbegründete Ansprüche und Beschwerden vom Gericht fernhalten würde[304]. Dem allem vorgeschaltet sollte die Agentur zunächst im Namen des Staatenlosen bei der betroffenen Regierung selbst vorstellig werden[305].

Die bisher vorgestellten ‚Drafts' der ILC bezweckten die Reduzierung und Eliminierung *zukünftiger* Staatenlosigkeit. Um auch der existierenden Staatenlosigkeit juristisch Herr zu werden, hatte Berichterstatter *Cordova* unter Beachtung diesbezüglicher Vorschläge *Lauterpachts* zusätzlich den Entwurf einer ‚Alternative Convention on the Reduction of Present Statelessness' vorgelegt[306]. Richtigerweise unterstellte die ILC, daß die existierende Staatenlosigkeit nur beseitigt werden könne, wenn der Staatenlose eine Staatsangehörigkeit erhielte, naheliegend die seines Aufenthaltsstaats. In Antizipation der Sensibilität der Staaten gegenüber einem völkerrechtlichen Vertrag, dessen Kodifikationsrahmen bei der Normierung von

---

301 Art. 11 Abs. 1 beider ‚Revised Drafts', II Yearbook of the ILC 145 [1954].

302 Art. 11 Abs. 2, op. cit., loc. cit.

303 So, seinerzeit noch zu Art. 10 beider Vertragsentwürfe, in II Yearbook of the ILC 227 [1953].

304 Op. cit., p. 228.

305 „. . . disposing of the complaints by appropriate procedures of inquiry and of representations made to governments", op. cit., loc. cit. Von *Scelle* kommt die Anregung, als Gerichtshof für Staatenlose eine Sonderkammer beim IGH zu bilden, Le problème de l'apatridie devant la Commission du Droit international de l'O.N.U., 52 Friedenswarte 152 (142) [1953/55].

306 II Yearbook of the ILC 148 [1954].

Erwerbstatbeständen der Staatsangehörigkeit sich zu einem ganz erheblichen Teil auf die ‚domaine reservé' der Vertragsstaaten erstrecken müßte, wollte die ILC allerdings von vornherein die Artikel der Alternativkonvention als „merely ... suggestions"[307] an die Staaten verstanden wissen bei deren Bemühungen zur Lösung des Problems existierender Staatenlosigkeit. Dessenungeachtet darf hier Art. 2 der ‚Alternative Convention' nicht unterschlagen werden, weil er expressis verbis zum diplomatischen Schutz für Staatenlose Stellung nimmt.

Ausgehend davon, daß der Aufenthaltsstaat dem Staatenlosen vor Erwerb seiner Staatsangehörigkeit den Status einer *protected person* verleiht, sieht Art. 2 vor:

> "1. A Person possessing the status of "protected person" under article 1, paragraph 1, shall be entitled to the rights enjoyed by the nationals of the protecting State with the exception of political rights. He shall also be entitled to the diplomatic protection of the protecting State.
>
> 2. ...".

Nach Maßgabe dieses Artikels wären die Staatenlosen den Angehörigen ihres Aufenthaltsstaats – mit der Ausnahme in der Wahrnehmung politischer Rechte – in jeder Beziehung gleichgestellt gewesen[308], unter Einschluß der Kontinuität dieser Rechtsstellung auch in Drittländern. Eine Verletzung der Rechte der solchermaßen unter die Personalhoheit eines Aufenthaltsstaates fallenden staatenlosen *protected person* würde konsequenterweise – und die Verwendung des Ausdrucks *diplomatic protection*, nicht ‚protection' allein, nicht ‚assistance', macht dies deutlich – das diplomatische Schutzrecht des den Staatenlosen als *protected person* anerkennenden Aufenthaltsstaats in Form der Geltendmachung eines völkerrechtlichen Wiedergutmachungsanspruchs begründen können[309].

Das Schicksal der ‚Alternative Convention on the Reduction of Present Statelessness' und damit auch ihres Artikels 2 kommentiert *Weis* zutreffend-lapidar: „This draft was not pursued by the United Nations"[310].

Zweifelsohne werden die ursprüngliche Fassung des Art. 11 der Konvention zur Verminderung der Staatenlosigkeit sowie Art. 2 der Alternativkon-

---

307 Op. cit., p. 147.

308 Auch, dies stellt Ziff. 2 des Artikels klar, hinsichtlich ihrer Pflichtenstellung gegenüber dem Aufenthaltsstaat.

309 Erstaunlicherweise scheint sich die ILC dieser weitreichenden Konsequenz ihres Art. 2 der Alternativkonvention – ein Vorentwurf sprach sogar von „fullest protection under ... international law", II Yearbook of the ILC 36 [1954] – nicht völlig bewußt gewesen zu sein, da sie in der Kommentierung dieses Artikels im wesentlichen auf die Praxis des Flüchtlingsschutzes in der Völkerbundszeit rekurriert und einen Hinweis auf die Flüchtlingskonvention von 1951 gibt, op. cit., p. 37.

310 The United Nations Convention on the Reduction of Statelessness, 1961, 11 ICLQ 1077 (1073) [1962].

vention von ihrem Regelungsinhalt her im Rahmen der Diskussion über eine mögliche Substitution der Staatsangehörigkeit als Voraussetzung für die Schutzausübung Beachtung finden müssen[311].

Im Augenblick reduziert sich ihre Bedeutung auf die Aussagekraft ihrer Nichtbeachtung durch die Genfer Staatenkonferenz in dem jetzt geltenden Übereinkommen zur Verminderung der Staatenlosigkeit, dessen Art. 11 in seinem schutzrechtlichen Gehalt de lege lata im Anschluß an eine Darstellung des Staatenlosenschutzes innerhalb von Menschenrechtskodifikationen gewürdigt werden wird.

2. Staatenlosenschutz im Rahmen internationaler Menschenrechtsverträge

Neben leges speciales zum (schutzrechtlichen) Problem der Staatenlosigkeit haben universelle und regionale Verträge nach dem Zweiten Weltkrieg erstmals in der Völkerrechtsgeschichte dem Individuum ganz allgemein einen Schutz durch das Völkerrecht zugebilligt. Das klassische Völkerrecht war das Recht der Beziehungen der Staaten untereinander, der Einzelne fand nur mediatisiert durch seinen Heimatstaat vom Völkerrecht Berücksichtigung. Spätestens seit *Roosevelts ‚Four Freedoms'*[312] konnte sich die Völkerrechtsgemeinschaft als beauftragt betrachten, den Einzelnen mit einem Rechtsstatus auszustatten, der seiner menschlichen Würde völkerrechtlich abgesichert und unabhängig von ‚Rasse, Farbe, Geschlecht, Sprache, Religion, politischer und sonstiger Überzeugung, nationaler oder sozialer Herkunft, Eigentum, Geburt oder sonstigen Umständen'[313] gerecht wird. Als unabhängig von nationaler Herkunft zu gewähren – und damit losgelöst von der Zugehörigkeit zu einem bestimmten oder überhaupt zu einem Staat – gelten die Menschenrechte auch für Staatenlose. Aus schutzrechtlicher Sicht haben Menschenrechtskodifikationen für die Staatenlosen folgende Bedeutung: bis zur vertraglichen Absicherung von Menschenrechten beginnend nach dem Zweiten Weltkrieg war das Individuum begünstigt allein vom völkerrechtlichen Mindeststandard, dessen Verletzung gegenüber dem Heimatstaat völkerrechtsdeliktisch war und entsprechende Rechtsfolgen zeitigte. Mit der Kodifikation von Menschenrechten hat eine Entwicklung hin zu einer Art völkerrechtlichem Mindeststandard von Menschenrechten

---

311 Vgl. u. 3. Teil B.

312 Die der amerikanische Präsident in seiner Jahresbotschaft an den Kongreß am 06. 01. 1941 entwickelte, in ihrem Kern abgedruckt bei Eagleton, The United States and the Statement of War Aims, 35 AJIL 339 (336) [1941], dt. in I EA 342 [1946/1947]. Die *Vier Freiheiten* waren Meinungsfreiheit, Religionsfreiheit, Freiheit von Not und Freiheit von Furcht, s. zu allem Engelhardt, sub voce ‚Vier Freiheiten', III WdV 591.

313 So bspw. die ‚Universal Declaration of Human Rights', Art. 2, GA-Res. 217 (III) v. 10. 12. 1948, GAOR, 3rd sess., Part I, resolutions, p. 71; Allgemeine Erklärung der Menschenrechte, dt. bei B. Simma / U. Fastenrath, (Hrsg.), Menschenrechte 5.

eingesetzt. Im Rahmen der Staatenverantwortlichkeit als mittelbarer Folge der Verletzung von Rechten Einzelner ist es nach den Worten *Jennings'* zu einer Osmose zwischen fremdenrechtlichem und menschenrechtlichem Mindeststandard gekommen, die eventuell in einer Synthese beider enden wird[314].

Vor diesem Hintergrund soll nun die institutionalisierte Sicherung von Menschenrechten in einem universellen wie auch in zwei regionalen Verträgen daraufhin untersucht werden, ob sie als völkerrechtliches Instrumentarium den Schutz Staatenloser im hier hinterfragten Sinne implementiert.

a) Internationaler Pakt über bürgerliche und politische Rechte

Der ,International Covenant on Civil and Political Rights' vom 19. 12. 1966[315] enthält in seinen Artikeln 6 – 27 einen detaillierten Katalog von Rechten und Freiheiten des Individuums, welche jeder Vertragsstaat ,allen in seinem Gebiete befindlichen und seiner Herrschaftsgewalt unterstehenden Personen' ohne Unterschied auch der ,nationalen Herkunft' gem. Art. 2 Abs. 2 des Paktes zu gewährleisten sich verpflichtet.

Bestandteil des Überwachungs- und Durchsetzungsinstrumentariums ist einmal ein Berichtssystem (Art. 40 des Paktes), das den Staaten innerhalb eines Jahres nach Inkrafttreten des Paktes für sie die Vorlage eines Berichts über die zur Verwirklichung der Rechte des Paktes getroffenen Maßnahmen an den eigens hierfür geschaffenen Menschenrechtsausschuß (Art. 28 des Paktes) abfordert.

Weiterhin sieht der Menschenrechtspakt in Art. 41 die sogenannte Staatenbeschwerde vor. Der Menschenrechtsausschuß nimmt hierbei Mitteilungen (,communications') entgegen, in denen ein Vertragsstaat geltend macht (,claims'), ein anderer Vertragsstaat komme seinen Verpflichtungen aus dem Pakt nicht nach. Nachdem zuvor eine Mitteilung dieser Art direkt an den „vertragsbrüchigen" Staat gerichtet worden war und sich die Angelegenheit nicht zur Zufriedenheit der beiden beteiligten Vertragsstaaten hatte regeln lassen, kann das weitere Procedere in die Zuständigkeit des Menschenrechtsausschusses fallen. Dieser stellt zur Erreichung einer gütlichen Einigung den beteiligten Vertragsstaaten seine guten Dienste zur Verfügung und erstellt über seine diesbezüglichen Bemühungen einen Bericht, der entweder eine Sachverhaltsdarstellung enthält und die getroffene gütliche Einigung fixiert oder – bei Nichteinigung – sich auf eine knappe Darstellung des

---

[314] General Course on Principles of International Law, 121 RdC 488 (323) [1967 II] unter Hinweis auf frühere Arbeiten der ILC zur Kodifikation der Staatenverantwortlichkeit gegenüber Fremden, die eine solche Osmose antizipiert, s. auch o. 1. Teil A. I. 1. Fn. 57.

[315] GAOR, 21st sess., Resolutions, p. 52; BGBl 1973 II 1533.

Sachverhalts beschränkt. Scheitern die Bemühungen des Ausschusses zur Herbeiführung einer Einigung, steht es den beteiligten Vertragsstaaten frei, den Sachverhalt durch den Menschenrechtsausschuß einer zu bildenden ad hoc-Vergleichskommission vorlegen zu lassen, die ihrerseits in starker Anlehnung an das Verfahren vor dem Menschenrechtsausschuß ausschließlich eine gütliche Einigung herbeizuführen ermächtigt ist und an deren Tätigkeitsende ebenfalls die bereits genannten Alternativen eines Berichts stehen (Art. 42).

Seit dem gesonderten Inkrafttreten von Art. 41 des Internationalen Paktes über bürgerliche und politische Rechte am 22. 08. 1979[316] ist es daher immerhin theoretisch – tatsächlich ist es bisher noch zu keiner Staatenbeschwerde nach Maßgabe dieses Artikels gekommen[317] – möglich, daß Vertragsstaaten aus Anlaß von Vertragsverletzungen gegenüber Staatenlosen ein Verfahren der beschriebenen Art einleiten können. Ob es sich dann um diplomatische Schutzausübung handeln würde, bleibt abschließend nach einem kurzen Blick auf das Staatenbeschwerdeverfahren in der Europäischen Menschenrechtskonvention und auf das Europäische Übereinkommen über konsularische Aufgaben zu klären[318].

b) Europäische Konvention zum Schutze der Menschenrechte und Grundfreiheiten

Art. 1 der Europäischen Menschenrechtskonvention vom 4. 11. 1950[319] (EMRK) sichert allen der Herrschaftsgewalt der Vertragsstaaten unterstehenden Personen die in der Konvention niedergelegten Rechte und Freiheiten zu, unter Einbeziehung auch von „nationals of States not parties to the Convention and . . . stateless persons“[320].

[316] Da Art. 41 fakultativ ist, traten seine Bestimmungen erst in Kraft, nachdem zehn Vertragsstaaten die Zuständigkeit des Menschenrechtsausschusses für Staatenbeschwerden anerkannt hatten, s. Art. 41 Abs. 2 des Paktes. Die Bundesrepublik Deutschland hat Art. 41 nicht ratifiziert.

[317] Stand 30. 06. 1985.

[318] Der Internationale Pakt über wirtschaftliche, soziale und kulturelle Rechte, v. 19. 12. 1966 (International Covenant on Economic, Social and Cultural Rights), GAOR, 21st sess., Resolutions, p. 49, BGBl 1973 II 1569, sieht in Art. 16 lediglich ein Berichtssystem vor und ist somit unter dem Gesichtspunkt des hier zu behandelnden Schutzes für Staatenlose unbeachtlich. Dies gilt zunächst auch für das Fakultativprotokoll zu dem Internationalen Pakt über bürgerliche und politische Rechte, v. 19. 12. 1966 (Optional Protocol to the International Covenant on Civil and Political Rights), GAOR, 21st sess., Resolutions, p. 59, dt. Übers. in Vereinte Nationen 20 [1974], das die Individualbeschwerde einer betroffenen Einzelperson an den Menschenrechtsausschuß vorsieht.

[319] European Convention for the Protection of Human Rights and Fundamental Freedoms, 213 UNTS 221, BGBl 1952 II 686.

[320] Entscheidung der Europäischen Menschenrechtskommission vom 11. 01. 1961 ‚as to the Admissability of Application No. 788/60 lodged by the Government of the

Gemäß Art. 24 EMRK kann jeder Vertragsstaat die Europäische Kommission für Menschenrechte mit jeder Verletzung der Bestimmungen der Konvention durch einen anderen Vertragsstaat befassen. Diese – im Unterschied zu Art. 41 des UNO-Paktes über bürgerliche und politische Rechte obligatorische – Staatenbeschwerde gelangt, falls es vor der Kommission zu keiner Einigung kommt, gemäß Art. 31 in Form eines Berichts, der eine Feststellung seitens der Kommission darüber enthalten kann, daß der betreffende Staat seine Verpflichtungen aus der Konvention verletzt hat, an den Ministerausschuß des Europarates. Der Ministerausschuß entscheidet dann, wenn die Frage nicht innerhalb eines bestimmten Zeitraums dem Europäischen Gerichtshof für Menschenrechte vorgelegt worden ist, gegenüber dem betreffenden Staat verbindlich, ob die Konvention verletzt worden ist (Art. 32 Abs. I iVm. Abs. IV EMRK); bejahendenfalls setzt der Ausschuß dem Staat eine Frist zur Erfüllung der in der Entscheidung vorgesehenen Maßnahmen bzw. trifft eine – verbindliche – Vollstreckungsentscheidung (Art. 32 Abs. II iVm. Abs. III und IV EMRK). Auch die Entscheidung des Europäischen Gerichtshofs für Menschenrechte hat gegenüber dem betreffenden Staat Bindungswirkung, ist dort durchsetzbar (Art. 52 – 54 EMRK).

Es besteht also auch im Rahmen der Europäischen Menschenrechtskonvention die – wiederum theoretische – Möglichkeit (praktisch ist die obligatorische Staatenbeschwerde anläßlich der Verletzung von Rechten Staatenloser aus der EMRK bisher nicht geworden[321]) für einen Vertragsstaat, sich eines Staatenlosen gegenüber einer anderen Vertragspartei der EMRK anzunehmen. In augenfälligem Unterschied zum Verfahren nach Art. 41 des Internationalen Paktes über bürgerliche und politische Rechte droht dem verletzenden Staat hier nicht nur Publizität in Form eines sich jeglicher völkerrechtlicher Wertung enthaltenden Tatsachenberichts, sondern vielmehr die verbindliche sanktionsbewehrte Feststellung völkerrechtswidrigen Verhaltens[322, 323].

Federal Republic of Austria against the Government of the Republic of Italy', 4 Yearbook of the European Convention on Human Rights 140 (116) [1961], der sog. *Pfunders*-Fall. *Fawcett* spricht in diesem Zusammenhang von einer „great departure taken by the Convention from traditional forms of the international protection of individuals, for it dispenses with nationality as a condition of protection", The Application of the European Convention on Human Rights 18 [Oxford 1969].

321 Vgl. die Statistik per 31. 12. 1981 in European Commission of Human Rights, Annual Review 1981, 44. Das bislang knappe Dutzend von Staatenbeschwerden an die Menschenrechtskommission betraf im wesentlichen die Beachtung der EMRK durch England auf dem noch nicht unabhängigen Zypern (Beschwerdeführer Griechenland), die Menschenrechtssituation in Griechenland unter dem Obristenregime (Beschwerdeführer die skandinavischen Staaten und Holland), das Engagement Großbritanniens in Nord-Irland (Beschwerdeführer Irland) sowie die Situation auf Zypern nach dem Militärcoup der Türkei 1974 (Beschwerdeführer Zypern).

322 Eine der EMRK-Staatenbeschwerde nachgebildete fakultative Staatenbeschwerde ist auch in Art. 45 ff. der American Convention on Human Rights, v. 22. 11. 1969, OAS Official Records OEA/Ser. K/XVI/I. I, Doc. 65, Rev. 1, Corr. 2, dt. Übers. der Amerikanischen Menschenrechtskonvention in Europäische Grundrechtezeit-

c) *Annex: Europäisches Übereinkommen über konsularische Aufgaben*

Das Europäische Übereinkommen über konsularische Aufgaben vom 11. 12. 1967[324] steht nicht in unmittelbarem Zusammenhang mit regionaler Sicherung von Menschenrechten, da es von seinem Regelungsgehalt her sich mit grundsätzlichen Fragen des Konsularwesens beschäftigt und über das Wiener Übereinkommen über konsularische Beziehungen hinaus gerade auf diesem Gebiet das Werk der Europäischen Einigung und Zusammenarbeit fördern will[325]. Dennoch bildet die im Rahmen des Europarats geschlossene Konvention eine mittelbare Ergänzung zum Staatenlosenschutz der EMRK.

Gemäß Art. 46 iVm. Art. 2 Abs. 1 der Konvention kann ein Konsularbeamter des Staates, in dem ein Staatenloser, auf den die Staatenlosenkonvention von 1954 Anwendung findet, seinen gewöhnlichen Aufenthalt hat, diesem wie einem Angehörigen des Entsendestaates Schutz gewähren sowie seine Rechte und Interessen wahren[326]. In Realisierung dieses Schutzmandats sind die Konsularbeamten nach Maßgabe von Art. 4 berechtigt, den Staatenlosen in Haft oder Gewahrsam aufzusuchen, mit ihm zu verkehren, zu sprechen und ihn zu beraten (Art. 4 a)), sich über jeden Vorfall zu unterrichten, der die Interessen des Staatenlosen berührt (Art. 4 b)), dem Staatenlosen bei seinem Verkehr mit Verwaltungs- und Justizbehörden des Empfangsstaates Beistand zu leisten (Art. 4 c)), ihm in Verfahren vor diesen Behörden Beistand zu leisten (Art. 4 d)), für seine Vertretung in rechtlicher Hinsicht zu sorgen (Art. 4 e)) sowie Dolmetscher für den Staatenlosen vorzuschlagen bzw. selbst als Dolmetscher zu fungieren (Art. 4 f)).

Das Europäische Übereinkommen über konsularische Aufgaben ist bisher noch nicht in Kraft getreten[327], so daß es – auch was den Staatenlosenschutz

---

schrift 435 [1980], normiert mit der gleichen Bedeutung für Staatenlose, s. Art. 1 der Konvention. Mit Staatenbeschwerden befassen sich die Interamerikanische Menschenrechtskommission sowie der Interamerikanische Gerichtshof für Menschenrechte. Auch diesem Rechtskreis ist kein Fall einer Staatenbeschwerde aus Anlaß der Verletzung von Rechten eines Staatenlosen bekannt. Ebenso kennt die Banjul Charter on Human and Peoples' Rights, v. 24. – 27. 06. 1981, OAU Doc. CAB/LEG/67/3/Rev. 5, abgedr. in XXI ILM 59 [1982] gem. Art. 47 ff. eine obligatorische Staatenbeschwerde, die, nach Art. 2 auch die Verletzung Staatenloser umfassend, bei einer ‚African Commission on Human and Peoples' Rights' einzulegen ist; diese Kommission kann in ihrem Bericht Völkerrechtsverletzungen feststellen, leitet ihn aber nur mit Empfehlungen versehen an die Assembly of Heads of State and Government der OAU weiter. Informationen über einen praktischen Vollzug ihrer diesbezüglichen Zuständigkeit seitens der Kommission liegen bisher (30. 06. 1985) nicht vor, zumal bisher auch nur 15 Mitgliedsstaaten die Charta ratifiziert haben, deren Inkrafttreten jedoch der Ratifikation durch die Mehrheit der 50 OAU-Mitglieder bedarf.

323 Die in Art. 25 EMRK geschaffene Individualbeschwerde ist hier unbeachtlich.

324 European Convention on Consular Functions, XV European Yearbook 285 [1967], dt. Übers. in K. Hoffmann, II Konsularrecht, Nr. 505.

325 Abs. 3 der Präambel.

326 Sofern der Staatenlose nicht ein ehemaliger Angehöriger des Empfangsstaates ist.

angeht – lediglich als Manifestation einer Rechtsauffassung der Mitgliedsstaaten des Europarats Bedeutung erlangt. Tritt das Übereinkommen in Kraft, bedeutete dies allerdings nicht nur, daß der Staatenlose bei Vorenthaltung seiner Rechte und Interessen – gemeint sind bei sinngemäßer Anwendung von Art. 2 Abs. 1 des Übereinkommens die aus der Staatenlosenkonvention von 1954 – den Schutz eines Konsularbeamten seines gewöhnlichen Aufenthaltsstaates in Anspruch nehmen könnte, was ihm allein aufgrund der Staatenlosenkonvention selbst, und in diesem Sinne gegenüber Flüchtlingen benachteiligt, bisher verwehrt ist; darüberhinaus verlagerte sich bezüglich des Paktes über bürgerliche und politische Rechte sowie der EMRK der Staatenlosenschutz in die „sphere of everyday consular transactions“[328], in das effizientere Vorfeld also fakultativer oder obligatorischer Staatenbeschwerden.

3. Würdigung

Konnte beim Schutz staatenloser Flüchtlinge immerhin festgestellt werden, daß er zwar nicht die Kriterien diplomatischer Schutzausübung erfüllt, dies aber wegen der Entwicklung eines dezidierten Flüchtlingsrechts insbesondere nach dem Zweiten Weltkrieg keineswegs zu Lasten dieser Personengruppe geht, läßt sich der Schutz für staatenlose Nicht-Flüchtlinge dagegen als völkerrechtlich institutionell überhaupt *nicht existierend* zusammenfassen. Eine selbst im weitesten Sinne als schutzrechtlich zu bezeichnende Praxis im Zusammenhang mit staatenlosen Nicht-Flüchtlingen ist nicht nachweisbar, viel weniger noch diplomatischer Schutz, um dessen Ausübung für Staatenlose es hier geht.

Die Staatenlosenkonvention von 1954 entbehrt – im Gegensatz zu ihrem „Vorbild“, der Flüchtlingskonvention von 1951 in Verbindung mit dem Statut des UNHCR – eines Schutzmechanismus' für den Fall völkerrechtswidri-

---

[327] Stand: 30. 06. 1985. Ebensowenig wie das Protocol to the European Convention on Consular Functions Concerning the Protection of Refugees, v. 11. 12. 1967, XV European Yearbook 315 [1967], Protokoll zu dem Europäischen Übereinkommen über konsularische Aufgaben betreffend den Schutz der Flüchtlinge, bei K. Hoffmann, II Konsularrecht, Nr. 505.1. Art. 2. dieses Protokolls berechtigt den Konsularbeamten des Staates, in dem der Flüchtling seinen gewöhnlichen Aufenthalt hat, in Konsultation mit dem UNHCR den Flüchtling im Empfangsstaat zu schützen und seine Rechte und Interessen zu wahren. Als Gründe, die die Mitgliedsstaaten des Europarats bisher von einer Ratifikation des Übereinkommens und des Protokolls abgehalten haben, nennt *Hoffmann* hauptsächlich Bedenken hinsichtlich der Erweiterung konsularischer Aufgaben bei zunehmender Gleichberechtigung von Angehörigen aller Mitgliedsstaaten des Europarats im Rahmen der europäischen Integration, wie auch Befürchtungen um eine Besserstellung von Konsularbeamten der Mitgliedsstaaten des Europarats gegenüber Nicht-Mitgliedsstaaten, op. cit., Fn. 1 zu Nr. 505.

[328] Grahl-Madsen, Protection of the Unprotected, 37/38 Annuaire de l'A.A.A. 185 (176) [1967/68] in seiner Einschätzung von Art. 46 des Europäischen Übereinkommens.

ger Vorenthaltung von Rechten des Staatenlosen aus der Konvention und läßt den Staatenlosen überdies bei der Wahrnehmung seiner Rechte gegenüber dem jeweiligen Vertragsstaat völlig auf sich selbst gestellt.

Ein geringfügig modifizierteres Bild zeichnet die Konvention über die Verminderung der Staatenlosigkeit. Nach Maßgabe ihres Artikels 11 – in Verbindung mit einer Resolution der Generalversammlung der Vereinten Nationen – bildet der Flüchtlingshochkommissar die internationale Instanz, an welche sich Personen, die sich auf die Konvention berufen, wenden können. Ob die dann entfaltete Tätigkeit des UNHCR mit diplomatischem Schutz in Verbindung zu bringen ist, muß nach dem Wortlaut des Art. 11, eine Praxis fehlt bisher, unter Einbeziehung seiner Entstehungsgeschichte beantwortet – und *abgelehnt* – werden. Regelungstatbestand der Konvention bilden Lösungen einmal des zur originären Staatenlosigkeit führenden negativen Kompetenzkonflikts zweier Anknüpfungsprinzipien für den Erwerb der Staatsangehörigkeit bei Geburt, sowie des zu derivativer Staatenlosigkeit führenden Auseinanderklaffens von Verlust und Neuerwerb der Staatsangehörigkeit; beide Problemsituationen, so sieht es die Übereinkunft vor, sollen künftig positiv, nicht in Staatenlosigkeit endend geregelt werden. Ausschließlich bezogen auf den Erwerbsbereich bzw. auf den Verlust ohne nachfolgenden Neuerwerb einer Staatsangehörigkeit können sich Staatenlose (oder Personen, die ihrer Staatsangehörigkeit verlustig zu gehen drohen) „mit der Bitte um Prüfung *ihres* Anspruchs und um *Unterstützung* bei seiner Durchsetzung“[329] an den UNHCR wenden. Hiermit gelangt man bei einer schutzrechtlichen Gewichtung des Art. 11 wieder in den Protektionsrahmen, der dem UNHCR bei Wahrnehmung seines Mandats der *international protection* gesteckt ist: Hilfestellung bei Wahrnehmung und Durchsetzung fremder Rechte. Das Mandat des UNHCR aus Art. 11 der Konvention zur Verminderung der Staatenlosigkeit entspricht qualitativ dem internationalen Schutz für Flüchtlinge und muß daher als Berechtigung zu diplomatischer Schutzausübung abgelehnt werden. Dieses Ergebnis wird ebenso von der kodifikatorischen Vorgeschichte der Konvention getragen, die weder eine seitens der ILC vorgeschlagene Schutzausübungsberechtigung des Aufenthaltsstaats des Staatenlosen beachtete noch letztendlich die Errichtung einer Agentur zuließ, die unabhängig von entsprechenden Anträgen des Staatenlosen für diesen u. a. vor einem eigens zu schaffenden Gerichtshof hätte tätig werden können[330].

Die mangelnde Praktikabilität der Staatenbeschwerden, sei es die fakultative aus dem UN-Pakt oder die obligatorische aus der EMRK, dürfen

329 Art. 11; Hervorhebungen d. Verf.

330 Vgl. o. 2. Teil B. II. 1. b). In quantitativer Hinsicht liegen die Befugnisse des UNHCR gegenüber staatenlosen Nicht-Flüchtlingen weit unter denen, die er zugunsten der (staatenlosen) Flüchtlinge besitzt, da sein Eingreifen im Zusammenhang mit der ‚Magna Charta‘ der Staatenlosen gar nicht vorgesehen ist.

ebensowenig wie die Umstrittenheit des Instituts der Staatenbeschwerde überhaupt[331] den Weg verstellen zur eigentlichen völkerrechtlichen „Gretchenfrage“: übt ein Staat diplomatischen Schutz aus, wenn er den Ausschuß für Menschenrechte der UNO bzw. die Europäische Kommission für Menschenrechte mit der Verletzung einer Bestimmung des Paktes oder der EMRK zu Lasten eines Staatenlosen befaßt?

Im Zusammenhang mit der EMRK läßt sich diese Frage eindeutig verneinen. Im bereits erwähnten *Pfunders*-Fall[332] – Österreich hatte Italien im Wege der Staatenbeschwerde wegen angeblicher Strafverfahrensmängel gegenüber Angehörigen der deutschsprachigen Minderheit Südtirols vor dem Schwurgericht Bozen und dem Appellationsgericht Trient gerügt – hat die Menschenrechtskommission klargestellt, daß die Vertragsparteien der EMRK diese Konvention abgeschlossen hätten „not to concede to each other reciprocal rights and obligations in pursuance of their individual national interests but to realise the aims and ideals of the Council of Europe, as expressed in its Statute, and to establish a common public order of the free democracies of Europe with the object of safeguarding their common heritage of political traditions, ideals, freedom and the rule of law“[333]. Die Staatenbeschwerde verfolgt mithin, dies kann als ständige Rechtsprechung der Menschenrechtskommission und des Europäischen Gerichtshofs für Menschenrechte bezeichnet werden, die Sicherstellung eines europäischen ‚ordre public‘, der dem gemeinsamen demokratischen Erbe des freien Europa verpflichtet ist[334]. Auf keinen Fall dient die Erhebung der Staaten-

---

[331] *Guradze* veranschlagt den praktischen Wert der Staatenbeschwerde als überaus gering, da die Staaten aus politischen Gründen kaum geneigt sein werden, zugunsten eines Einzelnen, zu dem sie in keinerlei Beziehung stehen, eine solche Beschwerde vorzubringen, Die Europäische Menschenrechtskonvention 210/211 [Berlin 1968]; in ähnlicher Weise kritisch auch Ermacora, Die Menschenrechte: Entwicklung – Stand – Zukunft, in T. Veiter / F. Klein, Die Menschenrechte, Entwicklung – Stand – Zukunft 13/14 (1) [Wien 1966]. Zum Verfahren nach Art. 41 f. des UNO-Menschenrechtspaktes stellt *Guradze* spitz fest: „Welche Aussichten die Vergleichskommission haben könnte ... bleibt das Geheimnis der Verfasser des Art. 42“, in Die Menschenrechtskonventionen der Vereinten Nationen vom 16. Dezember 1966, 15 JIR 268 (242) [1971]. *MacChesney* kann sich „weaker measures“ eines Rechtsschutzinstrumentariums nicht vorstellen, Should the United States Ratify the Covenants? A Question of Merits, not of Constitutional Law, 62 AJIL 914 (912) [1969].

[332] Vgl. o. 2. Teil B. II. 2. b) u. Fn. 320.

[333] 4 Yearbook of the European Convention on Human Rights 138 (116) [1961].

[334] Bericht der Kommission an den Europäischen Gerichtshof für Menschenrechte v. 25. 01. 1976 im Fall *Ireland against the United Kingdom*: „Applications of States under Art. 24 ... must always relate to the alleged interference with the rights and freedoms of individuals set out in Section I, the only difference being that the State cannot be victim of that interference“, 19 Yearbook of the European Convention on Human Rights 936 (512) [1976]; dabei schloß die Kommission nicht aus, daß die Staatenbeschwerde trotz ihres „europäischen“ Hintergrundes durchaus erhoben werden kann, „where only one individual case is in issue“, op. cit., p. 938, und verweist hierbei auf den *Pfunders*-Fall. Im Fall *Ireland against the United Kingdom* (Applications Nos 5310/71 and 5451/72) verdeutlichte Irland, ihr sei daran gelegen, „to ensure the observance of the Convention, and not as measures of diplomatic protection ...“, 15

beschwerde der – nationalegoistischen – Durchsetzung eines völkerrechtlichen Wiedergutmachungsanspruchs nach Rechtsbeeinträchtigung einer der Herrschaftsgewalt eines der Vertragsstaaten unterstehenden Person. Folgerichtig ist ein Vertragsstaat nicht Herr einer von ihm eingelegten Staatenbeschwerde insoweit, als für Gerichtshof und Kommission die Rücknahme einer Klage bzw. die Zurückziehung einer Beschwerde unbeachtlich bleiben können, wenn beide Instanzen nicht tatsächlich im Ergebnis von einer Beachtung der Verpflichtungen aus der EMRK auszugehen bereit sind[335]. Die Staatenbeschwerde ist Ausfluß der „kollektiven Garantie", welche die Vertragsstaaten für die Einhaltung eines europäischen Menschenrechtskonzepts mit Abschluß der EMRK übernommen haben[336], ist somit nicht diplomatische Schutzausübung, sondern – in Anlehnung an die bereits dargestellten Grundsätze des ‚national claim'[337] – die Geltendmachung eines ‚*European Claim*'.

Die sich an vorstehende Feststellung anschließende Frage, ob die fakultative Staatenbeschwerde des Internationalen Pakts über bürgerliche und politische Rechte die Erhebung eines ‚*universal claim*' bedeutet, ist affirmativ zu beantworten. Mit Abschluß dieses Paktes haben sich die Staaten universell dazu verpflichtet, einen internationalen Menschenrechtsstandard nicht aus individuellem nationalen Interesse zu achten, sondern die für alle Mitglieder der menschlichen Gesellschaft unveräußerlichen Rechte als Grundlage von Freiheit, Gerechtigkeit und Frieden in der Welt anzuerkennen[338]. Die Staatenbeschwerde des Pakts bildet den Mechanismus, die von den Staaten vertragsmäßig übernommene Verpflichtung zur Implementierung der erforderlichen innerstaatlichen Schritte zu überwachen, die Voraussetzung für den Genuß der im Pakt kodifizierten Menschenrechte sind.

Yearbook of the European Convention on Human Rights 240 (92) [1972]. S. auch *Cyprus v/Turkey*, Entscheidung der Kommission v. 10. 07. 1978, European Commission on Human Rights, 13 Decisions and Reports 147 (85) und Entscheidung des Gerichtshofs v. 29. 04. 1976 *Case of Ireland v. The United Kingdom*, Ser. A, No. 25, para. 239. Für das Schrifttum s. statt aller H. Guradze, Die Europäische Menschenrechtskonvention 209. Zum Begriff des gemeinschaftlichen ‚ordre public' s. ausführlich Mosler, Der „gemeinschaftliche Ordre public" in europäischen Staatengruppen, in J. de Yanguas Messia et al. (ed.), Estudios de Derecho Internacional Homenaje a D. Antonio de Luna 372 – 384 [Madrid 1968]; der Autor kritisiert zu Recht die nicht besonders glückliche Verwendung dieses Instituts des nationalen Rechts im Völkerrecht, op. cit., p. 373.

335 So insbes. Mosler, op. cit., p. 377 unter Berufung auch auf Art. 47 der Verfahrensordnung des Europäischen Gerichtshofes für Menschenrechte, v. 18. 09. 1959, Rules of Court of the European Court of Human Rights, abgedr. in Council of Europe (ed.), European Convention on Human Rights, Collected Texts 400 [Strasbourg 1981], BGBl 1979 II 212, 1980 II 1378, 1383. Ähnlich auch Art. 44 der Verfahrensordnung der Europäischen Kommission für Menschenrechte, v. 02. 04. 1959, Rules of Procedure of the European Commission of Human Rights, abgedr. op. cit., p. 301 (Strasbourg 1979), BGBl 1977 II 1277, 1978 II 389, 1980 II 1378.

336 Abs. 5 der Präambel der EMRK.

337 Vgl. o. 1. Teil A. III.

338 Abs. 1 der Präambel des Pakts über bürgerliche und politische Rechte.

In diesem Sinne nimmt der Menschenrechtsausschuß Mitteilungen (communications) entgegen – insofern ist der Ausdruck ‚Staatenbeschwerde' (state complaint) unscharf und lediglich an ein vom Grundsatz her ähnliches Verfahren in der EMRK angelehnt –, in denen ein Staat seine Ansicht äußert, ein anderer Staat komme seinen Verpflichtungen aus dem Pakt nicht nach. Viel weniger noch als bei dem Verfahren nach der EMRK ist eine Mitteilung denkbar, die anhand einer individuellen einzelfallbezogenen Menschenrechtsverletzung einem Staat mangelnden Respekt vor den Menschenrechten als anerkannter Grundlage von Freiheit, Gerechtigkeit und Frieden in der Welt zu unterstellen vermag. So gesehen ist die Systematik der Staatenbeschwerde des UNO-Menschenrechtspakts von vornherein gänzlich ungeeignet, einem Staat Kompensation für materielle oder immaterielle Schäden aus der Verletzung einer Einzelperson erwachsend zu verschaffen[339]. Dies wird nicht zuletzt auch vom IGH bestätigt, der in seiner *Barcelona Traction*-Entscheidung die Verpflichtung zur Beachtung grundlegender Menschenrechte als „obligation[s] erga omnes" gegenüber der „communauté internationale dans son ensemble" bezeichnet und sie von denen abgrenzt, „qui naissent vis-à-vis d'un autre Etat dans le cadre de la protection diplomatique" und damit die zwischenstaatliche Durchsetzung von Menschenrechten in Anlehnung an den *Pfunders*-Fall als Anliegen eines universellen ‚ordre public' versteht, an dessen Schutz sämtliche Staaten ein rechtliches Interesse besitzen[340]. Mit Einleitung des Verfahrens gem. Art. 41 des Pakts machte ein Staat somit nicht ‚son droit propre', wie es der StIGH im *Mavrommatis*-Fall hinsichtlich des diplomatischen Schutzes postulierte, geltend, sondern erhöbe – in Anlehnung an die „europäische" Staatenbeschwerde – eine Art *universal claim.*

Offen bleiben kann, ob das Durchsetzungsverfahren des Pakts (wie auch das anderer Menschenrechtsverträge) ein ausschließliches ist, oder ob prinzipiell Menschenrechtsverletzungen in Erweiterung von Fremdenrechtsverletzungen Grundlage für einen völkerrechtlichen Wiedergutmachungsanspruch in Form des diplomatischen Schutzes bilden können. Anlaß zu einer solchen Problematisierung gab der IGH in der *Barcelona Traction*-Entscheidung mit der Feststellung, „sur le plan universel, les instruments qui

339 Im Ergebnis auch – unter ausführlicher Darstellung der Kodifikationsgeschichte des Art. 41 – Schwelb, Civil and Political Rights: The International Measures of Implementation, 62 AJIL 848 (827) [1968]. Auch *Weis* trifft eine klare Unterscheidung zwischen diplomatischem Schutz auf der einen und Menschenrechtsdurchsetzung auf der anderen Seite auf der Basis (materielles) Eigeninteresse/(immaterielles) Allgemeininteresse, lehnt also im Ergebnis diplomatischen Schutz im Rahmen von Menschenrechtskodifikationen ab, Diplomatic Protection of Nationals and International Protection of Human Rights, IV Revue des Droits de l'Homme 675 (643) [1971].

340 *Barcelona Traction, Light and Power Company, Limited,* arrêt, C.I.J. Recueil 1970, 32. Verpflichtungen, so der IGH, deren Beachtung im Wege diplomatischer Schutzausübung geltend gemacht wird, „n'entrent pas dans la même catégorie", loc. cit.

consacrent les droits de l'homme reconnaissent pas qualité aux Etats pour protéger les victimes de violations de ces droits indépendamment de leur nationalité"[341]. Abhängig davon, ob die Betonung auf „ne reconnaissent pas qualité aux Etats pour protéger' oder auf ‚indépendamment de leur nationalité' liegt, gelangt man – in Verbindung mit der nachfolgenden Erwähnung der EMRK durch den IGH, die „une solution à ce problème"[342] biete – entweder zu einem grundsätzlichen Ausschluß diplomatischen Schutzes aus Anlaß von Menschenrechtsverletzungen, es sei denn, ein besonderes Verfahren wäre vereinbart, oder zu einem Ausschluß des Schutzes nur zugunsten von Personen, die nicht die Staatsangehörigkeit des schutzausübenden Staates besitzen[343]. Zwar geht der IGH in seiner Entscheidung fehl in der Annahme, die EMRK biete auf regionaler Ebene eine Lösung, als sie diplomatische Schutzausübung zulasse, denn dies ist, wie gezeigt wurde, von der Rechtsprechung zur EMRK deutlich verneint worden. Gleichzeitig betont der IGH jedoch, daß diese (tatsächlich nicht bestehende) Schutzausübungsbefugnis von der EMRK „sans égard à la nationalité de la victime"[344] anerkannt werde. Offensichtlich legt der IGH den Schwerpunkt bei diplomatischem Schutz – und insofern rechtlicher Tradition folgend – auf die Staatsangehörigkeit, stellt aber die grundsätzliche Zulässigkeit dieses Instituts auch anläßlich von Menschenrechtsverletzungen nicht in Frage. Unterstellt man nun die Kenntnis des IGH um den nahezu parallelen personellen Anwendungsbereich der EMRK auf der einen und universeller Menschenrechtspakte wie des UN-Pakts über bürgerliche und politische Rechte auf der anderen Seite, bestätigt der Gerichtshof für die universellen Menschenrechtspakte nicht anderes als die Einhaltung des Nationalitätsprinzips beim diplomatischen Schutz, für das er lediglich auf regionaler Ebene Ausnahmen feststellt[345]. Obwohl diese Ausführungen des IGH zum internationalen

---

[341] C.I.J. Recueil 1970, 47.

[342] Déc., loc. cit.

[343] Zur ersten Alternative s. Frowein, The Interrelationship Between the Helsinki Final Act, the International Covenants on Human Rights, and the European Convention on Human Rights, in T. Buergenthal (ed.), Human Rights, International Law and the Helsinki Accord 79 (71) [2nd print, Montclair 1979], zur zweiten Simma, Fragen der zwischenstaatlichen Durchsetzung vertraglich vereinbarter Menschenrechte, in I. von Münch (Hrsg.), Staatsrecht – Völkerrecht – Europarecht (Festschrift für Hans-Jürgen Schlochauer) 643 (635) [Berlin usw. 1981].

[344] C.I.J. Recueil 1970, 47.

[345] *Simma* kommt zum gleichen Ergebnis, obwohl er sich durch den Hinweis des IGH auf die EMRK – zu Unrecht – irritieren läßt, stützt doch der IGH gerade die Urteilsinterpretation des Autors, op. cit., loc. cit. u. Fn. 31. *Geck* stellt im Zusammenhang mit der EMRK ganz grundsätzlich die Zulässigkeit des diplomatischen Schutzes in Frage. Gerade dadurch, so der Autor, daß die Vertragsstaaten die Rechte und Freiheiten der EMRK allen Menschen, die ihrer Hoheitsgewalt unterstehen, zusichern, liegt in dieser Zusicherung eine uneigennützige – weil staatsangehörigkeitsunabhängige – Gewährung von Individualrechten, weswegen insoweit ihre Durchsetzung mittels diplomatischen Schutzes systemwidrig wäre, Die Ausweitung von Individualrechten durch völkerrechtliche Verträge und der Diplomatische Schutz, in B. Börner

Menschenrechtsschutz im Rahmen der *Barcelona Traction*-Entscheidung sicherlich eher als ‚*obiter dicta*' zu verstehen sind, entbehren sie angesichts der enormen Zurückhaltung der Staaten (insbesondere der osteuropäischen) bei universellen Menschenrechtskodifikationen und ihren Durchsetzungsinstrumentarien keinesfalls der Realität. Tatsache bleibt jedenfalls, daß nach Maßgabe von Art. 41 des UNO-Pakts eine diplomatische Schutzausübung für Staatenlose *nicht* begründet werden kann und – de lege ferenda – im Zusammenhang mit dem Pakt mit an Sicherheit grenzender Wahrscheinlichkeit unter Hinweis auf das Nationalitätsprinzip auf Ablehnung stieße.

Was schließlich das Europäische Übereinkommen über konsularische Aufgaben betrifft, so ist nicht zuletzt auch wegen seines mangelnden Inkrafttretens und darob fehlender Staatenpraxis allein auf den schutzrechtlichen Gehalt des Art. 4 von seinem Wortlaut her abzustellen. Diese Legaldefinition des dem Konsularbeamten durch Art. 46 iVm. Art. 2 Abs. 1 übertragenen Schutzmandats steht eindeutig in der Tradition der Wahrnehmung *konsularischer Aufgaben*, wie sie im Zusammenhang mit der Flüchtlingshilfe seit dem Ersten Weltkrieg breite Vorstellung gefunden hat und als ausschließlich den Rechten des Staatenlosen selbst verpflichtet nicht diplomatischer Schutz sein kann.

Dieses Ergebnis muß ausgeweitet werden auf alle schutzrechtlichen Ansätze sowohl der speziellen Staatenlosenkonventionen nach dem Zweiten Weltkrieg wie auch der universellen bzw. regionalen Menschenrechtsverträge; eine das völkervertragsrechtliche Nichtbestehen diplomatischen Schutzes für staatenlose Nicht-Flüchtlinge etwa konterkarierende Staatenpraxis bleibt gleichermaßen den Nachweis schuldig.

C. Ergebnis: Der gegenwärtige Rechtszustand im Hinblick auf diplomatischen Schutz für Staatenlose

Der Tenor der beklemmend-harschen Feststellung der amerikanisch-mexikanischen Claims Commission im *Dickson Car Wheel Company*-Fall, dahingehend, die Staatenlosen entbehrten grundsätzlich des zwischenstaatlichen Schutzes, sei es vor oder nach Rechtsverletzung[346], kann modifiziert werden: denn den Staatenlosen ist mit dem Heranreifen eines die Beziehungen der Staaten untereinander nach und nach regelnden Normgeflechts seit Beginn des 19. Jahrhunderts durchaus Schutz gewährt worden.

u. a., (Hrsg.), 1 Einigkeit und Recht und Freiheit. Festschrift für Karl Carstens 354/355 (339) [Köln usw. 1984]. Die Logik dieses Arguments läßt sich auch auf den UNO-Pakt anwenden. Für den EG-Bereich lehnt *Geck* mit anderer Begründung die Möglichkeit diplomatischen Schutzes ebenfalls ab, op. cit., S. 346 – 354.

[346] Vgl. das Zitat o. 1. Teil C. zu Fn. 248.

War dieser Schutz bis zur Völkerbundszeit noch weitgehend unsystematisch einzelfall-, oder besser gesagt ‚einzelgruppenbezogen' und geographisch abgrenzbar, wie dies für die – europäischen – Übernahme- und Auslieferungsverträge sowie für das Engagement der Großmächte im Ottomanischen Reich gilt, hat sich vom Ende des Ersten Weltkriegs an bis zum heutigen Tage ein *konkretes Flüchtlingsschutzrecht* herauskristallisiert, welches überwiegend kodifiziert nachvollzogen werden kann.

Die staatenlosen Nicht-Flüchtlinge sind demgegenüber, auch das hatten die Untersuchungen ergeben, von dieser schutzrechtlichen Entwicklung unberücksichtigt geblieben. Ohne bemerkenswerte Konsequenz blieb dies in Zeiten der politisch hervorgerufenen ‚heimatlosat en masse', wo Staatenlosigkeit in der Regel zugleich mit der Flüchtlingseigenschaft einherging. Eine Divergenz des Schutzes staatenloser Nicht-Flüchtlinge und des der Flüchtlinge zu Lasten ersterer brachten dann aber nach dem Zweiten Weltkrieg Flüchtlingskonvention und Staatenlosenkonvention, die den Flüchtlingen einerseits die Fundamentierung ihres Rechtsstatus' unter Aufsicht des Flüchtlingshochkommissars der Vereinten Nationen in und gegenüber ihrem jeweiligen Aufenthaltsstaat sicherten, gleiches andererseits den staatenlosen Nicht-Flüchtlingen versagten, sieht man einmal von der ganz eng gezogenen Ausnahme im Übereinkommen zur Verminderung der Staatenlosigkeit ab.

Eine Gemeinsamkeit im positiv-erwünschten Sinne weisen beide Gruppen auf: Ziel der internationalen Bemühungen um sie ist Schaffung und Durchsetzung eines Rechtsstatus', der sie mit den Staatsangehörigen ihres jeweiligen Aufenthaltsstaats weitestgehend gleichstellt, ihnen eine Inländergleichbehandlung gewährt und damit die Richtung der *Integration* einschlägt.

Aus dem Betreiben der Integration resultiert gleichzeitig beider Gemeinsamkeit im negativ-unerwünschten Sinne: die Staatengemeinschaft will zwar das Problem der Staatenlosigkeit eliminieren, so steht es gemeinhin in den Präambeln der einschlägigen Kodifikationen, übersieht dabei aber, daß diese Eliminierung, die Endstufe der Integration, nur durch Verleihung einer Staatsangehörigkeit durchzusetzen ist. Gerade der konkrete Akt der Staatsangehörigkeitsverleihung jedoch ist einer völkerrechtlichen Regelung entzogen, weil unumstößlicher Bestandteil der ‚domaine reservé' eines Staates. Konsequenterweise hätten die Staaten daher bei ihren kodifikatorischen Unternehmungen zur Amelioration der Stellung der Staatenlosen eine absehbare Aufrechterhaltung des staatenlosen Zustandes dieser Gruppe mit seinen Auswirkungen auf den diplomatischen Schutz unterstellen müssen. Hierfür gibt es keinen Anhaltspunkt.

Das völkergewohnheitsrechtliche Institut des diplomatischen Schutzes ist noch in keinem einzigen Fall so zugunsten Staatenloser realisiert worden, daß es als Satz des derzeit geltenden Völkerrechts anzusehen wäre. Mit Ausnahme des mit dem Stigma machtpolitischer Einflußnahme behafteten Schutzes staatenloser Juden in Rumänien und von Schutzgenossen in der Levante und den Barbareskenstaaten kennt die Staatenpraxis den diplomatischen Schutz Staatenloser nicht. Dies spiegelt sich auch in der völkervertragsrechtlichen Implementierung des Schutzes Staatenloser wider. Zwar existiert mit der ‚international protection' ein durchaus beachtenswertes Instrumentarium, welches zumindest dem Flüchtling bei der Wahrnehmung seiner Rechte schützend zur Seite steht, ihm Einzelhilfe gewährt, der diplomatische Schutz für Staatenlose als Recht eines Völkerrechtssubjekts hingegen ist Theorie geblieben, ist allenfalls Historie vorbereitender Arbeiten, traveaux preparatoires völkerrechtlicher Verträge, ohne auch nur im entferntesten bei der Endfassung jemals berücksichtigt worden zu sein[347].

Der gegenwärtige Rechtszustand im Hinblick auf diplomatischen Schutz für Staatenlose läßt sich mithin wie folgt resümieren: wegen der ausnahmslosen Geltung des Nationalitätsprinzips bei der diplomatischen Schutzausübung kann kein Staat in der Person eines Staatenlosen dergestalt verletzt werden, daß dies zu einem völkerrechtlichen Deliktsanspruch in der Ausgestaltung des diplomatischen Schutzes erwüchse. Der mit dieser Arbeit unternommene Versuch, mögliche ‚Akzessorietätslockerungen' im Verhältnis Staatsangehörigkeit/diplomatischer Schutz zu entdecken, muß im Hinblick auf diplomatischen Schutz für Staatenlose im Ergebnis *de lege lata als fehlgeschlagen* gelten.

[347] Hierher gehört auch der – abgelehnte – Vorschlag Kanadas anläßlich der Beratungen zu Art. 15 der Allgemeinen Erklärung der Menschenrechte (Universal Declaration of Human Rights, v. 10. 12. 1948, GA-Res. 217 (III), GAOR, 3rd sess., Part I, resolutions, p. 17, dt. bei B. Simma / U. Fastenrath (Hrsg.), Menschenrechte 5, das in Abs. I formulierte „right to a nationality" zu ergänzen mit „or to an equivalent status under the protection of the United Nations", Nachweis bei H. F. van Panhuys, The Rule of Nationality in International Law 222.

"... there are cases in which protection may be exercised by a State on behalf of persons not having its nationality."

(Reparations for injuries suffered in the service of the United Nations, Advisory Opinion: I.C.J. Reports 1949, p. 181 (174))

Dritter Teil

Möglichkeiten zur Errichtung eines effektiven Schutzsystems für Staatenlose

Der gegenwärtige Rechtszustand im Hinblick auf diplomatischen Schutz für Staatenlose, der eben diesen Schutz nicht zuläßt, ist unbefriedigend. Er ist unbefriedigend für den Staatenlosen, denn er nimmt nicht einmal reflexhaft am Schutz des Völkerrechts teil, wie es dem Individuum vergönnt ist, welches allein mit seiner Staatsangehörigkeit in das diesbezügliche „Licht der völkerrechtlichen Betrachtung"[1] zu gelangen imstande ist. Er ist unbefriedigend auch für den Staat, der bei völkerrechtswidriger Verletzung eines Staatenlosen kein eigenes Recht geltend machen kann, obwohl er möglicherweise durch die Verletzung einer solchen Person durchaus betroffen ist – denkbar etwa bei völkerrechtswidriger Enteignung eines Staatenlosen, der für sein Vermögen schon seit Jahren von seinem Aufenthaltsstaat veranlagt wird.

Derlei Regelungslücken bilden eine Herausforderung an das Völkerrecht, da sie offensichtliche Schwachstellen des völkerrechtlichen Deliktsrechts und beim Schutz der Einzelperson durch das Völkerrecht bloßstellen. Bei einer gedanklich nachzuvollziehenden Schließung dieser Regelungslücken gerät man natürlich leicht in die Gefahr, Modelle und Neuordnungen zu entwickeln, die der vorgefundenen geltenden Völkerrechtslage als Reflektion von Völkervertrags- und Völkergewohnheitsrecht überhaupt nicht entsprechen, dadurch völkerrechtswissenschaftliche Grauzonen zielorientierter Gesundbeterei und Begriffsjurisprudenz schaffen („völkerrechtliche" Auseinandersetzungen u. a. mit der Frage der Abrüstung, mit Kolonialismus und Dritter Welt geben beredt-erschreckende Beispiele), in keiner Weise jedoch dem nahezu statischen Charakter des Völkerrechts entgegenkommen[2].

---

1 Stoerk, sub voce ‚Staatsuntertanen und Fremde', in F. von Holtzendorff (Hrsg.), II Handbuch des Völkerrechts 653 (583) [Hamburg 1887].

2 *Wengler* zitiert im Vorwort zu seinem Völkerrechtslehrbuch einen angelsächsischen Richter, der sich über den Völkerrechtsgelehrten lustig macht, weil er für alles eine der Rechtswirklichkeit nicht entsprechende Lösung bereithält: „A pedantic man in his closet dictates the law of nations; everybody quotes, and nobodys minds him", I Völkerrecht VIII [Berlin usw. 1964].

Eine sinnvolle Diskussion über einen Weg aus der Sackgasse des diplomatischen Schutzes für Staatenlose läßt sich daher nur auf der Basis führen, daß der diplomatische Schutz auch weiterhin vom Nationalitätsprinzip als Schadenszuordnungskriterium beherrscht sein wird. Obwohl die strikte Einhaltung des Nationalitätsprinzips in Bezug auf Staatenlose nunmehr feststeht, gibt es dennoch eine in relativem Dunkel schlummernde Praxis der Völkerrechtsgemeinschaft, in bestimmten Fällen durchaus Verletzungen von Privatpersonen zum Anlaß diplomatischer Schutzausübung zu nehmen, obwohl diese keinesfalls die Staatsangehörigkeit des schutzausübenden Völkerrechtssubjekts besitzen. In diese Praxis wird Licht zu bringen sein, um feststellen zu können, ob möglicherweise eine Ablösung des Gedankens einer Nationalität von Schutzrechtsansprüchen zugunsten der Besinnung auf die sämtlichen Schutzrechtsansprüchen gemeinsamen Voraussetzungen des völkerrechtlichen Delikts realistisch und praktikabel, d. h. vom geltenden Völkerrecht gedeckt ist.

Von der Warte des völkerrechtlichen Delikts soll m. a. W. im folgenden die Frage gestellt werden, ob die Person zu dem Völkerrechtssubjekt, das zu ihren Gunsten einen Wiedergutmachungsanspruch erhebt, in irgendeiner Sonderverbindung stehen muß, welcher anerkannt die Wirkung zukommt, der dem Einzelnen entstandene Schaden sei auch ein solcher des Schutzausübenden.

A. Die Bedeutung der Staatsangehörigkeit für das Schutzrecht

Der vom StIGH entschiedene *Panevezys-Saldutiskis*-Fall und das Rechtsgutachten des IGH zu *Reparations for injuries suffered in the service of the United Nations* bilden in ihren Aussagen zum diplomatischen Schutz eine *Antinomie.* Für den StIGH ist es allein das Band der Staatsangehörigkeit, welches dem Staat das Recht zu diplomatischer Schutzausübung gibt. Der IGH wiederum erwähnt ‚wichtige Ausnahmen' zu der Regel des StIGH, da es Fälle gibt, in denen ein Staat diplomatischen Schutz zugunsten von Personen ausüben darf, die nicht seine Staatsangehörigkeit besitzen.

Es darf mithin zu Recht die Frage nach der eigentlichen Bedeutung der Staatsangehörigkeit für das Schutzrecht gestellt werden, ein Frage, die sich nur anhand der Staatenpraxis zum diplomatischen Schutz unter Hintanstellung des Nationalitätsprinzips, vom IGH zwar festgestellt, jedoch nicht beispielhaft belegt, beantworten läßt. Nach Darstellung dieser ‚important exceptions' wird sich dann herausstellen, ob sie die traditionelle Struktur des diplomatischen Schutzes gegen auch die eindeutige Rechtsprechung des StIGH und das überkommene Verständnis vom Nationalitätsprinzip zu erschüttern oder wenigstens doch in Frage zu stellen vermögen.

I. Die Praxis der Schutzausübung unter Verzicht auf die Staatsangehörigkeit des Schutzausübenden

In der Tat verzeichnet die Staatenpraxis eine Anzahl von Fällen, in denen unter Verzicht auf das Bindeglied der Staatsangehörigkeit zwischen Schutzausübendem und Schutzbegünstigtem diplomatischer Schutz entweder ausgeübt oder doch für bestimmte Konstellationen anerkannt worden ist. Die vorliegenden Ausnahmen lassen sich aufschlüsseln in Schutz für levantinische Schutzgenossen, Protektoratsangehörige, Angehörige von Mandats- bzw. Treuhandgebieten, fremde Seeleute, fremde Angehörige des „öffentlichen Dienstes" eines Staates und für Angehörige befreundeter Staaten. Nach der Darstellung des Schutzes für diese Personengruppen muß sich notwendigerweise eine kritische Gegenüberstellung des beschriebenen Schutzes und des traditionellen Instituts des diplomatischen Schutzes anschließen, denn de lege lata konnte das Nationalitätsprinzip wegen seines deliktsbegründenden Charakters bisher jedenfalls nicht an eine Modifizierung, weniger noch an ein völliges Absehen bei der Ausübung des diplomatischen Schutzes denken lassen. Insbesondere wird auch der diplomatische Schutz unter Hintanstellung des Staatsangehörigkeitserfordernisses im Verhältnis Staat/Einzelperson im Lichte der Voraussetzungen des ‚national claim' zu würdigen sein. Aus allen diesen Gründen mögen die der nachstehenden Untersuchung der Staatenpraxis vorausgeschickten Prämissen *‚diplomatischer Schutz unter Verzicht auf die Staatsangehörigkeit des Schutzausübenden'* oder *‚Ausnahmen vom Nationalitätsprinzip'* durchaus als zunächst verfrüht gescholten werden, wenn sie sich auch an der Diktion des IGH orientieren[3].

1. Levantinische Schutzgenossen

Über den politisch-rechtlichen Hintergrund von Schutzgenossenschaftsverhältnissen ist bereits oben im Zusammenhang mit dem staatenlosen Schutzgenossen in der Levante und den Barbareskenstaaten kurz referiert worden[4]. Die Konsulargerichtsbarkeit, der sich auch Staatenlose zu ihrem Schutz als de facto-Untertanen des Entsendestaates unterstellen konnten, etablierte sich als Folge des Zerfalls des Oströmischen Reiches beginnend mit dem Tod *Justinians*[5]. Parallel zur Zurückdrängung des Islam in sieben

---

[3] Auch in der Literatur ist gelegentlich von ‚Ausnahmen' die Rede, ohne jedoch einen sorgfältigen Abgleich vorgefundener ‚Ausnahmen' mit den Grundsätzen des diplomatischen Schutzes vorzunehmen, s. bspw. P. Guggenheim, I Lehrbuch des Völkerrechts 292. Lediglich *Messer* tastet sich mit größter Vorsicht und allen Vorbehalten an die „grundsätzliche Möglichkeit von Ausnahmen von der Nationalitätsregel" heran, Schutzrecht und Nationalitätsprinzip 58 – 60.

[4] 2. Teil A. 1. 3.

[5] Der Kaiser starb 565.

Kreuzzügen hatten insbesondere die oberitalienischen Seestädte Venedig, Genua und Pisa Handelsfaktoreien im Orient gegründet, in denen ein *consul mercatorum* u. a. auch die Gerichtsbarkeit über seine Landsleute ausübte[6]. Nach Einnahme Konstantinopels durch die Türken im Jahre 1453 standen sich bald mit dem Osmanischen Reich und den von ihm beeinflußten Barbareskenstaaten auf der einen und den zentraleuropäischen Reichen auf der anderen Seite zwei in ihren politischen, rechtlichen und religiösen Werten diametral entgegengesetzte Systeme feindlich gegenüber. Dennoch gab es natürlich intensive Handelskontakte zwischen Orient und Okzident. Dieser christlich-mohammedanische Handelsverkehr gab der Konsulargerichtsbarkeit im Orient eine verstärkte schutzrechtliche Komponente, da die Europäer den Koran nicht unbedingt als firme Rechtsgrundlage für die Exekution zivilisierter Rechtspflege abendländischer Prägung ihren Angehörigen gegenüber zu betrachten geneigt waren, so daß die Konsulargerichtsbarkeit als Instrument der Exemtion eigener Angehöriger von der Jurisdiktionsgewalt des Osmanischen Reiches „wegen des ungeheuren Unterschiedes zwischen den Rechtsanschauungen der Christen und denen der Nichtchristen eine Existenzfrage“[7] wurde.

Völkerrechtliche Grundlage für die Konsulargerichtsbarkeit bildeten Vereinbarungen zwischen den verschiedenen Sultanen der Hohen Pforte und den europäischen Mächten, sog. *Kapitulationen*[8]. In erster Linie war es Frankreich, das sich mit dem osmanischen Reich auf Kapitulationen einigte[9], die den Schutz dieses Landes auch auf Nicht-Franzosen erstreck-

---

[6] Auf die Vorläufer dieser Konsuln, den *Proxenos* im alten Griechenland und den *praetor peregrinus* in Rom, soll hier nicht weiter eingegangen werden, zumal auch äußerst umstritten ist, ob beide ein Analogon zur hier behandelten Konsularvertretung bilden, s. Beach Lawrence, Étude sur la juridiction consulaire, X Revue de Droit International et de Législation Comparée 285 (285) [1878], bzw. A. Rivier, Lehrbuch des Völkerrechts 279 [Stuttgart 1889].

[7] v. Frisch, sub voce ‚Konsulargerichtsbarkeit', in K. Strupp (Hrsg.), I Wörterbuch des Völkerrechts und der Diplomatie 673 (672) [Berlin usw. 1924].

[8] Dieser Name ist die Übersetzung des arabischen Wortes *sulh*, d. h. Waffenstillstand, vorläufige Abmachung, s. S. Antonopoulos, Über die Exterritorialität der Ausländer in der Türkei 6 [Berlin 1895] und gibt Beweis für die Friktion zwischen Islamrecht und abendländischem Recht. Der Koran läßt einen echten Frieden zwischen Gläubigen und Ungläubigen nicht zu, daher Kapitulation als eine Art Provisorium. Teilweise wird *Kapitulation* von seiner Bedeutung her entlehnt den Vertragsverhandlungen zwischen Christen und Mohammedanern, die durch Beibringung von vorformulierten Artikeln (*capitula*) begonnen wurden und abschließend in die Sammlung von Artikeln (*capitulatio*) mündeten, s. L. – J. – D. Féraud-Giraud, I De la Juridiction Francaise dans les Échelles du Levant et de Barbarie 88, Fn. 1 [2me éd., Paris 1871].

[9] Die Infragestellung dieser Kapitulationen in ihrer Qualität als zweiseitige völkerrechtliche Verträge im Gegensatz zu einseitigen liberalen Zugeständnissen der Pforte (s. hierzu G. Flassan, Histoire générale de la diplomatie francaise 25 [Paris 1808]) ist völkerrechtliche Spiegelfechterei, da Willenserklärungen auch nur eines Völkerrechtssubjekts zweifelsohne völkerrechtliche Rechtsverhältnisse und Rechtswirkungen hervorrufen können (s. F. Pfluger, Die einseitigen Rechtsgeschäfte im Völkerrecht 28 [Zürich 1936]). Genau um diese schutzrechtlichen Wirkungen unter Verzicht auf ein starres Staatsangehörigkeitserfordernis im Verhältnis zum Schutzausübenden

ten. Die ersten Kapitulationen zwischen der Türkei und Frankreich aus den Jahren 1528[10], 1535[11], 1553[12] und 1569[13] enthielten zwar noch keine diesbezüglichen Bestimmungen, man wird jedoch davon ausgehen können, daß Frankreich schon zu dieser Zeit Fremde geschützt hat, wenn Art. 1 der Kapitulation vom 6. 7. 1581 zwischen *Henri III* und Sultan *Mourad Kahn III*[14] bestätigt, daß Venezianer, Genueser, Engländer, Portugiesen und andere, die seit jeher unter der Fahne Frankreichs gereist sind, dies auch in Zukunft gleichermaßen tun dürfen[15]. Deutlicher wird Art. 6 der Kapitulation vom 20. 05. 1604 zwischen *Henri IV* und Sultan *Ahmed I*[16], der festhält, daß, mit Ausnahme von Venezianern und Engländern, „... tout les autres nations aliénées de l'amitié de notre grande Porte et qui n'y ont point d'ambassadeur, voulant trafiquer dans nos pays, elles aient à y venir sous la bannière et protection de France ...“[17]. Dieses ausschließliche Privileg Frankreichs wird zuletzt in der Kapitulation zwischen *Louis XV* und Sultan *Mahmoud I* vom 28. 05. 1740[18] in Art. 32 bekräftigt.

Dessenungeachtet stellt sich das Monopol Frankreichs bei der Schutzausübung im Osmanischen Reich spätestens seit der Kapitulation zwischen dem englischen König *Charles II* und Sultan *Mehmed IV* vom September 1675[19] als nur vermeintliches dar. Denn der Sultan gesteht in Art. XVIII zu, daß „all the Capitulations, privileges, and Articles, granted to the French ... having been in like manner ... granted to the English“. In Art. XXXIII wird

---

geht es hier, der Rechtsfolgewillen bleibt immer auf eine völkerrechtliche Wirkung ausgerichtet, sofern nur ein völkerrechtliches Rechtsgeschäft – bi- oder multilateral spielen keine Rolle – gewollt ist.

[10] Vom 20. 09. 1528, abgedr. bei J. de Testa, I Recueil des Traités de la Porte Ottomane avec les Puissances Étrangères 23 [Paris 1864].

[11] Vom Februar 1535, abgedr. bei G. Noradounghian, I Recueil d'Actes Internationaux de l'Empire Ottoman 83 [Paris etc. 1897].

[12] Vom 01. 02. 1553, abgedr. bei de Testa, op. cit., p. 43.

[13] Vom 18. 10. 1569, abgedr. bei de Testa, op. cit., p. 91.

[14] Auszugsweise abgedr. bei A. de Miltitz, II Manuel de Consuls 106 [Londres etc. 1839].

[15] Eine Bestimmung ähnlichen Inhalts findet sich in Artikel 4 der Kapitulation v. 25. 02. 1597, auszugsweise abgedr. bei M. d'Ohsson, VII Tableau Général de l'Empire Ottoman 474 [Paris 1824].

[16] Abgedr. bei Anonymus, Le Régime des Capitulations 108 [Paris 1898].

[17] Bestätigt durch eine Zusatzerklärung vom 20. 04. 1607 (bei G. Noradounghian, I Recueil d'Actes Internationaux de l'Empire Ottoman 108), nachdem zuvor im Jahre 1606 die Monopolstellung Frankreichs bei der Schutzausübung zugunsten Englands zunächst durchbrochen schien durch eine entsprechende englisch-türkische Kapitulation, s. hierzu A. Escher, Der Schutz der Staatsangehörigen im Ausland durch fremde Gesandtschaften und Konsulate 10 [Aarau 1929].

[18] Abgedr. bei G. Noradounghian, op. cit., p. 277. In der Kapitulation v. 05. 06. 1673 war zwischenzeitlich nur von einer ‚Erlaubnis' ([n]ous permettons) die Rede, s. Art. 6 der ‚Articles Nouveaux' jener Kapitulation, abgedr. op. cit., p. 143 (136).

[19] Neufassung aus dem Jahr 1809, abgedr. bei L. Herstlet, II A Complete Collection of the Treaties and Conventions, and Reciprocal Regulations, At Present Subsisting between Great Britain and Foreign Powers, etc., 346 [London 1840].

England sogar unter völligem Ausschluß anderer Staaten hierbei zum Schutz flämischer Kaufleute und solcher aus den niederländischen Provinzen Holland, Seeland, Friesland und Geldern (im wesentlichen also der Utrechter Union) ermächtigt[20].

Überdies finden sich gleiche Rechte und Privilegien durch Kapitulationen und Verträge zwischen 1612 und 1782 zugesichert auch den Niederlanden[21], Österreich[22], den Beiden Sizilien[23], Dänemark[24], Preußen[25], Rußland[26] und Spanien[27], in der Regel durch einfachen Verweis auf die entsprechenden Rechte der anderen europäischen Mächte. Und selbst wenn einem europäischen Staat nicht ausdrücklich das Recht verliehen wird, auch fremde Angehörige zu schützen, legen vertragliche Formulierungen wie ‚sujets' oder ‚se couvrant du pavillon' nahe, daß der Vertragspartei ein weit bemessener Spielraum bei der Schutzgewährung zugebilligt ist; denn schon durch die Ausstellung eines Schutzbriefs konnte, wie gezeigt, der Aussteller den Inhaber als ‚sujet' oder Schutzbefohlenen reklamieren[28]. Demgemäß bestimmt beispielsweise Art. 1 des Freundschafts- und Handelsvertrages zwischen der Hohen Pforte und dem Österreichischen Kaiser *Franz I.* als Großherzog von Toskana[29], daß als Untertanen Seiner Majestät nicht nur Angehörige des Großherzogtums Toskana gelten, sondern auch Kaufleute der Städte Hamburg und Lübeck, insoweit sie im Osmanischen Reich ausgestattet mit kaiserlichen Lizenzen Handel treiben.

Ähnlich verhält es sich mit Verträgen, welche die Barbareskenstaaten mit den europäischen Mächten abschlossen. Wieder sichert sich Frankreich in Algier ein ausschließliches Schutzrecht[30], teilt sich dieses in Tripolis mit England[31] und schützt in Tunis zunächst alleinberechtigt alle ausländischen

---

[20] Und der französische Botschafter im gleichen Artikel aufgefordert, er solle „never hereafter oppose or intermeddle herein".

[21] Art. 41 der Kapitulation v. 06. 07. 1612, abgedr. bei J. Dumont, V Corps Universel Diplomatique du Droit des Gens 205 [Amsterdam etc. 1730].

[22] Art. 17 des Friedensvertrages von Karlowitz v. 26. 01. 1699, abgedr. bei G. Noradounghian, I Recueil d'Actes Internationaux de l'Empire Ottoman 182.

[23] Art. 3 des Freundschaftsvertrages v. 07. 04. 1740, abgedr. op. cit., p. 270.

[24] Art. 8 der Kapitulation v. 14. 10. 1745, abgedr. op. cit., p. 308.

[25] Art. 4 der Kapitulation v. 23. 03. 1761, abgedr. op. cit., p. 315.

[26] Art. 11 des Friedensvertrages von Kütschük-Kainardschi v. 10/21. 07. 1774, abgedr. op. cit., p. 319.

[27] Art. 3 des Friedens- und Handelsvertrages v. 14. 09. 1782, abgedr. op. cit., p. 344.

[28] Zu dieser Praxis s. o. 2. Teil A. I. 3.

[29] Vom 25. 05. 1747, ital. u. engl. Vertragstext in XX British and Foreign State Papers, 1832 – 1833, 98 [London 1836].

[30] Im Vertrag v. 17. 05. 1666, Art. VIII, abgedr. bei C. Parry (ed.), 9 The Consolidated Treaty Series 155 [Washington 1969 – 1981].

[31] Art. 4 des am 11. 10. 1694 zwischen England und Tripolis geschlossenen Vertrages (op. cit., Vol. 20, 445) stipuliert, daß Schutzsuchende „shall be at liberty to put themselves under the protection of the English, as well as the French Consul . . .".

Kaufleute mit Ausnahme der englischen und flämischen[32], bis Tunis in einem Friedensvertrag mit Österreich als „Sujets de S.M.I.[33] & Catholique" und damit als Schutzbegünstigte Kaiser *Karls VI.* „les Allemands, les inhabitans des Pais-Bas, Autrichiens à l'Ocean, Siciliens, Napolitains, Calabrois, & leur dependences, & ceux de Fiume & de Trieste situés dedans la Mer Adriatique, & tous autres de quelque Nation, & Religion, qu'ils soient" anerkennt[34].

Als Zwischenergebnis kann also zunächst festgehalten werden, daß das Regime von Kapitulationen, Freundschafts- und Handelsverträgen zwischen Europa und dem Osmanischen Reich die Geltendmachung eines Schutzrechts zugunsten fremder Staatsangehöriger, in der Überzahl Kaufleute, zuließ[35].

Neben dem Schutzrecht als Folge handelspolitischer Beziehungen mit der Türkischen Pforte und den Barbareskenstaaten ist jedoch – wenn auch nicht gleichbedeutend mit der Zielrichtung des ersteren – dem Schutzrecht mit seinem spezifisch christlichen Moment ebenso Interesse zu schenken. Denn aus der Sicht Europas galt es neben der merkantilen Entwicklung im Verhältnis zur Türkei den sicheren Zugang zu den heiligsten Stätten des Christentums, fast unerreichbar tief im osmanischen Machtbereich gelegen, zu sichern.

Erneut nimmt Frankreich beim „protectorat catholique"[36] eine dominierende Stellung ein. In der schon erwähnten Kapitulation aus dem Jahre 1604 zwischen *Henri IV* und Sultan *Ahmed I*[37], die Frankreich ein Schutzprivileg einräumt, ordnet der Sultan weiterhin an, „que les sujets dudit empereur de France (sic!) et ceux des princes, ses amis, alliés et confédérés puissent, sous

---

[32] Art. 17 des Vertrages v. 25. 11. 1665, abgedr. op. cit., Vol. 8, 383.

[33] Sa Majesté Impériale.

[34] Art. 2 des Vertrages v. 23. 09. 1725, abgedr. op. cit., Vol. 32, 213.

[35] Ein Eingehen auch auf die Konsularschutzverhältnisse im Orient (Persien), vor allem aber in China und Japan, scheint verzichtbar; Konfuzianismus und Buddhismus, die beiden dominanten philosophisch-religiösen Systeme des Fernen Ostens, nahmen ohnehin keine diskriminierenden Unterscheidungen zwischen Inländern und Ausländern vor, so daß Konsularschutzverhältnisse dort nie die Bedeutung erlangt haben wie in der Levante. Berühmt ist der Dialog zwischen einem britischen Superintendent in Kanton, der die Unterwerfung von Opiumschmugglern kurz vor dem Opiumkrieg unter die chinesische Strafgerichtsbarkeit kritisiert und von einem chinesischen Beamten daraufhin fragend zurechtgewiesen wird: „How can you bring the laws of your nation with you to the Celestial Empire?", zitiert bei S. S. Liu, Extraterritoriality: Its Rise and its Decline 80 [New York 1925]. Natürlich fehlte es keinesfalls an Bestrebungen, die eigenen Staatsangehörigen unbedingt der eigenen Jurisdiktion zu unterstellen, der Schutz fremder Staatsangehöriger fand aber nur über den Weg relativ eigenwilliger Interpretation von ‚sujet', ‚subject' oder ‚protected persons' statt, s. für die Praxis Englands R. H. Ouang, Essai sur le Régime des Capitulations en Chine 105 [Thèse Genève, Paris 1932].

[36] F. Rey, La Protection Diplomatique et Consulaire dans les Échelles du Levant et de Barbarie 469 [Paris 1899].

[37] Vgl. o. 3. Teil A. I. 1. u. Fn. 16.

son aveu et protection, librement visiter les saints lieux de Jérusalem, sans qu'il leur soit fait ou donné aucun empêchement"[38]. Erstaunlicherweise hat Frankreich bis in die neueste Zeit die Exklusivität seines Schutzrechts für alle Christen im Orient behauptet[39], obwohl sich diese in Anspruch genommene Ausschließlichkeit in keiner der Kapitulationen zwischen beiden Ländern findet und mehr noch religiöse Schutzrechte auch Polen[40], Venedig[41] und Kaiser *Karl VI.*[42] zugestanden wurden[43].

Schutzrechte unter dem Anknüpfungsmoment einer bestimmten Religionszugehörigkeit beanspruchten überdies Rußland zugunsten der Mitglieder der Orthodoxen Kirche im Machtbereich der Hohen Pforte[44], während der englische Außenminister Lord *Palmerston* den britischen Vizekonsul in Jerusalem anwies, „to afford Protection to the Jews generally"[45].

Bis zur Auflösung der Konsularschutzverhältnisse, eingeleitet zunächst durch die Staatswerdung der Balkanländer nach dem Wiener Kongreß und

---

[38] Art. 4 der Kapitulation. Art. 5 gewährte den Mönchen in Jerusalem, Bethlehem und anderen religiösen Stätten das Recht auf freie und ungehinderte Religionsausübung. Vorläufer der Geistes dieser Bestimmungen ist die vorstehend Fn. 11 erwähnte Kapitulation von 1535, deren 7. Abschnitt erstmalig die unbehelligte Religionsausübung für Christen im Osmanischen Reich zusicherte.

[39] Zuletzt *de la Brière*, der den „caractère d'exclusivité" des ‚protectorat catholique de la France en Orient' darauf zurückführt, daß der Heilige Stuhl „avait toujours maintenu expressément la consigne formelle de recourir aux seuls agents diplomatiques et consulaires de la France . . .", hierfür jedoch jeden Nachweis schuldig bleibt, Le droit concordataire dans la nouvelle Europe, 63 RdC 451 (367) [1938 I].

[40] Im Friedensvertrag von Karlowitz v. 26. 01. 1699, Art. VII, abgedr. bei C. Parry (ed.), 22 CTS 257.

[41] In Art. XIV des Friedensvertrages v. 26. 01. 1699, abgedr. op. cit., p. 265.

[42] Vgl. Art. IX des Friedensvertrages von Belgrad v. 18. 09. 1739, abgedr. op. cit., Vol. 35, p. 381. Zum Schutz der Katholiken in Ägypten durch die Habsburger s. insbes. D. McEwan, Habsburg als Schutzmacht der Katholiken in Ägypten 42 – 108 [Kairo 1982].

[43] Dies widerlegt *de la Brière* (vorstehend Fn. 39) eindeutig, zumal sich der Heilige Stuhl mit Schutzbegehren zugunsten von Katholiken durchaus wahlweise an alle schutzausübungsberechtigten Staaten wandte und nicht allein an Frankreich, s. Nachweise bei E. F. v. Mülinen, Die lateinische Kirche im türkischen Reich 51 [2. Aufl., Berlin 1903]. In der Praxis bestand Frankreich grundsätzlich auf seiner Schutzmachtstellung, vor allem im Zusammenhang mit den sog. ‚honneurs liturgiques', die dem Schutzmachtvertreter einen Ehrenplatz auf einer Estrade an der rechten Altarseite der Kirche einräumten, dem dann auch als erstem der Weihwasserwedel gereicht wurde, s. v. Mülinen, op. cit., S. 47. Frankreich berühmte sich im übrigen auch eines exklusiven Schutzrechts zugunsten von Katholiken im Fernen Osten, unter Verweis auf die Übernahme eines solchen Rechts von Portugal, dem es in Persien König *Alfons V.* am 08. 01. 1454 von Papst *Nikolaus V.* übertragen worden war; zur völkerrechtlichen (und historisch-politischen) Unhaltbarkeit eines alleinigen katholischen Patronats Frankreichs s. D. Husemann, Die rechtliche Stellung christlicher Missionen in China 31 – 37 [Berlin 1934].

[44] Vgl. hierzu W. M. Franklin, Protection of Foreign Interests 13 [Washington 1946].

[45] Vgl. A. M. Hyamson, I The British Consulate in Jerusalem XXXIII u. Doc. No. 2 [London 1939]. Der Autor ist der Auffassung, das britische Konsulat in Jerusalem sei vornehmlich zum Schutze der Juden im Heiligen Land eingerichtet worden, op. cit., loc. cit.

völkerrechtlich im wesentlichen abgeschlossen mit Art. 28 des Lausanner Friedensvertrages vom 24. 7. 1923, läßt sich also festhalten:

1. Vom 5. Jahrhundert bis zur Völkerbundszeit ist vornehmlich in der Levante und den Barbareskenstaaten von Frankreich und anderen europäischen Mächten Schutz ausgeübt worden zugunsten von Personen, die nicht die Staatsangehörigkeit des schutzausübenden Staates besaßen.
2. Solcherlei Schutzausübung hatte ihr Fundament in einer Gewährung seitens des Osmanischen Reichs oder eines Barbareskenstaats, die in einer Kapitulation oder einem Friedensvertrag normiert war.
3. Bei den Kapitulationen und Friedensverträgen handelte es sich um jeweils bilaterale Abkommen, die eine Schutzausübungsberechtigung für die vertragsschließende europäische Macht ohne jegliche Beteiligung der Macht oder des Herrschers, der oder dem der künftig individuell Schutzbegünstigte angehörte bzw. untertan war, installierte.
4. Der Schutz des Einzelnen richtete sich regelmäßig nur gegen seinen Aufenthaltsstaat.

Zweifelsohne gehören die hier besprochenen Konsularschutzverhältnisse nunmehr der Völkerrechtsgeschichte an, sind völkerrechtliches Ergebnis einer Epoche, in der es mehr um machtpolitisches Kalkül bei der Schaffung politischer Einflußzonen ging, denn um die Beachtung eines ohnehin erst in der Entwicklung befindlich gewesenen ius *inter* gentium[46]. Hierfür bot es sich natürlich an, eine möglichst große Anzahl von Personen als Schutzgenossen, protégés, sujets oder ganz allgemein als unter dem eigenen Banner reisende zu reklamieren und auch die Religionszugehörigkeit als schutzrechtliches Vehikel zu benutzen[47]. Dennoch zeigen die Konsularschutzverhältnisse, daß der Schutz zugunsten eines Einzelnen unter Hintanstellung des Nationalitätsprinzips[48] nicht erst Bestandteil des modernen Völkerrechts ist, sondern durchaus eine alte Tradition besitzt. Führt man die Konsularschutzverhältnisse auf ihren schutzrechtlichen Kern zurück, ist zu erkennen, daß die Schutzausübung zugunsten einer Person in ihrer Eigen-

---

[46] Nicht zuletzt die ständige Feindschaft zwischen *Francois I* und *Karl V.* bewog den französischen Herrscher, durch Annäherung an die Türken den Habsburger zu umklammern und seiner angenommenen europäischen Vormachtstellung einen Stoß zu versetzen.

[47] Interessanterweise ist im Jahre 1927 von einem französisch-deutschen Gemischten Schiedsgericht im Fall *Hrand Djevahirdjian c. Etat allemand* entschieden worden, daß die bloße christliche Religion einer Einzelperson keinen Schutztitel an Frankreich verleihe, Frankreichs Schutz von Christen in der Levante sei ein Gnadenakt, dessen Wirkung im allgemeinen mehr moralischer als rechtlicher Natur ist. Mit dieser Begründung verneinte das Schiedsgericht seine Zuständigkeit, da der besondere Schutz Frankreichs nicht ausreichend sei, aus dem Protegé einen Staatsangehörigen zu machen, VII Rec. T.A.M. 602 [1927 – 1928].

[48] Wobei dieser Ausdruck natürlich wenigstens bis zum Beginn des 19. Jahrhunderts einer sehr weiten Auslegung bedarf.

schaft als Fremder gegenüber dem Aufenthaltsstaat begründet war als Recht des schutzausübenden Staates auf Einhaltung bestimmter, vertraglich festgelegter Rechte und Ansprüche in der Person des seiner Protektion unterstellten Einzelnen. Insoweit kann das Konsularschutzverhältnis als *Vorläufer des völkerrechtlichen Mindeststandards und seiner Durchsetzung* gelten.

2. Protektoratsangehörige

Es ist hier nicht der Ort, eine präzise Definition des Protektorats zu erarbeiten. Ohnehin besteht allseits Einigkeit darüber, daß sich die völkerrechtstheoretische Typisierung von Protektoraten verbietet, da es ein diesbezügliches völkerrechtliches Institut nicht gibt, sondern vielmehr auf die konkret-völkerrechtliche Regelung eines Protektorats abzustellen ist[49]. Natürlich lassen sich aus der Vielzahl der Protektorate gewisse Gemeinsamkeiten ableiten. Für den vorliegenden Kontext genügt es aufzuzeigen, daß ein Wesensmerkmal des Protektorats die fortdauernde Völkerrechtssubjektivität des protegierten Staates – im Unterschied also zur Vassalität bzw. Suzeränität – ist[50], er sich aber je nach Ausgestaltung des Protektoratsvertrages teilweise im Verhältnis zum Protektorstaat seiner völkerrechtlichen Handlungsfähigkeit begibt, die er ihm in gewissem Umfange übertragen hat, während die innerstaatlichen Kompetenzen des geschützten Staats hiervon in der Regel unberührt bleiben. Konsequenterweise regelt der protegierte Staat Erwerb und Verlust seiner Staatsangehörigkeit ohne irgendwelches Zutun des Protekorstaates[51], hat aber die Folgen, die das Völkerrecht an die Staatsangehörigkeit knüpft – hier: den diplomatischen Schutz –, nicht in der Hand.

---

[49] Allgemein zum Protektorat s. den immer noch als Klassiker geltenden F. Despagnet, Essai sur les Protectorats [Paris 1896]. Zur Unmöglichkeit einer generellen Definition führt der StIGH in seinem Rechtsgutachten v. 07. 02. 1923 zu den Staatsangehörigkeitsdekreten in Tunis und Marokko u. a. aus: „L'étendue des pouvoirs d'un Etat protecteur sur le territoire de l'Etat protégé dépend, d'une part, des traités de protectorat entre l'Etat protecteur et l'Etat protégé, et, d'autre part, des conditions dans lequelles le protectorat a été reconnu par de tierces Puissances vis-à-vis desquelles on a l'intention de se prévaloir des dispositions de ces traités. Malgré les traits communs que présentent les protectorats de droit international, ils possèdent des caractères juridiques individuels résultant des conditions particulières de leur genèse et de leur degré de développement", *Avis consultatif concernant les décrets de nationalité promulgués en Tunisie et au Maroc (zone francaise),* C.P.J.I., Recueil des Avis Consultatifs, Sér. B, No. 4, p. 27. Dem hat sich auch die Völkerrechtsliteratur angeschlossen, s. statt aller F. Berber, I Lehrbuch des Völkerrechts 150 m. w. N. [2. Aufl., München 1975] und P. Fauchille, I Traité de Droit International Public, der in bezug auf Protektorate feststellt, „. . . il n'en est pas deux qui soient identiques", op. cit., p. 260.

[50] So schon Despagnet, op. cit., p. 369 – 371.

[51] *Hall* hält es als für die Annahme der Völkerrechtssubjektivität des geschützten Staates unerläßlich, „that its subjects shall retain a distinct nationality", in A Treatise on International Law 28 [8th ed., A. P. Higgins ed., Oxford 1924].

Der Angehörige eines unter Protektorat stehenden Staates besitzt damit von innerstaatlicher Warte betrachtet die Staatsangehörigkeit des protegierten Staates und wird nur völkerrechtlich dem Protektorstaat zugeordnet[52]. Diesem Dualismus trug das englisch-österreichische Gemischte Schiedsgericht in einer Entscheidung aus dem Jahre 1923 mit der Feststellung Rechnung, „... that, according to principles recognised in modern international law, a member of a protected nation, while he is not, by reason of the protection of the dominant State, a citizen of the latter for the purposes of its own municipal law is, nevertheless, speaking generally, in regard to Foreign Powers and their citizens, in a position analogous to that of a citizen of the Protecting State“[53].

Eine derartige Gleichstellung haben insbesondere die auf Grundlage von Bestimmungen der Friedensverträge von Versailles, Saint-Germain, Neuilly, Trianon und Lausanne[54] errichteten Gemischten Schiedsgerichte immer dann vorgenommen, wenn Protektoratsangehörige Entschädigungsansprüche gegen das Deutsche Reich bzw. gegen deutsche private und juristische Personen oder entsprechend gegen Mittelmächte erhoben, der Zugang zu den Gemischten Schiedsgerichten jedoch nach Vorgabe der Friedensverträge nur Angehörigen der Alliierten Mächte offenstand[55]. Die Gemischten Schiedsgerichte unterstellten regelmäßig eine sogenannte alliierte Staatsangehörigkeit, so daß klagende Tunesier als französische Staatsangehörige[56], Ägypter und Zyprioten als englische Staatsangehörige[57] zugelassen waren[58].

[52] Vgl. bspw. die Entscheidung des Zivilgerichts von Aleppo v. 19. 05. 1926 im *Syrian French Protégés Case*: „... foreign protection has not the effect of changing the nationality of the protected subject. It places him under the care of the protecting State but leaves his original nationality unaffected; and in all matters of personal status he remains subject to his national law“, 3 Ann. Dig. 269 (268) [1925-1926].

[53] *The National Bank of Egypt c. la Banque d'Autriche-Hongrie*, III Rec. T.A.M. 239 (236) [1923-1924].

[54] Zu den Fundstellen der genannten Verträge s. o. 1. Teil B. I. 2. Fn. 215 (Versailles), Fn. 204 (St. Germain), Fn. 206 (Neuilly), Fn. 205 (Trianon) und Fn. 208 (Lausanne).

[55] Rechtsgrundlagen für die Gemischten Schiedsgerichte finden sich in Art. 304 nebst Anhang des Versailler Vertrages, in Art. 256 nebst Anhang des Vertrages von St. Germain, in Art. 188 nebst Anhang des Vertrages von Neuilly, in Art. 239 nebst Anhang des Vertrages von Trianon und in Art. 92 des Friedensvertrages mit der Türkei von Lausanne. Aufgrund der Pariser Vorortverträge wurden insgesamt 36 Gemischte Schiedsgerichte errichtet, s. die Übersicht bei Schätzel, Die Gemischten Schiedsgerichte der Friedensverträge, 18 Jahrbuch des öffentlichen Rechts der Gegenwart 389 (378) [1930].

[56] Tunesier galten als ‚ressortissants' Frankreichs iSv. Art. 297 des Versailler Vertrages, s. die Entscheidung des französisch-deutschen Schiedsgerichts in *Falla-Nataf et frères c. Etat allemand*, VII Rec. T.A.M. 653 [1927-1928].

[57] Ägypter galten als ‚nationals' Großbritanniens iSd. Abschnitts X des Vertrages von St. Germain, s. die Entscheidungen des englisch-österreichischen Schiedsgerichts in *The National Bank of Egypt c. la Banque d'Autriche-Hongrie*, II Rec. T.A.M. 236 [1923-1924] und des englisch-deutschen Schiedsgerichts über solche ‚nationals' iSv. Art. 296 – 297 des Versailler Vertrages in *National Bank of Egypt v. German Government and Bank für Handel und Industrie*, IV Rec. T.A.M. 233 [1924-1925]; ebenso gal-

Sicherlich wird man kritisch feststellen müssen, daß die Zuordnung einer alliierten Staatsangehörigkeit an Personen, die nach dem Recht der jeweiligen Alliierten Macht keinesfalls deren Staatsangehörigkeit besaßen, als wesentlich nur im Zusammenhang mit der Feststellung der Zuständigkeit des angerufenen Gemischten Schiedsgerichts gelten kann, zumal der Einzelne selbst in seiner prozeduralen Kapazität unabhängig vom Heimat- oder Schutzstaat postulationsfähig war. Gleichzeitig enthalten die Entscheidungen der Gemischten Schiedsgerichte darüberhinaus aber auch ein allgemeines völkerrechtliches Substrat, wenn sie bei Protektoratsangehörigen dem völkerrechtlichen Element einer Staatsangehörigkeit insofern Rechnung tragen, als sie den Staatsangehörigen des Protektorats im schutzrechtlichen Sinne dem Schutzstaat assimilieren[59], die Außenwirkung seiner Staatsangehörigkeit auf diesen projizieren[60].

In der älteren Völkerrechtsgeschichte sahen eindeutig Art. 2 des Protektoratsvertrages von Saigon zwischen Frankreich und dem Kaiserreich Annam[61] und Art. 6 eines solchen Vertrages zwischen Frankreich und Tunis[62] die echte schutzrechtliche Mandatierung Frankreichs unter sonstiger Beibehaltung der völkerrechtlichen Handlungsfähigkeit beider Protektorate vor[63].

---

ten Zyprioten als ‚nationals' Großbritanniens iSv. Art. 65 des Vertrages von Lausanne, s. die Entscheidungen des türkisch-englischen Schiedsgerichts in *Parounak et Bédros Parounakim c. Gouvernement turc*, IX Rec. T.A.M. 748 [1929-1930] bzw. in *Shazade Sarkis Bezdikian c. Gouvernement turc*, op. cit., p. 757.

58 Französische Protegés armenischer Herkunft wurden unter Verweis auf ihre ottomanische Staatsangehörigkeit nicht als ‚ressortissants' Frankreichs iSv. Art. 296 des Versailler Vertrages bzw. Art. 77 e) des Vertrages on Neuilly anerkannt, dazu die Entscheidung des französisch-deutschen Schiedsgerichts in *Hrand Djevahirdjian c. Etat allemand*, VII Rec. T.A.M. 602 [1927-1928] bzw. die des französisch-bulgarischen Schiedsgerichts in *Arditti c. Etat bulgare*, VI Rec. T.A.M. 961 [1926-1927]. Die Richter trafen hiermit sehr wohl eine Unterscheidung zwischen Protegés als aus Konsularschutzverhältnissen Berechtigten und Angehörigen von Protektoraten. Um unbillige Härten gegenüber Armeniern und Syrern – Syrien war Kriegsschauplatz gewesen – zu vermeiden, sah Art. 64 des Friedensvertrages von Lausanne in Abänderung des sonst bei den Pariser Vorortverträgen üblichen Wortlauts vor, daß auch die Personen klagebefugt sein sollen, die unter einem besonderen Schutzverhältnis der alliierten Macht gestanden hatten, s. Schätzel, Die Gemischten Schiedsgerichte der Friedensverträge, 18 JöR 427/428 (378) [1930].

59 Escher zitiert in diesem Zusammenhang eine Note vom 15. 04. 1887 der Schweiz an die USA: „It might rather be assumed that . . . a Swiss, who places himself under foreign protection, loses, to a certain extent, the outward character of his nationality", Der Schutz der Staatsangehörigen im Ausland durch fremde Gesandtschaften und Konsulate 41.

60 Zur Frage nach den materiellen Auswirkungen dieser zunächst formell erscheinenden Zuordnung s. grundsätzlich u. 3. Teil A. II.

61 Vom 15. 03. 1874, wiedergegeben bei C. Parry (ed.), 147 CTS 339, bestätigt durch Art. 1 des Vertrages von Hué v. 06. 06. 1884 (op. cit., Vol 164, p. 85): „La France représentera l'Annam dans toutes ses relations extérieures. Les Annamites à l'étranger seront placés sous la protection de la France".

62 Vom 12. 05. 1881, mit Kommentaren wiedergegeben bei E. Rouard de Card, Les Traités de Protectorat Conclus par la France en Afrique 159, 25/26 [Paris 1897].

Die Staatenpraxis der neueren Zeit weist lediglich einen, jedoch überaus klaren Fall diplomatischer Schutzausübung zugunsten von Protektoratsangehörigen auf. Am 13. 10. 1949 erhob Frankreich vor dem IGH gegen Ägypten Klage, nachdem Ägypten zuvor drei Franzosen und einen Tunesier interniert und das Eigentum u. a. eines Monsieur *Guetta*, „Tunisien, protégé francais" sowie eines Monsieur *Cohen*, „Tunisien, protégé francais", beschlagnahmt hatte[64]. Frankreichs Feststellungsantrag ging darauf, „que l'ensemble des mesures prises par le Gouvernement égyptien à l'encontre des personnes, biens, droits et intérêts de *ressortissants et protégés francais* ... est contraire aux principes du droit international...;" und, „que le Gouvernement égyptien est tenu à la *reparation du préjudice subi par le Gouvernement francais en la personne des victimes desdites mesures.*"[65].

Frankreich übte hier unmißverständlich, wie sich insbesondere aus dem zweiten Klageantrag ergibt, diplomatischen Schutz aus, und zwar einheitlich, bei deutlicher Unterscheidung zwischen ‚ressortissants francais' und ‚protégés francais', wobei es sich an den Duktus des StIGH zum diplomatischen Schutz im *Mavrommatis*- und *Panevezys-Saldutiskis*-Fall hielt und

[63] Die gemeinhin für echte Protektorate genannten Beispiele sind nur mit größter Vorsicht zu betrachten, weil in den meisten Fällen das Protektoratsverhältnis dem geschützten Staat seine Völkerrechtsfähigkeit und darüber hinaus teilweise noch die Wahrnehmung der innerstaatlichen Kompetenzen entzieht. So nennt *Kirchschläger*, nachdem er es für erforderlich angesehen hat, daß in allen Fällen das Protektorat ein Staat mit eigener Völkerrechtsfähigkeit bleibt, die Ionischen Inseln als Protektorat, s. sub voce ‚Protektorat', 2 WdV 809/810. Zweifelsohne unterstellt der Pariser Vertrag v. 05. 11. 1815 zwischen Österreich, Preußen, Rußland und Großbritannien (bei C. Parry (ed.), 65 CTS 241) den „free and independent State, under the denomination of the United States of the Ionian Islands" (Art. I) unter die „immediate and exclusive protection of his Majesty the King of the United Kingdom ..." (Art. II). Die Benutzung der Ausdrücke ‚immediate' und ‚exclusive' bedeuteten, so ergibt eine Durchsicht des Vertrages, daß die Ionischen Inseln in dieser Weise umfassend völkerrechtlich von Großbritannien vertreten wurden, gem. Art. VII durften nur Handelsagenten oder Konsuln zur ausschließlichen Aufrechterhaltung des Handelsverkehrs akkreditiert werden. Über alles wachte gem. Art. III ein vom Schutzstaat eingesetzter Lord High Commissioner, der selbst eine verfassungsgebende Versammlung einberufen konnte, das Parlament zusammenrief oder auflöste, während der englische König den Präsidenten ernannte und bei der verabschiedeten Gesetzgebung ein Vetorecht ausübte. Desgleichen bestand in den ionischen Häfen in Teilbereichen britische Jurisdiktion. *Baty* bemerkt hierzu bissig, „that in theses circumstances the independence of the Seven Islands was reduced to nil", Protectorates and Mandates, II BYIL 112 (109) [1921-22]. Sinngemäß gilt dies auch für die Protektoratsverträge Frankreichs mit Madagaskar (v. 17. 12. 1885, abgedr. bei C. Parry (ed.), op. cit., Vol. 167, p. 133), mit dem Königreich Kambodscha (v. 11. 08. 1863, abgedr. op. cit., Vol. 128, p. 143) und nicht zuletzt mit Marokko (Vertrag von Fez v. 30. 03. 1912, abgedr. op. cit., Vol. 216, p. 20) gerade im Hinblick auf die „Verwaltung" dieses Sultanats durch den französischen General *Lyautey*. So der Völkerrechtsubjektivität beraubt, stellte sich bei diesen Protektoraten wegen des eigentlich innerstaatlichen Verhältnisses zwischen Protektorstaat und Protektorat das Problem diplomatischer Schutzausübung zugunsten fremder Staatsangehöriger überhaupt nicht.

[64] *Affaire Franco-Égyptienne Relative à la Protection des Ressortissants et Protégés Francais en Égypte*, Requête Introductive d'Instance, C.I.J., Mémoires, Plaidoiries et Documents, p. 9 (8).

[65] Op. cit., p. 12, Hervorhebungen v. Verf.

lediglich bei der Formulierung des Wiedergutmachungsanspruchs die Verletzung eigener Rechte nicht in der Person eigener Staatsangehöriger reklamiert, sondern richtigerweise als in der Peson der durch die ägyptischen Maßnahmen Verletzten entstanden verallgemeinert.

Im Hinblick auf die vorliegende Untersuchung bedauerlich hat der IGH diese Angelegenheit nicht entscheiden können, da Frankreich an seinem Klagebegehren nicht mehr festhielt, nachdem Ägypten seinerseits die inkriminierten Maßnahmen eingestellt hatte[66]; immerhin gibt dieser Fall aus der Staatenpraxis Aufschluß darüber, daß im Rahmen echter Protektoratsverhältnisse diplomatischer Schutz ausgeübt werden kann zugunsten von Personen, die der Protektorstaat aufgrund seines eigenen Rechts nicht als seine Staatsangehörigen bezeichnen kann. Damit erweitert sich der traditionelle Kreis der Schutzbegünstigten.

3. Angehörige von Mandats- bzw. Treuhandgebieten

Vor dem Eingehen auf die Schutzausübung zugunsten der Angehörigen von Mandats- und Treuhandgebieten sei kurz das völkerrechtliche System beider dargestellt. Den Auftakt bildete das nach Maßgabe von Art. 22 der Satzung des Völkerbundes entwickelte Mandatssystem, mit dem bestimmte Gebiete, auf die das Deutsche Reich und die Türkei im Zuge der nach dem Ersten Weltkrieg zustandegekommenen Friedensschlüsse hatten verzichten müssen, unter die Verwaltung einiger Alliierter Mächte gestellt wurden. In der Verwaltung dieser „Kolonien und Gebiete, die infolge des Krieges aufgehört haben, unter der Souveränität der Staaten zu stehen, die sie vorher beherrschten und die von solchen Völkern bewohnt sind, die noch nicht imstande sind, sich unter den besonders schwierigen Bedingungen der heutigen Welt selbst zu leiten“ (Art. 22 I der Völkerbundssatzung), waren die Mandatare dem Völkerbund verantwortlich. Nach dem Zweiten Weltkrieg führte man die zu jenem Zeitpunkt noch bestehenden Mandatsgebiete – neben Hoheitsgebieten, die infolge dieses Krieges von Feindstaaten abgetrennt wurden – gemäß Kapitel XII der Satzung der Vereinten Nationen in das internationale Treuhandsystem über[67].

Was das Mandatssystem angeht, so unterschied Art. 22 der Satzung des Völkerbundes hinsichtlich der Intensität der durch die Mandatsmacht auszuübenden Verwaltung zwischen ehemals türkischen Gebieten, „die in ihrem Dasein als unabhängige Nationen vorläufig anerkannt werden können“, mittelafrikanischen, ehemals zum Deutschen Reich gehörigen Gebieten, die erforderten, „daß der Mandatar dort die Verwaltung ... über-

[66] C.I.J. Recueil 1950, p. 59.

[67] Einbezogen wurden nach Art. 77 I c) der UN-Satzung auch Hoheitsgebiete freiwillig von den für ihre Verwaltung verantwortlichen Staaten.

nimmt" sowie einigen Südseeinseln und Südwestafrika, die „nach den Gesetzen des Mandatars und als integrierender Bestandteil seines Gebiets" verwaltet werden sollten. In diesem Sinne galten als sog. A-Mandate Syrien unter Einschluß Libanons mit dem Mandatar Frankreich[68], Irak und Palästina, jeweils mit dem Mandatar Großbritannien[69]. B-Mandate waren Kamerun unter Großbritannien[70], Kamerun unter Frankreich[71], Togo unter den gleichen Mandataren wie Kamerun[72], Tanganjika unter Großbritannien[73] und schließlich Ruanda-Urundi unter dem Mandat Belgiens[74]. Unter C-Mandate fielen Südwestafrika (Südafrikanische Union)[75] und diverse Südseeinseln wie Nauru (Großbritannien)[76], Neu-Guinea (Großbritannien und Australien)[77] oder Samoa (Großbritannien und Neuseeland)[78].

An das Mandatssystem anknüpfend schufen die Vereinten Nationen in Kapitel XII ihrer Charta das internationale Treuhandsystem. Um „ihre fortschreitende Entwicklung zur Selbstregierung oder Unabhänigkeit ... zu fördern" (Art. 76 b der UNO-Charta) unterstellten die Vereinten Nationen im Jahre 1946 zunächst eine der in Art. 77 der Charta spezifizierten drei Kategorien von Hoheitsgebieten, auf die das Treuhandsystem Anwendung finden sollte, durch den gem. Art. 79 vorgeschriebenen Abschluß von insgesamt neun Treuhandabkommen dem internationalen Treuhandsystem, die „gegenwärtig bestehende[n] Mandatsgebiete" (Art. 77 Abs. I a). Hierbei handelte es sich ausschließlich um die B- und C-Mandate aus der Völkerbundszeit[79], denen ihr früherer Mandatar nun als ‚Verwaltungsmacht' im

---

[68] Vgl. die vom Völkerbundsrat genehmigten Mandatsbestimmungen v. 24. 07. 1922, SdN J. O. 1922, p. 1013.

[69] Treaty of Alliance between Great Britain and Iraq, v. 10. 10. 1922 / 30. 04. 1923, XXXV LNTS 13, verlängert durch den Vertrag v. 13. 01. 1926, XLVII LNTS 427, revidiert und erneuert durch Vertrag v. 30. 06. 1930, CXXXII LNTS 363, der bis zur Unabhängigkeit Iraks und seiner Aufnahme in den Völkerbund am 10. 10. 1932 galt. Zu Palästina s. die vom Völkerbundsrat genehmigten Mandatsbestimmungen v. 24. 07. 1922 in SdN J. O. 1922, p. 1007, bzw. den die politischen Beziehungen zwischen Großbritannien und Transjordanien regelnden Vertrag v. 20. 02. 1928, bei G. F. Martens, XXII NRG 1 [3me sér.].

[70] Vgl. die Mandatsbestimmungen v. 20. 07. 1922, SdN J. O. 1922, p. 869.

[71] Vgl. die Mandatsbestimmungen v. 20. 07. 1922, op. cit., p. 874.

[72] Vgl. die Mandatsbestimmungen v. 20. 07. 1922, op. cit., p. 880 (Großbritannien), bzw. p. 886 (Frankreich).

[73] Vgl. die Mandatsbestimmungen v. 20. 07. 1922, op. cit., p. 865.

[74] Vgl. die Mandatsbestimmungen v. 20. 07. 1922, op. cit., p. 862.

[75] Vgl. die Mandatsbestimmungen v. 17. 12. 1920, SdN J. O. 1921, p. 89.

[76] Vgl. die Mandatsbestimmungen v. 17. 12. 1920, op. cit., p. 93.

[77] Vgl. die Mandatsbestimmungen v. 17. 12. 1920, op. cit., p. 86; das Mandat schloß sämtliche ehemals deutschen Inselbesitzungen im Pazifik – ohne Samoa und Nauru – südlich des Äquators ein. Das Mandat über die ehemals deutschen Pazifikinseln nördlich des Äquators – Karolinen, Marianen, Marshallinseln – erhielt der japanische Tenno (s. Mandatsbestimmungen v. 17. 12. 1920, op. cit., p. 87).

[78] Vgl. die Mandatsbestimmungen v. 17. 12. 1920, op. cit., p. 91.

[79] Bei der Installierung des Treuhandsystems waren Irak seit 1932, Syrien und Libanon durch Proklamation des französischen Generals *Catroux* („Syriens et Libanais!

Sinne von Art. 81 der Charta gegenübertrat[80]. Lediglich Japan verlor infolge amerikanischer Kriegshandlungen während des Zweiten Weltkriegs sein Mandat über die Marshall-Inseln, die Marianen und die Karolinen an die USA, die über einen Teil dieser mikronesischen Inselwelt noch bis zum heutigen Tage als ‚strategische Zonen' im Sinne von Art. 82 der Charta verfügen[81]. Unter die zweite, in Art. 77 Abs. I aufgeführte Kategorie, „Hoheitsgebiete die infolge des Zweiten Weltkriegs von Feindstaaten abgetrennt werden", ist einzig bis zum Jahre 1960 Somaliland mit seiner Verwaltungsmacht Italien gefallen[82].

Die hier eigentlich im Vordergrund stehende Frage, ob Mandatar bzw. Verwaltungsmacht in der Lage waren, diplomatischen Schutz zugunsten der Bewohner von Mandats- und Treuhandgebieten auszuüben, läßt sich zunächst im Zusammehang mit den A-, B- und C-Mandaten relativ schlüssig anhand expliziter völkervertragsrechtlicher Regelungen beantworten. Art. 3 der Mandatsbestimmungen für Syrien[83] sah vor, daß die „ressortissants de la Syrie et du Liban se trouvant hors de limites de ces territiores relèveront de la protection diplomatique et consulaire du mandataire". Ähnlich auch Art. 12. der Mandatsbestimmungen für Palästina[84]: „The Mandatory . . . shall . . . be entitled to afford diplomatic and consular protection to citizens of Palestine when outside its territorial limits". Das briti-

---

En agissant comme tel, j'abolis le Mandat et je vous proclame libres et indépendants"), in G. Catroux, Dans la Bataille de Méditerranée, 1940 – 1944, 137 [Paris 1949]) seit 1941 und Jordanien (neben Palästina Teil des britischen Transjordanienmandats) seit 1946 unabhängige Staaten, während das Palästinamandat überhaupt nicht in das Treuhandsystem überführt und von Großbritannien 1948 aufgegeben wurde.

[80] Vgl. das Treuhandabkommen v. 13. 12. 1946 bzgl. Kamerun (seit 1961 gehört der nördliche Teil des britischen Treuhandgebiets zu Nigeria, der südliche zur Vereinigten Republik Kamerun) 8 UNTS 119 und 8 UNTS 135 (das französische Treuhandgebiet wurde 1960 zur Republik Kamerun), bzgl. Togo (seit 1957 Ghana bzw. seit 1960 Republik Togo) 8 UNTS 151 und 8 UNTS 165, bzgl. Tanganjika (seit 1961 zunächst Republik Tanganjika, nach dem Zusammenschluß mit Sansibar seit 1964 Tansania) 8 UNTS 91, bzgl. Ruanda-Urundi (seit 1962 Ruanda bzw. Burundi) 8 UNTS 105. Nauru wurde durch Abkommen v. 01. 11. 1947 bis zu seiner Unabhängigkeit 1968 dem Treuhandsystem unterstellt, 10 UNTS 3. Zusammen mit den zuvor genannten Gebieten wurden Westsamoa (unabhängig seit 1962, außenpolitisch seither vertreten durch Neuseeland) und Neu-Guinea (seit 1975 Papua-Neuguinea) ebenfalls nach Abkommen v. 13. 12. 1946 Treuhandgebiete, 8 UNTS 71 und 8 UNTS 181.

[81] Treuhandabkommen v. 13. 12. 1946, 8 UNTS 189. Als Errichtung von ‚strategischen Zonen' mußte das Abkommen für diese Gebiete nicht von der Generalversammlung der Vereinten Nationen, sondern vom Sicherheitsrat, der in diesem Fall innerhalb der UNO auch das für Treuhandfragen zuständige Organ ist, genehmigt werden, Art. 82 – 85 der UN-Charta.

[82] Treuhandabkommen v. 02. 12. 1950, 118 UNTS 255. Treuhandgebiete gem. Art. 77 I c), „die von den für ihre Verwaltung verantwortlichen Staaten freiwillig in das System einbezogen werden", hat es bisher nicht gegeben.

[83] Vgl. vorstehend Fn. 68.

[84] Vgl. vorstehend Fn. 69; engl. Text in CXVI British and Foreign State Papers 845 (842) [1922].

sche Mandatsgebiet Irak nahm eine Sonderstellung ein. Für den Irak hatte es zu keiner Zeit vom Völkerbund genehmigte Mandatsbestimmungen nach Art der den beiden anderen A-Mandaten zugrundeliegenden gegeben. Vielmehr schlossen Großbritannien und Irak am 10. 10. 1922 / 30. 4. 1923 einen ‚Treaty of Alliance'[85], der den Irak des Rats und der Unterstützung Großbritanniens „without prejudice to her national sovereignty" (Art. I des Vertrages) versicherte, diesem Staat das aktive (und ein modifiziertes passives) Gesandtschaftsrecht zubilligte (Art. V) und Streitigkeiten aus dem Vertrag dem StIGH unterwarf (Art. XVII)[86]. In Bezug auf die diplomatische Schutzausübung wird man schlußfolgern dürfen, daß der Irak wegen der weitgehenden Einräumung völkerrechtlicher Handlungsfähigkeit diese selbst vorzunehmen berechtigt war, beschränkt hierbei allenfalls durch die in Art. IV des Vertrages ausbedungene Rücksichtnahme „on all important matters affecting the international ... obligations and interests of His Britannic Majesty"[87].

Im Rahmen der B- und C-Mandate regelte Art. 127 des Versailler Vertrages die hier interessierende Frage wie folgt: „Die Eingeborenen der ehemaligen deutschen überseeischen Besitzungen haben Anspruch auf den diplomatischen Schutz der Regierung, die die Verwaltung über diese Gebiete ausübt". Zwar beantwortet Art. 127 in erster Linie die jeweils vom internen Recht eines Staates (oder eines Gebietes) zu regelnde Frage der Verpflichtung zur Schutzgewährung, trägt aber gleichermaßen die grundsätzliche Berechtigung des Mandatars zur Ausübung diplomatischen Schutzes, da sich sonst die innerstaatliche Problematik erst gar nicht stellen würde[88]. *Feinberg* gelangt zur diplomatischen Schutzausübungsberechtigung des Mandatars von B- und C-Mandaten in Ansehung seiner entsprechenden Rechte hinsichtlich eines A-Mandats per *argumentum de maiore ad minus*[89].

---

[85] Vgl. vorstehend Fn. 69.

[86] Dieser allenfalls mandatsähnliche Vertrag wurde folgerichtig nicht vom Völkerbund genehmigt, vielmehr stellte die Organisation ihm im Zusammenhang mit Art. 22 der Satzung eine Art Unbedenklichkeitsbescheinigung aus, s. SdN J. O. 1924, p. 1346. In der Tat hat der Völkerbund Großbritannien das Mandat über Irak nie bestätigt, so daß teilweise die Entstehung eines solchen grundsätzlich in Abrede gestellt (s. H. Kluge, Das Königreich Irak 44 – 47 [Leipzig 1934]) oder doch nur von einem ‚de facto-Mandat' gesprochen wird (W. Schneider, Das völkerrechtliche Mandat in historisch-dogmatischer Darstellung 65 [Stuttgart 1926]).

[87] Art. V Satz 2 des Vertrages („Where His Majesty the King of Iraq is not represented he agrees to entrust the protection of Iraq nationals to His Britannic Majesty.") spricht nicht gegen die getroffene Schlußfolgerung, sondern deutet eher auf den diplomatischen Schutz im weiteren Sinne hin.

[88] Ob letztlich nicht auch die so gewährte innerstaatliche Rechtsposition eher mit einer moralischen Verpflichtung des Staates korrespondiert war Diskussionsgegenstand (und auch Ergebnis) im Zusammenhang mit Art. 112 Abs. 2 der Weimarer Verfassung.

[89] La Juridiction de la Cour Permanente de Justice Internationale dans le Système des Mandats 95 [Paris 1930], wobei der Autor diesen Schluß nicht in direktem Bezug auf diplomatischen Schutz zieht, sondern auf die ganz generelle Vertretung der Man-

Die Basis für die Annahme, beim diplomatischen Schutz des Mandatars zugunsten eines Mandatsangehörigen handele es sich um eine Ausnahme vom Nationalitätsprinzip, würde jedoch dann entfallen, wenn der Schutzbegünstigte als Angehöriger des Mandatars gälte, also nicht ‚fremd' wäre. Bei der Klärung dieser für die Unterstellung einer Abweichung vom Nationalitätsprinzip entscheidenden Prämisse mag die nicht unumstrittene Frage, ob die Bewohner der Mandate ihre deutsche bzw. ottomanische Staatsangehörigkeit im Zuge der Friedensschlüsse nach dem Zweiten Weltkrieg verloren haben[90], dahingestellt bleiben; maßgeblich ist, ob die Mandatsangehörigen dem Mandatar als eigene Staatsangehörige zufielen. Hiervon ist jedoch bei keiner der drei Mandatskategorien auszugehen.

Die Anerkennung einer syrischen und einer libanesischen Staatsangehörigkeit war bereits Bestandteil des Art. 3 der Mandatsbestimmungen für Syrien und Libanon[91], Erwerbs- und Verlusttatbestände beider fanden eine ausführliche Regelung in zwei Arrêtés des französischen Hochkommissariats aus dem Jahre 1925[92]. Die Einwohner Palästinas erhielten im gleichen Jahr durch die ‚Palestinian Citizenship Order' eine palästinensische Staatsangehörigkeit[93]. Und zuvor hatte Irak bereits ein ‚Iraq Nationality Law' verabschiedet[94].

---

datsgebiete durch den Mandatar im völkerrechtlichen Verkehr. Vice versa finden sich in allen Mandatsbestimmungen der B-Mandate dem Art. 8 der Regelung für das französische Mandat Togo entsprechende Garantien: „La Puissance mandataire étendra aux territoires le bénéfice des conventions internationales générales, applicables à ses territoires limitrophes".

[90] Bejahend L. Oppenheim, I International Law 221.

[91] Der schon o. im Text (3. Teil A. 3. zu Fn. 83) wiedergegebene Satz dieses Artikels spricht ausdrücklich von *„ressortissants* de la Syrie et du Liban" (Hervorhebung v. Verf.).

[92] *Arret No. 16 / S. du 19 Janvier 1925 sur la nationalité syrienne*, abgedr. bei J. – P. Niboyet / P. Goulé, I Recueil de Textes Usuels de Droit International 96 [Paris 1929] bzw. *Arret No. 15 / S. du 19 Janvier 1925 sur la nationalité libanaise*, abgedr. op. cit., p. 99; s. auch Nicolas, Notes sur la nationalité en Syrie et au Liban, XXI RDIP 481 – 503 [1926]. Dessenungeachtet hat das Distriktsgericht Rotterdam 1929 in *Holland-Turksche Tabak-Maatschappij v. Jules Nasri* einen Syrer als Franzosen iSv. Art. 24 des Haager Abkommens über den Zivilprozeß v. 17. 07. 1905 anerkannt, Weekblad van het Recht, No. 12071, 21. 09. 1929, p. 7 [1929]. An die Wiedergabe des Urteils schließt sich eine ablehnende Bemerkung an. Vgl. zu einer aus völkerrechtlicher Sicht korrekten Entscheidung in Anerkennung einer syrischen Rechtsordnung und einer syrischen Staatsangehörigkeit das brasilianische Oberste Bundesgericht 1927 im *Fouad Baddoura*-Fall, 89 Revista de Direito 287.

[93] V. 24. 07. 1925, Official Gazette of the Government of Palestine, No. 147, p. 460 [16. 09. 1925]. Schon vor Inkrafttreten dieses Staatsangehörigkeitsdekrets hatte der High Court of Palestine im Fall *Attorney General v. Goralschwili et al.* entschieden, daß zwei in Jerusalem lebende Palästinenser an Italien ausgeliefert werden dürften, da sie trotz der Mandatarstellung Großbritanniens nicht als British subjects iSd. englisch-italienischen Auslieferungsvertrages aus dem Jahre 1873 (er verbot die Auslieferung der eigenen Staatsangehörigen an den jeweils anderen Vertragsstaat) galten mit der Begründung, „[t]he Crown had not acquired full sovereignty by accepting the Mandate for Palestine", 3 Ann. Dig. 48 (47) [1925 – 1926]. Ähnlich auch der Egyptian Mixed Court of Nasourah in *Saikaly v. Saikaly*, op. cit., p. 48, bzw. der Alta Corte de

Innerhalb der B- und C-Mandate hingegen muß eine Negativabgrenzung gegenüber dem Mandatar vorgenommen werden, da keines dieser Gebiete während der Dauer des Mandats über Staatsangehörigkeitsgesetze oder -verordnungen verfügte, die ihre Einwohner schon aus diesem Grunde als ‚fremd' im Verhältnis zum Mandatar hätte klassfizieren können. Im Gegenteil, in den B-Mandaten übernahm der Mandatar die Verwaltung, die C-Mandate gar wurden integrierender Bestandteil seines Gebiets. Dennoch ist unbestritten, daß weder die Einwohner von B- noch jene von C-Mandaten die Staatsangehörigkeit des sie verwaltenden bzw. inkorporierenden Mandatars erhielten oder besaßen. Denn der Völkerbundsrat hatte, um das Mandatssystem nicht in den Ruch annektionistischer Bestrebungen kommen zu lassen, in einer Resolution bestimmt: „(1) The status of the native inhabitants of a mandated territory is distinct from that of the nationals of the mandatory Power and cannot be identified therewith by any process having general application. (2) The native inhabitants of a mandated territory are not invested with the nationality of the mandatory Power by reason of the protection extended to them. (3) . . . (4) . . ."[95]. Im jeweils offiziellen Sprachgebrauch gab es demgemäß ‚British protected persons, native of the Mandated territory of British Togoland, British Cameroons or Tanganyika', ‚nationals (ressortissants) of Ruanda-Urundi', ‚Natives of Togoland protected under French Mandate' oder ‚British protected person – Native Samoan'[96].

Damit läßt sich zunächst festhalten, daß die Mandatare zugunsten der Einwohner ihnen unterstellter A-, B- oder C-Mandate zur diplomatischen Schutzausübung berechtigt waren und sich durch diese Schutzgewährung

---

Justicia de Uruguay, 4 Ann. Dig. 47 [1927 – 1928]. Der English High Court schließlich stellte im Jahre 1939 fest, daß ein Palästinenser weder im Zuge des Lausanner Friedensvertrages noch in Anwendung der Mandatsbestimmungen British subject geworden sei, sondern durch das Palestine Citizenship Order die palästinensische Staatsangehörigkeit erworben habe, R. v. Ketter, 1 Law Reports King's Bench Division 787 [1940].

94 V. 09. 10. 1924, abgedr. bei R. W. Flournoy / M. O. Hudson, (ed.), A Collection of Nationality Laws 348.

95 V. 23. 04. 1923, LoN Off. J., Spec. Suppl. No. 13, p. 227 [1923]. Eine Ausnahme wurde lediglich für die Deutschen Südwestafrikas gemacht, denen in Übereinstimmung mit dem Völkerbundsrat (op. cit., p. 227 und Fn. 1) und infolge eines Memorandums zwischen dem südafrikanischen Präsidenten *Smuts* und zwei Vertretern der Regierung des Deutschen Reichs aus dem Oktober 1923 (abgedr. in VI BYIL 189/190 [1925]) ‚Union Citizenship' angeboten wurde. Zur Reaktion der Nationalsozialisten hierauf s. H. D. Hall, Mandates, Dependencies and Trusteeship 75 – 77 [Washington 1948].

96 Nach Hales, Some Legal Aspects of the Mandate System: Sovereignty – Nationality – Termination and Transfer, XXIII Transactions of the Grotius Society 107/108 (85) [1937]. Die Mandatare folgten insoweit einer Anregung Schwedens in der Mandatskommission des Völkerbunds, s. LoN Off. J., Spec. Suppl. No. 13, p. 226 [1923]. Auffällig ist die belgische Bezeichnung der Einwohner Ruanda-Urundis; sie wurde gewählt in Anerkennung lokalen Stammesrechts, das für die einzelnen Stammesangehörigen in diesem Mandat eine Art „Staatsangehörigkeit" vorsah, s. den Bericht der belgischen Regierung an den Völkerbund bei Hales, op. cit., loc. cit.

aus Anlaß der Verletzung Fremder, dem Mandatar staatsangehörigkeitsrechtlich nicht zurechenbarer Personen den eigenen Staatsangehörigen als anerkannt Schutzbegünstigten eine weitere Gruppe hinzufügen ließ. Der diplomatische Schutz für Mandatsangehörige ist völkerrechtspraktisch im *Pablo Nájera*-Fall bestätigt worden[97] und in der Literatur ebenfalls unumstritten[98].

Zum diplomatischen Schutz für Einwohner von Treuhandgebieten gibt es mit Art. 11 Ziff. 2 des Treuhandabkommens bezüglich der ehemals unter japanischem Mandat gewesenen Südseeinseln[99] – „The Administering Authority shall afford diplomatic and consular protection to inhabitants of

---

[97] Die vollständige Entscheidung dieses – soweit ersichtlich einzigen – Anwendungsfalles zum diplomatischen Schutz für Mandatsbewohner findet sich in V UNRIAA 466 – 488. Dennoch ist *Pablo Nájera* nicht unbedingt ein cause célèbre für den vorliegenden Zusammenhang. Die französisch-mexikanische Schiedskommission unter *Verzijl* hatte sich ganz grundsätzlich mit der Frage auseinanderzusetzen, ob sie entscheidungszuständig war für einen von Frankreich erhobenen Anspruch zugunsten eines Mandatsangehörigen. Der der Kommission zugrundeliegende compromis (LXXIX LNTS 417) bezog sich auf „toutes les réclamations contre le Mexique à raison des pertes ou dommages subis par *des Francais ou des protégés francais* . . .“ (Art. 3, Hervorhebung v. Verf.). Die Zuständigkeit der Kommission wurde von der mexikanischen Regierung aus mehreren Gründen bezweifelt. Mexico hielt *Najera* nicht für einen protégé iSd. Art. 3, sondern für einen hiervon zu unterscheidenden Mandatsangehörigen. Insofern hätte, sollte sich der compromis auch auf diese Personen erstrekken, der Völkerbundsrat beim Abschluß beteiligt werden müssen. Überdies fehle Frankreich die Zuständigkeit für die Inkorporation seiner Mandatsangehörigen in den compromis, zumal Mexiko zur Zeit des Inkrafttretens der Mandatsbestimmungen nicht Mitglied des Völkerbundes war, diese also ohnehin ‚res inter alios actas‘ seien. In der Feststellung ihrer Zuständigkeit legte die Kommission den Schwerpunkt dann auch auf eine terminologische Bestimmung des Ausdrucks ‚protégé‘, unter welchen auch ein Mandatsangehöriger falle, wobei die Kommission hervorhob, daß Frankreich ohnehin schon seit Alters her mit Anerkennung der türkischen Regierung zugunsten von Syrern und Libanesen Schutz ausgeübt hätte. Insofern wies die Kommission auch den Einwand zurück, daß *Najera* zur Zeit der Anspruchserhebung eine libanesische Staatsangehörigkeit noch gar nicht besessen hatte (tatsächlich hatte er diese erst 1 1/2 Jahre später erworben). Im Ergebnis spielte für die Zuständigkeit der Schiedskommission Art. 3 der Mandatsbestimmungen (vgl. o. bei Fn. 83) nur eine marginale Rolle. Zu einer Entscheidung über den materiellen Inhalt des französischen Anspruchs kam es erst nach Abschluß eines zweiten compromis im Jahre 1930 (s. V UNRIAA 318). Dessen Art. 3 reduzierte die Zuständigkeit der Kommission auf „citoyens francais“; aus diesem Grunde wurde der Anspruch dann abgelehnt [den Inhalt dieser – unveröffentlichten – Entscheidung gibt Feller in The Mexican Claims Commissions 1923 – 1934, 103/104 [New York 1935] wieder).

[98] Bezogen auf Palästina s. ausführlich J. Stoyanowsky, The Mandate for Palestine 276 – 279 [London etc. 1928], allgemein Q. Wright, Mandates under the League of Nations 451 [Chicago 1930], W. Abendroth, Die völkerrechtliche Stellung der B- und C-Mandate 267/268 [Breslau 1936], P. Weis, Nationality and Statelessness 24 [2nd ed.]. Was die eigentliche Staatsangehörigkeit der Bewohner von B- und C-Mandaten angeht, konnten sie keinesfalls als staatenlos gelten (so aber W. Schneider, Das völkerrechtliche Mandat 58 [Stuttgart 1926]), sondern sie waren vielmehr Untertanen der Souveräne des Mandatsgebiets und besaßen damit ein ‚statut national‘, s. Abendroth, op. cit., S. 271/272 m. w. N. und unter Beachtung der diesbezüglichen Diskussion im Völkerbund, sowie Lampué, De la Nationalité des habitants des pays à mandat de la Société des Nations, 52 Journal du Droit International 58 (54) [1925].

[99] Trusteeship Agreement for the Former Japanese Mandated Islands, v. Sicherheitsrat genehmigt am 02. 04. 1947, 8 UNTS 189.

the Trust Territory when outside the territorial limits of the Trust Territory or of the territory of the Administering Authority" –, bzw. mit Art. 2 der ,Declaration of Constitutional Principles' als Annex zum Treuhandabkommen für Somaliland[100] – „The Administering Authority shall take the necessary steps ... to ensure their[101] diplomatic and consular protection when outside of the Territory and of the territory of the Administering Authority" – nur zwei völkervertragsrechtliche Ermächtigungsgrundlagen. In keinem der anderen Treuhandabkommen, viel weniger noch im Kapitel XII (bzw. Kapitel XIII) der Charta der Vereinten Nationen, finden sich den diplomatischen Schutz betreffende Bestimmungen. Dies bedeutet jedoch nicht, daß die Verwaltungsmächte in den anderen Treuhandgebieten sich der diplomatischen Schutzausübung zu enthalten gehabt hätten. Vielmehr ist im Treuhandsystem der Vereinten Nationen eine progressive Fortführung und Weiterentwicklung der durch den Völkerbund begründeten Mandatsstrukturen zu erblicken. Insofern ist die Bestimmung des Art. 127 Versailler Vertrag und ihre implizite Auswirkung auf die Protektionsberechtigung des Mandatars ebenso entsprechend den Befugnissen der Treuhänder zu unterlegen[102].

In gleicher Weise schließlich wie bei den Mandaten des Völkerbundes und ihren Auswirkungen auf das staatsangehörigkeitsrechtliche Verhältnis zwischen Mandatsbewohner und Mandatar kann man auch bei den Treuhandgebieten von einem „statut national pour les populations mineures (sic!), distinct de celui des nationaux de l'autorité administrante"[103] ausgehen. Denn zum einen mußte das Treuhandsystem als Fortsetzung des Mandatssystems in der Frage der Staatsangehörigkeit vom Geist der diesbezüglichen

[100] Trusteeship Agreement for the Territory of Somaliland under Italian Administration, v. d. der Generalversammlung genehmigt am 02. 12. 1950, 118 UNTS 225; der Annex bildet einen integrativen Bestandteil des Treuhandabkommens (Art. 23 des Abkommens). Das Treuhandabkommen weist einige Besonderheiten gegenüber den Abkommen gleichen Charakters auf, deren Vorstellung im Rahmen des hier zu behandelnden Themas obsolet ist. Bemerkt sei nur, daß Italien als Feindstaat iSv. Art. 107 der UNO-Charta galt und zur Zeit des Abschlusses des Treuhandabkommens kein Mitglied der UNO war. Das „Mißtrauen" der UNO gegenüber Italien als Verwaltungsmacht in Somaliland schlug sich u. a. nieder in der Schaffung eines – sonst nicht üblichen – ,Advisory Council' (Art. 2 des Abkommens), bestehend aus Kolumbien, Ägypten und den Philippinen, sowie in genauer Bestimmung einer Frist zur Erreichung der Unabhängigkeit (10 Jahre, Art. 3 des Abkommens). Konkrete inhaltliche Vorgaben für den Weg Somalilands zur Unabhängigkeit enthielt schließlich der schon erwähnte Annex mit seinem präsumtiv-verfassungsrechtlichen Charakter; s. hierzu R. Meregazzi, L'Amministrazione Fiduciaria Italiana della Somalia (A.F.I.S.) 20 – 25 [Milano 1954].

[101] Bezogen auf „the population of the Territory".

[102] Dies ist unbestritten und wird mit ähnlicher Begründung vertreten von P. M. Blaser, La nationalité et la protection juridique internationale de l'individu 107 [Thèse, Lausanne 1962], J. McNeill, The Strategic Trust Territory in International Law 262 [Thesis, London 1974]; ohne weitere Begründung C. Rousseau, Droit International Public 362 [Paris 1953] und L. Oppenheim, I International Law 348.

[103] Vgl. N. Veïcopoulos, I Traité des Territoires Dépendants 133 [Athènes 1960], der in diesem Zusammenhang auch grundsätzlich die Verwaltungsmacht als zum diplomatischen Schutz ermächtigt feststellt, op. cit., loc. cit.

Resolution des Völkerbundrates ausgehen[104], zum anderen lassen sich schon vor ihrer Unabhängigkeit für die meisten Treuhandgebiete konkrete Staatsangehörigkeitsdekrete oder -verordnungen nachweisen[105].

Das Fazit ist mithin dem für die Mandate gezogenen gleichwertig: die Verwaltungsmacht konnte zugunsten der – im Verhältnis zu ihr fremden – Angehörigen der Treuhandgebiete *diplomatischen Schutz* ausüben[106].

4. Fremde Seeleute

„[T]he flag protects the ship and every person thereon"[107], ein solches Prinzip ist vornehmlich seitens der USA als Ausnahme der Nationalitätsregel beim diplomatischen Schutz beansprucht worden. Auch der IGH, wenngleich nur personifiziert durch seine Richter *Hackworth* und *Badawi Pasha*, hat den Schutz fremder Seeleute durch den Flaggenstaat als eine Durchbrechung des Nationalitätsprinzips substantiiert[108], hierbei rekurrierend auf die „indivisibilité du pavillon"[109].

‚Leading case' in diesem Zusammenhang ist der Schiedsspruch des Schiedsrichters *Thornton* aus dem Jahre 1868 im Fall *Francis McCready v. Mexico*. Mexiko hatte einen amerikanischen Walfänger beschlagnahmt und dessen Mannschaft arrestiert. Bei der anschließenden Anspruchserhebung durch die USA wegen der Völkerrechtswidrigkeit dieser Maßnahmen blieb einzig die Staatsangehörigkeit des Matrosen *McCready* – und damit die Anspruchsberechtigung der USA bezogen auf ihn – ungeklärt. *Thornton* hielt letztlich *McCready* schon wegen seiner Zugehörigkeit zur Crew eines amerikanischen Schiffes für einen Bürger der USA, fügte aber überdies noch hinzu, „that seamen serving in the naval or mercantile marine under a

[104] Vgl. o. 3. Teil A. I. 3.

[105] Vgl. hierfür als Beispiel unter vielen das Décret No. 57 – 501 du 16 avril 1957 portant statut du Cameroun, dessen Art. 7 (‚Titre II – De la citoyenneté camerounaise') lautet: „Les ressortissants du Cameroun sont citoyens camerounais", Journal Officiel de la Republique Francaise, Avril 1957, p. 4112. Für die britischen Mandate und zukünftigen Treuhandgebiete stellte Großbritanniens Premierminister *Attlee* am 23. 01. 1946 fest: „They are not British Colonies and the inhabitants are not, therefore, as such British subjects. They are, however, and will continue to be, ‚British protected persons' ...", bei H. D. Hall, Mandates, Dependencies and Trusteeship 79 Fn. 31. Nach Maßgabe ihres Auftrages in Art. 11 Ziff. 1 des Treuhandabkommens für die ehemals ‚Japanese Mandated Islands' haben die USA in Title 53 des ‚Code of the Trust Territory of the Pacific Islands' eine eigene Staatsangehörigkeit für die Bewohner dieses Treuhandgebiets geschaffen, 53 TTC § 1, wiedergegeben bei J. R. Steincipher (ed.), II Code of the Trust Territory of the Pacific Islands 527 [Seattle 1970 – 1975].

[106] Eine völkerrechtliche Praxis liegt – soweit ersichtlich – hierzu nicht vor und kann sich lediglich noch für die Pazifikinseln unter amerikanischer Treuhand realisieren.

[107] E. M. Borchard, The Diplomatic Protection of Citizens Abroad 476.

[108] Beide Richter in ihren jeweils abweichenden Voten zum Rechtsgutachten des IGH in *Reparations for Injuries Suffered*, I.C.J. Reports 1949, p. 202 bzw. p. 206/207.

[109] So *Badawi Pasha*, op. cit., loc. cit. (p. 206, Fn. 1 am Ende).

flag not their own are entitled, for the duration of that service, to the protection of the flag under which they serve"[110].

Bei allen anderen Fällen im Zusammenhang mit dem Schutz fremder Seeleute durch den Flaggenstaat sind jedoch bei der Frage, ob sie Beweis für die Existenz entsprechenden Völkergewohnheitsrechts ablegen können, Modifikationen geboten. Den Vereinigten Staaten wurde einige Male die Schutzberechtigung für fremde Seeleute eingestanden, so beispielsweise in *Richelieu (US) v. Spain*[111], *Benjamin Worth v. The United States*[112], *Friedrich Albert Schrieber et al. v. The United States*[113] oder im Fall *August Piepenbrink*[114], völkerrechtliche Praxis, die regelmäßig dem Nachweis der hier untersuchten Ausnahme dient[115]. Denn zu einem Teil hatten die Seeleute schon Jahre vor dem Schadensereignis für die amerikanische Staatsangehörigkeit optiert, ohne allerdings in den USA naturalisiert gewesen zu sein (*Richelieu*, *Piepenbrink*), oder aber es handelt sich um Entscheidungen rein amerikanischer Gerichte, die sich mit einem völkerrechtlichen Sachverhalt befaßten (*Worth*, *Schrieber*). Im Fall *Piepenbrink* darf ebenfalls nicht unerwähnt bleiben, daß Großbritannien als Gegner des amerikanischen Schutzanspruchs diesen unter Hinweis auf das Nichtvorliegen de iure einer amerikanischen Staatsangehörigkeit *Piepenbrinks* zurückwies und ihn nur aus der Haft entließ „as a friendly act, while reserving the question of principle involved"[116]. Zudem fällt auf, daß für die unterstellte amerikanische Schutzberechtigung zugunsten fremder Seeleute regelmäßig auf innerstaatliche amerikanische Rechtsgrundlagen zurückgegriffen wird, so beispielsweise auf die ‚Consular Regulations' von 1896 mit ihrer Definition von ‚American seamen'[117] – nämlich auch Ausländer, die für die US-Staatsangehörigkeit optiert und drei Jahre Dienst auf einem amerikanischen Schiff versehen haben –, oder auf die ‚Department of State's General Instructions for Claimants' von 1919 – „The Government of the United States can interpose effectively ... on behalf ... of claimants ... who are ... entitled to American protection in certain cases (such as certain classes of seamen on American vessels)"[118].

---

[110] J. B. Moore, III History and Digest of the International Arbitrations to which the United States has been a Party 2536/2537.

[111] Wiedergegeben bei F. v. Dyne, Citizenship of the United States 76 [Rochester 1904].

[112] Bei J. B. Moore, op. cit., p. 2350.

[113] Bei J. B. Moore, op. cit., loc. cit.

[114] Bei G. H. Hackworth, V Digest of International Law 818.

[115] S. bspw. C. C. Hyde, 2 International Law Chiefly as Interpreted and Applied by the United States 1179/1180 [2nd rev. ed., Boston 1947].

[116] G. H. Hackworth, op. cit., loc. cit.

[117] Wiedergegeben bei E. M. Borchard, The Diplomatic Protection of Citizens Abroad 475; mit ihnen argumentiert der Autor beim Nachweis der Ausnahme vom Nationalitätsprinzip.

So liegt der Verdacht nahe, die USA berühmten sich im zwischenstaatlichen Bereich eines Rechts, welches rein inneramerikanischen Ursprungs ist[119]. Zweifel an der völkerrechtlichen Rezeption amerikanischer Positionen beim Schutz fremder Seeleute lassen gleichermaßen eine Reihe von Schiedsgerichtsentscheidungen, die sich mit dieser Problematik auseinanderzusetzen hatten, aufkommen. In *Shields (US) v. Chile* fanden die Vereinigten Staaten mit ihrer Anspruchsgeltendmachung zugunsten eines Matrosen britischer Staatsangehörigkeit vor einer chilenisch-amerikanischen Schiedskommission kein Gehör, weil, so die Kommission lapidar, „the said Shields is not a citizen of the United States"[120]. Mit der gleichen Begründung lehnte die Schiedskommission diplomatischen Schutz der USA im Fall *McKinstrey (US) v. Chile* ab[121].

Keinen Erfolg hatten die Vereinigten Staaten auch mit ihrem Schutzbegehren in *Edward A. Hilson (US) v. Germany*[122]. *Hilson* war unbestritten ‚British subject', als er im Jahre 1916 bei der Versenkung eines amerikanischen Schiffes durch ein deutsches U-Boot als Funker des versenkten Schiffes Schäden an seiner Gesundheit und seinem persönlichen Eigentum erlitt, die von den Vereinigten Staaten neun Jahre später vor der deutsch-amerikanischen Gemischten Schiedskommission[123] in einer Gesamthöhe von $ 10 809,30 geltend gemacht wurden. Unbestritten auch hatte *Hilson* schon 1915 für die amerikanische Staatsangehörigkeit optiert, die er 1918 erhielt. In seiner Zurückweisung des amerikanischen Anspruchs fand Schiedsrichter *Parker* klare Worte: „[Hilson] was at the time of the sinking ... a citizen and subject of Great Britain. He owed allegiance to the United States while serving on an American ship. But such allegiance was limited to the duration of his service und was of a temporary nature[124]. At the time of suffering

[118] Wiedergegeben in *Edward A. Hilson (United States) v. Germany*, Certificate of Disagreement, VII UNRIAA 177 (176).

[119] Tatsächlich fühlten sich denn auch zwei amerikanische Mitglieder der infolge des Berliner Vertrages zwischen dem Deutschen Reich und den USA v. 25. 08. 1921 (RGBl II 1317) eingerichteten deutsch-amerikanischen Gemischten Schiedskommission bezüglich der eben zitierten ‚Instructions' zur Abgabe folgender Stellungnahme bemüßigt: „... these Instructions of the Department of State were not intended to be, or understood as, a statement of a settled rule of international law, but merely as a statement of a policy which „as a rule" the Department would follow in dealing with international claims. The expression „as a rule" does not mean as a rule of international law but as the usual practice of the Department of State ...", Administrative Decision No. V, VII UNRIAA 128 (119).

[120] J. B. Moore, III History and Digest of the International Arbitrations to which the United States has been a Party 2559 (2557).

[121] Op. cit., loc. cit. In beiden Fällen betonte die Kommission auch, daß sie an den compromis gebunden sei, der ihre Zuständigkeit ausschließlich auf „citizens of the contracting nations" (op. cit., loc. cit.) erstrecke.

[122] VII UNRIAA 176.

[123] Vgl. schon o. Fn. 119.

[124] Parker beruft sich hierbei auf eine Entscheidung des amerikanischen Supreme Court in *Ross v. McIntyre*, 1891, 140 Cases argued and decided in the Supreme Court of the United States 472 (453).

the damages complained of the claimant was a British subject. The personal injuries of which he complains were injuries suffered by a British subject. The personal effects which he lost were impressed with his British nationality. The fact that the United States had through its statutes extended to the claimant, an alien seaman, the same measure of protection for the duration of his service on an American ship as that extended to an American citizen does not change the nationality status of claimant ..."[125]. Im übrigen, so *Parker*, mache eine Option den Optanten noch nicht zum Staatsangehörigen[126].

Der *Hilson*-Fall ist aber nicht nur in seiner grundsätzlichen Bedeutung im Rahmen einer völkerrechtlichen Anerkennung des Schutzes fremder Seeleute durch den Flaggenstaat interessant. Denn gerade das oben wiedergegebene Zitat setzt sich auch mit der dogmatischen Begründung auseinander, mit der die Vereinigten Staaten ihren Anspruch zugunsten *Hilsons* vor der Schiedskommission zu untermauern suchten. Denn die USA standen auf dem Standpunkt, daß die Verletzung eines Seemanns den Auftrag des Schiffes beeinträchtige, die Interessen des Schiffseigners negativ beeinflusse und sich in Konsequenz gegen den Flaggenstaat wende; hieraus folge, „that a national interest is involved and that the government concerned may justly assert an international right to protect the seaman under its flag on that ground"[127]. Mit dieser Argumentation begründen die USA einen *national claim*[128]. Selbst einmal unterstellt, die völkerrechtswidrige Behandlung eines diensttuenden Seemanns begründe tatsächlich einen *national claim* des Flaggenstaates, konnte die deutsch-amerikanische Gemischte Schiedskommission im Falle *Hilson* zu Recht den amerikanischen Anspruch in der geltend gemachten Form ablehnen: denn die Schadensgeltendmachung der Vereinigten Staaten bezog sich auf einen von den USA *in der Person Hilsons* erlittenen Schaden (dessen individuell ermittelte Höhe von insgesamt $ 10 809,30 – Körper- und Eigentumsverletzung – die Basis für den amerikanischen Schaden bildete) und nicht, wie es ein *national claim* voraussetzen würde, auf einen Schaden, der den USA möglicherweise durch die Beeinträchtigung der bestimmungsgemäßen Brauchbarkeit eines unter ihrer Flagge fahrenden Handelsschiffes infolge der völkerrechtswidrigen Verletzung eines auf diesem Schiffe Beschäftigten entstanden ist. Gerade letzteres ist von den Vereinigten Staaten im *Hilson*-Fall zu keiner Zeit geltend gemacht worden, so daß der ergangene Schiedsspruch in korrekter Einord-

125 VII UNRIAA 182 (176).

126 Dec., loc. cit. Am Ende seines Schiedsspruchs konzediert *Parker* zwar plötzlich die völkerrechtliche Anerkennung des Schutzes fremder Seeleute durch den Flaggenstaat, beruft sich aber auf den Berliner Vertrag, der Ansprüche von ‚American nationals' berücksichtige, keinesfalls von ‚alien seamen on American vessels', Dec., p. 183.

127 VII UNRIAA 178.

128 Zu ihm s. o. 1. Teil A. III.

nung des amerikanischen Begehrens als diplomatische Schutzausübung unter Verweis auf das Nationalitätsprinzip und damit unter gleichzeitiger Aufrechterhaltung der traditionellen Strukturen des diplomatischen Schutzes auch bei der Protektion fremder Seeleute durch den Flaggenstaat ergangen ist[129].

Eine gewisse Delikatesse erhält schließlich die Validität des amerikanischen Anspruchs auf die Schutzberechtigung zugunsten fremder Seeleute mit dem Verhalten dieses Staates anläßlich der juristischen Beilegung des Streites um die Versenkung der in Kanada registriert gewesenen und unter britischer Flagge gefahrenen *‚I'm Alone'*. In Reaktion auf die kanadische Geltendmachung diplomatischen Schutzes zugunsten eines französischen Besatzungsmitglieds der *‚I'm Alone'* verlangten die USA von der eingesetzten Schiedskommission, diese „should not in this proceeding recognise or give effect to a claim submitted on behalf of a claimant who is not a Canadian citizen"[130]. Insofern ist also nicht einmal die amerikanische Praxis beim Schutz fremder Seeleute durch den Flaggenstaat als einheitlich zu betrachten.

Im Ergebnis läßt sich mithin festhalten, daß diplomatischer Schutz zugunsten fremder Seeleute durch den Flaggenstaat völkerrechtlich keine Stütze findet. Den Positivtest einer Völkerrechtspraxis hat lediglich *McCready v. Mexico* bestanden, wobei von der Annahme auszugehen ist, daß dem Schiedsrichter die langjährige Beschäftigung *McCreadys* auf einem amerikanischen Schiff schon Beweis genug für die Unterstellung einer amerikanischen Staatsangehörigkeit war und er den Anspruch vornehmlich deshalb zuließ[131]. In den Fällen *Shields*, *McKinstrey* und *Hilson* ist der Schutz fremder Seeleute nach Maßgabe des Nationalitätsprinzips bei der Schutzausübung nicht anerkannt worden, in der *‚I'm Alone'*-Auseinandersetzung rückten die Vereinigten Staaten selbst vom Zugeständnis einer solchen Schutzberechtigung ab[132]. Zugunsten *Piepenbrinks* leistete Großbri-

---

[129] Grundsätzlich stellt sich natürlich die – hier nicht zu behandelnde – Frage, ob bei der Verletzung eines fremden Seemanns innerhalb der Handelsmarine dem Flaggenstaat ein *national claim* erwächst, denkt man nur daran, daß bejahendenfalls dann auch die Verletzung des fremden Bediensteten eines staatlichen Unternehmens den *national claim* heraufbeschwören würde, s. kritisch hierzu Watts, The Protection of Alien Seamen, 7 ICLQ 700 (691) [1958]. Nichts rechtfertigt wohl die Annahme, ein Seemann in der Kauffahrtei bekleide eine solche Stellung „im" Flaggenstaat, daß seine Verletzung den Flaggenstaat in außergewöhnlicher Weise seines Ansehens und seiner Würde innerhalb der Gemeinschaft der staatlichen Völkerrechtssubjekte beraube.

[130] Amerikanischer Schriftsatz v. 30. 06. 1933, in Claim of the British Ship I'm Alone, Doc. V, p. 12 [Washington 1935]. Dessenungeachtet erkannte die Schiedskommission auch in diesem Fall auf eine Entschädigung.

[131] So auch *Schwarzenberger*, der diese Annahme als „entirely sufficient" für den Schiedsspruch hält, I International Law 593 [3rd ed.].

[132] Und *Worth* bzw. *Schrieber et al.* waren inneramerikanische Gerichtsentscheidungen.

tannien Schadensersatz als freundliche Geste ohne Aufgabe seines grundsätzlichen Rechtsanspruchs. *Richelieu* schließlich hatte für die amerikanische Staatsangehörigkeit optiert und danach über 20 Jahre Dienst auf einem amerikanischen Schiff getan[133]. Wohlwollend könnte man allenfalls mutmaßen, daß ein Schutz fremder Seeleute nach langjähriger Dienstzeit und/oder gar Staatsangehörigkeitsoption und damit deren Assimilierung zu Staatsangehörigen des Flaggenstaates möglich sein soll[134]. In der Realität müßte diese Mutmaßung jedoch dazu führen, fremde Seeleute im Sinne des Nationalitätsprinzips bei der diplomatischen Schutzausübung als Angehörige des Flaggenstaates zu klassifizieren, ihren Schutz also geradezu als Bestätigung der *nationality of claims* zu interpretieren denn als Ausnahme zu diesem Prinzip. Doch der Schutz fremder Seeleute durch den Flaggenstaat hat weder als Analogie zum Nationalitätsprinzip noch als Ausnahme von ihm bisher in der Völkerrechtspraxis Bestätigung erhalten[135].

5. Fremde Angehörige des „öffentlichen Dienstes"

Jedem Staat ist es freigestellt, fremde Staatsangehörige zu beschäftigen und sie mit der Wahrnehmung hoheitlicher Funktionen zu betrauen. Bei völkerrechtswidriger Verletzung fremder Hoheitsträger stellt sich die Frage, inwieweit der Anstellungsstaat ein Schutzrecht zugunsten dieser Personen geltend machen kann. Die grundsätzliche Zulässigkeit eines Protektionsanspruchs wird in der Völkerrechtsliteratur zwar bejaht[136], allerdings in der Regel ohne ausführliche Auseinandersetzungen mit der Natur und dem eigentlichen Fundament dieses Rechts, denn es liegt auf der Hand, daß

[133] Wobei dahingestellt bleiben mag, ob er mit dieser bloßen Option im 20. Jahrhundert „Gnade" vor den Augen Schiedsrichter *Parkers* gefunden hätte (3. Teil A. I. 4.).

[134] Diese Vorstellung scheint *Hackworth* in diesem Zusammenhang zu haben, s. seine den Schutz fremder Seeleute anerkennenden Bemerkungen im abweichenden Votum zu *Reparations for Injuries Suffered*, I.C.J. Reports 1949, p. 202, ähnlich auch die Diskussionsgrundlage für die Haager Kodifikationskonferenz zur Staatenverantwortlichkeit, LoN Doc. C. 75. M. 69. 1929, V., p. 145.

[135] So auch Schwarzenberger in I International Law 594 [3rd ed.] und insbes. *Watts* nach ausführlicher Auseinandersetzung mit einer dogmatischen Begründung dieses Schutzes, in The Protection of Alien Seamen, 7 ICLQ 711 (691) [1958], anderer Ansicht Messer, Schutzrecht und Nationalitätsprinzip 99, der im Ergebnis den Schutz fremder Seeleute als echte Ausnahme zum Nationalitätsprinzip gewertet wissen will, in der Begründung aber die entgegenstehende völkerrechtliche Praxis völlig unberücksichtigt läßt; unentschieden P. M. Blaser, La Nationalité et la protection juridique internationale de l'individu 103. Dagegen auch, allerdings ohne nähere Begründung, A. P. Sereni, II Diritto Internazionale 743 [Milano 1958].

[136] *Eagleton* geht davon aus, daß „[a] person not a national may be employed by a state, and if he is injured in that service, the employing state may claim in his behalf", International Organization and the Law of Responsibility, 76 RdC 354 (319) [1950 I], wobei natürlich die letzten drei Worte seiner Feststellung besonders auf dem Prüfstand stehen müssen. Grundsätzlich für einen Schutz auch L. Oppenheim, I International Law 348.

Schutzansprüche im Zusammenhang mit der unrechtmäßigen Behandlung fremder Staatsangehöriger, die ihrerseits als Hoheitsträger in einer Sonderverbindung nationaler Bedeutung zum schutzausübenden Staat stehen, durchaus den Charakter eines *national claim* annehmen können und damit aus der Betrachtung des diplomatischen Schutzes und der Ausnahmen vom Nationalitätsprinzip herausfielen.

In Ansehung der bisher zu verzeichnenden Völkerrechtspraxis kann der Schutz fremder Angehöriger des „öffentlichen Dienstes" bezogen auf zwei Personenkategorien untersucht werden, Mitglieder nationaler Streitkräfte und Angehörige des auswärtigen Dienstes.

a) Nationale Streitkräfte

Naturgemäß ist die völkerrechtliche Praxis zum Schutz fremder Angehöriger nationaler Streitkräfte rar, da der Bestand solcher Personen regelmäßig als sehr gering zu veranschlagen ist. Einschlägig sind im wesentlichen eine Reihe von Fällen, in denen 1915 anläßlich von bürgerkriegsähnlichen Aufständen in Panama sechs amerikanische Soldaten, die für die amerikanische Staatsangehörigkeit optiert hatten, aber noch nicht in ihrem Besitz waren, verletzt worden sind[137]. Bei zwei dieser Soldaten war das State Department der Auffassung, daß, „notwithstanding the alienage of the claimants, the fact that when wounded they were serving in the Army of the United States and wearing its uniform"[138], den USA ein Schutzrecht zukäme. Zu einer Entscheidung über diese Frage kam es jedoch nicht, da der der eingesetzten Schiedskommission zugrundeliegende *compromis* nur Ansprüche von Bürgern der USA berücksichtigte; aus diesem Grunde waren es die Vereinigten Staaten selbst, die ihre Ansprüche zurücknahmen, weil, so die Begründung, „at the time the claimants received their injuries they had not yet become naturalized American citizens"[139]. Mithin bietet dieser Fall keinerlei Fundament für den Nachweis einer völkerrechtlichen Praxis beim Schutz fremder Soldaten nationaler Streitkräfte[140].

---

[137] *George Klimp et al. (USA) v. Panama*, G. H. Hackworth, V Digest of International Law 816.

[138] Op. cit., loc. cit.

[139] Op. cit., loc. cit.

[140] Anders Messer in Schutzrecht und Nationalitätsprinzip, allerdings unterstellend, es sei die Schiedskommission gewesen, die auf den ihr gesteckten Rahmen des *compromis* verwiesen hatte, op. cit., S. 101. Tatsächlich läßt sich aber den Informationen *Hackworths* (s. vorstehend Fn. 137 – 139) deutlich entnehmen, daß die USA selbst nach Zuständigkeitsrüge Panamas von einer weiteren Geltendmachung der Ansprüche absahen. Der Wiedergutmachungsanspruch ist daher nicht, wie Messer, op. cit., loc. cit., glaubt, unter Berufung auf die Fassung des compromis abgelehnt worden (wobei sich schon grundsätzlich die Frage stellt, ob nicht gerade ein schiedsgerichtlicher *compromis* ohnehin geltendes Völkerrecht reflektiert und normiert), sondern hat sich bereits im Vorfeld einer schiedsrichterlichen Entscheidung völkerrechtsprak-

Von wesentlich größerer Bedeutung ist die Entscheidung der ecuadorianisch-amerikanischen Schiedskommission von Guayaquil in *‚Medea' and ‚Good Return' (Clark, Danel et al.) (US) v. Ecuador*[141]. Zum besseren Verständnis der Entscheidung sei nachstehend zunächst der relativ komplizierte Sachverhalt skizziert:

Im Jahre 1817 trat *Clark*, amerikanischer Staatsbürger, in die Dienste der Kriegsmarine von Banda Oriental (später Uruguay) als Kapitän ein. Ausgestattet mit einem Prisenbrief vom Präsidenten der Republik war *Clark* autorisiert, Schiffe und Waren von Spanien und Portugal, mit denen Banda Oriental im Krieg lag, zu beschlagnahmen; die USA wahrten in diesem Krieg strikte Neutralität. *Clark* brachte 1818 zunächst eine spanische Brigg, die ‚Medea', dann die portugiesische ‚Reina de los Mares' auf. Aus Sicherheitsgründen ließ *Clark* die Ladung des Portugiesen auf ein eigens hierfür von ihm gechartertes amerikanisches Schiff, die ‚Good Return', transferieren. Beide von *Clark* genommenen Schiffe wurden ihrerseits nachfolgend durch ein Kriegsschiff Venezuelas aufgebracht. Im sich anschließenden Prisenverfahren wurden die ‚Medea' und ihre Ladung Venezuela als Prise zuerkannt, weil man die Beschlagnahmung durch *Clark* für illegal erachtete, während die portugiesische Ladung der ‚Good Return' auf Druck des Kommandanten des venezolanischen Kriegsschiffes versteigert und der Erlös an diesen ausgezahlt wurde. 1819 verlangte *Clark* daraufhin von Kolumbien (hervorgegangen aus der Vereinigung Venezuelas mit Neu-Grenada) erfolglos Schadensersatz. Nach seinem Tode vertraten die USA den von *Clark* geltend gemachten Schadensersatzanspruch für seine Erben gegen die aus Kolumbien mittlerweile hervorgegangenen Staaten Neu-Grenada, Venezuela und Ecuador, denn diese Staaten hatten sich vertragsweise auf die – prozentual unter ihnen gestaffelte – Übernahme der Altschulden Kolumbiens geeinigt. Venezuela beglich seinen Anteil von *Clarks* Anspruch, der Vorsitzende des zwischen den USA und Neu-Grenada 1857 vereinbarten Schiedsgerichts entschied gegenüber Neu-Grenada die Rechtmäßigkeit des von den USA erhobenen Anspruchs. Ausdrücklich gegen diesen Schiedsspruch votierten sämtliche Mitglieder der amerikanisch-ecuadorianischen Schiedskommission von Guayaquil, die, 1862 eingesetzt, über den Anteil Ecuadors an *Clarks* Schaden zu befinden hatte.

Fraglos durchzieht die ‚Opinions' aller drei Schiedsrichter eine Auseinandersetzung mit der Berechtigung zur Schutzausübung gerade der Vereinigten Staaten wie ein roter Faden. Zweifelsohne auch enthält das Votum des Schiedsrichters *Hassaurek* eine Aussage, die auf den ersten Blick zu bestätigen scheint, daß zugunsten *Clarks* wegen dessen Funktion als uruguayischer

---

tisch im Sinne der Nichtanerkennung des Schutzes fremder Soldaten nationaler Streitkräfte als Ausnahme zum Nationalitätsprinzip erledigt.

[141] J. B. Moore, III History and Digest of the International Arbitrations to which the United States has been a Party 2729 – 2751.

Militär nachgerade Uruguay zur Ausübung diplomatischen Schutzes als berechtigt, ausschließlich berechtigt, anzusehen sei: „Whether Captain Clark was by birth an American, Englishman, Frenchman, or Spaniard, as long as he commanded an Uruguay cruiser, under the Uruguay flag, in the service of the Republic of Uruguay, and in the exercise of active hostilities against the enemies of Uruguay and the friends of the United States, he was to all practical intents and purposes an Uruguayan“[142].

Eine einseitige Herauslösung der Sentenz verdeckt jedoch die eigentliche ratio decidendi dieses Votums, wie auch die der anderen schiedsrichterlichen Voten. Den Schiedsrichtern ging es erkennbar nicht um ein ‚locus standi' der USA hinsichtlich des von *Clark* erlittenen Schadens[143], sondern vielmehr um die *merits*, also die materiellrechtliche Begründetheit des amerikanischen Anspruchs. Jene aber fand bei den Schiedsrichtern einmütige Ablehnung. *Clark* sei es nämlich nach innerstaatlichem amerikanischen Recht verboten gewesen, Dienste, wie er sie für die Republik Banda Oriental versehen hatte, auszuüben. Gerade auch im Hinblick auf die strikte Neutralität der USA im Krieg zwischen Banda Oriental und Spanien bzw. Portugal müßten die Kapereien *Clarks* als Akte völkerrechtswidriger Piraterie gewertet werden[144]. Für die Unbilligkeit der Zumessung eines Schadensersatzanspruchs fand Schiedsrichter *Hassaurek* daher folgende Worte: „Nemo ex suo delicto meliorem suam conditionem facit. He (Clark) has violated the laws of our land. He has disregarded solemn treaty stipulations. He has compromised our neutrality. He has committed depredations against two nations with which we are at peace. He has made himself liable to be prosecuted and punished as a pirate; and now he presents himself before our government with the request to collect for him the proceeds of his misdemeanors. Will our government, by doing so, offer a reward to evil doers for the violation of its own laws and treaties?“[145].

Damit steht außer Frage, daß die Schiedsrichter bei der Entscheidung des amerikanischen Schutzbegehrens *Clark* ungeachtet seiner Dienste für die uruguayische Marine zur Zeit des Schadensfalles als amerikanischen Staatsangehörigen einstuften, der im übrigen dieser Staatsangehörigkeit als Kapitän auf einem Kriegsschiff Uruguays nicht verlustig gegangen sei[146].

---

[142] Op. cit., p. 2734/2735. Insbes. auf diesen Satz rekurriert *Messer* beim Nachweis des diplomatischen Schutzes zugunsten fremder Mitglieder nationaler Streitkräfte als Ausnahme zum Nationalitätsprinzip, Schutzrecht und Nationalitätsprinzip 102 und Fn. 309.

[143] Bezeichnenderweise betont Schiedsrichter *Hassaurek* unmittelbar vor dem hier wiedergegebenen Zitat, Fragen der Staatsangehörigkeit *Clarks* im Zusammenhang mit seinen Diensten in der uruguayischen Kriegsmarine seien „immaterial to the decision of this case“, J. B. Moore, op. cit., p. 2734.

[144] J. B. Moore, op. cit., p. 2740 (Opinion *Bruce*), p. 2747 (Opinion *Findlay*).

[145] Op. cit., p. 2738/2739.

[146] Op. cit., p. 2746/2747, 2750.

Ebenfalls erklärt sich nun das eingangs wiedergegebene obiter dictum, *Clark* sei im Dienste Uruguays und unter Beteiligung an kriegerischen Auseinandersetzungen gegen Feinde Uruguays Uruguayer. Denn Träger des Prisenrechts ist regelmäßig der kriegführende Staat selbst[147], war vorliegend also Banda Oriental (Uruguay), so daß nur der Staat in dieser Eigenschaft direkt bei einer völkerrechtswidrigen Mißachtung seines Prisenrechts verletzt ist. Prisenrechtliche Ansprüche sind ihrer Natur nach *national claims* – als Kläger vor dem Prisengericht tritt allein der Staat, der die Prise einzuziehen wünscht – auf[148]; einen *national claim* aber, der, falls überhaupt entstanden, uruguayisch gewesen wäre, konnten die Schiedsrichter den Vereinigten Staaten zugunsten *Clarks* nicht zuerkennen. Den nationalen Charakter von *Clarks* angeblichem Schaden begründeten die Schiedsrichter jedoch nicht mit den Besonderheiten des Prisenrechts, sondern zäumten gewissermaßen das Pferd von hinten auf, indem sie *Clarks* Staatsangehörigkeit, *„as far as his claim is concerned"*[149], unter Zugrundelegung seines Auftrags und in Ansehung der Flagge, der er diente, determinierten[150].

Für den Nachweis einer völkerrechtlichen Praxis zum diplomatischen Schutz für fremde Angehörige nationaler Streitkräfte ist den hier behandelten Fällen nichts abzugewinnen[151]. Viel mehr noch sind bisher erhobene Ansprüche zugunsten von Mitgliedern der Streitkräfte, seien es eigene oder fremde, immer als nationale, die zusätzliche Verletzung des Staates in der Person seiner Staatsangehörigen oder Hoheitsträger zurückdrängende Ansprüche klassifiziert worden. Oder, um mit den Worten der Spanisch Treaty Claims Commission im Fall der *U.S.S. Maine* zu sprechen: „[T]he rule of international law under which individual claims arise in behalf of the citizens of any country who receive injuries for which a foreign government is responsible does not apply to the officers and seamen on a national vessel, or to the officers and soldiers of a national army, but such claims, if they ever arise, are wholly national, to be presented and prosecuted by the nation which the seamen and soldiers serve"[152]. Im Vordergrund und damit klar zu

[147] Scheuner, sub voce ‚Prisenrecht', II WdV 797 (794).

[148] Scheuner, op. cit., S. 800.

[149] J. B. Moore, op. cit., p. 2735.

[150] Sicherlich bedienten sich die Schiedsrichter hierbei eines nicht eben durchsichtigen Konstrukts, was aber angesichts des obiter dictum-Charakters speziell dieser rechtlichen Würdigung die argumentative Gradlinigkeit bei der eigentlichen Ablehnung des amerikanischen Schutzanspruchs nicht schmälert oder gar konterkariert.

[151] Anders nur K. R. Messer, Schutzrecht und Nationalitätsprinzip 102, dessen Verständnis der schiedsrichterlichen Voten im *Clark*-Fall jedoch erheblichen Bedenken begegnen muß.

[152] G. H. Hackworth, V Digest of International Law 692. Teilweise wird selbst die Entstehung eines solchen *national claim* abgelehnt unter Hinweis auf „risks assumed ... in joining the military establishment", da bei „proper conduct of military operations" keine Haftung des Schädigerstaates entstehe, *William N. Poinsett (United States v. Mexico)*, Entscheidung der Special Mexican Claims Commission, 1940, bei Hackworth, op. cit., loc. cit. Allenfalls werden im Wege des *national claim* erhaltene

unterscheiden von den Voraussetzungen des diplomatischen Schutzes bzw. ihren Ausnahmen steht nicht der individuell erlittene Schaden als Auslöser für den staatlichen Wiedergutmachungsanspruch, sondern vielmehr der *unmittelbar dem Staat* als „national political grievance“[153] entstandene[154].

Zu ziehendes Fazit bleibt wie beim Schutz fremder Seeleute durch den Flaggenstaat, daß auch der Schutz fremder Angehöriger nationaler Streitkräfte von der bisherigen Völkerrechtspraxis nicht in den Zusammenhang mit diplomatischem Schutz gebracht worden ist[155].

b) Auswärtiger Dienst

Jedem Staat steht es frei, sich innerhalb seines auswärtigen Dienstes auch der Tätigkeit von Ausländern zu versichern. Tradition hatte diese Praxis insbesondere in der Levante und den Barbareskenstaaten, wo die europäischen Auslandsvertretungen Angehörige des Empfangsstaates als Dolmetscher, Schutzpersonal und Domestiken beschäftigten. Diese sog. Dragomanen, Janitscharen und Kawassen genossen – oft unter Einschluß ihrer Familienangehörigen – regelmäßig den Schutz des Staates, in dessen Dienst sie standen. Beginnend mit Art. 22 der türkisch-französischen Kapitulation von 1604[156], der den Dolmetschern französischer Botschafter Steuerfreiheit zusicherte, wurden diese Bediensteten in vielen Kapitulationen der Hohen Pforte an die Europäischen Mächte in schutzrechtlicher Hinsicht deren Staatsangehörigen gleichgestellt[157]. Dies geschah in Anerkennung der besonderen Stellung der Dragomanen und Janitscharen, wie sie insbesondere Art. 9 des russisch-türkischen Friedensvertrages von Kütschük-Kainardschi[158] Bestätigung fand: „Les Dragomans auprés des Ministres russes résidant à Constantinople, de quelque nation qu'ils soient, étant des officiers

---

Entschädigungen *ex aequo et bono* an die einzelnen Soldaten ausgekehrt, s. mit diesbezüglicher Kasuistik E. M. Borchard, The Diplomatic Protection of Citizens Abroad 361.

[153] E. M. Borchard, op. cit., loc. cit.

[154] Als im Rahmen der vorliegenden Untersuchung eher beiläufig entstandenes – und daher nicht Anspruch auf sicher überprüfte Richtigkeit erhebendes – Resultat wird man unterstellen dürfen, daß beim *national claim* aus Anlaß der Verletzung fremder Angehöriger nationaler Streitkräfte Staatsangehörigkeitsfragen wohl in den Hintergrund treten.

[155] So auch G. Schwarzenberger, I International Law 594 [3rd ed.], bzw., den *national claim*-Charakter betonend, Fitzmaurice, The Law and Procedure of the International Court of Justice: General Principles and Substantive Law, XXVII BYIL 25 Fn. 3 (1) [1950].

[156] Vgl. o. 3. Teil A. I. 1. u. Fn. 16.

[157] Vgl. bspw. Art. 14 der ‚Articles Nouveaux‘ der türkisch-französischen Kapitulation v. 05. 06. 1673: „Nous accordons aux truchemens [Dragomanen, Dolmetscher, d. Verf.] qui servent les Ambassadeurs, les mêmes privilèges qu'au Francois“, abgedr. bei G. Noradounghian, I Recueil d'Actes Internationaux de l'Empire Ottoman 136.

[158] Vgl. vorstehend Fn. 26.

employés à des affaires d'Etat, et servant par conséquent les deux Empires, doivent être considérés et traités avec les plus grands égards dans les affairs dont ils sont chargés par leurs supérieurs respectifs et n'éprouveront aucune vexation"[159].

Der Schutz zugunsten von Dragomanen, Janitscharen und Kawassen, wie ihn die Hohe Pforte, aber auch die Barbareskenstaaten anerkannten, ist keine quantité négligeable. Denn teilweise waren den europäischen Vertretungen bis zu 40 dieser Personen zugesichert[160], während der Regierung Sultan *Mustaphas III* (1757 – 1774) durften die Missionen die Zahl ihrer ausländischen Bediensteten sogar verdoppeln[161]. Zwangsläufig führte diese Praxis zu Mißbräuchen. Viele Botschafter und Konsuln schöpften das ihnen zugestandene Kontingent nicht aus und verkauften die überschüssigen *Berats* – von der Türkei ausgestellte Schutzpatente, die für die Schutzgewährung durch ausländische Vertretungen manifest waren – an andere Untertanen der Pforte. Den Dragomanen wiederum war gestattet, je zwei Diener zu beschäftigen, die sich ihrerseits vermittels vom Sultan ausgestellter *Firmans* des Schutzes ihres – mittelbaren – ausländischen Arbeitgebers versichern konnten, so daß bald auch solche *Firmans* wohlfeil waren. Die Türkei begann daher schon recht früh, der Ausuferung von Schutzverhältnissen im Zusammenhang mit den eigenen Untertanen vorzubeugen, zuerst durch eine schon in die Kapitulationen aufgenommene zahlenmäßige Beschränkung der Beschäftigungsverhältnisse von Dragomanen[162], später durch völlige Abschaffung der *Berats*[163].

Trotzdem wurde der fortwährende Schutzmißbrauch sogar Gegenstand einer Kriegserklärung[164], so daß sich die Türkei schließlich gezwungen sah, die Frage der Schutzgenossenschaft bezüglich der Dragomanen und Kawassen[165] einheitlich und verbindlich in einem ‚Règlement relatif aux consulats

---

[159] Eine besondere Komponente erhielt der Schutz von Dragomanen und Janitscharen auch dadurch, daß es sich bei ihnen in der Regel um Christen (Armenier, Griechen) handelte, nach H. Belart, Der Schutzgenosse in der Levante 47.

[160] A. de Miltitz, II Manuel de Consuls 310.

[161] Nach Belart, op. cit., S. 48.

[162] So durften gem. Art. 4 des türkisch-preußischen Freundschafts- und Handelsvertrages v. 22. 03. 1761 (abgedr. bei G. Noradounghian, I Recueil d'Actes Internationaux de l'Empire Ottoman 315) der preußische Botschafter in Konstantinopel nur vier Dragomanen beschäftigen, preußische Konsuln nur jeweils einen.

[163] Im Einverständnis mit der französischen Botschaft im Jahre 1807, nachdem schon 1795 der englische Botschafter in Konstantinopel auf die *Berats* verzichtet hatte, s. die engl. Erklärung bei I. de Testa, I Recueil des Traités de la Porte Ottomane avec les Puissances Étrangères 226 [Paris 1865], bzw. A. de Miltitz, II Manuel de Consuls 311.

[164] In seiner Kriegserklärung vom 07. 01. 1817 warf die Türkei Rußland vor, es habe christlichen Untertanen der Pforte unberechtigt Schutzpatente verliehen, um sich auf diese Weise in den Besitz der gesamten Handelsflotte des Archipels zu setzen, nach H. Belart, Der Schutzgenosse in der Levante 50.

[165] Die sog. Janitscharenkorps waren 1826 abgeschafft worden.

étrangers'[166] zu regeln. Von nun an genoß nur eine bestimmte Anzahl von Dragomanen und Kawassen (Art. 1 des Règlement) „des mêmes droits que les protégés ordinaires" (Art. 5 Abs. 1 des Règlement)[167].

Eine ähnliche schutzrechtliche Entwicklung ist auch in Marokko nachzuvollziehen, wobei allerdings mit der Konvention von Madrid vom 3. 7. 1880[168] zwischen den USA, den europäischen Mächten und dem Sultan von Marokko eine völkervertragsrechtliche Regelung der Schutzverhältnisse geschaffen wurde.

Konsequenterweise tragen daher die innerstaatlichen Gesetze und Instruktionen zur Konsulargerichtsbarkeit bis in das 20. Jahrhundert hinein dem System der Schutzgenossenschaft hinsichtlich fremder Bediensteter des auswärtigen öffentlichen Dienstes Rechnung. So heißt es beispielsweise in § 3 der ‚Instruktion, betreffend die Erteilung des von den Kaiserlich deutschen Konsularbehörden zu gewährenden Schutzes im türkischen Reiche mit Einschluß von Ägypten, Rumänien und Serbien, sowie in China und Japan' vom 1. 5. 1872[169]: „Als de facto-Untertanen können den deutschen Schutz erhalten: 1. . . .; 2. . . .; 3. die Dragomans, Kawassen, Jassakdschis und sonstigen Unterbeamten der Gesandtschaften und der Konsularbehörden; 4. Familien der unter Nr. 3 bezeichneten Personen, desgleichen Individuen, welche früher ein solches Amt bekleidet haben"[170].

Für die Zeit bis zur Abschaffung der Konsulargerichtsbarkeit und des mit ihr verbundenen Protégé-Systems – im wesentlichen seit Inkrafttreten der großen Friedensverträge nach dem Ersten Weltkrieg – läßt sich also ein anerkannter Schutz zugunsten ausländischer Unterbeamter von Gesandtschaften und Konsularbehörden europäischer Mächte mit Schwerpunkt in der Levante und den Barbareskenstaaten nachweisen. Ungeklärt mag bleiben, ob es sich hierbei nur um eine mehr historische Reminiszenz, ein „obsolete relic"[171] handelt, ob sich ein solcher Schutz auch auf fremde Diplomaten

---

[166] Aus dem August 1863, abgedr. bei L. J. D. Féraud-Giraud, I De la Juridiction Francaise dans les Échelles du Levant et de Barbarie 290.

[167] Also wie die Angehörigen des Entsendestaates der jeweiligen Mission bzw. die sonstigen Schutzbefohlenen. *Belart* kritisiert die Regelung des Art. 5 Abs. 1 zu Unrecht als aus der Sicht der Pforte „etwas zu weit gegangen" (Der Schutzgenosse in der Levante 56), denn diese Vorschrift signalisiert lediglich den Intensitätsgrad des Schutzes, den die Türkei anzuerkennen bereit ist, der Schutz überhaupt liegt natürlich im Ermessen des Entsendestaats.

[168] Convention rélative à l'exercice du droit de protection au Maroc, G. F. Martens, VI NRG 624 [2me sér.], Konvention über die Ausübung des Schutzrechts in Marokko, RGBl 1881, S. 103.

[169] Abgedr. bei B. W. König, Handbuch des deutschen Konsularwesens, Anhang 157.

[170] Zur entsprechenden österreichisch-ungarischen Praxis s. J. v. Malfatti di Monte Tretto, Handbuch des österreichisch-ungarischen Consularwesens 132.

[171] Lauterpacht, Allegiance, Diplomatic Protection and Criminal Jurisdiction over Aliens, 9 Cambridge Law Journal 339 (330) [1945 – 1947].

und Konsuln selbst erstreckt hätte – *Hugo Grotius* wurde im Jahre 1632 immerhin schwedischer Gesandter am französischen Königshof, Bayerns Botschafter in Großbritannien war 1798 ein Amerikaner – und ob die Völkerrechtspraxis in der zweiten Hälfte des 20. Jahrhunderts den Schutz von Bediensteten einer Mission, die nicht die Staatsangehörigkeit des schutzausübenden Entsendestaates besitzen, überhaupt anerkennen würde[172].

Denn gerade auch in Ansehung des Untersuchungsergebnisses in den als parallel zu bezeichnenden Fällen des Schutzes fremder Mitglieder nationaler Streitkräfte[173] ist gleichermaßen im Zusammenhang mit dem Schutz zugunsten fremder Angehöriger des auswärtigen Dienstes kritisch zu fragen, von welcher völkerrechtlichen Qualität sich ein solcher Schutz erweisen würde, ist also diplomatischer Schutz erneut gegen die Geltendmachung eines *national claim* abzugrenzen.

Einen ersten Aufschluß über die Art des Dragomanen und Kawassen zustehenden Schutzes gibt schon der eben zitierte Art. 9 des russisch-türkischen Friedensvertrages von Kütschük-Kainardschi[174]: aufgrund ihres Beschäftigungsverhältnisses zu einer ausländischen Macht erheischen Dragomanen und Kawassen die Entbietung allergrößter Zuvorkommenheit ‚in den Angelegenheiten, mit denen sie von ihren jeweiligen Vorgesetzten beauftragt worden sind' („dans les affaires dont ils sont chargés par leurs supérieurs respectifs"), sollen hierbei unbeeinträchtigt bleiben („n'eprouveront aucune vexation"). Der fremde Bedienstete einer ausländischen Mission im Osmanischen Reich war von vornherein schutzbegünstigt nicht als Privatperson, der gegenüber ein fremdenrechtlicher Mindeststandard hätte eingehalten werden müssen, sondern vielmehr als Träger von im weitesten Sinne hoheitlichen Funktionen, deren störungsfreie Ausübung elementar

---

172 *Fitzmaurice* erwähnt lediglich in einer Fußnote und ohne jeglichen Nachweis als Ausnahme zum Nationalitätsprinzip bei der Schutzausübung „the very common case of persons who are employed in the diplomatic or consular services of another country", in The Law and Procedure of the International Court of Justice: General Principles and Substantive Law, XXVII BYIL 25 Fn. 1 (1) [1950]. Bedenken an einer vorbehaltlosen Rezeption des dargestellten Schutzes in den Ländern der Konsulargerichtsbarkeit in die heutige Zeit liegen schon darin begründet, daß dieser Schutz in der Regel völkervertragsrechtlich ausbedungen und anerkannt war, und darüberhinaus solcherlei Vereinbarungen in einer Zeit getroffen wurden, in der im Verhältnis der vertragschließenden Parteien nicht unbedingt von souveräner Parität ausgegangen werden kann. Von der offensichtlichen Zurückhaltung der heutigen Staatenwelt bei der Wiederauffrischung eines de facto-Untertanen-Systems durch die Beschäftigung von Ausländern im diplomatischen Dienst zeugt Art. 8 WÜD, demgemäß die Mitglieder des diplomatischen Personals einer Mission grundsätzlich Angehörige des Entsendestaates sein sollen, anderenfalls die Zustimmung des Empfangsstaates unerläßlich ist (s. entsprechend Art. 22 WÜK). Zur Frage einer Wiederbelebung des in diesem Abschnitt untersuchten Schutzes als funktionelle Protektion durch den IGH in seinem Gutachten *Reparations for Injuries Suffered in the Service of the United Nations* s. u. 3. Teil B. I. 1.

173 Vgl. vorstehend 3. Teil A. I. 5. a) am Ende.

174 Vgl. o. 3. Teil A. I. 5. b) zu Fn. 158.

für die völkerrechtliche Stellung des Entsendestaats und seiner Mission ist. Der offiziell-repräsentativen Tätigkeit fremder Hoheitsträger als Basis für einen Schutzanspruch trägt auch Art. 5 Abs. 2 Satz 1 des bereits erwähnten türkischen ‚Règlement relatif aux consulats étrangers'[175] Rechnung: „La protection des employés priviligiés des consulats est individuelle et attachée à leur fonctions. Elle cessera en cas ... de cessation de ses fonctions"[176]. Auch die zeitgenössischen Kommentatoren des Konsularrechts der europäischen Mächte haben diese Begrenzung der Protektion von Schutzgenossen bestätigt[177], Preußen berücksichtigte die Rechtslage in § 14 seiner Instruktion vom Mai 1872[178].

Aus alledem kann nur gefolgert werden, daß die völkerrechtswidrige Verletzung eines fremden Angehörigen seines auswärtigen Dienstes den Entsendestaat zur Erhebung eines *national claim* berechtigt. Im Vordergrund steht nicht das fremdenrechtliche Spannungsverhältnis zwischen Gebietshoheit des Aufenthaltsstaates und Personalhoheit des Heimatstaates mit dem Ventil des diplomatischen Schutzes, sondern die direkte Nichtachtung eines Völkerrechtssubjekts in der Person eines seiner Repräsentanten, seines unmittelbaren ‚alter ego' im Empfangsstaat, der mit dem *national claim* begegnet wird. Der Verlust des Einzelnen, wie er als Entstehungstatbestand und Bemessungskriterium für den staatlichen Schaden im Falle diplomatischer Schutzausübung sich durchgesetzt hat[179], ist unmaßgeblich, da es nicht die Staatsangehörigkeit des betreffenden Individuums ist, die einen individuell erlittenen Schaden formell und materiell auf die völkerrechtliche Bühne hebt, sondern die Ausübung offizieller Funktionen in Repräsentation eines Völkerrechtssubjekts, deren Beeinträchtigung schlechthin beim Entsendestaat zu einem Schaden bar jeder privaten Implikation führt.

Insoweit handelt es sich beim Schutz fremder Angehöriger des auswärtigen Dienstes, eben einem *national claim*, nicht um eine Ausnahme zum Nationalitätsprinzip beim diplomatischen Schutz[180].

---

[175] Vgl. o. 3. Teil A. I. 5. b) zu Fn. 166.

[176] Art. 11 wiederholt dies mit den Worten „... la protection ..., toute personelle et uniquement affectée au service effectif ...". Das Schutzverbot beginnend mit dem Dienstende erstreckte sich auch auf den Ausnahmefall von türkischen Untertanen als Vize-Konsuln oder Konsularagenten einer fremden Macht, s. Art. 6. Domestiken genossen keinerlei Schutz, s. Art. 12 des Règlement. In Europa genoß die Dienerschaft dienstbezogenen Schutz, falls sie auf einer dem Außenminister des Empfangsstaates zu notifizierenden Liste standen, s. mit Kasuistik Eagleton, The Responsibility of the State for the Protection of Foreign Officials, 19 AJIL 298 – 300 (293) [1925].

[177] Vgl. statt aller J. v. Malfatti di Monte Tretto, Handbuch des österreichisch-ungarischen Konsularwesens 133 und B. W. König, Preußens Konsular-Reglement 32.

[178] Vgl. o. 3. Teil A. I. 5. b) zu Fn. 169.

[179] Vgl. insbes. den *Chorzow*-Fall des StIGH o. 1. Teil A. I. 2. bei Fn. 78.

[180] Anders nur Messer, Schutzrecht und Nationalitätsprinzip 88 – 92. *Messer* erliegt der von ihm selbst als problematisch angesehenen Grenzziehung zwischen Völkerrecht de lege lata und de lege ferenda bei der Anerkennung von Ausnahmen zum

6. Delegierte Protektion

Im weitesten Sinne stellt sich die delegierte Protektion zunächst als Schutzausübung unter Verzicht auf die Staatsangehörigkeit des Schutzausübenden dar. Oftmals wird sich ein Staat an der Ausübung des diplomatischen Schutzes gehindert sehen, wenn er beispielsweise im völkerrechtlichen Verkehr grundsätzlich von einem Drittstaat vertreten wird, wie Monaco oder Liechtenstein[181], oder zum Deliktssubjekt zum Zeitpunkt der Schutzausübung keine friedlichen völkerrechtlichen Beziehungen vorliegen[182]. In

Nationalitätsprinzip, wie sie der IGH – ausgesprochen kursorisch – in seinem *Reparations*-Gutachten vorgenommen hat. Sicherlich ist die Abgrenzung zwischen *national claim* und diplomatischem Schutz vorliegend gerade dann problematisch, wenn die Geltendmachung des *national claim* über den direkten staatlichen Schaden hinaus auch private Verluste kompensieren will. Diese Problematik löst *Messer* dadurch, daß er von diplomatischem Schutz zugunsten des fremden Angehörigen des auswärtigen Dienstes dann ausgehen will, wenn die Geltendmachung auch den persönlich erlittenen Verlust umfaßt (op. cit., S. 90). Der Autor übersieht hierbei jedoch, daß dieser Schutz von einer völlig anderen Prämisse ausgeht als die diplomatische Protektion, nämlich von der unmittelbaren Beeinträchtigung der völkerrechtlichen Position eines Staates. Die Dienststellung des Einzelnen ist nicht, wie die Staatsangehörigkeit beim diplomatischen Schutz, Medium, sondern direkter Auslöser für die Entstehung eines staatlichen Schadens. Insofern kann der Schutz fremder Angehöriger des auswärtigen Dienstes keine Ausnahme zum Nationalitätsprinzip sein und wird eines solchen Charakters auch nicht teilhaftig durch die – annexhafte – Berücksichtigung des individuellen Verlusts bei der Schadensgeltendmachung. Die von der Grundkonzeption des *national claim* aufgeworfene Frage, ob neben dem Dienstherrn auch der eigentliche Heimatstaat schutzberechtigt (hier dann eindeutig diplomatischer Schutz) ist, bleibt einer Klärung im Zusammenhang mit der Erörterung des Gutachtens im *Reparations for Injuries Suffered*-Fall vorbehalten, in dem der IGH hierzu Stellung genommen hat (s. u. 3. Teil B. I. 1.). Zu einer grundsätzlichen Kritik an der Schutzausdehnung auf fremde Missionsbedienstete s. F. v. Martens, II Völkerrecht 61 [dt. Ausgabe, C. Bergbohm, Hrsg., Berlin 1886], der auf die Gefahr hinweist, daß aus jeder einen Bediensteten betreffenden Mißhelligkeit gleich eine Staatsaffaire erwachsen könne, dies aber schwerlich mit der Würde der Staaten und ihrer Repräsentanten vereinbar sei (op. cit., loc. cit., Fn. 2, gibt *v. Martens* zu erkennen, daß er hierbei eine Mindermeinung vertritt).

[181] Monaco auf der Grundlage des Traité d'amitié protectrice, v. 17. 07. 1918 (abgedr. bei G. Martens, XI NRG 313 [3me sér.]) von Frankreich, Liechtenstein zunächst von Österreich, seit 1919 von der Schweiz (s. zuletzt die ‚Instruktionen des Politischen Departements betreffend die Vertretung der liechtensteinischen Interessen vom 20. 02. 1948 an die schweizerischen Gesandtschaften und Konsulate' in VII SJIR 176 [1950]). San Marino wird gem. Art. 46 des Vertrages von Florenz v. 28. 06. 1897 (abgedr. bei G. Martens, II NRG 799 [3me sér]) von Italien vertreten. Zu den zahlreichen Beispielen aus der völkerrechtlichen Vergangenheit s. statt aller Art. 2 des Pariser Vertrages zwischen Polen und Danzig v. 09. 11. 1920 (abgedr. bei G. Martens, XIV NRG 45 [3me sér.]): „Poland shall undertake the conduct of the foreign relations of the Free City of Danzig as well as the protection of its nationals abroad. This protection shall be assured in the same conditions as the protection of Polish nationals". (Aus der Sicht Polens allerdings handelte es sich bei Danzig nicht um ein Völkerrechtssubjekt, sondern um ein administratives Protektorat dieses Staates, so bspw. Makowski, La Situation Juridique du Territoire de la Ville Libre de Dantzig, XXX RGDIP 207 – 214 (169) [1923], eine Position, die jedoch in Ansehung des Pariser Vertrages und seiner politischen Rahmenbedingungen nicht haltbar ist, s. statt aller v. Hagens, sub voce ‚Danzig', I WdV 309 [307]).

[182] Der Staat ist regelmäßig nicht an diplomatischer Schutzausübung gehindert, nur weil er auf dem Territorium des Deliktssubjekts keine konsularischen bzw. diplo-

diesen Fällen kann sich ein solcherart in seiner völkerrechtlichen Handlungsfähigkeit eingeschränkter Staat einer Schutzmacht bedienen, die seine und seiner Staatsangehörigen Interessen gegenüber Drittstaaten vertritt. Die Vertretung fremder Interessen durch die Schutzmacht wird vom Völkerrecht prinzipiell anerkannt[183] und gilt als ein Fall völkerrechtlicher Stellvertretung[184].

Gerade aber die Trennung zwischen dem unmittelbar handelnden, schutzausübenden Völkerrechtssubjekt von jenem, dem die Auswirkungen dieses Handelns zugeschrieben werden, führt vorliegend zu Konsequenzen, die von prinzipieller Bedeutung für die delegierte Protektion als möglicher Ausnahme zum Nationalitätsprinzip bei der diplomatischen Schutzausübung sind. Denn der an der Schutzausübung gehinderte Staat überträgt, delegiert, sein Schutzrecht an einen fremden Staat. Grundlage des delegierten bildet das dem vertretenen Staat ursprünglich zustehende Schutzrecht. Folgerichtig kann, da nur Rechte delegiert werden können, deren Inhaberschaft der Staat sich auch tatsächlich berühmen mag, der vertretene Staat sein Schutzrecht nur in dem Umfange übertragen, in dem er es selbst auszuüben berechtigt ist[185]. Dieses Schutzrecht bezieht sich ausschließlich auf die eigenen Staatsangehörigen. Darüber hinaus bedeutet die Delegation des Schutzrechts, daß der Schutzstaat einen fremden Rechtstitel geltend macht, den er qua delegatio vom vertretenen Staat des Schutzbegünstigten ableitet[186].

---

matischen Vertretungen besitzt (so irrtümlich Messer, Schutzrecht und Nationalitätsprinzip 87); denn im Gegenteil wird der diplomatische Schutz als völkerrechtlicher Wiedergutmachungsanspruch in der Regel nicht von der einzelnen Auslandsvertretung erhoben. Gerade auch Liechtenstein sah sich trotz fehlender Vertretung in Guatemala (und trotz außenpolitischer Vertretung durch die Schweiz) sehr wohl dazu in der Lage, mittels einer Klage vor dem IGH (dessen Statut es am 10. 03. 1950 beigetreten war, 51 UNTS 115) diplomatischen Schutz zugunsten von *Nottebohm* auszuüben.

[183] Erschöpfend hierzu W. M. Franklin, Protection of Foreign Interests 7 – 15, unter Nennung umfangreicher Kasuistik; s. auch R. Bertschy, Die Schutzmacht im Völkerrecht 57 – 59 [Diss., Freiburg (CH) 1952]. *Franklin* hat insgesamt zehn Voraussetzungen bzw. Prinzipien für das Tätigwerden der Schutzmacht zusammengetragen, von denen jedoch gleich die erste, das Fehlen diplomatischer oder konsularischer Repräsentation, einer Überprüfung nicht standhalten kann, op. cit., p. 116 (ihm hierbei folgend auch Bertschy, op. cit., S. 59), s. auch die vorangegangene Fn. Wesentlich für das Tätigwerden der Schutzmacht sind Beauftragung durch den schutzsuchenden Staat (Ausnahme: Notfälle) und Zustimmung des Staates, dem gegenüber Schutz ausgeübt werden soll, s. Franklin, op. cit., p. 119, 124, Bertschy, op. cit., S. 60, 62.

[184] Die überaus spärliche Literatur zur internationalen Stellvertretung betrachtet diese, weil dem Zivilrecht fast aller Staaten bekannt, als allgemeinen Rechtsgrundsatz, s. insbes. Sereni, La Représentation en Droit International, 73 RdC 76 (69) [1948 II], ders., Agency in International Law, 34 AJIL 638 [1940].

[185] So auch A. Verdross, Völkerrecht 347 [5. Aufl., Wien 1964].

[186] Instruktiv hierzu Abs. II Ziff. 1 der Instruktionen des Eidgenössischen Politischen Departements betreffend die Vertretung liechtensteinischer Interessen (s. vorstehend Fn. 181): „Werden die schweizerischen Gesandtschaften und Konsulate bei einer fremden Regierung für liechtensteinische Interessen vorstellig, so haben sie dabei auszuführen, daß es sich im gegebenen Fall um eine liechtensteinische Vertretungssache handele“.

Weil es somit nicht die Schutzmacht ist, die infolge einer völkerrechtswidrigen Verletzung eigener Staatsangehöriger einen eigenen völkerrechtlichen Wiedergutmachungsanspruch in Form des diplomatischen Schutzes erhebt, sondern dies vielmehr vom vertretenen Staat *durch* die Schutzmacht geschieht, ist die delegierte Protektion nichts anderes als eine deutliche Bestätigung des Nationalitätsprinzips, nicht eine Durchbrechung[187], kann doch die Schutzmacht delegierte, fremde Protektion ausschließlich zugunsten von Staatsangehörigen des vertretenen Staates wahrnehmen[188, 189].

---

187 Zu diesem Ergebnis kommt auch Messer, Schutzrecht und Nationalitätsprinzip 88. *Blaser* (La nationalité et la protection juridique internationale de l'individu) übersieht diesen entscheidenden Aspekt der Geltendmachung eines fremden Rechts völlig, op. cit., p. 94 – 99. Lediglich die Schweiz hat im vorigen Jahrhundert einen anderen Standpunkt eingenommen, als sie in einer Note an die amerikanische Regierung unterstellte, „that . . . a Swiss who places himself under foreign protection, loses, to a certain extent, the outward character of his nationality", Note v. 15. 4. 1887, bei J. B. Moore, IV A Digest of International Law 593. Auf der Basis einer solchen schweizerischerseits unterstellten Assimilierung wäre möglicherweise diplomatischer Schutz der USA zugunsten eines Schweizers die Erhebung eines eigenen, amerikanischen Wiedergutmachungsanspruchs geworden. Diese Sichtweise hat sich jedoch weder im konkreten Fall (s. die Antwortnote des amerikanischen Außenministers v. 01. 07. 1887, For. Rel. 1887, 1076) noch generell im Völkerrecht durchgesetzt (s. statt aller W. M. Franklin, Protection of Foreign Interests 139 – 143) und wird folgerichtig auch von der Schweiz nicht mehr vertreten (s. das vorstehend Fn. 186 wiedergegebene Zitat die Vertretung Liechtensteins betreffend).

188 Zu unterscheiden von delegierter Protektion im hier verstandenen Sinne ist die nach den Artikeln 8 des I., II. und III. Genfer Abkommens, bzw. Art. 9 des IV. Genfer Abkommens, v. 12. 08. 1949, vorgesehene Tätigkeit der Schutzmächte oder das in diesem Zusammenhang gem. den Artikeln 9 bzw. 10 (IV. Abkommen) tätigwerdende Internationale Komitee vom Roten Kreuz, die zugunsten der Verwundeten und Kranken der Land- und Seestreitkräfte, der Kriegsgefangenen und Zivilpersonen nur ‚gute Dienste' anläßlich von Meinungsverschiedenheiten über Anwendung oder Auslegung der einzelnen Abkommen leisten, s. Art. 11 des I. – III., bzw. Art. 12. des IV. Abkommens. Die mehr moralische Aufgabe der Schutzmacht in den Genfer Abkommen beschreibt *Siordet* als „mandat conféré par l'ensemble des nations dans l'intérêt supérieur de l'humanité et du respect du principe proclamé par les Conventions de Genève", in Les Conventions de Genève de 1949: le Problème du Contrôle, 34 Revue Internationale de la Croix-Rouge 94 (92) [1952].

189 Zweifelhaft ist, ob die Wiedergutmachung nationalsozialistischen Unrechts durch die Bundesrepublik Deutschland infolge eines gerade diplomatischen Schutzbegehrens durch Israel geleistet wurde (bzw. geleistet wird). Mit einer Note des israelischen Außenministers an die vier Besatzungsmächte vom 12. 03. 1951 (abgedr. bei F. E. Shinnar, Bericht eines Beauftragten – Die deutsch-israelischen Beziehungen 1951 – 1966, 203 – 210 [Tübingen 1967]) wurde „das deutsche Volk aufgefordert . . ., das gestohlene jüdische Gut zurückzugeben und für die Rehabilitation derer zu sorgen, die überlebt haben", op. cit., S. 207, „Entschädigung an das jüdische Volk", op. cit., S. 209, verlangt. Sicherlich ist es völlig unangemessen, dieses Wiedergutmachungsverlangen in das Prokrustesbett eines völkerrechtlichen Instituts, das des diplomatischen Schutzes, zwängen zu wollen. Aus rein völkerrechtlicher Sicht jedoch (gerade sie stand bei den Wiedergutmachungsverhandlungen zwischen Israel und der Bundesrepublik völlig im Hintergrund, Entschädigungen an Israel waren vornehmlich ‚moralische Verpflichtungen', ‚Ehrenschuld', ‚Ehrenpflicht', s. die diesbezügliche Stimmungslage *Adenauers* und Nachkriegsdeutschlands insgesamt wiedergebend E. Féaux de la Croix / H. Rumpf, Der Werdegang des Entschädigungsrechts unter national- und völkerrechtlichem und politologischem Aspekt 317 [München 1985]) hat die Wiedergutmachung zumindest theoretisch einige interessante Fragen aufgeworfen, die im Zusammenhang mit den hier behandelten Ausnahmen vom Nationalitätsprin-

II. Ergebnis: Die Aussagekraft dieser Staatenpraxis im Hinblick auf eine Auflockerung des Nationalitätsprinzips bei der Schutzausübung

Parry hat recht mit seiner Feststellung, daß „[t]he cases in which a State may protect those who are not its own nationals can ... be dismissed as irrelevant“[190]. Das diesem Teil der Untersuchung vorangestellte Zitat aus dem *Reparations for Injuries Suffered*-Gutachten des IGH in Konkurrenz zur StIGH-Rechtsprechung zum diplomatischen Schutz hat gewissermaßen einen hohlen Kern, da sich zwar Staaten durchaus schutzrechtlich zugunsten fremder Staatsangehöriger verwendet haben, diese Fälle aber im Ergebnis entweder überhaupt keine ‚exceptions‘ zur traditionellen Struktur des diplomatischen Schutzes bilden oder doch wenigstens nicht als ‚important exceptions‘ apostrophiert werden können.

Sicherlich stellen die Protektion zugunsten levantinischer Schutzgenossen sowie von Protektorats-, Mandats- und Treuhandgebietsbewohnern

---

zip bei der diplomatischen Schutzausübung die Erwähnung lohnen. Denn Israel machte weniger individuelle Wiedergutmachung als „Anspr[ü]ch[e] des jüdischen Volkes gegen Deutschland“ (Shinnar, op. cit., S. 203) geltend, womit die Staatsangehörigkeitsfrage keine Rolle spielte. So war bspw. gem. Ziff. 14 des Protokolls Nr. 1, aufgesetzt von Vertretern der Regierung der Bundesrepublik Deutschland und der Conference on Jewish Material Claims against Germany (dt. u. engl. Text 162 UNTS 271) zum Luxemburger Vertrag zwischen Israel und der Bundesrepublik v. 10. 09. 1952 (162 UNTS 205, BGBl 1953 II 35), Entschädigung zu leisten an „... gegenwärtig Staatenlose oder politische Flüchtlinge“, bzw., diesen gleichgestellt, an „... Verfolgte ..., die nach Beendigung der Verfolgung eine neue Staatsangehörigkeit erworben haben“. Bemerkenswert auch, daß Israel als Anspruchsteller zur Zeit der Schadensentstehung als Völkerrechtssubjekt noch nicht existierte, insofern sich die israelische Note v. 12. 03. 1951 auch auf Ersatz „für das Absorbieren und die Rehabilitation der Überlebenden dieser Katastrophe“ (Shinnar, op. cit., S. 209) bezieht (dies bildete den Haupteinwand der arabischen Staaten gegen den Luxemburger Vertrag, s. E. Féaux de la Croix / H. Rumpf, op. cit., S. 323). Bedeutsam nicht zuletzt ist auch die Deliktssubjektivität der Bundesrepublik angesichts des Schreibens *Adenauers* v. 06. 03. 1951 an die Alliierte Hohe Kommission im Zusammenhang mit dem Londoner Schuldenabkommen (v. 27. 02. 1953, 333 UNTS 3, BGBl 1953 II 331, das Schreiben *Adenauers* bildet Bestandteil von Anhang A des Abkommens), nach dem die Bundesrepublik ihre *Haftung* für die äußeren Vorkriegsschulden des Deutschen Reiches erklärte (dies hinderte Israel im übrigen nicht, ein Drittel der geforderten Wiedergutmachungssumme von der DDR zu fordern, deutschlandpolitisch durchaus beachtlich, da *Adenauer* hier ein einziges Mal nicht auf den Alleinvertretungsanspruch der Bundesrepublik für Deutschland pochte). Die nur kursorische Übersicht über einige der völkerrechtlichen Fragen, die von der Wiedergutmachung nationalsozialistischen Unrechts aufgeworfen werden können, verdeutlicht, daß an diese Wiedergutmachung nur schwer die völkerrechtliche Elle des diplomatischen Schutzes gelegt werden kann. Vielmehr wird man den Schluß ziehen dürfen, daß es sich bei der Wiedergutmachung nationalsozialistischen Unrechts um einen einmaligen Fall des völkerrechtlichen Deliktsrechts handelt, der wegen seines sui generis-Charakters keiner Verallgemeinerung zugänglich ist, dessen Erwähnung dennoch hier erfolgen durfte, da ethnisch-religiöse Kriterien den Anspruch Israels begründeten, und nicht formal-staatsangehörigkeitsrechtliche.

[190] Plural Nationality and Citizenship with Special Reference to the Commonwealth, XXX BYIL 257 (244) [1953].

echte Durchbrechungen des Nationalitätsprinzips dar. Fraglich bleibt dennoch, ob gerade diese Fälle verallgemeinerungsfähig und von praktischer Relevanz für eine Auseinandersetzung mit den Voraussetzungen des diplomatischen Schutzes sein können.

Abzulehnen ist dies eindeutig für den Schutz in der Levante und den Barbareskenstaaten. Selbst wenn man das jenen Schutz beherrschende Kalkül machtpolitischer Einflußnahme durch Erweiterung der Zahl eigener Staatsangehöriger mit fremden de facto-Untertanen außer Betracht läßt und das weitere Moment christlichen Humanismus' durch die – zeitgerechtere – Sorge um die Einhaltung der Menschenrechte ersetzt, wird das Ergbnis nicht lauten, daß Staaten sich mit dieser Begründung – an der es bei der heutigen Situation der Menschenrechte per se nichts auszusetzen gäbe – beliebig Schutzbegünstigte schaffen können. Denn der diplomatische Schutz bleibt Ausfluß der Personalhoheit eines Staates, die er ausschließlich seinen Angehörigen gegenüber ausübt. Mittlerweile haben sich zwar die Menschenrechte zu einer Art völkerrechtlichem Regulativ im Verhältnis Staat/Einzelperson entwickelt, ihr Schutz jedoch wird von den Menschenrechtskodifikationen nicht einzelpersonenbezogen, sondern als europäisches bzw. universelles Anliegen gewährt[191]. Daneben muß auch hervorgehoben werden, daß Grundlage der Protektion levantinischer Schutzgenossen die Zustimmung der Hohen Pforte in den Kapitulationen mit den jeweiligen europäischen Mächten war; einvernehmliche Abbedingungen des Nationalitätsprinzips aber galten bisher noch nie als Barriere bei diplomatischer Schutzausübung, sondern vielmehr als Bestätigung der Regel[192].

Was den Schutz zugunsten der Angehörigen von Protektoraten, Mandaten und Treuhandgebieten angeht, so ist zunächst ganz allgemein die Feststellung zu treffen, daß diese Formen partieller Völkerrechtssubjektivität der völkerrechtlichen Vergangenheit angehören[193]; sämtliche ehemaligen Protektorate, Mandate und Treuhandgebiete sind mittlerweile unabhängige Staaten oder integrierte Teile unabhängiger Staaten. Überdies ist das Protektorat kein völkerrechtlich festumrissenes Institut, so daß der innerhalb dieses die völkerrechtliche Handlungsfähigkeit einschränkenden Abhängigkeitsverhältnisses ausgeübte diplomatische Schutz Bestandteil eines konkreten politisch-historischen Sachverhalts ist, der sich wegen seines indivi-

---

[191] Hierzu ausführl. o. 2. Teil B. II. 3., insbes. auch zu dem eigentlich rudimentären Charakter dieses Schutzes innerhalb der UNO-Pakte.

[192] Der StIGH leitete seine bekannte Feststellung, es sei das Band der Staatsangehörigkeit, welches allein dem Staat das Recht zum diplomatischen Schutz gibt, ein mit den Worten: „en l'absence d'accords particuliers", *Panevezys-Saldutiskis*-Fall, Sér. A/B No. 76, p. 16.

[193] Mit Ausnahme des Treuhandgebiets der pazifischen Inseln unter der Verwaltungsmacht USA.

duellen Rechtscharakters zum ersten nicht auf andere Protektorate logisch ausweiten läßt und zum zweiten hieraus folgend einer Generalisierung unzugänglich bleiben muß. Allen drei völkerrechtlichen Über-Unterordnungsverhältnissen ist mehr noch gemeinsam, daß sie jedes auf seine Weise ein System waren, um bestimmten politischen Einheiten, seien es Staaten, seien es noch nicht staatsgewordene Territorien, die Teilhabe am Völkerrecht zu erleichtern oder sie überhaupt zu gleichberechtigten Völkerrechtssubjekten zu entwickeln. Durchaus „systemimmanent" kann mithin die auch diplomatische Schutzausübungsberechtigung des für diese Einheiten völkerrechtlich Handelnden gelten. Insofern läßt sich angesichts des diplomatischen Schutzes zugunsten der Angehörigen von Protektoraten, Mandaten und Treuhandgebieten durchaus das Fazit ziehen, ein solcher Schutz durch Protektor, Mandatar oder Verwaltungsmacht dürfte auch in künftigen Fällen völkerrechtlich unbedenklich sein.

Darum geht es hier aber nicht. Denn Ziel der vorliegenden Untersuchung ist, die Praxis des Verzichts auf die Staatsangehörigkeit des Schutzausübenden im Hinblick auf eine letztlich dem Staatenlosen zugute kommende Auflockerung des Nationalitätsprinzips zu analysieren. Zugegebenermaßen ist der diplomatische Schutz zugunsten der Angehörigen obiger Gebiete eine echte Durchbrechung des Nationalitätsprinzips, er zieht jedoch keine Auflockerung dieses Prinzips nach sich. Denn letztlich entscheidend für den diplomatischen Schutz des Protektors, Mandatars und der Verwaltungsmacht ist die Zugehörigkeit des Schutzbegünstigten zu Protektorat, Mandat bzw. Treuhandgebiet, die oft, wie gezeigt wurde, staatsangehörigkeitsrechtlicher Natur im weitesten Sinne war, jedoch nicht sein mußte (‚native of...'). Die Konstellation des diplomatischen Schutzes für Angehörige dieser Gebiete verdeutlicht das eigentliche Näheverhältnis zu dem Staatenlosen gerade abträglichen Nationalitätsprinzip, da sie von einer ebenso unabänderlichen Voraussetzung beherrscht wird: wenn nicht staatsangehörigkeitsrechtliche Zuordnung[194], dann wenigstens, als Vorstufe zur noch gar nicht existierenden Staatsangehörigkeit, *nativity*.

Vielleicht ist es etwas weitgehend, hier von einer Ausnahme zu sprechen, die die Regel bestätigt; diplomatischen Schutz für Staatenlose jedenfalls wird man bei dem heutigen Selbstverständnis der Staaten auch von ihrer internen Regelungskompetenz nicht auf einer solchen Grundlage – Mandate und Treuhandgebiete basieren auf dem Gedanken der Entkolonisierung – konstruieren können. Die Angehörigen von Protektoraten, Mandats- und Treuhandgebieten befanden sich in einer historisch bedingt einzigartigen Situation, auf die das Völkerrecht konzertiert und zudem im Zusammenhang mit dem diplomatischen Schutz in annähernd traditionellen Bahnen

[194] Beim Protektorat sicherlich das einzige Kriterium.

reagierte[195]; die überall in der Welt verteilten Staatenlosen der heutigen Zeit stehen einer Absorbierung überkommener völkerrechtlicher Regelungen gegenüber.

Nachdem weiterhin die Protektion fremder Seeleute durch den Flaggenstaat und fremder Angehöriger des öffentlichen Dienstes durch ihre Anstellungskörperschaft als *national claim* – obwohl im völkerrechtsdeliktischen Bereich angesiedelt – grundsätzlich anderen Voraussetzungen unterliegt als der diplomatische Schutz, während die delegierte Protektion dessen exakte Bestätigung bildet, ist daher festzuhalten, daß die nachgewiesene Staatenpraxis zum diplomatischen Schutz unter Hintanstellung der Staatsangehörigkeit des Schutzausübenden keinesfalls eine wie auch immer geartete und für die schutzrechtlich problematische Lage des Staatenlosen dann fruchtbar zu machende Auflockerung des Nationalitätsprinzips bedeutet, sondern dessen Grundfesten und gleichzeitig die des Völkerrechtsdelikts ganz allgemein unangetastet läßt.

B. Die Substitution der Staatsangehörigkeit als Voraussetzung für die Schutzausübung

Bisher hat sich gezeigt, daß der diplomatische Schutz untrennbar mit der Vorlage der Staatsangehörigkeit des Schutzbegünstigten beim Schutzausübenden verbunden ist. An dieser Grundkonzeption des diplomatischen Schutzes hat auch die in der Vergangenheit liegende Staatenpraxis in Bezug auf Angehörige von Protektoraten, Mandaten und Treuhandgebieten grundsätzlich nichts geändert. Sobald ein Staat völkerrechtliche Wiedergutmachung völlig unabhängig von der Staatsangehörigkeit der verletzten Einzelperson verlangte, geschah dies, wofür der Schutz fremder Seeleute und

---

[195] *Messer* kommt bei seiner ausführlichen Auseinandersetzung mit dem diplomatischen Schutz zugunsten der Angehörigen von Protektoraten, Mandaten und Treuhandgebieten (Schutzrecht und Nationalitätsprinzip 79 – 87) zu einem lediglich abgeleiteten Schutzrecht ohne Durchbrechung des Nationalitätsprinzips, op. cit., S. 86/87. Obwohl sein Ergebnis an der Validität der festgestellten Bedeutung dieses diplomatischen Schutzes für die Situation Staatenloser nichts ändert, ist *Messers* Argumentation, die ihn ein abgeleitetes Schutzrecht folgern läßt, nicht schlüssig. *Messer* zieht die Ableitung aus der Tatsache, daß die Schutzbegünstigten eine eigene Staatsangehörigkeit besitzen, im Verhältnis zum Schutzausübenden Fremde sind mit der Folge, dieser mache ein fremdes, abgeleitetes Schutzrecht geltend. *Messer* mag konzediert werden, daß ein solcher Schluß bei einigen Protekoraten möglicherweise angängig ist, wenn sie ähnlich wie Liechtenstein als anerkannte Völkerrechtssubjekte ihr Schutzrecht delegiert haben. Der zitierte IGH-Fall *Affaire Franco – Égyptienne Rélative à la Protection des Ressortissants et Protégés Francais en Égypte* (s. o. 3. Teil A. I. 2. u. Fn. 64) beweist das genaue Gegenteil; überdies verkennt *Messer*, daß sich eine allgemeine Aussage über Protektorate nicht treffen läßt. Den völkerrechtlich handlungsfähigen Mandaten und Treuhandgebieten aber war die Delegation eines Schutzrechts unmöglich. Im Ergebnis sieht auch *Messer* ein, daß dieser diplomatische Schutz eher eine Bestätigung des Nationalitätsprinzips ist.

fremder Angehöriger des Militärdienstes oder Auswärtigen Dienstes Beispiel ablegt, auf der Grundlage des *national claim*, der ein Dienstverhältnis mittelbaren oder unmittelbaren Charakters zum Schutzausübenden für den Eintritt eines wiedergutmachungsfähigen Schadens voraussetzt. Es stellt sich daher die Frage, ob man über diese sehr spezifische Sonderverbindung hinaus ganz allgemein zu einer Emanzipation der Staatsangehörigkeit von der Schutzausübung zugunsten anderer Verbindungsmomente gelangen kann, die wie die Staatsangehörigkeit den Schaden des Einzelnen zu dem eines Völkerrechtssubjekts machen[196].

Als Fundament für Überlegungen dieser Art wird nachstehend zunächst eine Auseinandersetzung mit dem Gutachten des IGH im *Reparations for Injuries Suffered*-Case und mit dem vielgescholtenen Urteil dieses Gerichts in der *Affaire Nottebohm* dienen, da beide Voten zu den Grundlagen des diplomatischen Schutzes bzw. zur Bedeutung der Staatsangehörigkeit bei der Schutzausübung Stellung beziehen. Darüberhinaus sollen zwei der Staatsangehörigkeit sehr nahekommende Sonderverbindungen des Individuums zum Schutzausübenden auf ihre Geeignetheit hin als Ersatz des Nationalitätsprinzips untersucht werden. Schließlich wird zu klären sein, ob es sich als sinnvoll erweisen könnte, den verletzten Staatenlosen selbst zum Subjekt der Wiedergutmachung zu machen, ihn von einer formellen oder materiellen Verbindung zum Schutzausübenden loszulösen, de lege ferenda-Betrachtungen also zu einem Schutz für Staatenlose, der nicht an Voraussetzungen in ihrer Person oder ihrer Beziehung zum Schutzausübenden orientiert ist.

I. Die Position des IGH hinsichtlich einer Emanzipation des diplomatischen Schutzes von der Staatsangehörigkeit

Im Zusammenhang mit der vorliegenden Untersuchung von Bedeutung sind ein Rechtsgutachten und ein Urteil des IGH, in denen der Gerichtshof beide Male die Staatsangehörigkeit als Voraussetzung für die Ausübung diplomatischen Schutzes zu hinterfragen hatte, wenn auch von durchaus unterschiedlichen Ansatzpunkten her: *Reparations for Injuries Suffered* und *Nottebohm*[197].

---

[196] S. insbes. Eagleton (International Organization and the Law of Responsibility) 76 RdC 354 [319]): „Nationality ... is not the only bond of connection upon which a claim can be based; even among states responsibility has been claimed upon other grounds".

[197] Auch im *Barcelona-Traction*-Fall stand das Nationalitätsprinzip im Vordergund, specialiter aber für den diplomatischen Schutz von juristischen Personen und ihren Anteilseignern, während der *Interhandel*-Fall neben anderem sich auf die Erschöpfung innerstaatlicher Rechtsbehelfe beschränkte.

1. Gutachten im Reparations for Injuries Suffered-Case

Am 17. 9. 1948 wurden der schwedische Graf *Folke Bernadotte*, Vermittler der Vereinten Nationen im Palästina-Konflikt, und der französische UN-Beobachter Oberst *André P. Serot* in Jerusalem durch ein Bombenattentat jüdischer Terroristen ermordet[198]. Wegen der Zurückhaltung israelischer Verfolgungsbehörden bei der Aufklärung dieser Tat blieben die Mörder unentdeckt. Für die Vereinten Nationen stellte sich nun die Frage, wie sie ihr Interesse an weitestgehendem Schutz aller ihrer Bediensteten völkerrechtlich exekutieren konnte und ob ihr hierbei vor allem die Erhebung eines Wiedergutmachungsanspruchs auf Ersatz von im Dienste der Organisation erlittener Schäden zu Gebote stünde. Nach Maßgabe von Art. 96 der UNO-Charta iVm. Art. 65 des IGH-Statuts forderte daher die Generalversammlung vom IGH eine Rechtsgutachten über folgende Fragen an:

"I. In the event of an agent of the United Nations in the performance of his duties suffering injury in circumstances involving the responsibility of a State, has the United Nations, as an Organization, the capacity to bring an international claim against the responsible de jure or de facto government with a view to obtaining the reparation due in respect of the damage caused (a) to the United Nations, (b) to the victim or to persons entitled through him?

II. In the event of an affirmative reply on point I (b), how is action of the United Nations to be reconciled with such rights as may be possessed by the State of which the victim is a national?"[199]

Das vom IGH erstattete Gutachten[200] hatte sich zunächst mit der Völkerrechtssubjektivität der UNO auseinanderzusetzen, denn nur eine affirmative Beantwortung dieser Frage machte den Weg frei zur Zulassung der Geltendmachung eines völkerrechtlichen Wiedergutmachungsanspruchs durch diese Internationale Organisation. Die Voraussetzung der ‚international personality' sah der Gerichtshof bei der UNO ohne weiteres gegeben, konsequenterweise zusammen mit der „capacity to maintain its rights by bringing international claims"[201].

---

[198] Nachdem zuvor schon acht weitere Bedienstete der UNO in Palästina schwer oder tödlich verletzt worden sind, s. UN Doc. A/674 v. 07. 10. 1948.

[199] Vgl. Res. 258 (III) der Generalversammlung v. 03. 12. 1948, wie sie der Generalsekretär dem IGH mit Schreiben vom 04. 12. 1948 übermittelte, in I.C.J. Pleadings, Oral Arguments, Documents – *Reparations for Injuries Suffered in the Service of the United Nations* 8 [The Hague 1949]. Zur Diskussion innerhalb der UNO selbst über die dem IGH vorzulegenden Fragen s. Liang, Notes on Legal Questions Concerning the United Nations: Reparations for Injuries Suffered in the Service of the United Nations, 43 AJIL 460 – 479 [1949].

[200] Vom 11. 04. 1949, *Reparations for Injuries Suffered in the Service of the United Nations*, Advisory Opinion, I.C.J. Rep. 1949, p. 174 – 188.

[201] A. O., p. 179.

Dem *claim* in seiner schutzrechtlichen Ausgestaltung mußte sich der IGH beginnend mit der eigentlichen Beantwortung von Frage I a) zuwenden, ob also die Vereinten Nationen bei Verletzung einer ihrer Beamten[202] gegen den Schädigerstaat einen Wiedergutmachungsanspruch im Zusammenhang mit den ihr selbst unmittelbar erwachsenden Schäden besitzen können. Da es sich bei diesen Schäden, wie der Gerichtshof ausführte, ausschließlich um solche „caused to the interests of the Organization itself, to its administrative machine, to its property and assets, and to the interests of which it is the guardian"[203], handelt, bejahte der IGH die Kapazität der UNO zur Erhebung eines diesbezüglichen völkerrechtlichen Wiedergutmachungsanspruchs. In feiner Unterscheidung zum Institut des diplomatischen Schutzes wählte das Gericht als Schadensbemessungsfaktor „the amount of the damage which the Organization has suffered as the result of the wrongful act or omission"[204], bestehend beispielsweise im Aufwendungsersatz für Entschädigungsleistungen, zu denen die UNO im Innenverhältnis als Dienstherr verpflichtet ist. Nicht die Staatsangehörigkeit des verletzten Individuums, sondern seine Eigenschaft als Dienstverpflichteter der UNO begründen die Schadensentstehung und indizieren die Schadenshöhe. Damit bewegt sich der IGH in den Bahnen des *national claim*, modifiziert diesen ‚claim' allenfalls angesichts der in Anrechnung zu bringenden Völkerrechtssubjektivität einer Internationalen Organisation zu einem *organizational claim.*

Bei seiner Beantwortung der Frage I b), ob nämlich die UNO auch Wiedergutmachung für den individuell vom ‚UN-agent' erlittenen Schaden verlangen kann, mußte der IGH endlich Farbe bekennen, da es sich bei der Grundkonzeption eines solchen Anspruchs eindeutig um das Institut des diplomatischen Schutzes selbst handelt. Um auch diesen Teil der ihm vorgelegten Frage zu bejahen, mußte das Gericht das Nationalitätsprinzip in Gänze überwinden. Dies gelang dem IGH dadurch, daß er sich zunächst auf die Gemeinsamkeiten des diplomatischen Schutzes durch den Heimatstaat des Verletzten und des Schutzes durch den internationalen Dienstherrn besann, und zwar vor dem Hintergrund des völkerrechtlichen Delikts: beide Schutzarten sind Ausfluß einer Völkerrechtsverletzung gegenüber einem Völkerrechtssubjekt in der Person eines Individuums. Während die Völkerrechtsverletzung beim diplomatischen Schutz traditioneller Prägung in der Mißachtung des staatlichen Anspruchs auf Einhaltung des fremdenrechtlichen Mindeststandards liegt, kommt sie beim Schutz durch die UNO in der Mißachtung des Anspruchs dieser Organisation auf die Beistandspflicht bei

[202] Unter dem Ausdruck ‚agent' verstand der IGH in liberaler Anwendungsweise jede Person, durch die die UNO handelt, A. O., p. 177.

[203] A. O., p. 180.

[204] A. O., p. 181.

jeder von der UNO ergriffenen satzungsgemäßen Maßnahme (Art. 2 Ziff. 5 der Charta) zum Ausdruck. Auslöser für den einen Schutz ist die sich in der Person des Staatsangehörigen manifestierende Nichtbeachtung des Völkerrechts, für den anderen die in der Person des Bediensteten. In direkter Transponierung des StIGH-Diktums im *Mavrommatis-Konzessionen*-Fall[205] stellte der IGH fest: „In claiming reparation based on the injury suffered by its agent, the Organization does not represent the agent, but is asserting its own right, the right to secure respect for undertakings entered into towards the Organization“[206].

Ob der IGH mit diesem Rechtsgutachten den Schritt zu einer Emanzipation des diplomatischen Schutzes von der Staatsangehörigkeit getan hat bleibt ‚open to doubt‘. Soll das Gutachten nicht nur Anlaß zu bloßer Gedankenspielerei in einem Teilbereich des völkerrechtlichen Delikts und seinen Wiedergutmachungsfolgen sein, sondern tragfähiges Fundament einer differenzierten und letztlich für die Situation des Staatenlosen nutzbar zu machenden Betrachtung, müßte wenigstens eine argumentative Homogenität bei Zurückdrängung der Staatsangehörigkeit im schutzrechtlichen Bereich dem Gutachten unterlegt werden können. Dabei hat sich die dem IGH vorgelegte Fragestellung als Fallstrick erwiesen, über den das Gericht ins Straucheln geriet.

Frage I in ihrer a)- und b)-Aufteilung reflektiert exakt die zwei Schutzmöglichkeiten, die bisher einem Staat aus Anlaß der Verletzung einer Einzelperson zur Verfügung standen: *national claim* und *diplomatischer Schutz*. Kann die UNO, so die Frage I b) konkret, diplomatischen Schutz zugunsten ihrer Bediensteten ausüben? Erstaunlicherweise verneint der IGH diese Frage; erstaunlich deshalb, weil er dogmatischen Erwägungen Rechnung tragend zunächst eine Analogie zum klassischen diplomatischen Schutz ablehnt unter Verweis auf das dort vorherrschende Nationalitätsprinzip, da es nicht möglich sei, „by a strained use of the concept of allegiance, to assimilate the legal bond which exists, under Article 100 of the Charter, between the Organization on the one hand, and the Secretary-General and the staff on the other, to the bond of nationality existing between a State and its nationals“[207]. Noch deutlicher wird der IGH wenig später: „It is not a case in which the wrongful act or omission would merely constitute a breach of the general obligations of a State concerning the position of aliens; claims under this head would be within the competence of the national State and not, as a general rule, within that of the Organization“[208]. Erstaunlicher aber mehr noch, wenn der IGH dann, ungeachtet seiner

[205] Vgl. o. 1. Teil A. I. 1. u. Fn. 48 u. 49.
[206] A. O., p. 184.
[207] A. O., p. 182.
[208] A. O., loc. cit.

postulierten Nichtanwendung der Voraussetzungen des diplomatischen Schutzes, sehr wohl nicht nur im Ergebnis doch zu einem Wiedergutmachungsanspruch auch für den persönlichen Verlust des Bediensteten als Schaden der Organisation kommt, sondern zur Begründung dieses Ergebnisses zudem das Nationalitätsprinzip beschwört. Denn, so der Gerichtshof, das Nationalitätsprinzip bildet keinen Grund gegen die Anerkennung, die UNO könne Wiedergutmachung für den individuell durch einen ihrer ‚agents' erlittenen Schaden verlangen, im Gegenteil, „the principle underlying this rule leads to the recognition of this capacity as belonging to the Organization, when the Organization invokes, as the ground of its claim, a breach of an obligation towards itself"[209].

Vom Ergebnis des Rechtsgutachtens zur Frage I b) her bleibt unklar, ob die UNO tatsächlich ein eigenes Recht zur Wiedergutmachung für den privaten Schaden geltend macht. Denn der IGH hat, seine Argumentation läßt dies erkennen, die doppelte Bedeutung der Staatsangehörigkeit für die Ausübung diplomatischen Schutzes nicht entsprechend gewürdigt. Wie bereits oben ausführlich dargestellt[210], erschöpft sich die Staatsangehörigkeit beim diplomatischen Schutz nicht nur in ihrer Eigenschaft als formellem Zuordnungselement zur Beantwortung der Frage, für wen ein Staat schutzberechtigt ist, darüberhinaus, gerade weil der individuell erlittene Schaden sich ‚sur un autre plan' als der staatliche Schaden befindet und seiner völkerrechtlichen Beachtung demgemäß noch harrt, kommt der Staatsangehörigkeit die entscheidende materielle Funktion zu, eine Identität zwischen privatem und staatlichem Schaden zu fingieren. Wie aber konstruiert der IGH eine solche Identität, die für die Anspruchsgeltendmachung eines zunächst privaten Schadens durch die UNO unerläßlich ist?

Bezeichnenderweise scheint der Internationale Gerichtshof eine Identität im vorbezeichneten Sinne erst gar nicht unterstellen zu wollen. Denn zunächst lehnt er die durchaus naheliegende Analogie zwischen Staatsangehörigkeit und Dienstverhältnis ab, sucht dann – konsequent – nach einer Ermächtigung in der UNO-Charta selbst. Im Ergebnis stellt der IGH fest, daß auf Grundlage der *implied powers*-Lehre, „by necessary implication"[211], ein auch auf den Schaden des einzelnen ‚agent' sich erstreckender Schutz essentiell sei, weil zum einen aus der Sicht der UNO „the efficient and independent performance"[212] der Aufgaben des Bediensteten sichergestellt sein müsse und zum anderen dieser bei seiner Pflichterfüllung gegenüber der UNO das Gefühl haben müsse, „that this protection is assured to him by the Organization, and that he may count on it"[213]. Insbesondere der

[209] A. O., loc. cit.
[210] Vgl. o. 1. Teil A. I. 2.
[211] A. O., p. 182.
[212] A. O., p. 183.
[213] A. O., loc. cit.

staatenlose UNO-Beamte „should know that in the performance of his duties he is under the protection of the Organization“[214].

So praktikabel diese vom IGH entwickelte *functional protection* sein mag, eine dogmatisch nachvollziehbare Begründung für diesen Schutz bleibt der Gerichtshof schuldig. Er argumentiert völlig zweckbezogen, ohne jedoch auch nur zu versuchen, den individuellen Schaden des Bediensteten als solchen der UNO zu definieren. Was für den schutzrechtlich „Vorbelasteten“ hoffnungsvoll begann (‚the principle underlying the rule of the nationality of claims‘), endet in einer Irreführung spätestens dann, als der IGH die Rechtsprechung seines Vorgängers zum diplomatischen Schutz im *Mavrommatis*-Fall in untauglicher Weise dazu benutzt, den Schaden des Bediensteten als den der UNO auszugeben (‚In claiming reparation based on the injury suffered by its agent, the Organization is asserting its own right‘). Dies kann nur für den *organizational claim* gelten[215].

Im Ergebnis hat der IGH mit seinem Gutachten im *Reparations for Injuries Suffered in the Service of the United Nations* daher keineswegs „mit

[214] A. O., p. 184.

[215] Bezeichnenderweise ist das Gutachten des IGH zur Frage I b) schon innerhalb seiner Richterschaft umstritten gewesen. Die den Verlust des Einzelnen umfassende *functional protection* wurde von vier der 15 Richter (*Badawi Pasha, Hackworth, Krylow* und *Winiarski*) abgelehnt, im wesentlichen mit der Begründung, die Staatsangehörigkeit sei das sine qua non für die völkerrechtliche Anspruchsbegehrung im Zusammenhang mit einem privaten Schaden (so *Hackworth*, A. O., p. 202). Lediglich *Fitzmaurice* hat als Vertreter des Vereinigten Königreichs in der Anhörung am 09. 03. 1949 vor dem IGH dezidiert zu der Frage Stellung genommen, unter welchen Umständen die UNO auch Ersatz des individuell erlittenen Schadens begehren kann. Sicherlich nicht, so *Fitzmaurice* zu Recht, auf der Basis ‚master/servant‘: „We have to find a basis, other than the mere relationship of master and servant per se, which will enable us to conclude that the Organization has the capacity to make a direct claim on behalf of the individual concerned, not only despite the absence of any nationality link between him and the Organization, but even in spite of the presence of that very link between him and another international entity, his own national State, which is perfectly entitled to make the claim, and whose right to do so continues to exist and to be valid“, I.C.J. Pleadings, Oral Arguments, Documents – *Reparations for Injuries Suffered in the Service of the United Nations* 123. Deutlicher konnte man den IGH auf die Problematik, über die er zu befinden hatte, nicht hinweisen. Als gesuchte Basis schlug *Fitzmaurice* Art. 100 der UNO-Charta vor, der eine ‚international allegiance‘ begründet, welche einen echten *materiellen* Ersatz zur Staatsangehörigkeit darstellt. Es ist schon frappant, daß der IGH trotz der ausführlichen Stellungnahme *Fitzmaurices* diese vorgeschlagene Analogie in einem Satz ablehnt und in völliger Verkennung der Grundsätze des diplomatischen Schutzes zu dem dogmatisch unseriösen Ergebnis einer *functional protection* kommt. Unbefriedigend ist das Gutachten auch in anderer Hinsicht. *Functional protection* soll die UNO ihrem Bediensteten ‚in the performance of his duties‘ gewähren können – was bedeutet dies konkret? Ist der bei der UNEP in Nairobi tätige Beamte während eines Badeurlaubs auf Madagaskar geschützt? Muß sein Dienstverhältnis zur UNO ununterbrochen von Schadensentstehung bis zur Entscheidung über den Anspruch bestehen? Muß er vor Anspruchsgeltendmachung durch die UNO den innerstaatlichen Rechtsweg im Schädigerstaat erschöpft haben? Hierzu schweigt der IGH. Zur aus seiner Sicht auf der Hand liegenden Konkurrenz zwischen *functional protection* der UNO und ‚diplomatic protection‘ des Heimatstaats bemerkt der Gerichtshof lapidar, die Lösung dieses Problems sei eine Sache von ‚good will‘ und ‚common sense‘ (A. O., p. 186).

einer Reihe herkömmlicher Anschauungen im Bereich der Staatenverantwortlichkeit gebrochen“[216]. Verifizierbar ist eine solche Bewertung nur im Hinblick darauf, daß nunmehr auch die UNO als Internationale Organisation Objekt eines völkerrechtlichen Delikts sein kann. Das überkommene Institut des diplomatischen Schutzes bleibt vom IGH unangetastet. Zweifelsohne ist durch das Gericht ein neues Schutzinstitut ins Leben gerufen worden, die *functional protection*. So sehr dies begrüßenswert sein mag[217], die dogmatische Analyse der *functional protection* beweist diesen Schutz als Wiedergutmachungsanspruch aus Anlaß eines individuell erlittenen Schadens, der jedoch *kein* Schaden der UNO ist. Macht die Organisation diesen fremden privaten Schaden geltend, liegt lediglich eine Art *Prozeßstandschaft* für den verletzten Bediensteten vor[218].

2. Urteil in der Affaire Nottebohm

Nottebohm, ein deutscher Staatsangehöriger, der seit 1905 in Guatemala lebte und dort umfangreiche Geschäfte betrieb, hatte im Oktober 1939 die Naturalisierung in Liechtenstein beantragt und noch im gleichen Monat nach Zahlung einer Summe Geldes die liechtensteinische Staatsangehörigkeit erhalten; hierdurch verlor er diejenige Deutschlands. *Nottebohm* kehrte kurz darauf nach Guatemala zurück, wurde dort 1943 als ‚enemy alien‘ verhaftet und in den USA interniert. Seine Besitzungen in Guatemala wurden 1949 als ‚enemy property‘ konfisziert. Ende 1951 erhob Liechtenstein beim IGH Klage gegen Guatemala auf Rückerstattung von *Nottebohms* Eigentum und Schadensersatz, da Guatemalas Verhalten in Bezug auf die Person *Nottebohms* und sein Eigentum völkerrechtswidrig gewesen sei.

In seinem Urteil erklärte der IGH das diplomatische Schutzbegehren Liechtensteins zugunsten *Nottebohms* für unzulässig[219]. Selbst unterstellt, so der Gerichtshof im wesentlichen, *Nottebohm* habe nach liechtensteinischem innerstaatlichen Recht die Staatsangehörigkeit dieses Staates erworben, müsse Guatemala dennoch den hier zu entscheidenden völkerrechtlichen Effekt der von *Nottebohm* erworbenen Staatsangehörigkeit, die

[216] So aber Herndl, sub voce ‚Rechtsgutachten des Internationalen Gerichtshofs‘, III WdV 23 (12).

[217] Das Gutachten hat allgemeine Anerkennung gefunden, da es den Schutz „internationaler“ Beamter konsolidiert, s. Sloan, Reparation for Injury to Agents of the United Nations, XXVIII Nebraska Law Review 411 (401) [1949]; *Messer* sieht eine Durchbrechung des Nationalitätsprinzips, in Schutzrecht und Nationalitätsprinzip 119.

[218] Auch *van Panhuys* unterstellt nach gründlicher Untersuchung des Gutachtens, daß der vom Beamten erlittene Schaden nicht dazu führt, daß „the organization itself sustained any damage“, The Role of Nationality in International Law 203.

[219] *Affaire Nottebohm* (deuxième phase), Arrêt du 6 avril 1955: C.I.J. Recueil 1955, p. 4.

Berechtigung Liechtensteins zur Ausübung diplomatischen Schutzes, nicht gegen sich gelten lassen. Ist es damit zu einem völkerrechtlichen Schisma gekommen, hat der IGH in der *Affaire Nottebohm*, wie es ihm schon von der eigenen Richterbank vorgeworfen wurde, die „severance of diplomatic protection from the question of nationality"[220] judiziert?

Diese Dissoziierung des diplomatischen Schutzes von der Staatsangehörigkeit ist in den überaus zahlreichen Auseinandersetzungen des völkerrechtlichen Schrifttums mit dem *Nottebohm*-Urteil[221] auf nahezu einhellige Ablehnung gestoßen. Der vom IGH eingeschlagene Weg, so die Kritik, sei bekannt, aber gleichermaßen auch begrenzt nur im Zusammenhang mit der Konfliktsituation des Doppelstaaters, der Schutz entweder im Verhältnis zu einem seiner Heimatstaaten oder gegenüber einem Drittstaat begehrt, zu beschreiten[222]. Überdies kenne das Völkerrecht beim diplomatischen Schutz bisher eine Differenzierung zwischen originär und derivativ erworbener Staatsangehörigkeit nicht, so daß der IGH von *Nottebohm* neben dessen Naturalisierung keinerlei additionellen, die besondere Zugehörigkeit seiner Person gerade zu Liechtenstein manifestierenden Qualifikationen hätte verlangen dürfen[223].

Ohne jedoch als zunächst lediglich weitere Kritik am *Nottebohm*-Urteil gelten zu wollen, soll im Gegenteil der Versuch unternommen werden, unter Hintanstellung des spezifischen Tatbestandes dieses Urteil seiner inter partes-Wirkung zu entkleiden, denn möglicherweise kann der IGH mit seiner Urteilsbegründung einen Hoffnungsschimmer bewirkt haben, der für den Staatenlosen, wie der bisherige Stand der Untersuchung gezeigt hat, gerade nur in einer Auflösung von Nationalitätsprinzip und diplomatischem Schutz zu suchen ist.

---

[220] So Judge *Klaestad* in seiner Dissenting Opinion, C.I.J. Recueil 1955, p. 30 und Judge „ad hoc" *Guggenheim* in seiner Opinion Dissidente, C.I.J. Recueil 1955, p. 60.

[221] Wohl selten hat ein IGH-Urteil derartige Aufmerksamkeit in der Literatur erhalten; *Weis* nennt in der 1979 erschienenen zweiten Auflage seines Werks Nationality and Statelessness in International Law insgesamt 51 Publikationen, die sich mehr oder weniger ausschließlich mit ‚Nottebohm' beschäftigen, op. cit., p. 318.

[222] Für eine Zusammenfassung der Kritikpunkte s. v. Mangoldt, sub voce ‚Nottebohm Case', Encyclopedia of Public International Law, Instalment II, p. 215 (213).

[223] Dieses hebt insbes. *Randelzhofer* hervor, sub voce ‚Nationality', Encyclopedia of Public International Law, Instalment 8, p. 421/422. Wie unerwartet das Urteil des IGH wohl ausfiel, zeigt auch eine von *Jessup* vor Urteilsverkündung gemachte Äußerung: „It is possible that the Nottebohm Case ... may reveal the linkage between enemy alien property cases and other confiscatory measures ...", Enemy Property, 49 AJIL 62, Fn. 26 (57) [1955]. *Goldschmidt* wiederum führt das für ihn „obskure" Urteil wenigstens teilweise auf die Tatsache zurück, daß *Nottebohm* wegen seiner nicht von der Hand zu weisenden Verbindungen zu Nazi-Deutschland das so wichtige ‚favor iudicis' gefehlt habe, zweifelsohne „fühlte" die Mehrheit der Richter, „that his claims should not succeed", Recent Applications of Domestic Nationality Laws by International Tribunals, XXVIII Fordham Law Review 698 (689) [1959-60].

Völkerrechtlich unangreifbar hat der IGH das Schutzbegehren Liechtensteins vor dem Hintergrund geprüft, ob die Staatsangehörigkeit *Nottebohms* ihren völkerrechtlichen Effekt, nämlich die liechtensteinische Berechtigung zur Ausübung des diplomatischen Schutzes, überhaupt herzustellen vermag[224]. An dieser Prämisse der richterlichen Argumentation ist per se deshalb nichts auszusetzen, weil es eben allein die Staatsangehörigkeit ist, die den hier in Rede stehenden Effekt nach sich ziehen kann. Im folgenden problematisiert der Gerichtshof die Konsequenz der Staatsangehörigkeitsverleihung an *Nottebohm* „sur le plan international". In diesem Sinne stringent rekurriert der IGH auf Problemlösungen vornehmlich der internationalen schiedsgerichtlichen Praxis im Zusammenhang mit Doppelstaatern[225], denn bisher ist nur in diesem Bereich die Staatsangehörigkeit in ihrer völkerrechtlichen Bedeutung als Voraussetzung für den diplomatischen Schutz problematisch geworden bei der sich zwingend stellenden Frage, welche von zwei Staatsangehörigkeiten eigentlich wen zur diplomatischen Schutzausübung berechtigt.

Die einschlägige Spruchpraxis hat sich hier jeweils zwischen dem sog. *equality*-Prinzip und dem sog. *Effektivitäts*prinzip entschieden. Das zunächst vorherrschende equality-Prinzip[226] bestimmt, daß in Fällen doppelter Staatsangehörigkeit keiner der beiden Staaten *im Verhältnis zueinander* zur Ausübung diplomatischen Schutzes legitimiert ist, weil jeder Heimatstaat den Doppelstaater als *seinen* Angehörigen betrachtet und folgerichtig die diplomatische Protektion des anderen Heimatstaates als Einmischung in seine inneren Angelegenheiten zurückweisen kann[227]. Das – letztlich auch

---

[224] "Exercer la protection, s'adresser à la Cour, c'est se placer sur le plan du droit international. C'est le droit international qui détermine si un État a qualité pour exercer la protection et saisir la Cour", Arrêt, p. 20/21.

[225] Doppelstaatigkeit liegt vor, wenn eine natürliche Person gleichzeitig die Staatsangehörigkeit zweier verschiedener Staaten besitzt. Sie kann originärer (wieder, wie auch die Staatenlosigkeit, einer nun positiven Kollision der beiden Anknüpfungsprinzipien ius soli und ius sanguinis entspringend) wie auch derivativer (Hinzutritt einer weiteren Staatsangehörigkeit durch Eheschließung, Adoption, Naturalisation, Staats- und Militärdienst oder ausdrücklich völkerrechtliche Vereinbarung – die ‚Konvention über die Errichtung einer doppelten Staatsangehörigkeit im Verhältnis von Elfenbeinküste, Benin, Niger, Obervolta und Togo' vom Dezember 1965, abgedr. bei H. Hecker, Mehrseitige völkerrechtliche Verträge zum Staatsangehörigkeitsrecht 102 [Frankfurt 1970] vereinbart die Einführung einer doppelten Staatsangehörigkeit im Verhältnis dieser Staaten –) Natur sein.

[226] Genannt auch ‚doctrine of non-responsibility of states for dual national claims', s. Rode, Dual Nationals and the Doctrine of Dominant Nationality, 53 AJIL 141 (139) [1959], erstmals angewandt 1871 von einer amerikanisch-britischen Schiedskommission in *Claim of Executors of R.S.C.A. Alexander v. US, May 1871*, J. B. Moore, III History and Digest of the International Arbitrations to which the United States has been a Party 2529.

[227] Bestätigt in *Carlos L. Oldenbourg (Great Britain) v. United Mexican States*, Entscheidung des britisch-mexikanischen Schiedsgerichts v. 19. 12. 1929, 5 UNRIAA 75 (74) und nicht zuletzt auch vom IGH in seinem Rechtsgutachten *Reparations for Injuries Suffered*, (1949) I.C.J. Rep., p. 186 (173). Kodifiziert wurde dieses Prinzip

vom IGH im *Nottebohm*-Fall bemühte – Effektivitätsprinzip greift einmal dann ein, wenn diplomatischer Schutz gegenüber Drittstaaten ausgeübt wird. Im Verhältnis zu dritten Staaten gilt derjenige Staat als zur diplomatischen Protektion berechtigt, dessen Staatsangehörigkeit in der Person des Doppelstaaters überwiegt[228], also der Staat, dessen effektive Staatsangehörigkeit der Doppelstaater besitzt, in Ansehung entweder seines überwiegenden „körperlichen" Lebensmittelpunktes oder anderer engster Verbundenheit. Darüberhinaus kennt die Staatenpraxis aber auch Fälle, in denen der Gedanke der effektiven Staatsangehörigkeit bei der Ausübung diplomatischen Schutzes im Verhältnis der beiden Heimatstaaten zueinander in Durchbrechung des equality-Prinzips Anwendung gefunden hat[229]. In einer Kette von über 50 Entscheidungen stellte eine italienisch-amerikanische Schiedskommission in den fünfziger Jahren dieses Jahrhunderts die Koexistenz von equality- und Effektivitätsprinzip im Sinne eines Komplementärzusammenhangs her, das equality-Prinzip, so die Kommission im *Strunsky-Mergé*-Case, „must yield before the principle of effective nationality whenever such nationality is that of the claiming state"[230], lediglich bei fehlender Dominanz einer der beiden Staatsangehörigkeiten gebührt dem equality-Prinzip der Vorrang[231].

---

erstmals in Art. 16 der Harvard Draft Convention on Responsibility of States for Damage Done in their Territory to the Person or Property of Foreigners (23 AJIL Spec. Suppl. 133 [1929]), verbindlich niedergelegt – gegen den erheblichen Widerstand einiger Staaten, die dem Prinzip der noch zu behandelnden effektiven Staatsangehörigkeit näherstanden, s. N. Bar-Yaacov, Dual Nationality 75 Fn. 38 [London 1961] – in Art. 4 der Hague Convention on Certain Questions Relating to the Conflict of Nationality Laws, v. 12. 04. 1930, 179 LNTS 89: „A State may not afford diplomatic protection to one of its nationals against a State whose nationality such person also possesses".

[228] Unterstrichen wird dieser Ansatz insbes. durch Art. 5 der in vorstehender Fn. erwähnten Hague Convention: „Within a third State a person having more than one nationality shall be treated as if he had only one. Without prejudice to the application of its law of personal status and of any conventions in force, a third State shall, of the nationalities which any such person possesses, recognize exclusively in its territory either the nationality of the country in which he is *principally and habitually resident*, or the nationality of the country with which in the circumstances he appears to be *in fact most closely connected*", Hervorhebungen v. Verf.

[229] Vgl. hierfür erstmals den *James Louis Drummond*-Fall des englischen Privy Council aus dem Jahre 1834, bei J. W. Knapp, 2 Privy Council Reports 295, vertieft in der Entscheidung des Ständigen Haager Schiedshofs v. 03. 05. 1912 im *Canevaro*-Fall, 11 UNRIAA 405.

[230] Award of 10. 06. 1955, 14 UNRIAA 247 (246). Zur übrigen Spruchpraxis der Kommission s. R. Hilger, Die Geltendmachung der Ansprüche aus einer völkerrechtswidrigen Verletzung von Privatpersonen 19 Fn. 89 [Diss., Göttingen 1966]. In neuerer Zeit hat das *Iran-United States Claims Tribunal* in mehreren Entscheidungen vom Effektivitätsprinzip Gebrauch gemacht, s. bspw. *Case No. A/18*, Decision of 06. 04. 1984, XXIII ILM 489 [1984], mit Nachweisen über ähnlich entschiedene Fälle des Schiedsgerichts.

[231] Das Prinzip der effektiven Staatsangehörigkeit ist in der Literatur auf – anfänglich vorsichtige – Zustimmung gestoßen, s. Basdevant, Conflits de Nationalités dans les Arbitrages Vénézuéliens de 1903 – 1905, V RDIP 52 (41) [1909], Yanguas Messia, La protection diplomatique en cas de double nationalité, Hommage d'un Génération de

Bei der Problemstellung, wie sie die Doppelstaatigkeit für den diplomatischen Schutz aufwirft, handelt es sich nicht eigentlich um den Konflikt, den Doppelstaater einem Staat zuzuordnen, sondern um eine Determinierung der Staatsangehörigkeit, als deren Folge diplomatischer Schutz ausgeübt werden kann[232]. Nachdem nun Guatemala in seinen Klageabweisungsanträgen die Zulässigkeit des liechtensteinischen Schutzbegehrens in Abrede gestellt hatte – „parce qu'elle n'a pas fait la preuve que le sieur Nottebohm pour la protection duquel elle agit a régulièrement acquis la nationalité liechtensteinoise ..."[233] – und Liechtenstein im Gegenzug vom IGH die Feststellung begehrte, „... que la réclamation du Liechtenstein pour le compte de M. Nottebohm comme ressortissant du Liechtenstein est recevable devant la Cour"[234], sah sich der IGH gezwungen, die Staatsangehörigkeit *Nottebohms* zu determinieren.

Als Basis für eine zulässige Schutzausübung unterstellte der Gerichtshof „un lien juridique ayant à sa base un fait social de rattachement, une solidarité effective d'existence, d'intérêts, de sentiments jointe à une réciprocité de droits et de devoirs"[235]. Determinanten für ein völkerrechtlich anerkennenswertes Rechtsband sind aus der Sicht des IGH der gewöhnliche Aufenthalt des Schutzbegünstigten, „le siège de ses intérêts, ses liens de famille, sa participation à la vie publique, l'attachement à tel pays par lui manifesté et inculqué à ses enfants, etc."[236], die in einer *„rattachement effectif"*, einer „genuine connection"[237] kulminieren zu dem Staat, der für ihn den diplomatischen Schutz übernimmt.

Natürlich hieße es dem Urteil Gewalt antun, wollte man der genuinen, effektiven Verbindung, wie sie das Gericht beschreibt, ganz unmittelbar den hier strittigen völkerrechtlichen Effekt beimessen. Denn auch der IGH verzichtet nicht auf die Staatsangehörigkeit bei der Schutzausübung, die Staatsangehörigkeit muß aber eine „traduction en termes juridiques de l'attachement de l'individu considéré à l'État qui en a fait son national"[238] bilden. Es ist der vom IGH gesetzte Schwerpunkt, der den *Nottebohm*-Fall schutzrechtlich auf dem ersten Blick für den Staatenlosen interessant werden

---

Juristes au Président Basdevant 558 (557) [Paris 1960], P. Reuter, Droit International Public 236 [5. éd., Paris 1976], zuletzt Randelzhofer, sub voce ‚Nationality', Encyclopedia of Public International Law, Instalment 8, p. 423.

232 So auch der IGH im *Nottebohm*-Urteil, p. 21. Diesem Dualismus der Staatsangehörigkeit trugen die Schutzausübungspraktiken zugunsten von Protektorats-, Mandats- und Treuhandgebietsbewohnern besonders deutlich Rechnung, s. o. 3. Teil A. I. 2. u. 3.

233 Antrag Nr. 2 des ‚contre-mémoire', arrêt, p. 9.

234 Zweiter Teil seines Antrags Nr. 2 in der ‚replique', arrêt, p. 7.

235 Arrêt, p. 23.

236 Arrêt, p. 22.

237 Arrêt, p. 23.

238 Arrêt, loc. cit.

läßt. Offensichtlich entkleidet der IGH in der Urteilsbegründung die Staatsangehörigkeit als rein juristisches Anknüpfungsmoment in dem Augenblick ihrer völkerrechtlichen Bedeutung, wenn sie nicht *auch* die enge, existentiell-bewußte Verbindung des Individuums zum schutzausübenden Staat reflektiert. Umgekehrt kann dann aber wenigstens die Frage erlaubt sein, ob der diplomatische Schutz nur daran scheitern soll, daß eine intime Kohärenz zwischen Schutzbegünstigtem und Schutzberechtigtem ihrer (formal-)juristischen Entsprechung ermangelt?

Hierüber hatte der IGH (leider) nicht zu entscheiden. Zu untersuchen ist daher, ob die Substanz der soeben aufgeworfenen Frage vom *Nottebohm*-Urteil getragen werden kann. Die Determinanten zur Bestimmung der effektiven Staatsangehörigkeit nämlich findet das Gericht ausschließlich im Verhältnis *Nottebohm*/Guatemala. Erscheint *Nottebohm*, so problematisiert der IGH, „comme plus attaché par sa tradition, son établissement, ses intérêts, son activité, ses liens de famille, ses intentions proches, au Liechtenstein qu'à tout autre État?“[239], um dann fortzufahren, daß *Nottebohm* sich in Guatemala über einen Zeitraum von 34 Jahren niedergelassen hatte, dort seine Geschäftstätigkeiten betrieb, dieses Land „le siège principal de ses intérêts“[240] war. Hierzu kontrastiert der IGH sodann *Nottebohms* Verbindungen zu Liechtenstein als „extrêmement ténus“[241]; „[a]ucun domicile, aucune résidence prolongée dans ce pays au moment de la demande de naturalisation . . ., [a]ucun intention manifestée alors ni réalisée . . . de s'y fixer, . . . [a]ucun allégation d'intérêts économiques ni d'activité exercée ou à exercer au Liechtenstein [,] [a]ucune manifestation d'une intention quelconque d'y transférer tout ou partie de ses intérêts et de ses affaires“[242].

Auf diesem Wege gelangt der IGH zu seiner im doppelten Sinne „entscheidenden“ Würdigung, daß jene Fakten nicht nur die Abwesenheit irgendeines Verbindungsmerkmals zwischen *Nottebohm* und Liechtenstein, sondern auf der anderen Seite vielmehr „l'éxistence d'une lien ancien et étroit de rattachement entre lui et le Guatemala“[243] klar bewiesen. Wenn auch nur zwischen den Zeilen, aber nichtsdestoweniger deutlich, behandelt der IGH in Anwendung des Effektivitätsgrundsatzes bei der völkerrechtlichen Bestimmung der Staatsangehörigkeit *Nottebohm* als Guatemalteken.

Dennoch entkräftet der IGH damit in seinem Urteil *keinesfalls* die Bedeutung der Staatsangehörigkeit als conditio sine qua non für die diplomatische Schutzausübung. Selbst wenn der Gerichtshof das Schutzbegehren eines Staates trotz Vorliegens einer Staatsangehörigkeit für unzulässig erachtet,

---

[239] Arrêt, p. 24.
[240] Arrêt, p. 25.
[241] Arrêt, loc. cit.
[242] Arrêt, p. 26.
[243] Arrêt, loc. cit.

weil deren völkerrechtlicher Effekt wegen der Existenz einer, wenngleich nicht staatsangehörigkeitsrechtlichen, so doch ganz besonders engen, genuinen Verbindung des Individuums zu einem anderen Staat nicht eintritt, so ist aus diesem – im übrigen höchst umstrittenen – Ansatz kein Umkehrschluß zu ziehen dergestalt, daß der IGH das Problem der Zulässigkeit diplomatischen Schutzes ohne Staatsangehörigkeit, begründet nur auf *rattachement effectif*, einem Lösungsweg auch nur öffnet. Denn das Gericht läßt an keiner Stelle seiner Urteilsbegründung Zweifel daran aufkommen, daß die von ihm vorgenommene Verknüpfung im Verhältnis Individuum/schutzgewährendem Staat und formeller Staatsangehörigkeit *kumulativen* Charakters ist[244].

3. Würdigung

Eine Würdigung von *Reparations for Injuries Suffered* und *Nottebohm* im Zusammenhang mit Problemlösungen für den diplomatischen Schutz zugunsten Staatenloser hat einen weitgehend spekulativen Charakter, da weder *Bernadotte* und *Serot* noch *Nottebohm* staatenlos waren. Dennoch läßt sich eine Tendenz feststellen. Rechtsgutachten und Urteil erweitern die traditionelle Struktur des diplomatischen Schutzes, für die das Nationalitätsprinzip unumgängliche aber auch ausreichende Voraussetzung war, in positiver wie in negativer Hinsicht: ein Dienstverhältnis mag die Staatsangehörigkeit bei der Geltendmachung eines völkerrechtlichen Deliktsanspruchs ersetzen, die bloße Staatsangehörigkeit berechtigt einen Staat nicht per se zur Ausübung diplomatischen Schutzes.

Ob allerdings gerade dem Rechtsgutachten im *Reparations for Injuries Suffered*-Fall mehr beigemessen werden kann als die Tendenz, nunmehr den Weg auch für andere Internationale Organisationen freigemacht zu haben, anläßlich der Verletzung ihrer Mitarbeiter in der Ausübung ihres Dienstes eine funktionelle Protektion zu gewähren, ist höchst zweifelhaft, da die Begründung des IGH für die Berechtigung der Geltendmachung auch des privaten Schadens des Beamten dogmatisch nicht haltbar ist[245], das Gericht

---

[244] Der IGH definiert Staatsangehörigkeit unmißverständlich als Rechtsband „ayant à sa base un fait social de rattachement" (Arrêt, p. 23) und sieht die komplexe Genuität dieses Rechtsbandes als „caractère que doit presenter la nationalité" (Arrêt, p. 24). Keinesfalls kann gelten, daß der IGH im *Nottebohm*-Fall ein befriedigendes Urteil inter partes gefällt hat, denn *Nottebohm* blieb im Ergebnis staatenlos. Gerade der *Nottebohm* vom IGH gemachte Vorwurf, er habe sich um die liechtensteinische Staatsangehörigkeit bemüht, nur weil er die eines Feindstaates besaß und sich als Liechtensteiner des Schutzes eines neutralen Landes versehen wollte (Arrêt, p. 26), ist in Ansehung der juristischen Argumentation des Gerichts bis zu diesem Satz des Urteils überflüssig und unglücklich. Ebensowenig wird verkannt, daß mit dem *Nottebohm*-Urteil gegebenenfalls auch der diplomatische Schutz zugunsten der ius sanguinis-Staatsangehörigen, die im Extremfall nie das Territorium ihres Heimatstaates betreten haben, überdacht werden muß.

[245] Dazu o. 3. Teil B. I. 1.

nicht zuletzt auch eine Analogie zwischen Beschäftigungsverhältnis und Staatsangehörigkeit ablehnt. Fest steht aufgrund des Gutachtens nur, daß jeder Bedienstete der UNO bzw. einer anderen Internationalen Organisation ohne Ansehung der Staatsangehörigkeit seitens seiner Anstellungskörperschaft im Wege der Geltendmachung eines völkerrechtlichen Wiedergutmachungsanspruchs, umfassend auch den privaten Schaden des Einzelnen, Schutz genießt. Die Übertragung dieser schutzrechtlichen Konzeption auf Staatenlose generell, beispielsweise in ihrem Verhältnis zum UNHCR, ist undenkbar.

Nicht anders die Entscheidung im *Nottebohm*-Fall. Der IGH hat mit diesem Urteil weder ein unmittelbares Diktum zum diplomatischen Schutz für Staatenlose getroffen, noch begründeten Anlaß für de lege ferenda-Überlegungen zu einer Emanzipation des diplomatischen Schutzes von der Staatsangehörigkeit gegeben.

Die immer zu stellende Vorfrage nach dem internationalen Effekt einer Staatsangehörigkeit erweitert der IGH über die bisherige Problematisierung dieser Frage im Zusammenhang mit betrügerischer Erschleichung und zwangsweiser Verleihung der Staatsangehörigkeit hinaus mit einer Anleihe bei dem Effektivitätsprinzip im Bereich der Doppelstaatigkeit. Eine solche Vorgehensweise anläßlich des Vorliegens nur einer Staatsangehörigkeit ist zwar neu, muß aber deshalb nicht falsch sein. Denn unbestritten hat die Staatsangehörigkeit eine materiell-deliktische Konsequenz, da sie den zunächst individuell erlittenen Schaden als solchen des Heimatstaates der Einzelperson fingiert, er gilt als in seinen Rechten verletzt.

Diese Bedeutung der Staatsangehörigkeit tritt bei einem Doppelstaater ungleich stärker hervor als bei einem Einzelstaater, da im ersteren Falle nach Beantwortung der Vorfrage der Staat, zu dessen Gunsten der völkerrechtliche Effekt der Staatsangehörigkeit eintritt, im Wege des diplomatischen Schutzes Wiedergutmachung für die Verletzung eigener Rechte verfolgt. In der Person eines Doppelstaaters kann aber unter Anwendung des Effektivitätsprinzips nur derjenige von zwei Staaten verletzt sein, zu dem das Individuum eine engere, effektivere Beziehung unterhält. Die Staatsangehörigkeit in ihrem Charakter als zunächst formellem Zuordnungskriterium tritt bei der Bestimmung der effektiven Beziehung zwar hinter die inhaltliche Festlegung eines besonderen Näheverhältnisses anhand tatsächlicher Anknüpfungspunkte, die eine existentielle und bewußtseinsmäßige Verbindung materieller Natur zwischen dem Individuum und einem Staat begründen, zurück, entfällt jedoch nicht als weitere Voraussetzung für die Schutzausübung.

In diesem Sinne hat der IGH die Staatsangehörigkeit beim diplomatischen Schutz weniger zur Disposition gestellt, als er im Gegenteil nicht anstelle, sondern *zusätzlich* zur formellen Staatsangehörigkeit weitere Kriterien entwickelt, deren Vorlage für die Schutzgewährung unerläßlich ist. Das *Nottebohm*-Urteil belegt damit nicht eine Lockerung des Akzessorietätsverhältnisses zwischen Staatsangehörigkeit und diplomatischem Schutz, sondern nachgerade eine *Verstärkung* bisheriger Anforderungen an diese Form der Geltendmachung völkerrechtlicher Wiedergutmachungsansprüche[246].

Dennoch soll nachstehend dem *rattachement effectif*-Gedanken des IGH nachgegangen und untersucht werden, ob er rein theoretisch zu einem Konzept führen kann, das die Ausübung diplomatischen Schutzes ohne Staatsangehörigkeit ermöglicht.

II. Anknüpfungen für die Schutzausübung

In Anlehnung an das Urteil in der *Affaire Nottebohm* sollen nachstehend Anknüpfungsmodelle untersucht werden, die als Sonderverbindungen das Erfordernis der Staatsangehörigkeit als Voraussetzung für die Schutzausübung ersetzen könnten, denen möglicherweise die Wirkung zukommt, die Verletzung des Individuums als solche eines Staates zu betrachten. Denn die Staatsangehörigkeit kann in ihrer Funktion für den diplomatischen Schutz nur in den Hintergrund treten, wenn *statt* ihrer ein *genuine link* anhand festumrissener Kriterien im Verhältnis Individuum/Schutzstaat sich unterstellen läßt. Die Suche nach solchen Anhaltspunkten für eine Sonderverbindung zeigt gleichzeitig auch Schwierigkeiten und Grenzen bei der Substitutionsfähigkeit der Staatsangehörigkeit auf, da die *rattachement effectif* natürlich kein juristisch einwandfrei zu etablierendes Zuordnungselement ist, sondern praktisch-einzelfallbezogen überprüft werden muß. Trotzdem lassen sich hier zumindest Tatbestandsmerkmale festhalten, welche auf die Verdichtung zwischen Einzelperson und Staat im Sinne einer engen Wechselbeziehung schließen lassen.

1. Ständiger Aufenthalt

Der erste Gedanke bei der Suche nach Anknüpfungskriterien, denen eine staatsangehörigkeitsrechtliche Surrogatwirkung auf dem Felde des diplomatischen Schutzes beigelegt werden könnte, gilt zweifelsohne der *permanent residence* einer Einzelperson. Bildet doch der ständige Aufenthalt einen sehr augenfälligen Nachweis für eine Verbindung zwischen Individuum und Staat.

---

[246] *Kerley's* Hoffnung, das Urteil vermöge den Widerspruch zwischen Staatenlosigkeit und diplomatischen Schutz aufbrechen, „the seed may be there" (Nationality of Claims – A Vista, Proceedings of the American Society of International Law 36 (35) [1969]), ist somit unbegründet.

In der Tat verzeichnet die Genese der Staatsangehörigkeit bis zum Beginn des 19. Jahrhunderts Anwesenheit und Aufenthalt als Anknüpfungspunkt des Einzelnen zu einer bestimmten Herrschaftsgewalt im Sinne eines Untertanenverhältnisses. In Gemäßheit des gemeinrechtlichen Satzes *domicilium facit subditum* folgte die Personalhoheit eines Staates seiner Territorialhoheit[247]. Im Zuge der kodifikatorischen Bemühungen um den diplomatischen Schutz für Staatenlose erging erstmals 1929 seitens der Niederlande eine Anregung an die Haager Konferenz für die Kodifikation des Völkerrechts, Regeln aufzustellen, die es den Staaten ermöglichten, diplomatischen Schutz für solche Staatenlosen auszuüben, die sich über einen längeren Zeitraum in ihrem Hoheitsbereich aufgehalten haben[248]. In die gleiche Richtung zielte Art. 7 Ziff. 1 des ‚Statut juridique des apatrides et des réfugiés'[249], in dem das Institut de Droit International den Staat zur ‚protection diplomatique' berechtigte, „sur le territoire duquel un apatride non réfugié a etabli son domicile ou, à défaut, sa résidence habituelle".[250].

Trotz der scheinbaren Geeignetheit des Wohnsitzes oder ständigen Aufenthalts als Substitut für die Staatsangehörigkeit muß gerade auch angesichts des *Nottebohm*-Urteils gefragt werden, ob sich Aufenthalt als Faktum und Staatsangehörigkeit als fortwährendes Rechtsband dergestalt miteinander kontrastieren lassen, daß beider gemeinsamer Nenner, das Unterworfensein der Herrschaftsgewalt eines Staates, die Voraussetzungen für den diplomatischen Schutz erfüllen kann[251].

Wichtig ist vor allem der deliktsrechtliche Hintergrund dieser Frage. Der schutzausübende Staat muß in der Person eines Individuums, das nicht seine Staatsangehörigkeit besitzt, in einem solchen Grade als verletzt gelten können wie in der Person eines seiner Staatsangehörigen. Dies wird dann

---

247 So *Grawert* in seiner verfassungsrechtlichen Untersuchung Staat und Staatsangehörigkeit 78 [Berlin 1973]. Der Autor führt den hier zitierten gemeinrechtlichen Satz auf das römische Recht und das katholische Kirchenrecht zurück, op. cit., S. 79.

248 League of Nations Publications V. Legal. 1929 (Doc. C. 73 M. 38 1929 V), p. 11.

249 Vom 24. 04. 1936, 39 Annuaire de l'Institut de Droit International 292 (T. II 1936).

250 Vgl. auch den oben zitierten Art. 1 der ‚Alternative Convention on the Elimination of Present Statelessness' der ILC, o. 2. Teil B. II. 1. b) bei Fn. 307. Als völkerrechtspraktisches Beispiel sei in diesem Zusammenhang Art. 22 Abs. 3 des ‚Reglement des schweizerischen diplomatischen und konsularischen Dienstes' v. 24. 11. 1967 (Sammlung der Eidgenössischen Gesetze 1967, S. 1994) aufgeführt: „Widersetzt sich der Empfangsstaat nicht, so kann das Eidgenössische Politische Department ausnahmsweise eine Vertretung beauftragen, zugunsten von Staatenlosen oder Flüchtlingen mit gewöhnlichem Aufenthalt in der Schweiz zu intervenieren". Der Wortlaut dieser Bestimmung wie auch der Regelungstatbestand des ‚Reglement' generell lassen allerdings nicht auf die Befugnis zu diplomatischer Schutzausübung schließen, so auch Y. Burckhardt-Erne, Die Rechtsstellung der Staatenlosen im Völkerrecht und schweizerischen Landesrecht 150/151.

251 Das ‚Mehr' der Staatsangehörigkeit liegt in der Personalhoheit, der Staat kann seinen Staatsangehörigen auch ohne faktischen Inlandsbezug Rechte gewähren bzw. Pflichten auferlegen.

problematisch, wenn der Aufenthalt ein eher zufälliger ist, ohne einen materiellen Hintergrund, der die Annahme einer gewachsenen, tiefen Verbindung zwischen Individuum und Staat rechtfertigte. Anders als im internationalen Privatrecht, das den gewöhnlichen, hilfsweise schlichten Aufenthalt als Anknüpfungspunkt eines privatrechtlichen Sachverhalts mit der Norm eines nationalen Rechts kennt, würde die *permanent residence* beim diplomatischen Schutz ihrer privatrechtlich und staatsrechtlich zunächst einseitigen, nationalen Bedeutung entkleidet und hätte sich völkerrechtlich zu behaupten, erheischte als Grundlage eines völkerrechtlichen Anspruchs Anerkennung durch einen anderen Staat.

Genau an diesem Punkt hat der IGH in seiner *Nottebohm*-Entscheidung deutlich gemacht, daß ein schutzrechtlich akzeptables Verhältnis zwischen Schutzgewährendem und Einzelperson nur auf der Basis genuin zweiseitig-effektiver Verbindungen möglich ist. Dabei entwarf der IGH ein Konzept für eine „solidarité effective“[252], für das ständiger Aufenthalt lediglich eine Indikatorfunktion besitzt neben zusätzlichen Kriterien, die eine auch mentale Involvierung, eine innere Identifikation des Einzelnen mit einem bestimmten Staate beinhalten.

Soll daher eine weitgehend tragfähige Grundlage für die Substitution der Staatsangehörigkeit bei der Schutzausübung entwickelt werden, muß dem ständigen Aufenthalt als völkerrechtlichem Anknüpfungsmoment mit dem IGH eine klare Absage erteilt werden[253]. Von einer Rivalität zwischen Staatsangehörigkeit und Aufenthalt kann jedenfalls in schutzrechtlicher Hinsicht nicht ausgegangen werden[254]. Der IGH hat vielmehr im *Nottebohm*-Urteil Vorstellungen wiederbelebt, wie sie der Legitimation der Personalhoheit von Herrschaftsverbänden und Staaten vor der rechtlichen Implementierung einer ‚Staatsangehörigkeit‘ unterlagen[255], Vorstellungen vom realen Domizil des Individuums, bei dem Effektivitätsgesichtspunkten – was übrigens von allen Kritikern des *Nottebohm*-Urteils übersehen wird – eine nicht unerhebliche Rolle zukam.

---

[252] *Affaire Nottebohm* (deuxième phase), Arrêt du 6 avril 1955: C.I.J. Recueil 1955, p. 23.

[253] So im übrigen schon der Vorgänger des IGH in der *Affaire Relative à Certains Intérêts Allemands en Haute-Silésie Polonaise* (Fond), C.P.J.I., Recueil des Arrêts, Sér. A. No. 7, p. 79.

[254] Diese Prämisse findet sich bei van Panhuys, The Role of Nationality in International Law 186, wird aber auch von ihm sehr kritisch betrachtet.

[255] Und damit ihre Herrschaftsgewalt nach außen schlechthin legitimierten, s. R. Grawert, Staat und Staatsangehörigkeit 245/246.

2. Domizil

Ausgehend von der Überlegung, daß es sich bei der Staatsangehörigkeit aus völkerrechtlicher Sicht ihrer Natur nach um eine Dauerverknüpfung zu einem Staat handelt[256], könnte auch das Domizil, oder – synonym – der Wohnsitz, als auf Dauer angelegter und gewollter Aufenthalt einer natürlichen Person in einem bestimmten Staat Anknüpfung nach Art der Staatsangehörigkeit sein. Ähnlich wie bei der vorangegangenen Fragestellung zum Ersatz der Staatsangehörigkeit durch den ständigen Aufenthalt hat gleichermaßen beim Vergleich von völkerrechtlicher Staatsangehörigkeit mit dem Domizil größte Zurückhaltung zu obwalten. Denn ebenso wie der ständige Aufenthalt ist der Wohnsitz dem internationalen Privatrecht entlehnt, das ihn als Anknüpfung zu einer nationalen Rechtsordnung verwendet, so daß Wohnsitz schon wegen seines international-privatrechtlichen Regelungsgehalts nicht ohne weiteres die Funktionen von völkerrechtlicher Staatsangehörigkeit übernehmen kann. Überdies gibt es nicht nur besondere Domizilbegriffe des Steuerrechts, des Devisenrechts, des Wahlrechts oder des Sozialrechts, allein das deutsche BGB kennt – blickt man nur auf die §§ 7 ff., 269, 270 – inhaltsunterschiedliche Wohnsitzbegriffe[257], Divergenzen, die sich wahrscheinlich nicht nur im materiellen Recht der meisten Staaten nachweisen lassen, sondern auch den kollisionsrechtlichen Wohnsitzbegriff Kontinentaleuropas auf der einen und der anglo-amerikanischen Länder auf der anderen Seite beherrschen[258].

Damit wird deutlich, daß für das Völkerrecht ein eigener Domizilbegriff zu suchen ist, der nicht von den Imponderabilien des jeweiligen nationalen – oder des internationalen – Privatrechts abhängt, mit lediglich einer Anleihe an den ‚Wohnsitz' des zuletzt genannten Rechtsgebiets, nämlich *factum* und *animus manendi.* Denn auch ein völkerrechtlicher Wohnsitzbegriff muß, will er überhaupt in einem Vergleich zur Staatsangehörigkeit bestehen, grundsätzlich vom tatsächlichen Aufenthalt der betreffenden Person auf einem bestimmten Staatsgebiet und ihrem Willen, sich dort auf einen Aufenthalt von erheblicher Dauer einzurichten, ausgehen.

Es ist bereits oben ausgeführt worden, daß sich der IGH im *Nottebohm*-Urteil weitgehend ältere Angehörigkeitsvorstellungen zu eigen gemacht hat,

---

[256] W. Wengler, I Internationales Privatrecht 254 [Berlin usw. 1981].

[257] Erweitert durch den der ZPO; s. zu allem Braga, Staatsangehörigkeitsprinzip oder Wohnsitzprinzip?, 18 Zeitschrift für ausländisches und internationales Privatrecht 240/241 (227) [1953].

[258] Vgl. den Überblick bei W. v. Steiger, Der Wohnsitz als Anknüpfungsbegriff im internationalen Privatrecht 3 – 21 [Bern 1934]. Nach dem englischen Richter Lord *Denning* muß ‚domicile' verstanden werden „in relation to the actual problem in each case", zitiert bei P. H. Neuhaus, Die Grundbegriffe des internationalen Privatrechts 222 Fn. 607 [2. Aufl., Tübingen 1976].

wie sie das Verhältnis Staat/Individuum bis zum Beginn des 19. Jahrhunderts beherrschten[259]. Der Gerichtshof machte insbesondere deutlich, die Staatsangehörigkeit, soll sie zur diplomatischen Schutzausübung berechtigen, müsse eine „traduction en termes juridiques“[260] der tatsächlichen Verbindung zwischen Einzelperson und Staat darstellen. Jede Übersetzung bedarf einer Vorlage. Bei der Entwicklung von Kriterien für eine reale Verknüpfung von Individuum und einer bestimmten Herrschaftsgewalt, deren juristische Übersetzung in die Staatsangehörigkeit mündet, geriet daher der IGH fast zwangsläufig in die Zeit vor Entstehung der Nationalstaaten und ihres Staatsangehörigkeitsbegriffs, also in die Zeit vor Beginn des 19. Jahrhunderts, in der territorial-praktische Merkmale für die Zuordnung des Individuums zu einer Jurisdiktionsgewalt maßgeblich waren.

‚Domizil‘ bedeutete bis zum 19. Jahrhundert keineswegs lediglich physische Präsenz auf einem Territorium, sondern wurde interpretiert als auf Dauer eingerichteter Lebensmittelpunkt[261]. Der Wohnsitz war immer mehr als faktisch-zufällige Anwesenheit, denn nur aus dem Domizil als Manifestation der Anerkennung einer bestimmten Ordnung schöpften die damaligen Herrscher die Legitimation zur Machtausübung gegenüber ihren Untertanen, während hieraus im Außenverhältnis eine abgrenzbare personelle Jurisdiktionsgewalt im Verhältnis zu anderen politischen Einheiten folgte. Das Sich-Niederlassen verstand sich damit als voluntatives Bekenntnis zu einer Territorialhoheit, an dessen Beginn teilweise bis hinein ins 19. Jahrhundert die Landeshuldigung stand[262]. Die Begründung des Domizils konkretisierte einen Vertrag zwischen Untertan und Herrscher, in dem Gehorsam und Treue bei dem einen und Schutz bei dem anderen ein Synallagma bildeten. Da dem Individuum im Rahmen dieses Vertrages eine staatsbegründende Rolle zukam – sein Gehorsam und seine Treue legitimierten die Herrschaft und waren eine Konstituante für den Herrschaftsverband –, mußte seine Verbindung zum Herrschaftsausübenden effektiv sein. Eine solche Effektivität im Sinne einer in Gehorsam und Treue sich wiederspiegelnden besonderen Identifikation des Einzelnen mit seinem Staat war offensichtlich das Leitbild des IGH in der *Nottebohm*-Entscheidung, als er die *rattachement effectif* zur Grundlage der Schutzberechtigung Liechtensteins machte.

---

[259] Vgl. vorstehend zu Fn. 255.

[260] *Affaire Nottebohm* (deuxième phase), Arrêt du 6 avril 1955: C.I.J. Recueil 1955, p. 23.

[261] Zu allem ausführlich R. Grawert, Staat und Staatsangehörigkeit 84 ff., der das zeitgenössische Schrifttum ausgewertet hat, in dem vom Domizil vielfach als „vitae habitationisque tabernaculum“ die Rede ist, op. cit., S. 84 Fn. 41.

[262] Grawert, op. cit., S. 78 Fn. 4, nennt als Beispiel aus der Staatenpraxis die Huldigungsaufforderungen des preußischen Königs an die Bewohner der neuerworbenen Gebiete Sachsens, die jene zur Huldigung aufrufen als Gegenleistung für den landesherrlichen Schutz.

Dennoch lassen sich diese weitgehend lehensrechtlichen Angehörigkeitsvorstellungen nicht ohne weiteres auf die heutige Problematik von Nationalitätsprinzip und diplomatischem Schutz übertragen. Schließlich hat seit Beginn des 19. Jahrhunderts eindeutig die Staatsangehörigkeit die völkerrechtliche Funktion des alten Domizilprinzips übernommen und Effektivitätsgesichtspunkte – von einer Ausnahme abgesehen – jedenfalls bis *Nottebohm* völlig in den Hintergrund gedrängt. Dies bedeutet jedoch nicht, daß der Wohnsitz aus der Sicht des Völkerrechts zur völligen Bedeutungslosigkeit geschrumpft ist.

In fast allen sich mit den Folgewirkungen des ersten Weltkriegs beschäftigenden multi- oder bilateralen Friedens-, Gebietsaustausch- oder Bevölkerungsaustauschverträgen stößt man auf Bestimmungen, deren Regelungstatbestand den Wohnsitz einer Person enthält. Eine zunächst textuale Analyse dieser Verträge ergibt ein Nebeneinander von ‚Wohnsitz', ‚tatsächlicher Wohnsitz', ‚Niederlassung', ‚ständiger Aufenthaltsort', ‚gewöhnlicher Aufenthaltsort', ‚domicile', ‚domicile effectif', ‚établissement', ‚résidence habituelle', ‚résidence permanente', ‚residence', ‚domicil', ‚domicilio', ‚residenza' und ‚durevole soggiorno'[263]. Schon die Vielfalt der in der jeweiligen Vertragssprache verwendeten Begriffe für ‚Wohnsitz' oder ‚Domizil' zeigt, daß es müßig ist, sich an einem einheitlichen völkerrechtlichen Wohnsitzbegriff orientieren zu wollen, dem noch dazu eine Aussage zum möglichen Ersatz der Staatsangehörigkeit durch das Domizil bei der Ausübung diplomatischen Schutzes abgewonnen werden soll. Eine inhaltliche Analyse völkerrechtlicher Verträge, soweit sie den Wohnsitz einer Person betreffen, müßte zwangsläufig auf eben jene eingangs dieses Kapitels erwähnten nationalrechtlichen Unwägbarkeiten bei der Determinierung von ‚Domizil' führen, wie sie für eine völkerrechtliche Verallgemeinerung unbrauchbar sind. Reduziert man die völkervertragsrechtliche Ausdrucksweise für ‚Wohnsitz' oder ‚Domizil' auf ein gemeinsames Minimum, bleibt im Ergebnis die Definition eines juristischen Tatbestandes, nämlich des Wohnsitzes als tatsächlichem, innerlich dauerhaft gewolltem Aufenthalt einer Person an einem Ort[264].

Trotzdem braucht die Untersuchung an diesem Punkt keineswegs abgebrochen zu werden. Zwar geht der IGH im *Nottebohm*-Fall eindeutig über das Domizil als ausschließlichem Wesensmerkmal für die zur Schutzausübungsberechtigung führende völkerrechtliche Staatsangehörigkeit hinaus, erkennt ihm aber durchaus eine Indizwirkung für eine beachtenswerte Verbindung der Einzelperson zu einem Staat zu. Es bietet sich daher an, Rekurs zu nehmen auf andere Komponenten, die für den IGH die *rattachement*

---

263 Übersicht bei G. Hecker, Der völkerrechtliche Wohnsitzbegriff 42 [Berlin 1931].

264 So auch Hecker, op. cit., S. 73, der dies allerdings als allgemeinen Rechtsgrundsatz meint nachweisen zu können.

effectif ausmachen und die in ihrer Gesamtheit an das mental geprägte Konzept des überkommenen Domizils anknüpfen.

Die zu beachtenden Faktoren für eine so enge Verbindung, wie sie zu keinem anderen Staat besteht, sind neben dem Domizil der Mittelpunkt sowohl privater als auch geschäftlicher Interessen[265], Familienbande[266], Teilnahme am öffentlichen Leben[267], Zuneigung[268], wie sie auch die Kinder prägt, kurzum die konkurrenzlose, präponderant-dauerhafte Beziehung betont affektiven Charakters[269] zu einem einzigen Staat. Die Staatsangehörigkeit ist damit für den IGH die bloße Reflektion einer „naturgegebenen Verkettung"[270], dessen Grundlage ‚die soziale Tatsache einer Bindung ist, eine beständige Verflechtung von Dasein, Anteilnahme und Empfindungen, im Rahmen einer Wechselbeziehung gegenseitiger Rechte und Pflichten'[271].

Bewußt oder unbewußt bemüht der IGH hier Gedankengut der deutschen politischen Hochromantik um *Arndt*, *Görres*, *Kleist* und *Jahn*, für die alles Individuelle sich einzuordnen hatte unter organische Ganzheiten wie Volkstum, Nation und Tradition, aufging im nationalen Gemeinschaftsbewußtsein[272]. So leicht die ideengeschichtliche Einordnung der Vorstellungen des Gerichts über die eigentlichen Grundlagen der Staatsangehörigkeit sein mag, so schwer wiegt die Frage nach der Justiziabilität von Interessenmittelpunkten oder „Heimatliebe". Selbst ein auf den ersten Blick vergleichsweise einfach nachzuweisender Tatbestand wie der des Domizils wird durch das – subjektive – Merkmal des *animus manendi* (bzw. animus revertendi) zu einer relativ unbestimmbaren Größe. Und auch das Zentrum wirtschaftlicher Interessenentfaltung braucht keinesfalls mit dem privaten oder politischen Lebensmittelpunkt identisch zu sein[273].

---

265 Der IGH spricht von „siège [d'] intérêts" (Arrêt, p. 22) bzw. von „intérêts économiques" (Arrêt, p. 25), insbes. auf S. 25 des Urteils wirft das Gericht *Nottebohm* vor, er habe weder eine Geschäftstätigkeit in Liechtenstein aufgenommen noch einen diesbezüglichen Willen überhaupt bekundet.

266 Im Original (Arrêt, p. 22) „liens de famille".

267 „[P]articipation à la vie publique", Arrêt, p. 22.

268 „[A]ttachement à tel pays", Arrêt, p. 22.

269 Dies ergibt sich vor allem aus dem vom IGH verwendeten Ausdruck ‚attachement'.

270 Kimminich, Der internationale Schutz des Einzelnen, 15 ArchVR 409 (402) [1971/1972].

271 „. . . un fait social de rattachement, une solidarité effective d'existence d'intérêts, de sentiments jointe à une réciprocité de droits et de devoirs", Arrêt, p. 23.

272 Auch Kimminich, op. cit., S. 409, beschreibt die Ausführungen des IGH im *Nottebohm*-Fall als „in der Tat unverfälschte Romantik". In diesem Sinne „romantisch" ist auch die noch heute vorherrschende Absorption des Einzelnen durch den Staat auf der Ebene des Völkerrechts.

273 Insofern kann auch ein Vorschlag *Wehbergs* dahingehend, dem Privateigentum staatenloser Personen den diplomatischen Schutz des Aufenthaltsstaates zukommen zu lassen, da das Vermögen des Staatenlosen mehr oder weniger Teil seines Nationalvermögens ausmache, keine uneingeschränkte Zustimmung finden, s. Zum gegenwär-

Es wäre jedoch den Gedankengängen des IGH Gewalt angetan, entnähme man ihnen eine Rezeptur für die Lösung der völkerrechtlichen Problemstellung eines diplomatischen Schutzes für Staatenlose. Zur konkreten Frage der Substitution der Staatsangehörigkeit beim diplomatischen Schutz haben weder der IGH noch eine andere internationalgerichtliche bzw. schiedsgerichtliche Instanz Stellung genommen, weder im Wege des *obiter dictums*, viel weniger noch in der *ratio decidendi* einer Entscheidung.

Gleichermaßen nicht von der Hand zu weisen ist die Verschiebung eines Schwerpunktes, wie sie vom Gerichtshof beim völkerrechtlichen Staatsangehörigkeitsbegriff unternommen wurde: weg vom formaljuristisch-inhaltsentleerten hin zu einem an völkerrechtlichen Kriterien zu messenden materiell-ausdifferenzierten Zuordnungselement. In diesem Verständnis, das die Staatsangehörigkeit nur noch als rechtlichen Ausdruck einer bestimmten Anforderungen unterworfenen Beziehung des Individuums zum Staat wertet, liegt die Chance für den Staatenlosen. Die Wahrnehmung dieser Chance ist ausschließlich Sache des Völkerrechts, das seit dem *Nottebohm*-Urteil immerhin Anhaltspunkte und Eckdaten besitzt, die für den Staatenlosen ein sozial effektives Domizil denkbar werden lassen und so seiner Identifikation mit einem Staat völkerrechtliche und speziell völkerdeliktsrechtliche Anerkennung verschaffen könnte.

III. Institutionalisierte Schutzausübung

Der letzte Teil dieser Untersuchung soll einer Entwicklung Rechnung tragen, die das Individuum selbst in das Licht der völkerrechtlichen Betrachtung rückt, ihm direkt die Trägerschaft völkerrechtlich postulierter unveräußerlicher Rechte zugesteht, ihm deshalb ein entsprechendes Instrumenta-

---

tigen Stande des völkerrechtlichen Schutzes des Privateigentums, Staat und Wirtschaft – Festgabe für Hans Nawiasky 141/142 (125) [W. F. Bürgi / W. Hug, Hrsg., Zürich usw. 1950], ähnlich auch B. Meier, Der Staatsangehörige und seine Rechte, insbesondere seine Vermögensrechte, im System des Völkerrechts 64 [Jena 1927]. Dieser diplomatische Schutz müßte von vornherein eigentumsspezifisch bleiben, würde also nur in einem Teilbereich des hier behandelten Problems für Abhilfe sorgen können. Grundsätzlich wird jedoch die Anknüpfung Privatvermögen/Nationalvermögen erneut Anlaß zur Auseinandersetzung bieten, wenn es sich um Auslandsvermögen handelt, s. in diesem Sinne den Vorschlag *Wehbergs* ablehnend insbes. H. F. van Panhuys, The Role of Nationality in International Law 72. Ähnlichen systematischen Bedenken begegnet auch die Forderung, die staatenlose Ehefau vom Heimatstaat ihres Mannes schützen zu lassen, s. P. F. Nafilyan, Le Heimatlosat 215 [Diss., Lausanne 1935]. Die mentale Konzeption der Staatsangehörigkeit unterstellend bringt Baty, The Interconnection of Nationality and Domicile, XIII Illinois Law Review 363 – 374 [1918-1919], auf die Idee, eine Art *ius educationis* zu entwickeln, Einzelpersonen völkerrechtlich (und mit allen völkerrechtlichen Folgen) dem Staat zuzuordnen, in dem sie ein Gutteil (ca. 14 Jahre) ihrer Erziehung genossen haben. Dieser Gedanke, rein praktisch sicher von der Hand zu weisen (was van Panhuys, op. cit., p. 234/235 auch macht), fügt sich aber vom Grundsatz her durchaus in die *rattachement effectif*-Vorstellungen des IGH.

rium zur Durchsetzung seiner Rechte zur Verfügung stellt oder gar seine Subjektivität unmediatisiert durch einen Staat anerkennt. Schutzrechtliche Fragen dieser Art lassen sich zwar nur im Anschluß an das Problem diplomatischen Schutzes für Staatenlose stellen, da sie die traditionelle Struktur dieses speziellen Wiedergutmachungsanspruchs zu durchbrechen geeignet sind; die im Ergebnis negativen Feststellungen zum diplomatischen Schutz für Staatenlose fordern aber gerade vor dem insofern aktuellen Hintergrund des *Dickson Car Wheel Company Case*[274] das Eingehen auch auf sonstige sich abzeichnende Tendenzen heraus, die zu einer Entschärfung der schutzrechtlich prekären Situation des Staatenlosen beitragen könnten. Zur Vermeidung von der Sache wenig dienlichen Spekulationen werden nachstehend allerdings nur solche Entwicklungen Berücksichtigung finden, denen bereits ein völkerrechtspraktisches Fundament zugrundeliegt.

1. Prozeßstandschaft des schutzausübenden Staates

Das Institut der Prozeßstandschaft wurde von *Josef Kohler* zunächst für das innerstaatliche Zivilprozeßrecht entwickelt[275], danach vom gleichen Autor im *Savarkar*-Fall auf die Ebene des Völkerrechts transponiert[276]. Im Zusammenhang mit der von Frankreich in diesem Streitfall geltend gemachten Naturalrestitution, Rücküberstellung eines Inders aus britischem Gewahrsam, warf *Kohler* die Frage auf, „ob Privatpersonen den völkerrechtlichen Anspruch klagend durchführen können“, beantwortet diese Frage negativ mit dem Hinweis darauf, Privatpersonen seien nur ganz ausnahmsweise vor internationalen Gerichten aktivlegitimiert, um dann jedoch folgende Feststellung zu treffen: „Daß aber solche Ansprüche existieren, ist nichtsdestoweniger von Bedeutung; denn wenn ein Staat infolgedessen klagend auftritt, so kann er nicht nur in seinem eigenen Namen auftreten, sondern auch als Prozeßstandschafter für die Privatperson“[277].

Zunächst ist festzuhalten, daß *Kohler* sein Institut der Prozeßstandschaft an einem völlig untauglichen Beispiel zur Anwendung bringen will. Die von

---

[274] Vgl. o. 1. Teil C.

[275] Der Prozeß als Rechtsverhältnis 95 ff. [Mannheim 1888].

[276] Der Savarkar-Streitfall zwischen Frankreich und England, Das Werk vom Haag (W. Schücking, Hrsg.), 1 Die gerichtlichen Entscheidungen 120/121 (65) [2. Ser., 3. Teil, München usw. 1914]. Frankreich verlangte von England die Auslieferung eines Hindu britischer Staatsangehörigkeit, der, auf dem Seewege nach Indien, wo ihm wegen politischer Delikte der Prozeß gemacht werden sollte, in Marseille seinen englischen Bewachern auf französisches Staatsgebiet entweichen konnte, jedoch schon bald nach seiner Flucht von einem französischen Gendarmen – in Unkenntnis der Hintergründe – gemeinsam mit drei britischen Polizeibeamten wieder auf das Schiff verbracht wurde und die Fahrt nach Bombay fortsetzen mußte.

[277] Op. cit., loc. cit. *Kohler* fährt dann fort: „Der klagende Staat handelt also als Prozeßstandschafter und vertritt die Interessen der Persönlichkeit vor dem völkerrechtlichen Gerichte“.

Frankreich verlangte Rücküberstellung des Inders *Savarkar* lag begründet im völkerrechtsdeliktischen Verhalten Englands, das möglicherweise die Territorialhoheit Frankreichs verletzte, als es *Savarkar* durch drei seiner Polizeibeamten aus dem Marseiller Hafen wieder auf das englische Schiff hatte zurückbringen lassen. Ein solches Rücküberstellungsverlangen ist aus der deliktsrechtlichen Natur der Sache ein Anspruch ausschließlich im Verhältnis zweier Völkerrechtssubjekte, den ein Individuum niemals selbst geltend machen oder geltend machen lassen kann.

Ist *Kohlers* Auffassung wenigstens abstrakt richtig?[278] Die Bejahung dieser Abstraktion müßte unterstellen, daß der Staat, übt er diplomatischen Schutz als Prozeßstandschafter aus, ein fremdes Recht in eigenem Namen geltend macht. Die formelle Geltendmachung eines materiellrechtlich gesehen privaten Schadens wird als neuere Auffassung zum Institut des diplomatischen Schutzes von einem nicht unerheblichen Teil der Völkerrechtsliteratur vertreten[279]. Die Stellung des Staates bei der diplomatischen Schutzausübung wurde auf der 38. Sitzung des Institut de Droit International 1932 in Oslo sogar so kontrovers diskutiert, daß es zu keinem abschließenden Entwurf des Instituts über die Bedeutung der Staatsangehörigkeit für das Schutzrecht kam[280], insbesondere nachdem *Henri Rolin* „la nature exacte du droits de protection" wie folgt festgeschrieben wissen wollte: „En exercant la protection diplomatique en faveur de ses ressortissants . . . l'Etat remplit une fonction de Droit des Gens qui ne suppose dans son chef la lésion d'aucun intérêt matériel ou politique".[281]

Den vorbenannten Ansichten ist sämtlichst eigen, daß sie das Individuum zum Träger völkerrechtlich statuierter Rechte stilisieren, ihn letztlich zu einem Völkerrechssubjekt machen. Mit der derzeitigen staatenpraktischen und internationalgerichtlichen Konzeption des Schutzrechts – wie auch ganz allgemein des Völkerrechs überhaupt – ist das Verständnis von der Völkerrechssubjektivität der Einzelperson jedoch nicht in Einklang zu bringen. Nach wie vor ist der internationale Mindeststandard ein Recht des Staates auf eine völkerrechtsgemäße Behandlung seiner sich unter fremder Territorialhoheit befindlichen Angehörigen, ein Recht, das den Einzelnen lediglich reflexhaft begünstigt.

---

[278] So bspw. K. Doehring, Die allgemeinen Regeln des völkerrechtlichen Fremdenrechts und das deutsche Verfassungsrecht 112 u. Fn. 393 [Köln usw. 1963].

[279] H. Lauterpacht, International Law and Human Rights 48; M. Grassi, Die Rechtsstellung des Individuums im Völkerrecht 367 [Winterthur 1955]; s. insbes. D. P. O'Connell, II International Law 1030 [2nd ed., London 1970], der die Auffassung vom materiellen Recht des Staates mit starken Worten als „insufficiently penetrating . . . outmoded and largely meaningless academic superstructure" kritisiert.

[280] Vgl. die ‚Rapports' von *Borchard* und *Kraus* und dagegen vor allem die Stellungnahmen von *Politis* und *La Pradelle* in 37 Annuaire de l'Institut de Droit International [1932] bzw. den zusammenfassenden Überblick v. J. Brown Scott in XI Revue de Droit International 37 – 51 [1933] über die Osloer Tagung.

[281] 37 Annuaire de l'Institut de Droit International 499 [1932].

Auch der Einwand hiergegen, die fortschreitenden Menschenrechtskodifikationen bewirkten eine Auflösung der Mediatisierung des Individuums durch das Völkerrecht, ist nur ein scheinbarer. Denn zum einen erkennen die Menschenrechte im wesentlichen den Mindeststandard an, ohne diesen bisher gewohnheitsrechtlichen Katalog spürbar auszuweiten[282], zum anderen hat bei Beantwortung der Frage, ob Menschenrechte dem klassischen Schutz unterliegen, wie bereits oben ausgeführt[283], größte Zurückhaltung zu obwalten. Zweifelsohne wird man zwar der Meinung vom Individuum als Rechtsträger konzedieren müssen, daß es beim diplomatischen Schutz eine ausgesprochen subjektive Position einnimmt, da es den staatlichen Anspruch praktisch in jedem Stadium der Durchsetzung zu Fall bringen kann, sei es durch Wechsel der Staatsangehörigkeit, Nichtausschöpfen innerstaatlicher Rechtsbehelfe, oder sei es durch eigenes rechtswidriges Verhalten, Faktoren also, die an einem autonomen materiellen Anspruch ausschließlich des Staates Zweifel aufkommen lassen.

Diese Zweifel werden aber dem völkerrechtsdeliktischen Charakter des diplomatischen Schutzes nicht gerecht. Denn gerade die Staatsangehörigkeit ist konstitutiv für die Verletzung des Staates, der individuell erlittene Schaden substantiiert, so der StIGH im *Chorzow*-Fall[284], den staatlichen Schaden. Eben dieser Substanz geht der verletzte Staat dann verlustig, wenn die Einzelperson vor Anspruchsgeltendmachung aus dem Staatsverband ausscheidet[285]. Das Erfordernis der Erschöpfung innerstaatlicher Rechtsbehelfe schließlich entspringt weniger der Dogmatik des diplomatischen Schutzes als speziellem völkerrechtlichem Wiedergutmachungsanspruch, als vielmehr dem genossenschaftlichen Charakter des Völkerrechts, das dem Verletzerstaat selbst zunächst die Möglichkeit einräumt, der Rechtsverletzung abzuhelfen, ohne sich sogleich völkerrechtlichen Durchsetzungs- oder gar Sanktionsmechanismen anheimgegeben zu sehen.

Den Vertretern einer völkerrechtlichen Prozeßstandschaft im Zusammenhang mit der Ausübung diplomatischen Schutzes ist daher vorzuwerfen, daß sie in mehr zielorientierter, den optimalen Schutz des Individuums in den Vordergrund stellender Argumentation ein innerstaatlich zivilprozessuales Konzept auf einen völkerrechtlichen Tatbestand ausweiten wollen, dessen Dogmatik dieses Institut nicht zuläßt. Angesichts der Statik des Völkerrechts sind prozeßstandschaftliche Gedanken infolge ihrer „revolutionären“

---

282 Mit Ausnahme der Ausreisefreiheit und mit ihrer Adressierung nicht nur an Fremde, sondern auch an Inländer und Staatenlose.

283 Vgl. o. 2. Teil B. 3.

284 Vgl. o. 1. Teil A. 2.

285 Völlig zu Recht kommt *Whiteman* in diesem Zusammenhang zu dem Ergebnis, daß „. . . the right of the claimant state to an indemnity, depends not so much upon the original act of the respondent state as upon the continuing effect of that act“, I Damages in International Law 103.

Konsequenzen[286] wenig realistisch bei der Suche nach notwendigerweise evolutionären Lösungen zur Linderung der schutzrechtlichen Not Staatenloser[287].

2. Schutz durch einen internationalen Ombudsman

Der Gedanke einer Art „centralization, or organized internationalization, of the protection function on the global level"[288] ist im Zusammenhang mit dem Schutz Staatenloser nicht neu[289]. Konkret ausgestaltet wurde er erstmals vom Wirtschafts- und Sozialrat der Vereinten Nationen in seiner schon erwähnten Studie ‚A Study of Statelessness[290]. Der ECOSOC hatte erkannt, daß der Staatenlose auch einem unabhängigen Organ verbunden werden müsse, welches bis zu einem gewissen Grade den Schutz ersetzen könne, den ein Staat seinen Angehörigen im Ausland gewährt[291]. Die formellen und materiellen Vorstellungen des ECOSOC von einem solchen Organ, Zentral-

---

[286] *Dahm* hat die Konsequenzen der „modernen" Ansicht skizziert: der Verletzte müßte nur zur Zeit der Rechtsverfolgung Angehöriger des anspruchstellenden Staates sein, er könnte über seinen Anspruch mit Wirkung auch für den Staat verfügen, und die Entschädigung müßte ihm persönlich gewährt werden, in Die Stellung des Menschen im Völkerrecht unserer Zeit 8/9 u. Fn. 10 [Tübingen 1961]. Schon diese praktischen Auswirkungen einer völkerrechtlichen Prozeßstandschaft, die in völligem Gegensatz zur Rechtsprechung des StIGH und des IGH zum diplomatischen Schutz stehen, lassen angesichts der relativ starren Regelung des völkerrechtlichen Delikts und seiner Folgen an einer tatsächlichen Rezeption starke Zweifel aufkommen. „Richtig", wie es H.-J. Hallier, Völkerrechtliche Schiedsinstanzen für Einzelpersonen und ihr Verhältnis zur innerstaatlichen Gerichtsbarkeit 133 [Köln usw. 1962], formuliert, ist die Gewährung diplomatischen Schutzes als prozeßstandschaftliche Geltendmachung von Individualinteressen jedenfalls nicht, als moralische Forderung mag sie berechtigt sein.

[287] So findet auch eine Art Prozeßstandschaft völkerrechtspraktisch Ausdruck nur in einem Vertrag, in Art. 6 Abs. 2 a) der Convention on the Prevention and Punishment of Crimes Against Internationally Protected Persons, Including Diplomatic Agents (v. 14. 12. 1973, 13 ILM 46 [1974], Übereinkommen über die Verhütung, Verfolgung und Bestrafung von Straftaten gegen völkerrechtlich geschützte Personen einschließlich Diplomaten, BGBl 1976 II 1746). Ein einer in dieser Konvention normierter Taten Verdächtiger ist berechtigt, „wenn [er] staatenlos ist, unverzüglich mit dem nächsten zuständigen Vertreter des Staates, . . ., der, . . ., auf seine Bitte zur Wahrung seiner Rechte bereit ist . . .", Kontakt aufzunehmen. Schon nach dem Wortlaut dieser Vorschrift kann bezweifelt werden, ob der tätig werdende Staat ein *eigenes* Schutzrecht wahrnimmt oder seine Position nicht eher der des Aufenthaltsstaates eines Flüchtlings entspricht.

[288] McDougal, Laswell, Chen, Nationality and Human Rights: The Protection of the Individual in External Areas, 83 Yale L. J. 996/997 (900) [1973-1974], die einen „centralized ombudsman within the framework of the United Nations" fordern, op. cit., p. 997.

[289] Über den eigentlichen Ursprung einer solchen Institution, die Schweden seit 1709, beginnend mit der Regentschaft *Karls XII.*, kennt (s. Lundvik, A Brief Survey of the History of the Ombudsman, The Ombudsman Journal 86 (85) [No. 2, September 1982]), kann nur gemutmaßt werden, *Heffter* berichtet von der ‚denunciatio evangelica', mit der man sich ehemals beim Papst über „Staatsgewalten" beschweren konnte, Das europäische Völkerrecht der Gegenwart 114 Fn. 2 [2. Ausg., Berlin 1848].

[290] Vgl. o. 1. Teil B. I.

[291] A Study of Statelessness 68.

stelle und Länderrepräsentanten, globale Bemühungen um Implementierung und Erhaltung von Rechten Staatenloser, Wahrnehmung konkreter konsularischer Funktionen auf nationaler Ebene, ließen die Patenschaft der schon vom Völkerbund organisierten Flüchtlingshilfe erkennen und finden sich wieder im diesbezüglichen System der Vereinten Nationen, im Amt des UNHCR, der bekanntermaßen zu einer auf den engen Regelungstatbestand der Konvention über die Verminderung der Staatsangehörigkeit begrenzten „assistance" zugunsten de iure-Staatenloser ohne Flüchtlingseigenschaft befugt ist[292].

Wie stumpf die schutzrechtliche Waffe des UNHCR beim Schutz Staatenloser bleibt, illustriert neben seiner ohnehin limitierten Kompetenz aus der eben genannten Konvention vielmehr die prinzipiell zu stellende Frage, wem gegenüber die Einhaltung von Rechten Staatenloser eigentlich geschuldet wird. Die konservativ-traditionelle, in Gemäßheit geltenden Völkerrechs zu gebende Antwort, die sich gerade auch an der Rechtsdurchsetzung orientieren muß und die sich nicht in Anlehnung an die Mechanismen der UNO-Menschenrechtspakte oder der EMRK mit *universal* bzw. *European claims* mehr objektiven Charakters begnügen will, kann nur zu einem Ergebnis gelangen, daß ein schadensersatzpflichtiges völkerrechtliches Delikt, wie es normalerweise den diplomatischen Schutz auslöst, sich anläßlich der Verletzung eines Staatenlosen nicht einstellt.

Die unveränderte Prämisse der mangelnden Völkerrechssubjektivität des Individuums führt daher, will man ihm die Teilhabe am Völkerrecht sichern, unweigerlich auf die Herstellung der Verknüpfung zu einem Völkerrechtssubjekt, das eine völkerrechtliche Kompetenz zur Durchsetzung seiner Rechte besitzt. Für den Staatenlosen liegt diese Chance, wenn er nicht per Domizil schutzrechtlich einem Staat als zugehörig gelten kann, sicherlich in der Schaffung einer völkerrechtssubjektiven Instanz, von der er effektiv aus eigenem Recht vertreten werden kann.

Die Realisierung eines solchen Ombudsman ist – und darin findet sich die größte Schwäche des Vorschlags – nur konsensual möglich. Zwar sind rudimentäre Ansätze für eine zentralisierte Protektionsinstanz im Amt des UNHCR vorhanden, dessen Schutzfunktionen zugunsten der Flüchtlinge sogar eine unbestreitbare Vielfältigkeit besitzen; genauso deutlich, das zeigt die Gründungsgeschichte des Amts des Flüchtlingshochkommissars, ist ihm über *international protection* hinaus die Geltendmachung eines völkerrechtlichen Deliktsanspruchs aus Anlaß der Verletzung eines Flüchtlings bzw. Staatenlosen verwehrt.

---

292 Gem. Art. 11 des Übereinkommens iVm. Res. 3274 der Generalversammlung der Vereinten Nationen v. 10. 12. 1974, s. dazu 2. Teil B. II. 1. b).

Ob eine Kompetenzerweiterung des UNHCR – oder die Schaffung einer entsprechenden Instanz mit auch passiver Deliktsfähigkeit – im Bereich des Möglichen angesiedelt ist, unterliegt starken Zweifeln. Das völkerrechtliche Deliktsrecht wird immer ein äußerst sensibles Feld bleiben, da es das Odium des Konflikts birgt. Jeglicher Erweiterung des Konfliktspotentials, jeder zusätzlichen Komplizierung der internationalen Beziehungen, tritt daher die Staatenwelt von vornherein mit Zurückhaltung entgegen[293].

C. Ergebnis

Auf die Realität der in diesem Teil der Untersuchung vorgestellten Möglichkeiten zur Errichtung eines effektiven Schutzsystems für Staatenlose hat der StIGH in seiner *Panevezys-Saldutiskis*-Entscheidung aus dem Jahre 1939 in noch heute gültiger Weise reagiert, als er vom Nationalitätsprinzip bei der Schutzausübung nur für den Fall des Vorliegens von „accords particulièrs" Modifikationen hätte zugestehen mögen[294].

Die Praxis der Schutzausübung unter Verzicht auf die Staatsangehörigkeit des Schutzausübenden war in ihren einzelnen Anwendungen nur auf den ersten Blick eine Durchbrechung des Nationalitätsprinzips. Auf den zweiten Blick entpuppte sie sich entweder als nicht verallgemeinerungsfähige völkerrechtshistorische Reminiszenz bei gleichzeitiger Beachtung eines wenigstens staatsangehörigkeitsähnlichen *link*, oder aber als überhaupt nicht unter diplomatischen Schutz subsumierbar. Insoweit hat sich also die Staatsangehörigkeit als unabänderliche Voraussetzung für den diplomatischen Schutz in vollem Umfange behauptet.

Mit entsprechender Zurückhaltung, wie sie bei völkerrechtlichen de lege ferenda-Betrachtungen ohnehin angängig ist, ist eine Substitution gerade der Staatsangehörigkeit bei der Schutzausübung zu behandeln. Eine fruchtbare Diskussion hierüber läßt sich gegebenenfalls unter Aufgreifen des *rattachement effectif*-Gedankens des *Nottebohm*-Urteils führen, da ihm – wenn auch nicht vom IGH vollzogen – ein Äquivalent zur Staatsangehörigkeit entnommen werden kann, eine genuine Verbindung zwischen Einzelnem und Schutzausübendem, die geeignet wäre, im Rahmen der existierenden völkerrechtlichen Deliktsregeln das Nationalitätsprinzip zu entkrampfen,

---

293 Als Exemplifizierungen hierfür mögen die Schwierigkeiten bei der Schaffung eines *Hohen Kommissars für Menschenrechte* dienen, ein Projekt, das in der UNO buchstäblich seit ihrer Gründung hauptsächlich vor dem Hintergrund drohender Einmischung in die inneren Angelegenheiten der Staaten diskutiert wird, sowie die bisher folgenlos gebliebene Entschließung zur Einsetzung eines *Ombudsmans für die Europäische Gemeinschaft* durch das Europäische Parlament (v. 05. 06. 1979, 22 Amtsblatt der Europäischen Gemeinschaften Nr. C 140/153 [1979]).

294 Vgl. das vollständige Zitat o. 1. Teil A. I. 2 zu Fn. 66.

ohne hierbei die eigentlichen Grundfesten des diplomatischen Schutzes strukturell anzutasten. Ein solcher Ansatz darf jedoch nicht die Augen verschließen vor der Tatsache, daß der IGH keine positive Aussage zum Ersatz der Staatsangehörigkeit durch eine andere Sonderverbindung getroffen hat und daß die domiziläre Verknüpfung in ihrer Effektivität tatbestandlich ungleich schwerer festzustellen sein wird als das Vorliegen einer Staatsangehörigkeit. Endgültige Klarheit wird auch hier – ganz im Sinne des StIGH – nur eine völkervertragsrechtliche Regelung schaffen können. Sie läge immerhin näher als eine „Entstaatlichung“[295] des diplomatischen Schutzes, bei der ein drittes Völkerrechtssubjekt mit passiver Deliktsfähigkeit erst ausgestattet werden müßte.

---

295 Zellweger, Der diplomatische Schutz als Rechtsinstitut, 28 SJZ 280 (273) [1931/32].

Schlußbetrachtung

Eine Schlußbetrachtung hat sich zunächst am Untersuchungsergebnis zu orientieren: kein Staat kann diplomatischen Schutz zugunsten Staatenloser ausüben. Trotz der Bemühungen um die Einzelpersonen, die das Völkerrecht des 20. Jahrhunderts, insbesondere seiner zweiten Hälfte, prägen, ist bei der völkerrechtlichen Bewältigung der Schutzlosigkeit des Einzelnen nicht einmal eine Entwicklungstendenz skizzierbar. Dies entbindet von weiterführenden Gedanken, die einen unbrauchbar-spekulativen Charakter annehmen müßten, wie die wenig sinnvolle gebetsmühlenhafte Forderung nach Anerkennung der Völkerrechtssubjektivität des Einzelnen und seiner prozeduralen Kapazität in Konfrontation mit der Völkerrechtsrealität beweist. Die heutige Entwicklung internationaler Beziehungen stellt trotz unbestreitbarer Fortschritte im Aufstellen von Menschenrechtskatalogen und -postulaten den souveränen Staat in den Vordergrund, für den der Einzelne eine politische Manövriermasse und das Völkerrecht dogmatisches Vehikel zur argumentativen Begründung von Machtpositionen ist.

Das Institut des diplomatischen Schutzes selbst ist es, daß die archaischen, das Individuum zum Objekt degradierenden Strukturen des Völkerrechts erkennen läßt. Sogar *Borchard*, dem die umfassende Formulierung dieser Erscheinungsform des völkerrechtlichen Wiedergutmachungsanspruchs zu verdanken ist, schrieb im Jahre 1931: „Die Institution des diplomatischen Schutzes ist die Folge einer primitiven Form der Sippenorganisation und einer primitiven Sozialordnung, die das Unrecht, das einem Sippenangehörigen angetan wird, als ein an der Sippe selbst verübtes Unrecht betrachtet, das zur Kollektivrache berechtigt“[1].

Aber muß eigentlich die Erfolglosigkeit bei der Suche nach einem „Rächer“ für die „Sippenlosen“ überhaupt bedenklich stimmen? Denn was wäre gewonnen, wenn ein anerkanntes System für den diplomatischen Schutz Staatenloser installiert worden wäre, dem nach dem innerstaatlichen Recht der meisten Staaten ohnehin das Wasser abgegraben ist, das eine Pflicht zur Schutzausübung – siehe Bundesrepublik Deutschland – in der Regel nicht kennt? Ist es nicht gleichermaßen vermessen, den Staatenlosen in das Zentrum deliktsrechtlicher Betrachtungen zu stellen, während wahrscheinlich wesentlich mehr Menschen gerade wegen ihres Besitzes einer

---

[1] Deutsch zitiert bei Kimminich, Der internationale Schutz des Einzelnen, 15 ArchVR 407 (402) [1971/72].

Staatsangehörigkeit nie in den Genuß diplomatischen Schutzes gelangen können?

Das Völkerrecht ist wie jedes Recht ein unvollkommenes Recht. Es ist daher müßig, Tränen über die Schutzlosigkeit Staatenloser zu vergießen. Zweifelsohne ist deren schutzrechtlicher Status eine Lücke im völkerrechtlichen Normgeflecht, das Völkerrecht hat diese Herausforderung aber nicht angenommen, sondern gibt sich diesem fait accompli sogar bewußt hin. Es hat auf die zu Beginn dieses Jahrhunderts einsetzende ‚heimatlosat en masse' in Form der großen Flüchtlingsströme auch schutzrechtlich reagiert, war aber gleichzeitig bestrebt, den Flüchtling durch Betonung der Integration in seinen Zufluchtsstaat nicht zu einem vordergründig schutzrechtlichen Problem werden zu lassen.

Wenn das Völkerrecht unter ähnlicher Schwerpunktsetzung der Staatenlosigkeit ebensowenig wie der Flüchtlingseigenschaft schutzrechtlich beikommen will, sondern innerstaatlich nachzuvollziehende legislatorische Maßnahmen zur Reduzierung bzw. vollständigen Eleminierung der Staatsangehörigkeit kodifiziert, so kann dies nicht als unehrenhaft gescholten werden.

Die fehlende Auseinandersetzung des Völkerrechts mit dem diplomatischen Schutz für Staatenlose ist in diesem Sinne nicht rechtsunsystematisch, da eine Akzeptierung der Schutzlosigkeit sich nicht schlußfolgern läßt. Ob die völkerrechtliche Antwort auf die Staatenlosigkeit schlechthin in offener Übergehung eines ihrer Teilaspekte adäquat ist, bleibt eine Frage moralischer Dimension.

Literaturverzeichnis

Abendroth, W.: Die völkerrechtliche Stellung der B- und C-Mandate, Breslau 1936

Aga Khan, S.: Legal Problems Relating to Refugees and Displaced Persons, 149 RdC 287 - 352 (1976 I)

Alexandresco, D.: Explicaţiune Teoretica şi Practica A Dreptului Civil Român (Theoretische und praktische Erläuterung des rumänischen Zivilrechts), Vol. I, Iaşi und Bucureşti 1886

Amerasinghe, C. F.: The Local Remedies Rule in an Appropriate Perspective, 36 ZaöRV 727 - 759 (1976)

Anonymus: Le Régime des Capitulations (Par un Ancien Diplomate), Paris 1898

Antonopoulos, S.: Über die Exterritorialität der Ausländer in der Türkei, Berlin 1895

Anzilotti, D.: La responsabilité internationale des États à raison des dommages soufferts par des étrangers, XIII RGDIP 5 - 29, 285 - 309 (1906)

Arntz, E.-R.-N.: De la Situation de la Roumanie au Point de Vue du Droit International, IX RDILC 18 - 48 (1877)

Balogh, E.: World Peace and the Refugee Problem, 75 RdC 363 - 507 (1949 II)

Bar, L. v.: De la responsabilité des États à raison des dommages soufferts par des étrangers en cas de troubles, d'émeute ou de guerre civile, I RDILC 464 - 481 (2me sér., 1899)

Bar-Yaacov, N.: Dual Nationality, London 1961

Basdevant, J.: Conflits de Nationalités dans les Arbitrages Vénézuéliens de 1903 - 1905, V RDIP 41 - 63 (1909)

Baty, T.: The Interconnection of Nationality and Domicile, XIII Ill. L. R. 363 - 374 (1918 - 1919)

— Protectorates and Mandats, II BYIL 109 - 121 (1921 - 22)

Beach Lawrence, W.: Étude sur la juridiction consulaire, X RDILC 285 - 338 (1878)

Belart, H.: Der Schutzgenosse in der Levante, Diss., Bern 1898

Bentwich, N.: Statelessness through the Peace Treaties after the First World-War, 21 BYIL 171 - 176 (1944)

Berber, F.: Lehrbuch des Völkerrechts. Bd. I, 2. Aufl., München 1975, Bd. III, 2. Aufl., München 1977

Bergmann, A. / *Ferid*, M.: Internationales Ehe- und Kindschaftsrecht, Stand: 88. Lfg., abgeschl. am 30. 11. 1986, Frankfurt 1986

Berkowitz, J.: La Question des Israélites en Roumanie, Paris 1923

Bernhardt, R. (ed.): Encyclopedia of Public International Law, Amsterdam etc., 1981 -

Bertschy, R.: Die Schutzmacht im Völkerrecht, Diss., Freiburg (CH) 1952

Beyer, S.: Der diplomatische Schutz der Aktionäre im Völkerrecht, Baden-Baden 1977

Biella, F.: Die Entstehung des Bundesrückerstattungsgesetzes, in: F. Biella, u. a., Das Bundesrückerstattungsgesetz 73 - 122, München 1981

Bindschedler, R. L.: La Protection de la Propriété Privée en Droit International Public, 90 RdC 173 - 306 (1956 II)

Blackstone, W.: Commentaries on the Law of England, Vol. 3, 16th ed., London 1825

Blaser, P. M.: La nationalité et la protection juridique internationale de l'individue, Thése, Neuchâtel 1962

Bluntschli, J. K.: Le Congrès de Berlin et sa Portée au Point de Vue du Droit International, XI RDILC 1 - 37, 411 - 430 (1879)

Boéresco, M. B.: La Situation Politique des Anciennes Principautés Roumaines du Danube avant 1878, IV RGDIP 324 - 382 (1897)

Bolesta-Koziebrodzky, L.: Le droit d'asile, Leyden 1962

Borchard, E. M.: The diplomatic protection of citizens abroad or the law of international claims, New York 1919

Braga, S.: Staatsangehörigkeitsprinzip oder Wohnsitzprinzip?, 18 Zeitschrift für ausländisches und internationales Privatrecht 227 - 246 (1953)

Brière, Y. de la: Le droit concordataire dans la nouvelle Europe, 63 RdC 367 - 468 (1938 I)

Brownlie, I.: Principles of Public International Law, 2nd ed., Oxford 1973

Brunner, N.: Die Frage nach dem Anspruch des Bürgers auf diplomatischen Schutz, Bern usw. 1983

Buergenthal, T. (ed.): Human Rights, International Law and the Helsinki Accord, 2nd print, Montclair 1979

Bundesministerium der Justiz (Hrsg.): Deutsches Vermögen im Ausland, Bd. I, Köln 1951

Burkhardt-Erne, Y.: Die Rechtsstellung der Staatenlosen im Völkerrecht und schweizerischen Landesrecht, Diss., Neerach 1977

Caflisch, L.: La Protection des Sociétés Commerciales et des Intérêts Indirects en Droit International Public, La Haye 1969

Calvo, C.: Derecho internacional teórico y práctico de Europa y América, T. 1, Paris 1868

Catroux, G.: Dans la bataille de Méditerranée, 1940 - 1944, Paris 1949

Clercq, A. de / *Vallat*, C. de: Guide Pratique des Consulats, T. I, 4me éd., Paris 1880

Cockburn, A.: Nationality or the Law as to Subjects and Aliens, Considered with a View to Future Legislation, London 1869

Dahm, G.: Die Stellung des Menschen im Völkerrecht unserer Zeit, Tübingen 1961

— Völkerrecht, Bd. III, Stuttgart 1961

Decencière-Ferrandière, A.: La responsabilité internationale des Etats à raison des dommages subis par des étrangers, Paris 1925

Delbez, L.: Les Principes Généraux du Contentieux International, Paris 1962

— Les Principes Généraux du Droit International Public, 2me éd., Paris 1951, 3me éd., Paris 1964

Despagnet, F.: Essai sur le protectorats, Paris 1896

Diplock, K.: Passport and Protection in International Law, 32 The Grotius Society 42 - 59 (1946)

Doehring, K.: sub voce Exhaustion of Local Remedies, in: R. Bernhardt (ed.), Encyclopedia of Public International Law, Instalment 1, 136

— Die Pflicht des Staates zur Gewährung diplomatischen Schutzes, Köln etc. 1959

— Die allgemeinen Regeln des völkerrechtlichen Fremdenrechts und das deutsche Verfassungsrecht, Köln etc. 1963

— Restitutionsanspruch, Asylrecht und Auslieferungsrecht im Fall Argoud, 25 ZaöRV 209 - 222 (1965)

DuMont, J.: Corps Universel diplomatique du Droit des Gens, Amsterdam / Den Haag 1726 - 1731

Dunn, F. S.: The Protection of Nationals, Baltimore 1932

Duvergier, J. B.: Collection Complète des Lois, Décrets, Ordonnances, Règlements, Avis du Conseil-d'État, 2me éd., Paris 1834 - 1913

Dyne, F. v.: Citizenship of the United States, Rochester 1904

Eagleton, C.: International Organization and the Law of Responsibility, 76 RdC 319 - 425 (1950 I)

— The Responsibility of States in International Law, New York 1928

— The Resonsibility of the State for the Protection of Foreign Officials, 19 AJIL 293 - 314 (1925)

— The United States and the Statement of War Aims, 35 AJIL 336 - 340 (1941)

Engelhardt, H.: sub voce Vier Freiheiten, in: III WdV 591

Engländer, H.: Die Staatenlosen, Wien 1932

Ermacora, F.: Die Menschenrechte: Entwicklung – Stand – Zukunft, in: T. Veiter / F. Klein (Hrsg.), Die Menschenrechte. Entwicklung – Stand – Zukunft 1 - 33.

Escher, A.: Der Schutz der Staatsangehörigen im Ausland durch fremde Gesandtschaften und Konsulate, Aarau 1929

Estorick, E.: The Evian Conference and the Intergovernmental Committee, 203 The Annals of the American Academy of Political and Social Science 136 - 141 (1939)

Fauchille, P.: Traité de Droit International Public, T. I, 8me éd., publ. par H. Bonfils, Paris 1922

Fawcett, J. E. S.: The Application of the European Convention of Human Rights, Oxford 1969

Féaux de la Croix, E. / *Rumpf*, H.: Der Werdegang des Entschädigungsrechts unter national- und völkerrechtlichem und politologischem Aspekt, München 1985

Feinberg, N.: La juridiction de la Cour Permanente de Justice Internationale dans le système des mandats, Paris 1930

Feller, A. H.: The Mexican Claims Commisions 1923 - 1934, New York 1935

Féraud-Giraud, L.-J.-D.: De la Juridiction Francaise dans les Échelles du Levant et de Barbarie, T. I, 2me éd., Paris 1871

Fitzmaurice, G. G.: The Case of the I'm Alone XVII BYIL 82 - 111 (1936)

— The Law and Procedure of the International Court of Justice: General Principles and Substantive Law, XXVII BYIL 1 - 41 (1950)

Flassan, G.: Histoire générale de la diplomatie francaise, Paris 1808

Flournoy, R. W. / *Hudson*, M. O.: A Collection of Nationality Laws, New York etc. 1929

Francois, J.-P.-A.: Le Problème des Apatrides, 53 RdC 283 - 376 (1935 III)

Franklin, W. M.: Protection of Foreign Interests, Washington 1946

Frings, P.: Das internationale Flüchtlingsproblem 1919 - 1950, Frankfurt 1951

Frisch, H. v.: sub voce Konsulargerichtsbarkeit, in: K. Strupp (Hrsg.), I Wörterbuch des Völkerrechts und der Diplomatie 672

Frowein, J. A.: The Interrelationship between the Helsinki Final Act, the International Covenants on Human Rights, and the European Convention on Human Rights, in: T. Burgenthal (ed.), Human Rights, International Law and the Helsinki Accord 71 - 82

— Die Verpflichtungen erga omnes im Völkerrecht und ihre Durchsetzung, in: R. Bernhardt u. a. (Hrsg.), Völkerrecht als Rechtsordnung – Internationale Gerichtsbarkeit – Menschenrechte, Festschrift für Herman Mosler 241 - 262, Berlin usw. 1983

Garcia-Amador, F. V.: State responsibility in the light of the new trends of international law, 49 AJIL 339 - 346 (1955)

Garcia-Arias, L.: La Doctrine des „Clean Hands" en Droit International Public, 30 Annuaire de l'AAA 14 - 22 (1960)

Gargas, S.: Die Staatenlosen, Leiden 1928

Geck, W. K.: Die Ausweitung von Individualrechten durch völkerrechtliche Verträge und der Diplomatische Schutz, in: B. Börner u. a. (Hrsg.), 1 Einigkeit und Recht und Freiheit. Festschrift für Karl Carstens 339 - 360, Köln usw. 1984

— sub voce Diplomatischer Schutz, in: I WdV 379

Gettys, C. L.: The Effect of Changes of Sovereignty on Nationality, 21 AJIL 268 - 278 (1927)

Goldschmidt, H.: Recent Applications of Domestic Nationality Laws by International Tribunals, XXVIII Fordham Law Review 689 - 736 (1959 - 60)

Goldschmidt, S. et al.: Das Zivilrecht Englands, Mannheim usw. 1931

Grahl-Madsen, A.: Commentary on the Refugee Convention 1951, Geneva 1963

— Protection for the Unprotected, 37/38 Annuaire de l'AAA 176 - 185 (1967/68)

— The Statute of Refugees in International Law, Vol. I (Refugee Character), Leyden 1966

Grassi, M.: Die Rechtsstellung des Individuums im Völkerrecht, Winterthur 1955

Grawert, R.: Staat und Staatsangehörigkeit, Berlin 1973

Greig, D. W.: International Law, 2nd ed., London 1976

Grossmann, K. R. / *Jacob,* H.: The German exiles and the „German Problem", 4 Journal of Central European Affairs 165 - 185 (1944/45)

Guggenheim, P.: Lehrbuch des Völkerrechts, Bd. 1, Basel 1948

Guradze, H.: Die Europäische Menschenrechtskonvention, Berlin usw. 1968

— Die Menschenrechtskonvention der Vereinten Nationen vom 16. Dezember 1966, 15 Jahrbuch für Internationales Recht 242 - 273 (1971)

Hackworth, G. H.: Digest of International Law, Vol. V, Washington 1943

Haesler, T.: The Exhaustion of Local Remedies in the Case Law of International Courts and Tribunals, Leyden 1968

Hagens, U. v.: sub voce Danzig, in: I WdV 307

Hajnal, H.: sub voce Orient, naher, in: K. Strupp (Hrsg.), II Wörterbuch des Völkerrechts und der Diplomatie 183

Hales, J. C.: Some Legal Aspects of the Mandate System: Sovereignty – Nationality – Termination and Transfer, XXIII Transactions of the Grotius Society 85 - 126 (1937)

Hall, H. D.: Mandates, Dependencies and Trusteeship, Washington 1948

Hall, W. E.: A Treatise on the Foreign Powers and Jurisdiction of the British Crown, Oxford 1894

— A Treatise on International Law, 8th ed., A. P. Higgins (ed.), Oxford 1924

Hallier, H.-J.: Völkerrechtliche Schiedsinstanzen für Einzelpersonen und ihr Verhältnis zur innerstaatlichen Gerichtsbarkeit, Köln usw. 1962

Harris, D. J.: Cases and Materials on International Law, 2nd ed., London 1979

Hecker, G.: Handbuch der konsularischen Praxis, München 1982

— Der völkerrechtliche Wohnsitzbegriff, Berlin 1931

Hecker, H.: Das Staatsangehörigkeitsrecht des anglophonen Afrika, Frankfurt 1981

— Mehrseitige völkerrechtliche Verträge zum Staatsangehörigkeitsrecht, Frankfurt 1970

Heffter, A. W.: Das europäische Völkerrecht der Gegenwart, 2. Ausg., Berlin 1848, 6. Aufl., Berlin 1873

Herndl, K.: sub voce Rechtsgutachten des Internationalen Gerichtshofs, in: 3 WdV 12

Herstlett, L.: A Complete Collection of the Treaties and Conventions, and Reciprocal Regulations, At Present Subsisting between Great Britain and Foreign Powers, London 1835 - 1864

Heuven Goedhart, G. J. van: The Problem of Refugees, 82 RdC 261 - 371 (1953 I)

Hilger, R.: Die Geltendmachung der Ansprüche aus einer völkerrechtswidrigen Verletzung von Privatpersonen, Diss., Göttingen 1966

Hofer, W.: Der Nationalsozialismus. Dokumente 1933 - 1945, 569. - 593. Tausend, Frankfurt 1971

Hoffmann, K.: Konsularrecht, Percha/Kempfenhausen 1982 -

Holborn, L. W.: Refugees: A Problem of Our Time, Vol. I, Metuchen, N. J., 1975

— The Legal Status of Political Refugees 1920 - 1938, 32 AJIL 680 - 703 (1938)

Holtzendorff, F. v.: Handbuch des Völkerrechts, Bd. I, Berlin 1885, Bd. II, Hamburg 1887

Hudson, M. O.: The First Conference for the Codification of International Law, 24 AJIL 447 - 466 (1930)

Husemann, D.: Die rechtliche Stellung christlicher Missionen in China, Berlin 1934

Hyamson, A. M.: The British Consulate in Jerusalem, Part I: 1838 - 1861, London 1939

Hyde, C. C.: International Law Chiefly as Interpreted and Applied by the United States, Vol. 2, 2nd rev. ed., Boston 1947

Institut für Besatzungsfragen (Hrsg.): Das DP-Problem, Tübingen 1950

Jahn, E.: Der völkerrechtliche Schutz von Flüchtlingen, Diss., Bonn 1955

Janson, H.: Die rechtlichen und ideologischen Beziehungen des islamischen Staatenkreises zum abendländischen Völkerrecht, Diss., Bern 1955

Jennings, R. Y.: General Course on Principles of International Law, 121 RdC 323 - 600 (1967 II)

— Some International Law Aspects of the Refugee Question, XX BYIL 98 - 114 (1939)

Jessup, P. C.: Enemy Property, 49 AJIL 57 - 62 (1955)

— A Modern Law of Nations, New York 1950

Jones, M. J.: Who are British protected persons?, XXII BYIL 122 - 129 (1945)

Jowett, B.: The Politics of Aristotle, translated into English, Vol. I, Oxford 1885

Kaufmann, E.: Règles générales du droit de la paix, 54 RdC 309 - 620 (1935 IV)

Kelsen, H.: Principles of International Law, 2nd ed., R. W. Tucker (ed.), New York etc. 1966

Kerley, E. L.: Some Aspects of the Vienna Conference on Diplomatic Intercourse and Immunities, 56 AJIL 88 - 129 (1962)

— Nationality of Claims – A Vista, Proceedings of the American Society of International Law 35 - 42 (1969)

Kimminich, O.: Der internationale Rechtsstatus des Flüchtlings, Köln usw. 1962

— Der internationale Schutz des Einzelnen, 15 ArchVR 402 - 424 (1971/1972)

Kirchschläger, R.: sub voce Protektorat, in: 2 WdV 808

Klein, E.: Diplomatischer Schutz und grundrechtliche Schutzpflicht, 30 DÖV 704 - 710 (1977)

Kluge, H.: Das Königreich Irak, Leipzig 1934

König, B. W. v.: Handbuch des deutschen Konsularwesens, 8. Aufl., B. v. König (Hrsg.), Berlin 1914

— Preußens Consular-Reglement, 2. Aufl., Berlin 1866

Koessler, M.: „Subject“, „Citizen“, „National“ and „Permanent Allegiance“, 56 Yale L. J. 58 - 76 (1946 - 47)

Kohler, J.: Der Prozeß als Rechtsverhältnis, Mannheim 1888

— Der Savarkar-Streitfall zwischen Frankreich und England, in: W. Schücking (Hrsg.), Das Werk vom Haag. Die gerichtlichen Entscheidungen, 2. Ser., 1. Band, 3. Teil, 65 - 166

Kollmeyer, C.-H.: Die Lehre vom Schutzrecht und die Praxis der internationalen Schiedsgerichte in Claimssachen, Diss., Berlin 1940

Ku, M.-C.: A Comprehensive Handbook of the United Nations, Vol. I, New York 1978

Kuepper, W. G. / *Lackey,* G. L. / *Swinerton,* E. N.: Ugandan Asians in Great Britain, London 1975

Kulischer, E. M.: Europe on the Move; War and Population Changes 1917 - 1947, New York 1948

Ladas, S. P.: The Exchange of Minorities – Bulgaria, Greece and Turkey, New York 1932

Lampué, P.: De la Nationalité des habitants des pays à mandat de la Société des Nations, 52 Journal du Droit International 54 - 61 (1925)

Lang, J. v.: Das Eichmann-Protokoll. Tonbandaufzeichnungen der israelischen Verhöre, Berlin 1982

Langrod, G.: Le probleme de l'apatridie, 59 Revue Politique et Parlamentaire 279 - 290 (1957)

Lapradelle, A. de: De la nationalité d'origine, Paris 1893

Lapradelle, A. de / *Niboyet,* J.-P. (éds.): Répertoire de Droit International, T. VIII, Paris 1930

Lauterpacht, H.: Allegiance, Diplomatic Protection and Criminal Jurisdiction over Aliens, 9 Cambridge Law Journal 330 - 348 (1945 - 1947)

— International Law and Human Rights, New York 1950

— Règles générales du droit de la paix, 62 RdC 95 - 422 (1937 IV)

Lee, L. T.: Vienna Convention on Consular Relations, Leyden etc. 1966

Leigh, G. I. F.: Nationality and diplomatic protection, 20 ICLQ 453 - 475 (1971)

Lentner, F.: sub voce Schutzgemeinschaft, in: E. Mischler / J. Ulbrich (Hrsg.): 4 Österreichisches Staatswörterbuch 210

Lepsius, J.: Deutschland und Armenien 1914 - 1918, Potsdam 1919

Liang, Y.: Notes on Legal Questions Concerning the United Nations: Reparation for Injuries Suffered in the Service of the United Nations, 43 AJIL 460 - 479 (1949)

Lillich, R.: Duties of States Regarding the Civil Rights of Aliens, 161 RdC 329 - 442 (1978 III)

Liu, S. S.: Extraterritoriality: Its Rise and its Decline, New York 1925

Loeb, J.: La Situation des Israélites en Turquie, en Serbie et en Roumanie, Paris 1877

Lundvik, U.: A Brief Survey of the History of the Ombudsman, The Ombudsman Journal 85 - 94 (No. 2, September 1982)

MacChesney, B.: Should the United States Ratify the Covenants? A Question of Merits, not of Constitutional Law, 62 AJIL 912 - 917 (1968)

Makarov, A. N.: Allgemeine Lehren des Staatsangehörigkeitsrechts, 2. Aufl., Stuttgart 1962

Makarov, A. N. / *Mangoldt,* H. v.: Deutsches Staatsangehörigkeitsrecht. Kommentar, 3. Aufl., Frankfurt 1981 -

Makowski, J.: La Situation Juridique du Territoire de la Ville Libre de Dantzig XXX RGDIP 169 - 222 (1923)

Malfatti di Monte Tretto, J. v.: Handbuch des österreichisch-ungarischen Consularwesens, Wien 1879

Mangoldt, H. v.: sub voce Nottebohm Case, in: R. Bernhardt (ed.), Encyclopedia of Public International Law, Instalment II, 213

Martens, F. v.: Völkerrecht, Bd. 2, C. Bergbohm (Hrsg.), Berlin 1886

Martens, G.-F. de: Nouveau Recueil de Traités d' Alliance, de Paix, De Trêve, de neutralité . . ., K. v. Martens / F. Saalfeld / F. Murhard (éds.), Göttingen 1817 - 1842

— Nouveau Recueil Général de Traités, F. Murhard / C. Murhard / J. Pinhas / C. Samwer / J. Hopf (éds.), 1ère sér., Göttingen 1843 - 1875

— Nouveau Recueil Général de Traités, C. Samwer / J. Hopf / F. Stoerk (éds.), 2me sér., Göttingen / Leipzig 1876 - 1908

— Nouveau Recueil Général de Traités, H. Triepel (éd.), 3me sér., Leipzig / Greifswald 1909 - 1944

Martens, K. v. / *Cussy,* F. de: Recueil manuel et pratique de traités, conventions, et autres actes diplomatiques . . ., Leipzig 1846 - 1857

Martitz, F. v.: Das Recht der Staatsangehörigkeit im internationalen Verkehr, Annalen des Deutschen Reichs 793 - 836, 1113 - 1170 (1875)

Maunz, T. u. a.: Grundgesetz – Kommentar, 4. Aufl., München 1974 -

McDougal, M. S. / *Lasswell,* H. D. / *Chen,* L.: Nationality and Human Rights: The Protection of the Individual in External Areas, 83 Yale L. J. 900 - 998 (1973 - 1974)

McEwan, D.: Habsburg als Schutzmacht der Katholiken in Ägypten, Kairo 1982

McNeill, J.: The Strategic Trust Territory in International Law, Thesis, London 1974

Medinger, W. v.: Die Staatenlosigkeit in den österreichisch-ungarischen Nachfolgestaaten, 1 Völkerbund und Völkerrecht 327 - 333 (1934/35)

Meier, B.: Der Staatsangehörige und seine Rechte, insbesondere seine Vermögensrechte, im System des Völkerrechts, Jena 1927

Menzel, E. / *Ipsen,* K.: Völkerrecht, 2. Aufl., München 1979

Meregazzi, R.: L'Amministrazione Fiduciaria Italiana della Somalia (A.F.I.S.), Milano 1954

Meron, T.: The Incidence of the Rule of Exhaustion of Local Remedies, XXXV BYIL 83 - 101 (1959)

Messer, K. R.: Schutzrecht und Nationalitätsprinzip, Diss., Frankfurt 1962

Micheli, J.-B.: Les origines, la création et l'activité du haut commissariat de la Société des Nations pour les réfugiés russes, 4 Revue Internationale de la Croix-Rouge 14 - 26 (1922)

Miltitz, A. de: Manuel de Consuls, T. II, Londres etc. 1839

Minciaky, M. de, et al. (éds.): Règlement Organique de la Principauté de Moldavie, New York o. J.

Mischler, E. / *Ulbrich,* J. (Hrsg.): Österreichisches Staatswörterbuch, Bd. 2, 2. Aufl., Wien 1906, Bd. 4, 2. Aufl., Wien 1909

Moore, J. B.: A Digest of International Law, Vols. III, IV, VI, Washington 1906

— History and Digest of the International Arbitrations to which the United States has been a Party, Vol. III, Washington 1898

Mosler, H.: Der „gemeinschaftliche Ordre public" in europäischen Staatengruppen, in: J. de Yanguas Messia, et al. (eds.), Estudios de Derecho Internacional Homenaje a D. Antonio de Luna 372 - 384, Madrid 1968

Mülinen, E. F. v.: Die lateinische Kirche im türkischen Reich, 2. Aufl., Berlin 1903

Müller, J. P.: Vertrauensschutz im Völkerrecht, Köln usw. 1971

Müller, J. P. / *Wildhaber,* L.: Praxis des Völkerrechts, 2. Aufl., Bern 1982

Münch, I. v.: Das völkerrechtliche Delikt in der modernen Entwicklung der Völkerrechtsgemeinschaft, Frankfurt 1963

Mutharika, P. A.: The Regulation of Statelessness under International and National Law. Text and Documents, Vol. I, Dobbs Ferry 1980

Nafilyan, P. F.: Le Heimatlosat, Diss., Lausanne 1935

Nathan-Chapotot, R.: Les Nations Unies et les Réfugiés, Paris 1949

Neuhaus, P. H.: Die Grundbegriffe des internationalen Privatrechts, 2. Aufl., Tübingen 1976

Niboyet, J.-P. / *Goulé,* P.: Recueil de Textes Usuels de Droit International, Paris 1929

Nicolas, M.: Notes sur la nationalité en Syrie et au Liban, XXI RDIP 481 - 503 (1926)

Noradounghian, G.: Recueil d'Actes Internationaux de l'Empire·Ottoman, 4 vols, Paris 1897 - 1903

Oberthür, K.: Der Anspruch des deutschen Staatsangehörigen auf diplomatischen und konsularischen Schutz gegenüber anderen Staaten, Diss., Köln 1965

O'Connell, D. P.: International Law, Vol. II, 2nd ed., London 1970

Ohsson, M. d': Tableau Général de l'Empire Ottoman, 7 vols, Paris 1788 - 1794 et 1824

Oppenheim, L.: International Law. A Treatise, Vol. I, 8th ed., H. Lauterpacht (ed.), London 1955

Ouang, R. H.: Essai sur le régime des capitulations en Chine, Thèse Genève, Paris 1932

Panhuys, H. F. van: The Rôle of Nationality in International Law, Leyden 1959

Paret, R. (Übers.): Der Koran, Stuttgart usw. 1979

Parry, C.: Some Considerations upon the Protection of Individuals in International Law, 90 RdC 653 - 726 (1956 II)

— Plural Nationality and Citizenship with Special Reference to the Commonwealth, XXX BYIL 244 - 292 (1953)

— (ed.): The Consolidated Treaty Series, 231 vols, Dobbs Ferry 1969 - 1981

Perrin, G.: Réflexions sur la protection diplomatique, in: Mélanges Marcel Bridel 379 - 411, Lausanne 1968

Pfluger, F.: Die einseitigen Rechtsgeschäfte im Völkerrecht, Zürich 1936

Phillimore, R.: Commentaries upon International Law, Vol. II, 3rd ed., London 1882

Phillipson, C.: The International Law and Custom of Ancient Greece and Rome, Vol. II, London 1911

Piggott, F. T.: Exterritoriality, London 1892

Pölitz, K. H. L.: Die Europäischen Verfassungen seit dem Jahre 1789 bis auf die neueste Zeit, 2. Aufl., Leipzig 1832

Pompe, C. A.: De conventie van 28 juli 1951 en de Internationale Bescherming van Vluchtelingen, Rechtsgeleerd Magazijn Themis 425 - 491 (1956)

Proudfoot, M. C.: European Refugees: 1939 - 52, London 1957

Quadri, R.: Diritto Internationale Pubblico, 5. ed., Napoli 1968

Quoc Dinh, N. / *Daillier*, P. / *Pellet*, A.: Droit international public, 2me éd., Paris 1980

Ralston, J. H.: Venezuelan Arbitrations of 1903, Washington 1904

Randelzhofer, A.: Völkerrechtliche Aspekte des Heiligen Römischen Reiches nach 1648, Berlin 1967

— Kommentierung zu Art. 16 Abs. I Grundgesetz, in: T. Maunz u. a., Grundgesetz – Kommentar, 22. Lieferg., September 1983, 4. Aufl., München 1974 -

— sub voce Nationality, in: R. Bernhardt (ed.), Encyclopedia of Public International Law, Instalment 8, 416

Reiterer, M.: The Protection of Refugees by their State of Asylum, Wien 1984

Reuter, P.: Droit international public, 5. éd., Paris 1976

Rey, F.: Un Aspect Particulier de La Question des Minorités. Les Israélites de Roumanie, XXXII RGDIP 133 - 162 (1925)

— La protection diplomatique et consulaire dans les échelles du Levant et de Barbarie, Paris 1899

— La Question Israélite en Roumanie, X RGDIP 460 - 526 (1903)

Ristelhueber, R.: Au Secours des Réfugiés. L'œvre de l'Organisation Internationale pour les Réfugiés, Paris 1951

Rivier, A.: Lehrbuch des Völkerrechts, Stuttgart 1889

Robinson, N.: Beraubung und Wiedergutmachung, New York 1962

— Convention Relating to the Status of Refugees. Its History, Contents and Interpretation, New York 1953

— Convention Relating to the Status of Stateless Persons. Its History and Interpretation, New York 1955

Rode, Z. R.: Dual Nationals and the Doctrine of Dominant Nationality, 53 AJIL 139 - 144 (1959)

Roth, A. H.: The Minimum Standard of International Law Applied to Aliens, Leyden 1949

Rothholz, W.: Der Begriff der „protection juridique et politique". Ein Beitrag zur Flüchtlingsfrage, 2 ArchVR 404 - 412 (1950)

Rouard de Card, E.: Les Traités de Protectorat Conclus par la France en Afrique, Paris 1897

Rousseau, C.: Droit international public, Paris 1953

Sagi, N.: German Reparations, Jerusalem 1980

Samore, W.: Statelessness as a Consequence of the Conflict of Nationality Laws, 45 AJIL 476 - 494 (1951)

Sasse, H.: sub voce Konsulargerichtsbarkeit, in: 2 WdV 278

Scelle, G.: Précis de droit des gens, T. 2, Paris 1934

— Le problème de l'apatridie devant la Commission du Droit International de l'O.N.U., 52 Friedenswarte 142 - 153 (1953/55)

Schätzel, W.: Die Gemischten Schiedsgerichte der Friedensverträge, 18 Jahrbuch des öffentlichen Rechts der Gegenwart 378 - 455 (1930)

— Die de facto-Staatsangehörigkeit und de facto-Staatenlosigkeit, in: Völkerrecht und rechtliches Weltbild, Festschrift für Verdross 217 - 227, Wien 1960

— Die elsass-lothringische Staatsangehörigkeitsregelung und das Völkerrecht, Berlin 1929

— Der Wechsel der Staatsangehörigkeit infolge der deutschen Gebietsabtretungen, Berlin 1921

Schätzel, W. / *Veiter,* T. (Hrsg.): Handbuch des Internationalen Flüchtlingsrechts, Wien usw. 1960

Scheuner, U.: sub voce Prisenrecht, in: 2 WdV 794

Schlochauer, H.-J.: Die Entwicklung des völkerrechtlichen Deliktsrechts, 16 ArchVR 239 - 277 (1973/1975)

— Allgemeines Völkerrecht, Die Verwaltung, Heft 50, 1951

Schneeberger, E.: Staatsangehörigkeit und diplomatischer Schutz, 39 SJZ 493 - 500 (1942/1943)

Schneider, W.: Das völkerrechtliche Mandat, Stuttgart 1926

Schnitzer, A. F.: sub voce Mindeststandard, in: 2 WdV 537

Schücking, W. (Hrsg.): Das Werk vom Haag. Die gerichtlichen Entscheidungen, 2. Ser., 1. Bd., München usw. 1914

Schwalb: Deutsch-französische Staatsangehörigkeitsfragen nach dem FrV, 25 Deutsche Juristen-Zeitung 640 - 642 (1920)

Schwarzenberger, G.: International Law, Vol. I, 2nd ed., London 1950, Vol. I, 3rd ed., London 1957

Schwelb, E.: Civil and Political Rights: The International Measures of Implementation, 62 AJIL 827 - 868 (1969)

Seckler-Hudson, C.: Statelessness: with special reference to the United States, Washington 1934

Seidl-Hohenveldern, I.: Völkerrechtswidrige staatliche Eingriffe und deren Folgen, 53 Die Friedenswarte 1 - 27 (1955/56)

— Die internationale Flüchtlingskonvention von 1951 in der Praxis, in: E. Brüel u. a. (Hrsg.): Internationalrechtliche und staatsrechtliche Abhandlungen – Festschrift für Walter Schätzel 441 - 451, Düsseldorf 1960

Sen, B.: A Diplomat's Handbook of International Law and Practice, 2nd ed., The Hague etc. 1979

Sereni, A. P.: Agency in International Law, 34 AJIL 638 - 660 (1940)

— Diritto Internazionale, Vol. II, Milano 1958

— La Représentation en Droit International, 73 RdC 69 - 166 (1948 II)

Shea, D. R.: The Calvo Clause, Minneapolis 1955

Shinnar, F. E.: Bericht eines Beauftragten – Die deutsch-israelischen Beziehungen 1951 - 1966, Tübingen 1967

Simma, B.: Fragen der zwischenstaatlichen Durchsetzung vertraglich vereinbarter Menschenrechte, in: I. v. Münch (Hrsg.), Staatsrecht – Völkerrecht – Europarecht, Festschrift für H.-J. Schlochauer 635 - 648, Berlin usw. 1981

Simma, B. / *Fastenrath*, U. (Hrsg.): Menschenrechte – Ihr internationaler Schutz, 2. Aufl., München 1985

Simpson, J. H.: The Refugee Problem, London etc. 1939

Siordet, F.: Les Conventions de Genève de 1949: Le Problème du Contrôle, 34 Revue Internationale de la Croix-Rouge 92 - 120 (1952)

Sloan, F. B.: Reparation for Injury to Agents of the United Nations, XXVIII Nebraska Law Review 401 - 417 (1949)

Spiegel, L.: sub voce Heimatrecht, in: E. Mischler / J. Ulbrich (Hrsg.), 2 Österreichisches Staatswörterbuch 809

Steiger, W. v.: Der Wohnsitz als Anknüpfungsbegriff im internationalen Privatrecht, Bern 1934

Stier-Somlo, F. (Hrsg.): Handbuch des Völkerrechts, Stuttgart 1912 - 1938

Stoerk, F.: sub voce Staatsuntertanen und Fremde, in: F. v. Holtzendorff (Hrsg.), II Handbuch des Völkerrechts 583

Stojanowsky, J.: The Mandate for Palestine, London etc. 1928

Strupp, K.: Das völkerrechtliche Delikt, in: F. Stier-Somlo (Hrsg.), Handbuch des Völkerrechts, Bd. III/3. Abt., Stuttgart 1920

Strupp, K. (Hrsg.): Wörterbuch des Völkerrechts und der Diplomatie, Bd. I, Berlin usw. 1924, Bd. II, Berlin usw. 1925

— Wörterbuch des Völkerrechts, 2. Aufl., H.-J. Schlochauer (Hrsg.), Bd. I, Berlin 1960, Bd. II, Berlin 1961

Suffrian, H.: Die Rechtsstellung der Heimatlosen, Hamburg 1925

Tartakower, A. / *Grossmann*, K. R.: The Jewish Refugee, New York 1944

Tchernoff, J.: Protection des nationaux résident à l'étranger, Paris 1899

Testa, J. de: Recueil des Traités de la Porte Ottomane avec les Puissance Étrangères, 9 vols, Paris 1864 - 1911

Trachtenberg, B.: L'Arrangement International Relatif au Statut Juridique des Réfugiés Russes et Arméniens et son Application en France, XXV RDIP 61 - 69 (1930)

— sub voce Heimatlose – Heimatlosat, in: A. de Lapradelle / J.-P. Noboyet (éds.), VII Répertoire de Droit International 556

Triepel, H.: Völkerrecht und Landesrecht, Leipzig 1889

Turack, D. C.: The Passport in International Law, Lexington etc. 1972

Uhlenbrock, P.: Das Völkerrecht der Staatsangehörigkeit, Würzburg 1936

Vattel, E. de: Le Droit des gens ou Principes de la loi naturelle, appliqués à la conduite & aux affaires des nations & des souverains, 1ère éd., Londres 1758

Veïcopoulos, N.: Traité des Territoires Dépendants, T. I, Athènes 1960

Veiter, T. / *Klein*, F. (Hrsg.): Die Menschenrechte, Entwicklung – Stand – Zukunft, Wien 1966

Verdross, A.: Ricorsi internazionali e protezione diplomatica per la realizzazione di diritti dei privati, Annuario di diritto internazionale 1 - 4 (1965)

— Völkerrecht, 5. Aufl., Wien 1964

Verdross, A. / *Simma*, B.: Universelles Völkerrecht, 1. Aufl., Berlin 1976, 2. unv. Aufl., Berlin 1981, 3. Aufl., Berlin 1984

Vernant, J.: The Refugee in the Post-War World, London 1953

Vichniac, M.: Le Statut International des Apatrides, 43 RdC 115 - 246 (1933 I)

Watts, A. D.: The Protection of Alien Seamen, 7 ICLQ 691 - 711 (1958)

Wehberg, H.: Zum gegenwärtigen Stande des völkerrechtlichen Schutzes des Privateigentums, in: W. F. Bürgi / W. Hug (Hrsg.), Staat und Wirtschaft – Festgabe für Hans Nawiasky 125 - 145, Zürich usw. 1950

Weis, P.: Legal Aspects of the Convention of July 28, 1951, relating to the Status of Refugees, XXX BYIL 478 - 489 (1953)

— The Convention Relating to the Status of Stateless Persons, 10 ICLQ 255 - 265 (1961)

— The Development of Refugee Law, in: Transnational Legal Problems of Refugees, Michigan Yearbook of International Legal Studies 27 - 42 (1982)

— The Hague Agreement Relating to Refugee Seamen, 7 ICLQ 334 - 348 (1958)

— Nationality and Statelessness in International Law, 1st ed., London 1956, 2nd ed., Alphen aan den Rijn 1979

— Diplomatic Protection of Nationals and International Protection of Human Rights, IV Revue des Droits de l'Homme – Human Rights Journal 643 - 678 (1971)

— The International Protection of Refugees, 48 AJIL 193 - 221 (1954)

— The International Status of Refugees and Stateless Persons, 83 Journal du Droit International 4 - 69 (1956)

— The United Nations Convention on the Reduction of Statelessness, 1961, 11 ICLQ 1073 - 1090 (1962)

Weis, P. / *Jahn*, E.: Die Vereinten Nationen und die Flüchtlinge, in: W. Schätzel / T. Veiter (Hrsg.), Handbuch des internationalen Flüchtlingsrechts 245 - 292

Weiss, A.: Traité théorique et pratique de droit international privé, T. I, 2me éd., Paris 1907

Wengler, W.: Betrachtungen zum Begriff der Staatsangehörigkeit, in: E. Brüel / D. Constantopoulos (Hrsg.), Internationalrechtliche und staatsrechtliche Abhandlungen. Festschrift für Walter Schätzel 545 - 558, Düsseldorf 1960

— Internationales Privatrecht, 1. Teilband, Berlin usw. 1981

— Das neue britische Staatsangehörigkeitsrecht, 75 AöR 26 - 55 (1949)

— Völkerrecht, Bd. I, Berlin 1964

Wensinck, A. J. / *Kramers,* J. H. (Hrsg.): Handwörterbuch des Islam, 2. Aufl., Leiden 1976

Whiteman, M. M.: Damages in International Law, Vol. I, Washington 1937

— Digest of International Law, Vol. 8, Washington 1967

Woodbridge, G.: UNRRA, Vol. I, Washington 1950, Vol. III, Washington 1950

Wright, Q.: Mandates under the League of Nations, Chicago 1930

Yanguas Messia, J.: La protection diplomatique en cas de double nationalité, in: Hommage d'un Génération de Juristes au Président Basdevant 547 - 558, Paris 1960

Zeballos, E.-S.: La Nationalité, T. I, Paris 1914

Zellweger, E.: Der diplomatische Schutz als Rechtsinstitut, 28 SJZ 273 - 280 (1931/32)

Zeumer, K.: Quellensammlung zur Geschichte der deutschen Reichsverfassung in Mittelalter und Neuzeit, 2. Aufl., Tübingen 1913

Zorn, H.: Die Entschädigung für Nationalgeschädigte, 17 RzW 145 - 150 (1966)

Zytphen-Adeler, H.: Legal and political protection of refugees, II Jus Gentium – Nordisk Tidsskrift for Folkeret og International Privatret 141 - 164 (1950)

FSC
www.fsc.org
MIX
Papier | Fördert
gute Waldnutzung
FSC® C083411

Kolibri 360 GmbH
Ferdinand-Jühlke-Straße 7
99095 Erfurt, Deutschland
produktsicherheit@kolibri360.de

Druck:
CPI Druckdienstleistungen GmbH
im Auftrag der
Kolibri 360 GmbH
Ferdinand-Jühlke-Str. 7
99095 Erfurt